生活·讀書·新知 三联书店

方继孝 著

陳夢家和他的朋友们

王世襄题

图书在版编目（CIP）数据

陈梦家和他的朋友们／方继孝著．—北京：生活·读书·新知三联书店，
2021.8 （2022.8 重印）
ISBN 978－7－108－07019－7

Ⅰ．①陈…　Ⅱ.①方…　Ⅲ.①陈梦家（1911-1966）－生平事迹
Ⅳ．① K825.6

中国版本图书馆 CIP 数据核字（2020）第 260634 号

责任编辑　唐明星
装帧设计　康　健
责任印制　董　欢
出版发行　生活·讀書·新知 三联书店
　　　　　（北京市东城区美术馆东街 22 号 100010）
网　　址　www.sdxjpc.com
经　　销　新华书店
印　　刷　三河市天润建兴印务有限公司
版　　次　2021 年 8 月北京第 1 版
　　　　　2022 年 8 月北京第 3 次印刷
开　　本　635 毫米 × 965 毫米　1/16　印张 33
字　　数　432 千字　图 93 幅
印　　数　09,001－12,000 册
定　　价　79.00 元
（印装查询：01064002715；邮购查询：01084010542）

谨以此书纪念陈梦家和他的朋友们

20 世纪 30 年代，陈梦家的全家福

后排左起：陈梦家，陈冕珠，陈郇磐，陈调盐，陈梦士
中排左起：陈梦杰，母亲蔡灵恩，父亲陈金镛，陈秋光
前排左起：陈梦熊，陈智灯，陈梦罴

1936 年，陈梦家与赵萝蕤在燕南园

陈梦家兄弟与母亲合影

1947 年，陈梦家、赵萝蕤、赵景德在美国合影

1944—1947 年，陈梦家在芝加哥大学任教时留影

赵萝蕤弹钢琴背影

风华正茂的陈梦家在芝加哥大学

1947 年夏，赵萝蕤在芝加哥大学

清华大学教授陈梦家名片　　　　1948 年春，陈梦家在清华大学胜因院宿舍

1948 年，清华大学胜因院陈梦家寓所书房一角

1949 年，陈梦家夫妇在清华寓所内合影，背后是米芾法书

1965 年，陈家人在陈梦家购置的钱粮胡同四合院合影

前排，右一：陈秋光，右二：陈泽行
中排，右一：陈梦家，右二：赵萝蕤
后排，右一：陈思行，右三：陈梦熊

陈梦家在清华大学胜因院寓所书房

浙江绍兴市上虞区陈梦家书冢

目　录

序一 我所记得的梦家先生

方继孝先生将他撰写的《陈梦家和他的朋友们》书稿拿给我看，因为我是与陈梦家先生有过接触的考古研究所人员，为此他约我写一篇序言。我迅速读完书稿，深感这是一部好书。首先佩服他慧眼识珠，不惜重金收藏了这么多陈梦家友朋信札及有关资料；再是佩服他花费极大的精力，以这批珍贵的第一手资料为基础，参考有关的记述，翔实地展现陈梦家先生的生平遭遇与学术经历。这是一件具有重要意义的事情。捧读之下，不禁回想起自己与梦家先生交往的经过。

本人平生十分崇敬并有幸近距离接触的学术大师有两位：一位是为中国考古学发展领航、掌舵做出卓越贡献的夏鼐先生，我在他身边多年，有密切接触；一位是对殷墟甲骨文、西周铜器及汉代简牍都有杰出研究成果的陈梦家先生，但由于历史的原因而接触有限。不过多少年来，直到如今，我为整理出版他们两位大师的学术著作坚持不懈地做了长时间的努力。

回想60年前我就读北京大学考古专业时期，开始仰慕梦家先生。第一次认真阅读他的论著，是《海外中国铜器图录》一书附载的《中国铜器概述》，以及他在《文物参考资料》发表的《解放后甲骨的新资料和整理研究》等文；1956年北大毕业前夕又读到他刚出版的名著《殷虚卜辞综述》，益发心向往之。而第一次面见梦家先生则是在等待毕业分配期间。1956 年 8 月,故宫博物院召开青铜器鉴定会议,我通过中国古文字学授课老师唐兰先生得以旁听,每天冒着酷暑从北大奔赴故宫,半个多月的时间亲手摩挲商周铜器不下 2000 件。出席会议的鉴定委员有八位著名的青铜器专家,年事最高的徐森玉 75 岁,60 岁以上的有郭宝钧、容庚、于省吾、王献唐四位,50 多岁的有唐兰和商承祚,陈梦家 45 岁。列席的还有张政烺、罗福颐,以及若干从事铜器修复的技师。尽管陈梦家是到会专家中最年轻的一位,但由于刚出版 70 万字的甲骨文巨著,正值春风得意,加以见多识广、经验丰富,给人留下很深的印象。第一天先参观青铜器馆展出的铜器,倘有疑惑当即开柜验看。记得观看商代铜器时,我发现一件标明为壶的铜器有两个环耳,与典型的商代特征不符,先向一位先生提问,未能得到答复,转而再向梦家先生求教,得到他的重视。开柜后经多位先生验视,公认是一件失去提梁和盖的卣加配双环。我由此更加崇敬梦家先生在青铜器鉴定方面的造诣,自己也得到他的称赞,拉近了彼此的距离。会间休息时,我高兴地得知,梦家先生正准备编辑殷墟甲骨文的总集,并对《三代吉金文存》进行重编,益发盼望有机会参与其事。

1956 年暑假以后,我被分配到中国科学院考古研究所工作。刚报到的一天,梦家先生走进新到大学毕业生的办公室,座谈中语重心长地对我们说:"从事科学研究是没有八小时工作制的,每天除掉吃饭睡觉,应该将全部精力投入研究工作。我有时晚上去看戏,散戏回家至少还可以工作两个小时。"

1957 年初考古所为新到大学生确定导师,经双向选择,我成为梦家先生为导师的研究实习员。但真正的导师关系只维持不到半年的时间,不久,他被打成了"右派",因而直接接受他的教诲有限,所以我从来不敢自诩是梦家先生的弟子。相当长一段时间,我主要在考古所的学术秘书室工作,梦家先生对我学术上的具体指导有三件事。第一件,1957 年初我第一次撰写论文《周都丰镐位置商榷》,完稿后送请梦家先生审阅。正值他去西北大学讲学，随身带往西安抽空看，将文稿还我时告诉说，曾转请历史地理学家史念海先生一起看过，他们基本肯定文稿的论证，仅对极个别的文字稍作改动。后来该文在《历史研究》发表。这次勉励有加的审阅，坚定了我投身学术研究的信念。第二件，容庚著《殷周青铜器通论》列入科学院考古所编"考古学专刊"出版时，梦家先生让我协助做点编辑工作，除检阅该书的文字稿外，主要是根据作者开来的图版目录，从数十种中外文图录中找出所需的 300 多件铜器的图像，请照相人员翻拍后，将照片汇交给编辑人员编排。这使我增进了殷周青铜器的基本知识，熟悉青铜器的主要图籍，进一步打好了业务基础。第三件，1957 年初夏，在对黄河三门峡水库区的发掘中，陕县后川 2040 号战国早期大墓出土一件错金铜戈，有铭文"子孔择厥吉金铸其元用"十字，秘书室收到汇报信函后，我高兴地向梦家先生请教怎样考释，他说你先查一下《春秋世族谱》，看历史上有没有子孔其人。虽然通过该书查到《左传·襄公八年》载有子孔，是与子产同时的郑国公子，但尚难确认为同一人物。由此使我知道，从事商周时期的考古研究要有深厚的文献功底。

以上这些 60 年前的往事，至今记忆犹新。正当我盼望参与汇编铜器铭文工作的时候，风云突变，梦家先生被打成了"右派"，相当长时间我的思想转不过来。记得在 1957 年 7 月 13 日第一次批判陈梦家错误言论的会上，主持会议的郑振铎所长仍称"陈梦家先生"，接下来我宣读会前整理的材料，开头也跟着称呼"陈梦家先生"，会下遭到严厉的批评，感受到莫大的压力。从此不得不与梦家先生"划清界限"，保持相当的距离，不敢再有个别接触。而为了表现"积极"，奉派跑腿约请与陈梦家交往较多的人来考古所参加批判活动，例如唐兰、于省吾、胡厚宣、李学勤等（于省吾先生当面拒绝参加）。会上的"批判"发言，有的人敷衍一番，说点鸡毛蒜皮的琐事；有的人以"左派"自居，信口雌黄；有的人极力贬损，肆意抹黑，例如说陈梦家在美国挂牌为人鉴定铜器等（当时在小范围"读心会"上对此核实，陈梦家说绝无其事）。会后，还有李学勤应约写了一篇《评陈梦家〈殷虚卜辞综述〉》，在《考古学报》发表，以配合当时的批判。

梦家先生被错划为"右派分子"以后，他精心筹划多年的甲骨文和殷周金文汇编工作都被搁置起来。接着在1958年"大跃进"和"一平二调"成风，考古所和历史所均由尹达主持，历史所以郭沫若主编的名义（实际是胡厚宣任总编辑）上马《甲骨文合集》项目，借去考古所鸠工拓制和收购的三万来片甲骨文拓本，这在日后出版的该书中占很大的分量。考古所有关人员对此深感不快。1962年，尹达被免去考古所所长职务，夏鼐名副其实地主持考古所工作。1963年春，梦家先生摘掉"右派"帽子后不久的一天，学术秘书王伯洪先生找我，商量立即开展殷周金文汇编工作。他说："还是由陈梦家先生来主持，咱们两人一起做好组织工作，要不咱们收集的大批资料又被别人轻易地拿去了。"梦家先生兴奋地迅速写出工作规划，并由陈公柔和一位刚来所的年轻人动手整理考古所已有的金文拓本，做好展开工作的资料准备。与此同时，梦家先生本人赶着撰写《西周铜器断代》一书的未完部分，以及因研究居延汉简延伸的历代度量衡研究，夜以继日，加紧工作。原本计划1966年内将这两个项目完成，以便集中精力投入殷周金文汇编工作。

但是，梦家先生心情舒畅的日子不过短短三年，又遭遇"文化大革命"。"文革"刚开始，考古所造反派就把已经摘掉"右派"帽子的陈梦家揪了出来，我也因"保皇派"和"漏网右派"的罪名，一度落难。每天上午我们与"走资派"一起，在考古所内被挂着黑牌监督劳动，为盖房子搬砖头递泥灰，下午和晚上在牛棚"学习"，最后还要打扫厕所。那个时候，梦家先生的表现比较好，学习文件认真，态度诚恳，劳动中不怕累和脏，曾毫不犹豫地下手掏小便池。1966年8月23日下午，考古所成立红卫兵组织，让"牛鬼蛇神"20多人戴各色纸帽子游斗。24日中午，又污蔑梦家先生乱搞男女关系，再单独猛烈批斗，百般凌辱，家里又有邻近中学的红卫兵疯狂骚扰。当晚，他在颜面扫地、难于忍受的情况下，吃安眠药自杀，后被发现送医院抢救过来；十天以后再次自杀，于 9 月 3 日夜自缢身亡，年仅 55 岁。梦家先生身后，他的家被社会上的红卫兵抄没得片纸不存。

1977 年开始落实政策，北京市有关单位将"文革"初期从梦家先生家中抄去的图书资料退还，梦家先生夫人赵萝蕤教授将其全部捐赠给了考古所。我在第一时间检视，发现《西周铜器断代》等手稿和大量铜器照片都完好无损，夏鼐所长获知甚为欣慰。1978 年 12 月，考古所在北京八宝山革命公墓为梦家先生补开追悼会，会前我去通知唐兰先生，他正在病中，无法参加，沉默一阵后说"梦家还是有贡献的"。夏鼐先生在追悼会上致悼词，充分肯定了梦家先生的学术成就，称颂他热爱祖国，为社会主义事业积极贡献自己的力量，工作一丝不苟，治学极为勤奋，是我国著名的考古学家和古文字学家，痛惜梦家先生的不幸逝世是我国考古事业的一大损失。1979 年初考古所重新成立学术委员会，第一次会议上根据夏鼐所长的提议，决定恢复梦家先生在世时筹划多年并已着手进行的《殷周金文集成》编纂工作，同时组织专门小组负责整理出版陈梦家著作，统一由中华书局出版。我被确定为两项工作的主要负责人。

关于出版陈梦家的学术著作，首先是重印《殷虚卜辞综述》，出版梦家先生亲自编定的《汉简缀述》，接着再版《西周年代考》《六国纪年》《尚书通论》等书。而花费精力最大的还是整理《西周铜器断代》未完稿。该书与《殷虚卜辞综述》的字数相仿，也是 70 来万字，由我统筹，张长寿、陈公柔、周永珍、张亚初等人参与其事，而张亚初费力最多。先由专人将其已发表部分的两份抽印本和未发表的手稿，连同所作批注进行清抄、连缀，然后核对所引文献资料，配齐所考铜器的图像和拓本，做到忠实于作者原意，不妄改一字。1982 年春交稿以后，中华书局为了打造学术著作精品，不惜工本用铅字排版，曾刻制了 5000

多个古文字，后因铅排工艺淘汰，重新进行电子排版。经过责任编辑和我们长时间的反复校对，历时 20 余年，方才于 2004 年高质量地与读者见面。随后我们又陆续与中华书局人员共同整理《中国文字学》和《陈梦家学术论文集》，对《美国所藏中国铜器集录》进行订补，将《中国铜器综述》英文稿译成中文。目前，梦家先生学术著作的出版，业已接近全部完成。

至于梦家先生筹划的《殷周金文集成》，考古所于 1979 年建立强有力的编辑组，在夏鼐先生的指导下开展工作，经过十多年的努力，全书 18 巨册已于 1984—1994 年陆续出版，2007 年又出版修订增补本八册，成为中国古文字研究必备的基本典籍。

1983 年，我曾奉夏鼐先生之命，为中州古籍出版社编辑的《中国史学家评传》一书撰写全面评述梦家先生学术贡献的文章，经夏先生审定后发表。此后 30 年来，我通过认真整理梦家先生的著作，进一步加深了对其杰出贡献的认识。梦家先生才华横溢，不到 20 岁即称雄诗坛，30 岁在西南联大晋升副教授，35 岁被聘为清华大学教授。梦家先生正当年富力强的盛年与世长辞，遗留下等身的学术著作。但是，我们对梦家先生的生平经历所知并不具体，阅读方继孝先生的《陈梦家和他的朋友们》，恰好弥补这一缺陷。梦家先生的治学之路，将会给大家带来更多的启迪。是为序。

王世民
2017 年 4 月 7 日
时年八十又二

序二 天下几人识梦家

陈梦家先生的人生阅历极为丰富。他在人生旅途中各个阶段的人际关系和朋友亦不相同。

陈梦家出生于一个祖辈信仰基督教的家庭，他的父亲陈金镛先生是一个爱国的基督教神职人员，母亲出生于牧师家庭，为虔诚的基督教徒。因此，在他的师友中，不乏信奉基督教者。

因自幼与家人一起准时早晚祷告和礼拜，诵读基督教赞美诗和听牧师宣讲《圣经》故事，自童年起，陈梦家即对诗歌产生了浓厚的兴趣。16 岁前，他已经开始写一些无格式的小诗。

1927 年秋，陈梦家以同等学力考入国立第四中山大学（后改为国立中央大学）法律系。在中央大学读书期间，他先后与在该校任教的闻一多先生和兼课的徐志摩先生结识，并在闻、徐二位先生的指导下，开始写一些以格律约束的诗，并与同校外文系的方玮德结为诗友。1929年，他以陈漫哉的笔名，在由新月社主办的《新月》月刊上发表《一朵野花》《为了你》《你尽管》《迟疑》等诗，引起诗界的注意，并先后与新月派代表人物梁实秋、罗隆基、胡适、余上沅、潘光旦、叶公超、饶孟侃、陈西滢、凌叔华、邵洵美、方玮德、方令孺、孙毓棠、孙洵侯等有了往来。

1931 年，陈梦家从中央大学法律系毕业，得到律师执照。1932 年

3月初，受闻一多先生邀请到青岛大学任其助教。当年暑假，因青岛大学风潮，与闻一多先生同离教职，但与在该校任校长的杨振声和担任外文系主任兼图书馆馆长的梁实秋，在中文系任教的闻宥、游国恩、方令孺、沈从文，以及任教务长的赵太侔、时任校长室职员的吴伯箫等在若干年后一直保持着友谊。也正是在青岛大学的短时间任教，他开始了对古代宗教、神话和礼俗的研究。

1932年秋季，陈梦家到北平，通过燕京大学宗教学院刘廷芳博士的引荐，拜访了父亲的老友司徒雷登先生，并决定在宗教学院短期就读。就读期间，他得到了宗教学院赵紫宸先生的赏识，并得到了他的千金、燕京大学校花、已被清华大学录取的才女赵萝蕤的青睐，不久他们成为一对恋人。此间，他还常去清华大学任教的闻一多先生家请益，通过闻先生的引荐，结识了清华大学的部分教授和闻先生的学生。1933年初春，陈梦家离开了北平。夏初，陈梦家先是抵达上海，入秋，到安徽芜湖广益中学任教，开始与赵萝蕤通信。

1934年春，陈梦家再次回到北平，当年考取燕京大学研究院研究生。他经常出入赵紫宸先生和陆志韦先生、刘廷芳先生宅邸，并与他们建立了深厚的情谊。在燕京大学读研期间，师从容庚先生专攻中国古文字学，并得到郭绍虞、陆侃如、郑振铎、邓之诚、张东荪、洪业、顾颉刚、钱穆等先生的教益。燕京大学有多名外籍教授，陈梦家与他们也多有互动。陈梦家在燕京大学先后两次做学生，与同期在校就读的许多师兄弟建立了终生的友谊，如吴世昌、费孝通、侯仁之、蒋荫恩、周一良、顾廷龙、张兆麟、陈翰伯、萧乾、王世襄等。

1936年1月18日，陈梦家与赵萝蕤结婚。同年，他从燕京大学毕业，留校任教。任教期间，他与同期任教的中外籍教师都建立了良好的互动关系；和年龄相近的青年教师，如著名历史学家聂崇岐、著名地方志学家朱士嘉、研究先秦古史的刘节、法学家张友渔、蒙元史研究家韩儒林、佛学家董璠、社会学家雷洁琼和赵承信、教育家廖泰初等过从甚密。

1937 年"卢沟桥事变"，陈梦家离开北平，由闻一多先生推荐，到长沙清华大学教授国文。1937 年秋到 1944 年夏在昆明西南联大任教，讲授古文字学、《尚书》通论。在此阶段，陈梦家与清华大学校长梅贻琦先生以及同时期在清华大学和之后的西南联大任教的许多教职员建立了深厚的友谊。同为中国文学系的有闻一多、朱自清、杨振声、陈寅恪、唐兰、刘文典、罗常培、浦江清、王力、沈从文、李广田等；其他学科的有冯友兰、吴有训、潘光旦、叶企孙、毛子水、汤用彤、金岳霖、钱端升、罗隆基、吴宓、钱穆、饶毓泰、张子高、郑桐荪、周培源、向达、吴晗、陈之迈、陈岱孙、张政烺、雷海宗、孙毓棠、张荫麟、郑华炽、江泽涵、朱汝华、叶公超、闻家驷、钱锺书等。因陈梦家夫妇一度在云南北郊的龙头村居住，时中央研究院历史语言研究所、中国营造学社和中央研究院社会科学研究所也驻扎在附近，陈梦家与这三个单位的大多数人员也有了接触，彼此间有了来往。历史语言研究所的傅斯年、李济、赵元任、梁思永、董作宾、夏鼐、胡厚宣等，大多是这个时期结识的。中国营造学社主要成员梁思成、林徽因夫妇，在北平的时候就有走动，而此时梁思成夫妇与陈梦家夫妇同住在一个小村落里。陈梦家与陶孟和此时虽然没有太多来往，但彼此间印象很好。在昆明时，陈梦家还与北平图书馆的袁同礼和居住在龙头村的古琴家查阜西成为知心朋友。

以上人士中，梅贻琦、闻一多、朱自清、杨振声、陈寅恪、冯友兰、吴有训、叶企孙、汤用彤、潘光旦、毛子水、金岳霖、吴宓、钱穆、钱端升、唐兰、刘文典、罗常培、董作宾等，陈梦家始终以师长待之；而袁同礼、查阜西、梁思成夫妇、浦江清、王力、沈从文、钱锺书、吴晗、孙毓棠、郑华炽、胡厚宣、张政烺等，则以好友视之。总之，在那同甘苦、共患难的岁月里，他们之间的友谊是真诚的。

1944 年，美国哈佛大学的费正清给陈梦家联系到了芝加哥大学东方学院教授古文字学的工作。同年秋，陈梦家与赵萝蕤告别西南联大，离开昆明，飞过喜马拉雅山，经过印度，又乘船 18 天到了芝加哥大学。陈梦家在芝加哥大学东方学院教授古文字学，而赵萝蕤则进入芝加哥大学英语系学习。

陈梦家在美国的日子里，与胡适等故旧时有往来或通信。因大多的老友故旧不在一个城市，他们通信多，晤面少。在美国期间，陈梦家与胡适晤面也很有限。《胡适先生年谱长编》只记载了 1945 年 7 月 8 日，在纽约羊城酒家公宴袁同礼先生时，主人中有陈梦家（来自芝加哥）。其他几位主人分别是：王重民夫妇（来自华盛顿）、尤桐（来自普林斯顿）、陈鸿舜、朱士嘉、冯家升、王毓铨夫妇、杨联陞。除了同在美国的朋友外，国内或因公短期赴美，或去美国讲学的亲戚朋友，陈梦家夫妇也一定要与他们晤面，热情款待。其间，赵紫宸、冯友兰、袁同礼、梁思成、韩寿萱、查阜西、罗常培、陶孟和、全汉升、周培源、钱端升、杨振声、袁敦礼、董作宾、朱汝华等都与陈梦家夫妇晤面或通信。

在美国的四年里，陈梦家的主要精力投入到收集流散在美国和欧洲的中国古铜器资料方面，为此他通过胡适、袁同礼、王重民、陈西滢、陈之迈、卢芹斋等人的各种关系和渠道，得以遍访美国藏有青铜器的人家、博物馆与古董商。1947 年，他前往欧洲，出入贵族王侯之家，走遍藏有铜器的博物馆，收集中国青铜器的资料。

1947 年秋，陈梦家谢绝了美国罗氏基金会负责人关于留美定居的邀请，告别了继续留在美国读书的爱妻赵萝蕤和美国的好友，毅然回国，到清华大学任教。此时清华大学的教职员中，有一部分是陈梦家在西南联大时的师长，如梅贻琦、朱自清、潘光旦、陈寅恪、金岳霖、叶企孙、郑之蕃、张子高等，这时冯友兰尚在美国。另一些则是教龄、年龄相近同在西南联大任教的同事，如周培源、江泽涵、浦江清、吴泽霖、吴晗、华罗庚、周一良、许维遹等。之后，李广田等也陆续到清华大学任教。除了同辈的，尚有在西南联大任教时他教过的学生，如朱德熙、马汉麟，以及由天津调来的王逊等。

　　陈梦家回国后不久，1947 年的秋冬之际，曾去西北考察敦煌和沿途古迹。他在旅途中，应胡宗南邀请彻夜长谈三个晚上，胡宗南极为欣赏这位学识渊博、头脑清醒的浙江同乡，临别时赠陈梦家黑羊羔皮袍一件，陈梦家则回赠芬兰小刀一把。这次西北之行，陈梦家有机会结识了西北军将领邓宝珊将军，拜访了时在西北任教的顾颉刚和故旧。

　　陈梦家在中文系任教的同时，还兼任清华大学文物陈列室主任一职。这个文物陈列室是 1947 年 11 月间在梅贻琦校长支持下，由中文系与历史系、营建系、人类学系联合组建的，在中国艺术史研究委员会指导下开展工作。艺术史研究会主席，先是由营建系负责人梁思成兼任，后梁思成因故辞去，暂由邓以蛰兼任。

　　为了筹建文物陈列室和为陈列室搜集古物，陈梦家耗费了大量的时间和精力。每逢休息日，他都会进城出入于古董店和出售古董器物的私宅，与各路古董商人和破落皇亲贵族的后人周旋。在陈梦家回国后使用的一个精美的皮面通讯录上，记满了京沪二地的重要古董商贩的姓名、住址和电话。其中包括：卢芹斋的卢吴公司北京分号的代表叶叔重；沪上古书画鉴藏家谭敬、丁惠康；20 世纪三四十年代在美国人普爱伦的指使下，组织盗卖和毁坏龙门石窟宾阳洞的《孝文帝礼佛图》和《文昭皇太后礼佛图》等北魏石雕，案件曝光后引起国人特别是文化界知名人士极大愤慨的北京大古玩商岳彬；通古斋老板黄伯川，以及琉璃厂、隆福寺、北大地和崇文门鲁班馆的古董商。自 1947 年 10 月至 1957 年秋，十年间陈梦家结交了一批国内外古董商人和古董贩子，他们帮助陈梦家寻觅到许多珍贵的文物。这些文物有的是为清华大学陈列室购置的，有的是受郑振铎和徐森玉委托为国家收购的。在这个时期，陈梦家致妻子赵萝蕤的信中，几乎每次都提到他为给陈列室选购文物四处奔波，与文物贩子周旋，时常与潘光旦、吴泽霖等一起入城选书、购买文物的事情。陈梦家在美国时，与同为浙江籍的著名古董商、卢吴公司老板卢芹斋建立了良好的关系，曾动员卢芹斋捐赠给国家一件青铜器。他回国后，与卢芹斋保持联系，促使卢芹斋将重金购得的国宝级青铜器令狐君嗣子壶捐赠给清华大学文物陈列室。1948 年 4 月 29 日，时值清华大学 37 周年校庆，文物陈列室正式成立，并将藏品公开展出。藏品包括上百件商周青铜器、一千余片甲骨，另外还有金石拓本、数十件六朝隋唐石刻，以及西南苗、彝、纳西族文物和台湾高山族文物等。其中尤为引人注目的，是陈梦家通过四姐夫刘仁政经手从美国购归的一幅乾隆时期的大型织造——乾隆巨型缂丝佛像。这件"织造"长逾六米，宽约四米，工艺精湛，色彩多至百种以上，极为繁复工致，堪称缂丝艺术的登峰造极之作。

1949 年 8 月中旬，为争取沪上收藏家丁惠康医生将所藏台湾高山族文物参加清华大学举办的"全国少数民族文物展览会"，陈梦家抵沪晤见丁惠康。在上海文管会副主任徐森玉的协调下，丁惠康欣然同意。这次沪上之行，陈梦家拜访了上海诸友，如顾廷龙、杨宽、郭若愚等，还应南京金陵大学校长陈裕光与时任中国文化研究所所长的李小缘之邀到校参观。同年 10 月 7 日，丁惠康亲自携带全部高山族文物，北上抵京。在陈梦家的动员下，丁惠康决定将这批文物无偿捐赠给清华大学。10 月 17 日，正式捐赠。

同年 11 月 4 日至 7 日，"台湾、西藏及西南少数民族文物展览"在徐悲鸿的支持下，在北京艺专大礼堂举办。展览期间，社会各界前往参观，陈梦家结识了许多新朋友。通过丁惠康，陈梦家结识了张澜。

1950 年 7 月 21 日，陈梦家参加了雁北勘察团，并任副团长。此行，与傅振伦、宿白、阎文儒等建立了友谊。

1950 年初，陈梦家向清华大学校务委员会建议，在陈列室的基础上筹备建立清华大学文物馆。遗憾的是，由于内部矛盾，陈梦家辞去了文物陈列室的主任职务，文物陈列室的工作从此停滞不前。1952 年全国高等院校院系调整，陈梦家、潘光旦、吴泽霖等清华大学同仁苦心经营的文物陈列室被裁撤。西南苗、彝、纳西族文物和丁惠康、金祖同捐赠的台湾高山族文物、书籍资料等被一分为二，一部分留在清华大学，一部分被调拨到中央民族学院。1959 年 9 月，为庆祝新中国成立十周年，陈梦家任清华大学陈列室主任时征集和购置的包括令狐君嗣子壶和乾隆巨型缂丝佛像在内的 57 件珍贵文物被选调参展，最终参展的有 24件。展后这 57 件文物全部入藏中国历史博物馆。

1952 年 9 月，陈梦家转入中国科学院考古研究所任研究员，工作环境是新的，但是从上至下，与他相识或相知的熟人可不少，如科学院院长郭沫若，副院长竺可桢、吴有训、陶孟和都是他的师长辈，吴有训和陶孟和与他还有私交。考古所内的同仁中，所长郑振铎和副所长梁思永、夏鼐，老一辈考古学家徐炳昶、黄文弼、郭宝钧等，以及后来的尹达都是老相识。1954 年 6 月，陈梦家被选为《考古通讯》编委会委员和副主编。作为《考古通讯》的副主编，陈梦家尽职尽责。为了及时得到各地的文物征集信息、发掘消息并约到一些有分量和有影响的稿件，他开始与活跃在文化界的师友故旧，如容庚、马衡、徐森玉、王献唐、张珩、唐兰、于省吾、商承祚、向达、雷海宗、赵万里、罗福颐、张政烺、曾毅公、王重民、韩寿萱、张伯驹、杨钟健、杨树达、王起、杨宽、启功、胡厚宣、夏鼐、王世襄、张效彬、沈从文、钱锺书、冯家升、周汝昌、谢稚柳、王振铎、闻宥、史树青、宗白华、周一良、王玉哲、汪庆正、郭若愚、李小缘、佟柱臣、顾廷龙、关德栋、赵守俨等时有往来。

陈梦家除与学术界人士广泛来往外，因他兴趣广泛，原本就是著名的诗人，还酷爱读小说、看电影和欣赏各种戏曲，因此他在文学艺术界的朋友很多，古琴家查阜西是老朋友，还有饶孟侃、梁方仲、何其芳、徐迟、吴伯箫、叶君健、芳信等诗人、作家。因常应约给报刊撰写一些涉及文学、戏曲、电影、美术工艺等问题的文艺短论，又因少量诗歌在《人民日报》《光明日报》《文汇报》《新观察》《文艺报》《诗刊》等报刊发表，他结识了一些文艺界的朋友，马衡之子马彦祥常会赠各种戏票给他。评剧艺术家小白玉霜、曲剧名家魏喜奎和歌唱家喻宜萱等都是陈梦家夫妇的好朋友。

1957年夏季，陈梦家被划为"右派分子"，遭到批判，为了不牵连亲戚和朋友，他除了母亲和同胞兄弟姐妹并岳父赵紫宸家，再加上查阜西等少数几位知己好友，原则上不再和同事、朋友走动，包括逢年过节。春节期间，考古所有互相拜年的习俗，以往陈梦家总会去夏鼐家拜年，夏鼐也会来他的住所拜年，有时还会互相请饭。自1957年以后，陈梦家谁家也不去，当然包括夏鼐在内，所内的人也不会到他家来拜年。据说，1960年春，徐森玉带着秘书汪庆正到北京公务，第一件事就是去看望陈梦家。这时陈梦家仍然戴着"右派"帽子，见到徐森玉自然很高兴，说："我不便到宾馆去看你们，怕连累你们。"徐森玉一听就很不高兴，说："这是什么话，放屁！"这种状况，直到1963年陈梦家摘掉了"右派"帽子，亲友、同事才又恢复了正常往来。

遗憾的是，好景不长。在陈梦家摘掉"右派"帽子的第三个年头，"文化大革命"开始了，陈梦家遭到惨无人道的迫害和侮辱。1966年9月3日夜，趁夫人赵萝蕤重病卧床不起，陈梦家以睡衣腰带自缢身亡。

纵观陈梦家生前各个时段的人际关系，可谓错综复杂，涉及社会各个层面，早年的师友，包括中央大学、燕京大学、青岛大学、西南联大、清华大学、中国科学院考古所的同事等。因研究青铜器、甲骨文，还喜欢搜集明式家具，他还结交了不少的古董商人和倒腾古董的小贩。总之，三教九流，高者如身居高位的郭沫若、郑振铎、吴有训、竺可桢、吴晗等；低者如鲁班馆修理硬木家具的木匠、修理青铜器的工匠，以及古董店里的伙计。

陈梦家是一个具有诗人气质、文人情怀的学者。他胸怀坦荡，是非恩怨都摆在明面，绝不背地里害人。在人际交往中，无论对方的地位高低，是政府高官还是普通工匠，他都表现出一个知识分子的可贵品格和尊严，不卑不亢，一视同仁。

　　陈梦家出生在一个基督教徒的家庭，他接受的是建立在公义、圣洁、信实基础上的爱。因而，在他与人交往中，待人真诚，不虚伪，不做作，不折中调和，不卑躬屈膝。具体的表现，大致有以下几个方面：

　　一是他重情义、尊长者、敬师长。徐志摩不幸逝世，他痛不欲生，以整理徐志摩的遗稿、遗诗为己任。他是闻一多的得意门生，闻一多生前曾对他有误会，但他不予计较，闻先生离世后，他对闻家一如既往，并常在生活上予以接济。他和翻译家芳信是忘年交，芳信临终托孤，他与夫人尽职尽责地对其遗孀和一双儿女予以照顾。容庚抗战期间曾接受伪职，令人不齿，但他不嫌弃，一如既往以师相待。1947 年冬，陈寅恪没有棉鞋过冬，他将自己的新靴赠予。梅贻琦、冯友兰、朱自清、毛子水、汤用彤、吴有训及潘光旦等，他都以师长敬之。对师长敬之，对学生爱之。陈梦家对待自己的学生，关爱有加。马汉麟、周汝昌、王世民、张长寿、周永珍等在学术上都曾得到他的指导和帮助。

　　二是他不攀附权贵，更不会曲意奉承。1952 年，陈梦家调入中国科学院考古所，他与院长郭沫若，副院长陶孟和、竺可桢都很熟悉，与副院长吴有训是很要好的朋友，但陈梦家从来不和他们套近乎、拉关系。时任考古所所长的郑振铎为陈梦家在燕京大学读研究生时的教授，而他对郑振铎敬而远之，并无攀附借重之意。

　　三是他胸怀坦荡，疾恶如仇。1944 年秋，陈梦家离开昆明赴美游学，其间与他同为闻一多赏识的山东籍青年教授许维遹曾挑拨他与闻一多的关系。1947 年秋，自美国返回清华大学任教后，他与许维遹虽同系任教，但老死不相往来。他与李广田因思想观念不同，尽管李广田为当红人士，但他与之从不接近，敬而远之。1947 年冬至 1950 年春，他参与筹办清华大学文物陈列室。三年里，他竭尽全力，利用自己的各种朋友关系，为陈列室购置了很多价值连城的文物，还动员卢芹斋、丁惠康等向清华大学无偿捐赠重要文物。他以个人的能力和魅力，得到社会各界人士的支持，取得了骄人的成绩，但因邓以蛰和其门生王逊等人揣测他利用为清华大学购置文物之机，或搭车为自己购物，或有揩油之嫌。他无端遭人诬陷，愤然辞去文物陈列室主任和筹备文物馆负责人之职，并与邓、王二氏决裂，不再与此二人有任何的交流和事务往来。1950 年 7 月 21 日，陈梦家与王逊同时参加雁北文物勘察团，在长达一个多月的时间里，陈梦家"与之与对待旁人一般"。因梁思成在此事件中偏听偏信，他与梁氏自此渐行渐远。他与臧克家同为闻一多入室弟子，但因与臧克家世界观不同，也无过从。

纵观陈梦家先生的一生，他交友无数，但真正肝胆相照的朋友，为数寥寥。冯友兰、吴有训、潘光旦、袁同礼、王重民、徐森玉、查阜西、于省吾、张珩、丁惠康、王世襄、赵守俨夫妇、芳信夫妇等多为挚友，而前文所列则大多只是他在某个历史阶段的朋友，更多的是他人生旅途中的过客。

呜呼！人生难得几知己，友谊长存又几何！

方继孝

2016 年 8 月 7 日，星期日立秋当日初稿

2018 年 4 月 18 日，星期三下午修订

2020 年 11 月 5 日，星期五上午再校

闻一多："梦家是我发现的"

陈梦家与闻一多先生相识于 1927 年的冬天。自此以后，陈梦家无论在创作新诗方面的成就，还是在古文字学和考古学方面的建树，都与恩师闻一多先生的启蒙、引路、培养、提携有决定性的关联。

一、新诗的导引者

陈梦家与闻先生的结缘，是由诗开始的。陈梦家对诗词歌赋的喜爱，与他的生活经历有着密切的关系。他出生于一个基督教徒家庭，父亲陈金镛是一位爱国的基督教神职人员，母亲蔡灵恩亦出生于牧师家庭，粗通文字，懂罗马拼音，是一位虔诚的基督教徒。陈梦家自幼和家人一起准时做早晚祷告和礼拜，基督教赞美诗和对儿童宣讲的《圣经》故事，引起了他对诗歌的喜爱。1922 年，陈梦家小学毕业后，并没有正规读完中学。正是在这个时期，他有了写诗的冲动，开始写一些现代小诗。

1927 年 9 月，闻一多受聘担任国立第四中山大学（后改名为中央大学）外文系教授兼主任，教授英美诗歌、戏剧、散文。这一年，陈梦家以同等学力考入国立第四中山大学，约在这年的冬天，与在该校任文学院院长的闻一多第一次相会，并很快成为闻的得意门生。陈梦家曾这样描绘闻一多:"身材宽阔而不很高,穿着深色的长袍,扎了裤脚,穿了一双北京黑色老头乐棉鞋。那时他还不到30岁,厚厚的嘴唇,衬着一副玳瑁边的眼镜,他给人的印象是浓重而又和蔼的。"从该年起,刚满16岁的陈梦家在闻一多的指导下,在写诗中开始以格律约束自己。不久,陈梦家觉得自己以前写的小诗完全不入眼,于是全部销毁。

闻一多在南京工作了大概一年的时间,在此期间发表了诗作《回来》、译作《白朗宁夫人的情诗》等作品。1928年1月由上海新月书店出版闻一多自编的最后一部诗集《死水》,收入《红烛》以后所作的新诗28首。

这部诗集"在思想深度、题材广度和表现手法等方面"都影响着年轻诗人陈梦家,对于他后来的创作、学术和人生都起到了极其重要的作用。

而此时的陈梦家在闻一多的悉心指点下,稳步踏入诗歌与戏剧创作之路。他创作的剧本《金丝笼》以及《药》等几篇诗作,经闻一多修订并推荐,发表在刚刚创办的《新月》杂志上。不久,他还选编了一度影响颇广的《新月诗选》,已然成为新月派后期人群中的一员健将。

正当陈梦家陶醉于耕耘与收获之际,他的诗歌创作的引路人闻一多先生则放下了其外国文学研究,致力于研究中国古典文学。在对《诗经》《楚辞》《周易》《庄子》四大古籍整理研究的基础上,还综合运用传统的文字学、音韵学、训诂学、文献学和现代的人类学、民俗学等,对中国上古神话进行了开创性的探索,通过对唐诗和代表诗人的研究,陆续写出卓有见地的论文。1928年8月,闻一多在即将上任武汉大学文学院院长之际,他的第一篇研究中国古代作家的论文《杜甫》问世。闻一多在南京还对端午节的由来进行了考证,他推论出吃粽子的最早含义:"在龙图腾祭的五月五日,上古吴越人将食物装入竹筒或裹在树叶里,一面扔到水里献给龙,一面自己吃,还敲着急鼓,划着龙形独木舟竞渡江河,以祈求龙图腾神的保佑。"大概从这个时候起,闻一多寻求到一条弘扬民族文化精神的途径，成为这一领域的开拓者。

1928 年秋后，国民政府大学院筹建国立武汉大学，闻一多应国立武汉大学代理校长刘树杞的邀请，就任武汉大学教授兼文学院院长。此时正值武汉大学筹建阶段，闻一多参与了武汉大学的筹建和规划。武汉大学校区新址选定在罗家山，原名落驾山，根据闻一多建议，改为富有诗意的谐音"珞珈山"，一直沿用至今。山前原建有石坊，坊上镌刻的"国立武汉大学"六字，出自闻一多手笔。闻一多还为武汉大学设计和书写了小篆体"武大"二字的校徽。

闻一多离开第四中山大学后，陈梦家与闻先生时有书信往来。闻一多离开南京时，正是陈梦家诗歌创作的高峰期。每当有了新作，总会寄给武汉大学的闻先生。1929 年 1 月，陈梦家作诗《一朵野花》。6 月、10 月先后写小说《某女人的梦》《一夜之梦》。也是在这一年，徐志摩到中央大学兼课。约于此时陈梦家与徐志摩开始交往，并得到徐志摩的赏识。也是在这一年，陈梦家与方玮德结为诗友。

有了闻一多和徐志摩的指导，陈梦家的诗文创作突飞猛进。1930 年 1 月 16 日，陈梦家在《国立中央大学半月刊》第七期"文艺专号"发表《葬歌》《秦淮河的鬼哭》《等》《马号》等诗六首、散文一篇及小说、文艺短论各两篇。在《诗的装饰和灵魂》《文艺与演艺》两文中，表明与新月派一致的观点和关于格律诗的主张，对革命文学表示厌恶。同年七八月间，陈梦家回上海度假，父亲患重病入上海宝隆医院医治，陈梦家照料至父亲出院，然后又陪父亲回杭州乡间。在照料父亲期间，陈梦家心情沉闷，于是与方玮德、方令孺频繁通信，信中吐露出他不满社会现实，也不满革命文学，希望少和世事发生关系，创造一个仙域以求或然的欣快。该年秋，陈梦家带着方玮德、方令孺等的愿望到上海，向徐志摩提议创办《诗刊》，得到支持。9—12 月间，作诗《西行记》《秋旅》《雁子》《悔与回（一）》《再看见你》《梦家诗集·序诗》《只是轻烟》等。

1931 年 1 月 20 日，陈梦家所提议的《诗刊》，由徐志摩主编创刊。陈梦家为该刊重要的撰稿者，并参与了校对等事务。同月，《梦家诗集》由徐志摩题签交新月书店出版，收入之前两年的诗作 40 首，编为四卷。闻一多和胡适发表了《梦家诗集》的评介文章。2 月，陈梦家作自传《青的一段》（原载 1931 年 12 月《文艺半月刊》第二卷第十一、十二期合刊），记述了自己十岁前的生活经历。7 月，《梦家诗集》由新月书店再版，增收当年春至夏的诗作 12 首，编为第五卷。集中作品，形式整饬，音调和谐，多通过爱情和景物描绘抒发个人的生活感受，表达了伤感、迷惘和消极的宗教情绪，缺乏积极的社会意义。这时，陈梦家自觉生活的空虚和方向的渺茫。他在《再版自序》中表示："我想打这时候起不该再容许我自己在没有着落的虚幻中推敲了，我要开始从事于在沉默中仔细看这世界，不再无益地表现我的穷乏。因此这集诗就算作二十年的不可清算的糊涂，让它逐渐在人们的记忆中忘掉罢。"

总之，这时的陈梦家已然成为新月诗人中的一员健将和代表人物。此时，他已成为徐志摩喜爱的学生、挚友，同时也被闻一多接纳为入室弟子。尽管陈梦家在诗的创作技巧和格律方面多所推敲，有所创造，但因"他没有徐志摩那样精深的西方文学造诣，也决没有闻先生对祖国、对人民的强烈责任感"（赵萝蕤《忆陈梦家》，原载《新文学史料》1979 年第三期），他的诗没有超越他的两位老师。

作为诗人，陈梦家的创作生涯前后只有七八年。他从一个诗人转型为一个文字学家和考古学家，启蒙人依然是闻一多。而转折的起点，是闻一多到青岛大学不久，邀他来做助教开始的。

二、学术道路的引路人

1930 年 9 月闻一多应青岛大学校长杨振声的聘请，从武汉大学到青岛任国立青岛大学文学院院长兼国文系主任。1932 年 1 月 28 日,"淞沪抗战"爆发,当听到国军败退的消息,陈梦家满怀爱国激情与刘启华、卢寿枬一道,由南京奔赴上海近郊的南翔前线投军,加入十九路军抗击日寇的行列。一个月后,战事渐缓,陈梦家回到南京。3 月底,应闻一多召唤,陈梦家前往青岛大学任助教。1932 年 7 月初,因青岛大学解散,成立国立山东大学,校长杨振声辞职赴北平。同年 8 月,闻一多应聘为清华大学中国文学系教授,陈梦家亦离开青岛,年底到达北平,入燕京大学当了短期学生。1933 年早春,陈梦家离开北平去塞外小游。同年 9 月,赴安徽芜湖任广益中学国文教师。经过较长时间的思考后,他决定像恩师闻一多先生一样,放弃浪漫的诗歌创作,做一个纯粹的学问家。陈梦家的想法,得到了闻一多的肯定和支持,认为这才是一个有才华和志向的青年追求的正途。1934—1936 年,陈梦家进入燕京大学攻读古文字学。从此以后,他几乎把全部精力都倾注于古史与古文字的研究。仅仅 1936 年一年(他大半时间还是当学生的时候),就在《燕京学报》《禹贡》《考古》等杂志发表了长短不一的七篇文章,开始了他的学者生涯。

这个时候的陈梦家和他的老师闻一多,都痴迷于对甲骨文、金文及神话的研究。与闻师相比,陈梦家有后来居上的趋势,在燕京大学研究院读研究生前后两年的时间里,他根据甲骨文、金文探讨商周时代的宗教、神话和礼俗以及古代地理方面的论文,已引起学界的重视。1936 年 6 月底,臧克家从青岛来北平,至清华园探望闻一多。此刻,陈梦家刚刚接到燕京大学聘其为助教的聘书。闻一多在和臧克家谈话中,对陈梦家大加赞扬,说他"很有才气,一转向,就可以得到成功",还说"他也是受了我的一点影响。我觉得一个能写得出好诗来的人,可以考古,也可以做别的,因为心被磨得又尖锐又精炼了"(见臧克家《我的老师闻一多》)。

1937 年春,在燕大任助教的陈梦家,听闻一多说要到安阳傅斯年、李济、梁思永等学界名流组织的殷墟现场探访考察，兴奋不已，当即决定随师前往。这也是抗战前殷墟遗址的最后一次挖掘。陈梦家与闻一多抵达后，得到时任中央研究院历史语言研究所所长，兼代中央研究院总干事的傅斯年的欢迎。陈梦家是第一次亲临考古发掘现场，充满了好奇，在殷墟的几天里，陈梦家目睹挖掘出的青铜器、陶片、甲骨，新奇不已，流连忘返。其间，他还与后来称为"考古十兄弟"的李景聃、石璋如、李光宇、刘燿（尹达）、尹焕章、祁延霈、胡厚宣、王湘、高去寻、潘悫结识。这次的安阳之行，令他眼界大开，也坚定了他致力于甲骨、青铜器研究的念头。

正当师徒二人学术猛进的时候，1937年7月7日，"七七事变"爆发，中国全民抗战开始。闻一多向清华大学提出休假一年的申请后，携在平子女回武昌与妻子会合。此时，清华大学、北京大学和南开大学都迁至长沙，共同组成长沙临时大学。刚抵湖北数日，闻一多接到清华大学校长梅贻琦的信，决定推迟按规定应享受的一年休假，到长沙任教。此刻，陈梦家与妻子赵萝蕤率赵家老母和兄弟景德、景伦已离开北平，避居赵家祖居的浙江省德清县新市镇。

自北平分手，陈梦家与闻一多一度失去联系，经辗转打听，终于得知闻一多在长沙临时大学任教的消息。联系到闻先生后，陈梦家致信闻一多，表达了他赴长沙与老师会合并在长沙临大任教的愿望。恰好长沙临大尚缺文字学教员一人，经闻一多推荐，由时任中文系主任的朱自清报梅贻琦校长同意，清华大学聘陈梦家为教员。接到电报，陈梦家当即携爱妻赵萝蕤通过京杭国道到南京，然后乘船到了长沙。文学院在衡山，于是夫妇两个又到衡山。不久，又随校赴云南，在西南联大讲授中国文字学与《尚书》通论等课程。

陈梦家与闻一多自1937年起同在西南联大任教，至1944年秋，陈梦家受邀赴美国芝加哥大学讲学，总共七个年头。在此期间，闻一多在生活极其困苦的条件下，克服家庭经济困难，整日埋首古籍中，取得了许多重要学术成果。陈梦家没有孩子，又有夫人赵萝蕤在生活上的照顾，更是一门心思钻研业务，著书立说。不过，因闻一多与陈梦家在观念上略有差异，往往所交往的人和关注的事有所不同。从诸多的有关闻一多与陈梦家的故事中，隐约看出一些师徒渐行渐远的迹象。

关于闻一多先生不满意陈梦家的传闻也一直有所流传。传闻最广的，是每每陈梦家与闻先生论学，谈到兴处，有了新的见解，总是陈梦家先行整理成文并署己名，见诸期刊。据说，陈梦家的做法曾引起闻先生不高兴，但闻先生并非计较之人，更不会因此而责备他的弟子。从1944年7月陈梦家升任教授，此前闻先生曾两次致函梅校长提出自己的建议理由来看，闻一多对陈梦家在学术上的评价是极高的。闻先生说："陈先生于研究金文之余，亦尝兼及《尚书》，而于西周年代及史实之考证，贡献尤大。'年历学'为治理古文之基础，晚近学者渐加注意，实迩来史学界之一进步。陈先生本其研究金文之心得，致力斯学，不啻异军突起，凡时贤不能解决之问题，往往一经陈氏之处理，辄能怡然理顺，豁然贯通。"仔细品读闻先生的这段文字，可见闻先生对爱徒的"凡时贤不能解决之问题，往往一经陈氏之处理，辄能怡然理顺，豁然贯通"的能力是高度褒奖的。

三、举贤不避"亲"

关于闻一多当年一如既往地对陈梦家的关照与提携之说，尤其是关于陈梦家自1937年进入清华大学至1944年赴美，由一个比助教稍高一点的教员升为专任讲师，赴美前升任为教授，这一切都归功于闻一多的关照，这种说法也是不负责任的，不过是没有太多依据的道听途说而已。

如果非要拿出闻一多对陈梦家有特殊关照的证据，也不过是在清华大学或西南联大聘任委员会上的推荐意见而已。可这也只是聘任所需的程序而已。

国民政府教育部规定，各大学要建立聘任委员会制度。从有关资料可以看出，清华大学的聘任委员会拥有相当大的权力，这一权力在不同时期有所调整，但大体上包括以下几项：确认校务会议所拟聘请的教授、讲师及导师名单；确定下一年度续聘各系、所教授、副教授、专任讲师名单；审定新聘教授、副教授、讲师任职资格；决定教员的晋升；就教师服务规程中各级教员聘任及相关待遇提出修正建议，等等。而已聘教员要提升聘任级别须有现任教授的推荐公函作为讨论依据。国民政府关于教授资格也有明确的规定与审定办法："任副教授三年以上，卓有成绩，并有重要之著作者。"据清华大学史料，清华大学从 1930 年11 月至 1937 年 5 月的六年多时间里，聘任委员会共开会近 30 次，研究审定了数百人次的教员聘任及资格议题。抗日战争爆发，清华大学南迁，与北京大学、南开大学合组西南联大后，从 1938 年 11 月至 1946年 5 月，聘任委员会共开会 30 多次，使西南联大在动乱的战争年代能够集中一大批优秀学者，保持相当高的教学质量和学术研究水准。陈梦家的教授资格审定是 1944 年 6 月 8 日在西南联大第 21 次聘任委员会上获得通过的，梅贻琦于 7 月 28 日核准。

以上可以说明，陈梦家能升任教授得益于闻一多关照与提携的说法，是有悖事实的。此外，1944 年闻一多的推荐函，所推荐升任教授的其实是两个人，一个是陈梦家，另一个是与陈梦家同在中文系任副教授的许维遹。而且闻先生的推荐函，首推的是许维遹。许维遹，号骏斋，1932 年毕业于北平大学中文系，1937 年抗战爆发，在西南联大文学院任教，先是任中文系专任教员，1941 年，经闻先生推荐，与陈梦家一同经西南联大聘任委员会通过升任副教授。1944 年，还是经闻先生推荐，再次与陈梦家一起升任为教授。而这两次闻先生出具推荐函，是 1940 年 9 月朱自清先生休假研究一年，清华大学中文系主任由闻一多代理，1941 年 10 月，朱自清返校后请辞中文系主任，闻一多正式接任中文系主任期间。按照前引国民政府教育部"已聘教员要提升聘任级别须有现任教授的推荐公函作为讨论依据"的规定而论，中文系主任为自己系中符合晋升条件的副教授写个推荐信也是情理之中的事，假设当时的中文系主任依然是朱自清，也会写这个推荐函的。

若论与闻一多的亲疏，陈梦家是闻一多的入室弟子，而许维遹没有这种关系；若从学术水平相比，显然许弱于陈。这也是西南联大文学院同仁的共识。但是许维遹与陈梦家的个性不同，许为人低调，一心学问，不善交际，不事张扬，因此颇得中文系两任主任朱自清和闻一多的重视和信任。从现有的资料看，闻一多在西南联大时，与许维遹的交往要多于陈梦家。翻阅朱自清的年谱，有几处许维遹陪同朱自清、闻一多出游之记载。闻一多在他获国民政府教育部学术审议会议颁发的 1943 年度学术二等奖的《楚辞校补》引言的末尾说：

> 我应当感谢两位朋友：游泽承（国恩）和许骏斋（维遹）两先生。泽承最先启发我读《楚辞》，骏斋最热心鼓励我校勘它。没有他们，这部书是不会产生的。

从中可见，许维遹在闻一多的眼里是有地位的。起初许维遹与陈梦家同为西南联大教员，几乎同时升任副教授，这次提升教授，闻一多是把许维遹放在陈梦家前面推荐的。不妨把清华大学档案室保存的闻一多致梅校长的推荐函摘录于兹：

涵师校长 道席：

敬启者：本系教授许维遹、陈梦家二先生升任现职已届三年，并于教课之余肆力著述，初不以物质生活之清苦、图书设备之简陋稍改其志。许先生除完成巨著《管子集释》二十四卷，《韩诗外传集释》十卷外，又尝致力于《尚书》《国语》《说苑》

诸书，就中所成《尚书义证》一种，会通古训，发明辞旨，谠正
文字，创获之多盖自晚清瑞安孙氏以来罕有其匹。……陈先生
于研究金文之余，亦尝兼及《尚书》，而于西周年代及史实之考
证，贡献尤大。"年历学"为治理古文之基础，晚近学者渐加注
意，实迩来史学界之一进步。陈先生本其研究金文之心得，致力
斯学，不啻异军突起，凡时贤不能解决之问题，往往一经陈氏之
处理，辄能怡然理顺，豁然贯通。要之，二先生数年来，不但于
先秦典籍沉潜日深，且能处处利用新材料与新方法，故其成就乃
得如此，一多于二先生之工作，深所钦佩，特征得本系教授同仁
之同意，拟请师座转呈聘任委员会，自下学年起升任二先生为正
教授，用励贤劳，而崇硕学，如何之处，敬俟卓裁。

　　道祺

　　　　　　　　　　　　　　　　　　　受业　闻一多

　　　　　　　　　　　　　　　　　　　九月六日

　　附：许、陈二先生三年来著作详目一纸

　　许维遹著作（略）

　　陈梦家著作详目：

　　专书七种（已有清稿）

　　　　西周金文研究

　　　　尚书学通论

　　　　尚书二十九篇考释

　　　　敦煌本尚书释文校录

　　　　西周年代考（附篇八种）

　　　　秦官本尚书尧典考

　　　　竹书纪年考证（附六国纪年表）

　　论文六篇

　　　　郊与射（清华学报十三卷一期）

关于上古音系的讨论（同上二期）

古文尚书作者考（图书季刊新四卷三、四期）

王若曰考（吴稚晖先生八十寿论文集）

上古天文材料（学术季刊文哲号第四期）

西周年代考（史学年报第二期）

闻一多在推荐函中概要列举了许、陈的代表性研究成果，评论了其学术价值，随后聘任委员会同意改聘二人为正教授。

四、误解与怀念

陈梦家升任正教授后，也就过了一个多月，便与夫人赵萝蕤取道印度前往美国芝加哥大学讲学去了。谁承想，此次别离，竟成为他与闻一多的永诀。

据《闻一多年谱长编》说，闻一多"明确表示不赞成陈此时出国，认为国内的事更紧要。但梦家觉得机会难得，执意赴美，先生便不再说什么"。按照程序，闻一多以系主任的名义，于1944年9月5日向梅校长转呈了陈梦家请假一年的函：

涵师校长　尊鉴：

本系教授陈梦家先生因受美国芝加哥大学之约，前往讲学并主持研究工作，拟请假一年。兹将原函转呈。敬祈钧察是幸。

祗颂

道祺

受业　闻一多敬启

九月五日

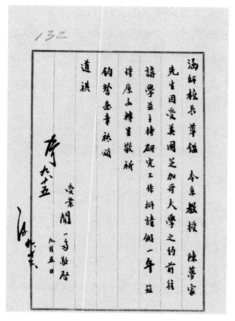

1944 年 9 月 5 日闻一多致梅贻琦
关于梦家赴芝加哥大学讲学的请示

　　闻一多是留美的，他深知在清华大学立身，出国留学镀金有多么重要。同时闻一多也非常清楚，陈梦家纵有天大的本事，也不过是个"土包子"。那为什么闻一多不支持他的学生出国呢？这要从闻一多与陈梦家的不同志向说起。此时闻一多已加入中国民主同盟，走上了反对国民党政府的道路，自然希望陈梦家也和他站在一起。而陈梦家自从进入清华大学，已融入到浓郁的学术氛围中，完全沉入到他的专业领域不能自拔了。因此在西南联大期间，尽管他所接近的人中具有各种政治倾向，而自己不偏不倚，不党不派，甚至连有政治色彩的集会也不参加。这样的行为方式，自然遭到了一部分激进分子的不满。以致他出国后，有人对他说三道四，甚至在闻一多面前进挑拨之言。

　　闻一多对陈梦家有所不满，毕竟是传闻，且多是闻一多离世以后传出的，无从考证。至于对陈梦家人品的议论，大都是 1957 年"反右"时期陈梦家被错划为"右派"之后有人说的，莫须有。而据陈梦家1944年秋赴美后写给梅贻琦、朱自清、冯友兰的信，可以看出陈梦家是时时不忘恩师闻一多的，言语中对闻一多是非常敬重的。在美国，每当遇到难以解决的问题，也总是希望得到闻一多的指教和帮助。1945年夏，陈梦家在即将结束芝加哥大学讲学任务前，拟提请休假一年，在向清华大学梅校长提出申请前，曾致信冯友兰"转商一多先生，再向学校申请"。1945年8月15日，日本宣布无条件投降，中国人民经过14年艰苦抗战，终于取得了最后胜利！陈梦家在写给朱自清先生的信中特别询问，闻先生是否将胡须剃去。闻一多1938年5月自长沙与临时大学的部分师生长途跋涉奔赴昆明，在路上一个多月没有刮胡子，同行的李继侗教授也没有刮胡子，在临近昆明时，闻先生与李教授相约抗战胜利后才把胡须剃掉，李继侗教授没有遵守约定，到昆明不久就把胡须剃去了，而闻先生一直把胡须留到抗战胜利。朱自清在1945年9月9日的回信中告诉陈梦家"闻先生已将胡须剃去"。1946年7月15日下午5时许，闻一多在西南联大西仓坡教职员宿舍大门东侧马路上被刺殉难。陈梦家得知恩师罹难的消息，悲恸不已，自此他在致国内家人和友人的信中，总是要他们代以致候闻夫人。

1947年9月底，陈梦家回到北平清华大学。这时，他的恩师闻一多先生遇害已经一年多了。陈梦家回到北平后时常看望闻师母，并时常给予一些接济。此时，陈梦家夫人赵萝蕤仍在美国，陈梦家在给赵萝蕤的信中，几次提到他到闻家看望并送钱物之事。以下摘录几则：

　　1947年10月18日：闻宅送了钱后，……皮包送了。

　　1947年10月26日：前日入城，住郑家。……在冯太太处吃面条，闻太太哭诉闻公死后，无人存问，且说近正无钱，我遂将存冯处连息约百万赠之。

　　1948年1月30日：闻太太昨日来园，未到我处，有回南意。

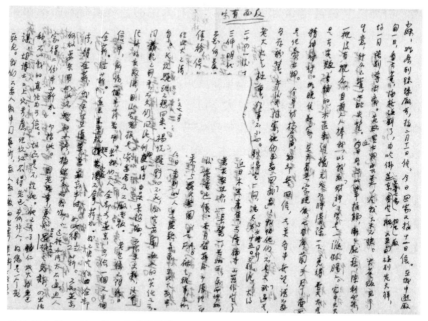

1948 年 2 月 20 日，陈梦家致萝蕤信有：年后去闻家，他们正要去"武昌"

1948 年 2 月 5 日：昨日将一百万面送闻太太了。

1948 年 2 月 13 日：闻太太一百万也是自己送去的，总之过年为人家花了五六百万之谱。

1948 年 2 月 18 日晚：我有三袋面，闻家又送了一袋。

1948 年 2 月 20 日：年后去闻家，他们正要回"武昌"，我怕他们不是去"武昌"去。

1948 年 3 月 8 日：吴雨老说是今天到。闻家不久将离平它去，你当明白。

1947 年 10 月初，陈梦家返校，11 月尚有一段时间赴西北考察，至 1948 年 3 月闻夫人离开北平，赴晋冀鲁豫解放区的这短短的几个月里，从残存不全的陈梦家致夫人信中，可以看到闻先生的这位学生是非常惦念闻先生的家人的。

1966 年 9 月，陈梦家罹难，在遗物中发现其保存的闻一多先生在昆明时的照片。据陈梦家的亲友回忆，闻先生的照片一直摆放在书房的写字台上。

胡适：亦师亦友亦真情

　　陈梦家与胡适结识的确切时间无从查考。1931 年 1 月 20 日，胡适从上海乘船去青岛，在船上读《梦家诗集》。当晚的日记里，胡适写道：

　　　　读陈梦家的诗集，这里面有许多好诗，小诗有很好的，长诗如《都市的颂歌》也算是很成功之作。此君我未见过，但知道他很年轻，有此大成绩，令人生大乐观。
　　　　梦家的诗颇有一些不很能明白的句子，但大体上看似有绝高天才。他的爽快流利处有时胜似志摩。

　　由此可以断定，1931 年初，胡适与陈梦家还没有见过面。
　　胡适在青岛与新月同仁闻一多、梁实秋、杨振声、方令孺等聚会时谈到《梦家诗集》并大加赞赏。方令孺到南京后，把胡适对陈的诗集的肯定和评价转述给他。能够得到胡适先生的赞赏，陈梦家欣喜之下，当即致信胡适：

　　适之先生：
　　　　令孺女士到南京，告诉我你教她转告我欢喜我的诗，我很惭愧，二十年过的太荒唐，平常少读书，所以后此想多多阅读中西的诗，觉得自己能力总不够。今天志摩先生有信来，提到你给他的信，我们同感到诗在今日又有复兴的光景，但自己也深觉应该更加振奋才好。关于我的诗，我盼望你能写一封信批评一下。前在上海，无缘晤教，不知以后可有机会见到。南京大雪，天冷，恕我写得草率。此请

文安

陈梦家上　二月六日

自此，陈梦家与胡适开始了交往，直到 1949 年 4 月胡适离开北平，经上海去往美国。

一、推许与扶持

陈梦家与新月结缘，是 1929 年徐志摩到南京中央大学任英文系教授时开始的。这个时候，胡适任董事长的新月书店已开张一年多了，胡适任社长、徐志摩任主编的《新月》月刊也于 1928 年 10 月问世。陈梦家的《一朵野花》《为了你》《你尽管》《迟疑》几首诗，署名陈漫哉，发表在《新月》第二卷第九期。同期发表的尚有闻一多的论文《庄子》和徐志摩的诗《活该》。1930 年秋，徐志摩辞去南京大学教授职务，回到上海担任中英文化基金委员会委员。陈梦家亦回到上海。正是这次在上海，陈梦家经徐志摩引荐，得以结识时任中国公学校长的胡适和其他在上海的新月社同仁。之后，胡适辞去中国公学校长的职务，赴北京大学任教。

1931 年 1 月 20 日，由徐志摩主编、陈梦家参与校对的《诗刊》问世。同月，《梦家诗集》由徐志摩题签交新月书店出版，收入了陈梦家之

前两年来的诗作 40 首，编为四卷。诗集出版后，陈梦家当即给闻一多和
胡适等前辈寄过去。不几日，即接到胡适、闻一多等回函。胡适在信中
除了赞扬和肯定之外，还就诗集的选择、内容、校对、印刷等问题提出
了中肯的意见。陈梦家当即复信，对于胡适"热诚的精细的批评"表示
感谢，并希望胡适能把"精心校阅过的"诗集寄来，以便再版时能按照
胡适的意见进行修订。信末，陈梦家向胡适提议，因"新诗的前途看来
也许有点不光明，我们极想再掀起一个诗的复兴的风潮"，"新月可以出
一部《新月诗选》，即是把新月出版的诗集合订卖"（见耿云志主编《胡
适遗稿及秘藏书信》，黄山书社 1994 年 12 月版）。陈梦家的建议得到了
胡适、徐志摩、闻一多等诸位新月诗人的赞同。这一年，陈梦家 20 岁。

应徐志摩之邀，大学毕业尚无正式工作的陈梦家赴上海，负责编
选新月诗派的主要代表作《新月诗选》。陈梦家在一个多月的时间里，
选出前、后期新月诗派主要诗人的代表作共 18 家 80 首，得到徐志摩、
胡适、闻一多等的首肯。《新月诗选》是新月派诗人的一本重要合集。
同时，由于胡适的帮助，《梦家诗集》于 1931 年 7 月再版，增收当年春
至夏诗作 12 首，距初版仅半年时间。1931 年 9 月《新月诗选》出版。
正如《新月诗选》推介词所说："《新月诗选》是一班少数以友谊并同一
趣向相缔结的人，以纯正的态度，谨严的格律所写的抒情诗。这里八十
多首虽各人有各人的作风，但也有他们一致的方向。这诗选是从北京晨
报诗镌及新月刊内挑选徐志摩、闻一多、饶孟侃、孙大雨、朱湘、邵洵
美、方令孺、林徽因、陈梦家、方玮德、梁镇、卞之琳、俞大纲、沈祖
牟、沈从文、杨子惠、朱大柟、刘梦苇等人的诗编成，实一册最精美最
纯粹的诗集。"

1931 年 11 月 11 日，徐志摩因事从北平回上海，短暂地逗留，陈
梦家与徐志摩晤面时，汇报了《诗刊》组稿、择稿等有关情况。11 月
19 日，徐志摩由南京搭机飞北平，遇大雾，飞机在济南党家庄附近撞
山坠毁。徐志摩遇难，终年 35 岁。11 月 20 日，陈梦家得到了徐志摩

遇难的消息，悲痛不已，他连夜给胡适写信，告知"拟为其编集遗作"，并请胡适将徐志摩"存平诗稿文件"检出邮寄给他，以便整理、编辑（摘自耿云志主编《胡适遗稿及秘藏书信》，黄山书社 1994 年 12 月版）。胡适表示赞同，将有关稿件、资料邮寄陈梦家。1931 年 11 月 25 日接到胡适复函后，11 月 29 日，时在南京的陈梦家致信胡适，就徐志摩灵柩过南京时，好友在下关站致祭的场面，和闻一多嘱其"与先生共同整理志摩诗全集""志摩曾面嘱他编《志摩诗选》等"——叙说：

> 今早接一多先生来信，嘱弟与先生共同整理志摩诗全集，此事不悉书店方面已着手否？犹忆今夏在沪时，志摩曾面嘱弟编一《志摩诗选》，事未成，而志摩死矣。弟现甚愿司辑录志摩诗全集之责，以应诗人生前之嘱托，并谢数年指引之恩，盼先生即以此意向书店提及，俾于寒假回沪时成完之。
>
> 《诗刊》四期将出纪念专辑号，现正拟写一哀悼之长文，并论诗人之诗。

胡适就陈梦家信中所及各项，尤其是《志摩诗全集》整理编辑事，逐项进行了详细的指导。

1931 年 12 月 20 日，陈梦家参加了在上海万国殡仪馆举行的徐志摩遗体告别仪式，并撰挽联："泰山其颓乎？志摩魂飞九霄而何曾颓。梁木其坏乎？志摩誉播万邦何曾坏。哲人其萎乎？志摩精神不死而何曾萎"，对徐颂扬备至。在当天写给胡适的信中，陈梦家简要报告了近期工作情况："《狮子》或《追悼志摩》编入《诗刊》，此期悼诗合十首，全部大致已聚齐，明年一月当可出版。志摩诗第四集已由弟编成，不日付梓。全集当依尊意，以年次排列，略需时日整理耳。前函请将存志摩诗刊稿寄下，不悉已检出否？至念。"（耿云志主编《胡适遗稿及秘藏书信》，黄山书社 1994 年 12 月版）胡适再次对陈梦家的工作给予了肯定和指导。

二、"新月"的结束

1932年3月底，陈梦家回南京作短暂逗留，即应闻一多之邀到青岛大学为其做助教。陈梦家得知胡适因"病盲肠入协和割治"，4月25日去信问候并简要报告了他在青岛的状况："我于二月末到南翔投军，三月底回南京即转来青岛，现在青岛大学文学院做些小事，每日很空闲，自己好多读书，曾经写了四首关于战事的诗，已寄北晨，不久也许可由该社印成单行本，已有二首在《北晨学园》刊出……"信中，陈梦家还向胡适谈了关于《诗刊》的事："现在没有决定续编还是暂停，孙大雨先生颇主暂停，一多先生现在努力开掘唐代文化，未有意见。我看停了可惜，续编也很多困难，不晓得先生以为如何，我个人似乎还偏向于继续编下去的。一方面，《诗刊》草创已很尽力，不能因为志摩一死也就跟着停刊，这样似乎很对不起辛苦开创的志摩先生。"（1932年4月25日陈梦家致胡适信。耿云志主编《胡适遗稿及秘藏书信》，黄山书社1994年12月版）按当时的情形，陈梦家信中所及《诗刊》"继续编下去"的想法，只是一厢情愿而已。实际上，自徐志摩罹难后，"新月派"已然开始走下坡路，领军人物中胡适在北京大学文学院事务缠身，闻一多、梁实秋二位先生赴青岛大学，其余如潘光旦、叶公超、邵洵美、余上沅、罗隆基等也是天各一方。胡适是否赞成陈梦家信中《诗刊》继续办下去的主张呢？不得而知。但胡适非常关心《诗刊》第四期"志摩纪念专号"的出版，在胡适的协调下，拖了半年之久的"志摩纪念专号"于1932年7月出版。自此，《诗刊》再也没有出刊。与此同时，陈梦家1932年1月编辑完成的徐志摩诗集《云游》亦出版。《新月》月刊第四卷第五期推介说："《猛虎集》出版以后，志摩先生本定就印出他的第四集诗，谁知道天意无常，竟限制了我们的天才不让他再在地面上开花，这一回，他真的与我们永别，独个人云游去了。现在我们讴以我们的伤痛与我们不忘的纪念赶着把他未成集的诗印出来，贡献给爱好志摩诗的读者。"至此，陈梦家终于完成了他于 1931 年 11 月 29 日对胡适的承诺和徐志摩的遗愿。

1932 年 6 月，青岛大学爆发学潮，学生罢课，学潮的攻击对象指向了以闻一多为首的"新月"诸人。学潮的结果是校长杨振声赴南京辞职，闻一多、赵太侔、梁实秋等学校重要职员同日相继离校。闻一多应母校清华大学的邀请，于 1932 年 7 月赴北平应聘清华大学国文系教授，据说清华大学原本聘他为系主任的，被他坚辞。闻一多离开青岛后，陈梦家也离开青岛，9 月到达北平。至此，陈梦家结束了两年以来以写信与胡适联络的方式，可以登门讨教了。此时胡适住在位于地安门内大街路西的米粮库胡同 40 号。胡同不到三百米长，短短的胡同里，除了胡适、陈垣、傅斯年、梁思成、林徽因、徐悲鸿、丁文江、徐志摩诸位也曾在这里居住过。陈梦家到京后，先是拜见了恩师闻一多，谈了自己决定和老师一样不再做诗人，而从头学起做学术研究。他的决定得到了闻先生的肯定。随后，他到米粮库胡宅拜访了胡适，报告了整理编辑徐志摩遗集和继续整理积年诗稿的情况，并谈了自己今后的打算。按照胡适当时的社会地位，给陈梦家安排在北京大学工作是完全没有问题的，凭陈梦家在诗界的影响，他自己找份体面喜欢的工作也毫无问题。但陈梦家决心已定，去读书，读自己将来进行研究的专业。胡适从 1920 年起至 1933 年，主要从事中国古典小说的研究考证，对于陈梦家的决定，自然表示支持。得到了闻先生的支持、胡先生的鼓励，陈梦家进入燕京大学宗教学院再次做了学生。

1933 年初，日寇的侵略魔爪伸到热河的土地上，22 岁的陈梦家再显血性男儿的爱国赤子情怀。继 1932 年"一·二八事变"爆发后从军参加抗日，此次陈梦家决心自行出榆关到前线为保卫祖国效力。1 月 13 日，方玮德、瞿冰森等同学在北平东城灯市口燕京校友会召开欢送会。次日凌晨，陈梦家离北平经古北口奔赴塞外。

1936 年 9 月，陈梦家获硕士学位，并留在中文系担任助教，陈梦家与胡适依然来往很多，但大多是礼节性的往来，逢年过节、胡适的生日等特殊日子，陈梦家一定会造访胡宅庆贺。

三、未见回音的请托

陈梦家在"卢沟桥事变"前的 6 月间，曾到胡适的家里拜访。"七七事变"爆发，胡适去了南京，旋即赴美。陈梦家则随赵萝蕤一家先在苏州小住，然后回到赵家祖居浙江省德清县新市镇的一所旧屋。安定下来后，陈梦家即刻致信胡适和闻一多二位先生，很快接到了闻先生的回信，而经教育部转胡适先生的信则没有回音。其时，胡适已渡洋赴美了。1938 年 10 月 5 日，胡适接替王正廷任驻美特命全权大使。

陈梦家是在报纸上得知胡适出任驻美大使消息的。在西南联大执教一段时间后，陈梦家深感自己的后备知识不足，遂萌生赴美学习深造的愿望。他在和赵萝蕤仔细斟酌之后，于 1938 年 10 月 30 日给胡适写了一封长达 2000 余字的信，详细叙述了自"七七事变"之后至此长达一年半时间的逃难，以及教学、研究的情况，并对自 1934 年以来的学习体会做了总结性的汇报：

> 这五年以来，我埋首于甲骨辑录和古籍之中，知道了清代人的考据，和如何应用古文字以窥探古代的历史、社会、制度、宗教。我的兴趣在古代，而尤集中于宗教和历史制度，因古文字的研究，常常把经历中所埋沉的发掘出来。这五年的苦愤，救疗了我从前的空疏不学，我从研究古代文化，深深的树立了我长久从事于学术的决心和兴趣，亦因了解古代而了解我们的祖先，使我有信心在国家危急万状之时，不悲观不动摇，在别人叹气空愁之中，切切实实从事于学问。但是虽然从事国学，我自己往往感

到许多缺欠，而尤其是国学，不但尽量整理旧典籍新材料，更重要的是新方法以及别国材料、方法的借镜。最近看增订的《金文编》，材料加多了，编制考释一仍吴大澂之旧，而清代古文字学，自吴大澂、孙仲容①、罗氏②、王氏③、容氏④，或精于文字剖析，或博于典籍，然而由我们今日看，某一字可释而不释，某一字释而有误，其原因：（1）但释字，而不管其字在一句中之地位，即不管文修；（2）但释字，而不管此字所代表之制度，盖往往由研究一制度而发现某文字的新注释；（3）虽然注重历史，援用典籍，而不能由比较材料得征信。所以，我常时时警惕自己，我们生于吴、孙、罗、王之后，我们所从事者为古史学、古文字学、考古学、考据学的汇合，有前人为我们准备道路（如清代的注疏、"二王"之学），但我们今日则不单是继承之，而是发展为新的，我们读先生的《胡适文存》，觉其最大的价值在承清俊之后而开新学之端，而我看近今的学者，承此制度而发扬的固多，仍然覆蹈清俊辙而不考者还是不少，则是这类学问不是不增加价值，而是不变新不创造。

信谈及此，话锋一转，陈梦家婉转表示请胡适帮助赴美深造的愿望：

我尝想及此，总想对于典籍材料稍加涉猎后，要注意训练自己的新方法新态度，而研究古代文化，西洋的考古学、人类学，尤为急需，因此老愿意有机会出国一次，而苦于经济，无力自费，一年半以来，消耗于行旅，而此想望更践泡影。我倘若甘心老死

---

① 孙诒让，字仲容。
② 即罗振玉。
③ 即王国维。
④ 即容庚。

于中国式学者之事，倒也罢了，但我总觉得自己处此际会，也极难得，总可以尽其所能，略有贡于学术。

自 1934 年，陈梦家能够放下青年诗人的身段，重新入学燕京大学，之后仍入燕京大学读研，潜心于古文字学的研究，即可看出陈梦家是真心于深造提高，而非欲逃离艰苦环境，躲避战乱。以下言语，谈了赴美深造的具体想法和希望胡适给予帮助的范围：

> 我今以诚恳急渴的希望，要求于先生，希望先生对于我之从事学业，有最大的援助。在过去，先生于我的爱护提携，使我铭刻不忘，而我今日想到出国深造，以为唯一可以求托者，只有先生一人而已。我想先生必能了解我的渴望，而予以同情援助。我的希望，最好能在哈佛读书，我今确受聘于清华，而燕京尚保留我的事，故若入哈佛，我可因哈佛燕京学社之同系而稍得便利，如哈佛不行，则 Yale[①] 亦甚合宜。我希望能得一笔奖学金，以便专心读书，否则一半做事一半有奖学金也可以，所做之事最相宜者为博物院、图书馆（藏有中国器物书籍需人整理考证者）或汉文教员或其他。

信中还告诉胡适，若能实现赴美，妻子萝蕤亦同来，并简要介绍了赵萝蕤的情况，其实胡适对赵萝蕤是有一定了解的。最后，陈梦家向胡适表示：

> 总之，我们并不想偷懒，能专心读书最好，否则我们得愿以工作来换到读书的权利。

———————————

① 耶鲁大学。

这一点，在几年之后陈梦家夫妇终于到达美国的表现足以印证。

关于胡适接到陈梦家的这封信后的态度，目前尚未发现胡适的复信，难以定论。据说，陈梦家旧存友人书信散出后，曾传内有胡适致陈梦家的几封信，但之后就销声匿迹了，这几封信中是否有就此事的复信，不得而知。

四、鼓励和引导

陈梦家夫妇到美国深造的愿望最终实现于 1944 年，距 1938 年 10 月 30 日致信请托胡适帮助赴美已过去了六年。按照陈梦家夫妇的说法，他们夫妇得以赴美是由美国哈佛大学费正清教授和清华大学金岳霖教授介绍的，那么事先胡适是否知道这件事呢？态度是什么？这有待于进一步考证。

陈梦家夫妇 1944 年 11 月中旬到美国，在芝加哥寓所安顿后，于圣诞节前抵达纽约拜见胡适。正是这次的会面，陈梦家知道了胡适日后的行踪安排。纽约会面后不久，1945 年 1 月 8 日，陈梦家致信胡适，较为详细地述说了他回到芝加哥后的工作、待遇以及芝加哥大学与东方学院的关系等情况：

> 回芝加哥后，业已正式工作。此地有一个研究生，对于中国古文字略有根底，他很想努力一下。我和 William 先生又谈过一次，决定今年六月以前的工作由我和萝蕤合作教书与研究，但萝蕤另外在研究院选习三门功课，所以很忙。我们在此没有什么固定的名义，七个月薪水及二人来回川资共七千七百元（其中另需抽去百分之三十所得税），这笔钱十分之八九由罗氏基金出，芝大只出一小部分。此地中文系附设在文学院内的东方语文学系内，

它和东方学院的关系也不很确定（只借用东方学院的房作图书室及办公室，东方学院内的博物馆是不放中国古物的）。其实照道理说，中国古文字和考古学，应该和近东的古文字和考古学发生联系才对，此地中文系也不介绍中国思想，它的自身与它与东方学院的关系都有些不伦不类……

陈梦家第一次游学国外，尚处在迷茫之际。这次访胡适，胡适谈了他青年时期留学的经历，建议陈梦家不妨读读他青年时期的《藏晖室札记》。这是胡适在美国留学时期（1910—1917）的日记和杂记。全书共分成17卷，在这里胡适把自己的文学主张、思想演变都写成札记，作为一种"自言自语的思想草稿"。他发现这种思想草稿很有益处，因为这种工作是求知识学问的一种帮助，也是思想的一种帮助。胡适先生是最受陈梦家敬重的前辈之一，回到芝加哥大学后立即寻找，但"这里的图书室没有《藏晖室札记》"，他希望胡适手头要是有的话"可否寄一部来"。

还是像十几年前扶持陈梦家走上新文学道路那样，胡适对于陈梦家的治学道路再次给予了鼓励和明确的引导。他在陈梦家来访之前的信中，对陈梦家多方面地涉猎，不能静心研究的浮躁状态，给予了直截了当的批评。对于胡先生的鼓励、批评、建议，陈梦家予以诚恳接受。在1945年2月17日的信中，陈梦家向胡适陈述了他在治学道路上的感受和体会，并对胡适超前的学术观点表示了钦佩：

你来信中对我所担忧的正是我近年来自己感到的，正是我想要出来重新学习的缘故。这七年中我在昆明得有更多的机会和北大清华同系的先生们常常谈论，并且因为教学之故，自己也多能专心研究一些，渐渐感觉，我们这训导国学的前头还有不少危机，就是在有些方面走回清代考据家的旧径，并且更走在较狭隘的路上，而西洋的汉学家在有些方面超过我们了。在我们中间有两种相反而并存的趋向，一种是守旧的倾向，一种是新奇的探险，而对于所谓科学方法以及西法学者治学的方法和精神没有充分的利用。在昆明时我常常翻读先生的总集，发现有许多地方我们正在讨论的，先生早已看到，又由现在过重分析，而忽略了普遍而广博的发现与综合的研究，常常钦佩先生在这些方面的超越。

陈梦家还对自己钦佩的师长胡适先生谈了他今后一段时间里想要做的事情：

现在我在此地的工作非常清闲，下学期（正月二日起）只教一门文字学，其他自己研究，我想整理一下旧稿以外，多去听一点历史学、人类学和普及学的课。我自己想要做的事大致有三项：一把我的文字学讲义改编成一本英文的课本；二把我研究上古史（偏重金文，《尚书》和古年代的）写成一个英文本；三看一看所有在美国的古铜器，作详尽的记录和考订[①]。这三件事和我近年的工作有关，我可以简略说一说。

我的文字学讲义是用白话写的，初过七次，改过三四次，因为总不能满意和印刷的困难，一直没有印过，到此地后看了许多外国学者所写的关于此类的书，觉得很需要一本简单而新的文字学导论，现在打算先做它，对于治汉学的外国学者，或者有一点利益。

我现在觉得我们要援引很零星的甲骨材料来治史，治文字学都嫌过早，一则因为甲骨本身的技术问题（如定时代、配合□□天文等等），待解决的正多；其次，我们对于商代的语言系统和文法例还不大明了，所以我近来总偏重西周金文和《尚书》的比较研究，

---

① 即《美国所藏中国铜器集录》（订补本），中华书局 2019 年版。陈梦家被错划为"右派分子"期间，曾被改名为《美帝国主义劫掠的我国殷周铜器集录》由科学出版社 1962 年 8 月出版，内部发行。

对于周初历史和《尚书》的年代可以稍稍清楚一些，譬如《尚书》
里的"王若曰"，从西周金文可知其为史官代宣王命的一种形式，
凡王将策命交史官宣读的，有时写"王若曰"云云，如此我们可以
看到现在《尚书》凡一篇之中，有两个"王若曰"的，必是两个不
同的策命，后来附合而成一篇；又如西周金文以称王为界，称王以
后属于后期，凡在前期金文只有"作册"而无"内史"，只有"拜
稽首"而无"拜手稽首"，那末如今的"内史友"、□□里的"拜
手稽首"一定经过西周后期的修改，以上二例可以推测现今的《尚
书》有不少的西周文献，是经过西周后期改编的。

　　这里陈梦家向胡适谈到的治史和治文字学及其他"偏重西周金文
和《尚书》的比较研究"的思路、方法等均得到了胡适的肯定和赞许。
他所提到的《王若曰考》曾发表在卫聚贤主办的《说文杂志》（说文月
刊）特刊一期"吴稚晖八十大庆专集"，引起学术界的注意。

　　陈梦家与胡适所提及工作内容，经过几年的努力，最终得以实现。
"一把文字学讲义改编成一本英文的课本"，即后来的《中国古文献概
要》。"二把我研究上古史（偏重金文，《尚书》和古年代的）写成一个英
文本（最早完成的）；三看一看所有在美国的古铜器，作详尽的记录和考
订"，著成《美国所藏中国铜器集录》和《中国铜器综述》英文书稿。

　　陈梦家向胡适汇报中提及的"四年以前我受北平图书馆的嘱托，
编辑考古学丛书，由图书馆致函欧美博物馆，收集关于中国铜器的照
片，我据此材料想编成二集附有考释，都已交商务影印，因面临战事不
能出版"，指的是北平图书馆委托他编辑的《海外中国铜器图录》。其第
一集于1946年5月由国立北平图书馆出版；第二集未能出版，稿存北
京图书馆，2017年由中华书局将二集合并出版。

　　陈梦家与胡适同在美国的日子里，因不在一个城市，通信多，晤面
少。《胡适先生年谱长编》也只记载了1945年7月8日，在纽约羊城酒

家公宴袁同礼先生时，主人中有陈梦家（来自芝加哥）。其他几位主人分别是：王重民夫妇（来自华盛顿）、尤桐（来自普林斯顿），还有陈鸿舜、朱士嘉、冯家升、王毓铨夫妇、杨联陞。

1945 年 8 月 15 日，日本宣布无条件投降。国内的朋友都写信给他们报喜讯，陈梦家从朱自清先生的来信中得知闻一多剃掉胡须的事情，和西南联大准备第二年春天复员迁回北平的消息。不久，陈梦家又得到胡适已接到教育部长朱家骅的来电，推定胡适为北京大学校长的消息。1945 年 11 月 4 日，陈梦家致信胡适，首先祝贺他即将回国主持北京大学，然后汇报了近几个月来的工作和研究的情况："今年秋季仍旧在芝加哥大学教两门课，一门论语，一门文字学，每班有六七个学生，程度都不坏，因此兴趣尚佳。为哈佛燕京社所作的铜器目录，也已开始，所得材料比意料的好，且有许多重要之器。我想乘此机会对于形制花纹、年代和地域分布三事，特别注重，作一有系统的研究。"信末，告诉胡适："十一月底到纽约时再当面请教。"因研究急需，陈梦家附言借用胡适的《六同别录》和《殷历谱》。

陈梦家此时已经把大部分精力投入到考察流失欧美的中国铜器和研究殷商并西周历史、文字方面，出版不久的《六同别录》《殷历谱》自然是重要的参考书。因两书暂时不在胡适手中，陈梦家在信发出后，隔了一段时间去了纽约拜访胡适，还是没有借到这两部书。然后，陈梦家去英国考察中国铜器，回到美国之后，依然没有见到胡适寄来的书。1946 年 2 月 17 日，他再次致信胡适，先是报告了他最近考察中国铜器和资料收集整理的情况，然后再次提出借阅《六同别录》并《殷历谱》的请求：

> 沿途看了不少公私藏家，回来后，满架的像片还没有工夫仔细去整理，其中有许多意外的收获。最近拟将自新郑出土，以及历次史语所的发掘，依照年代地域作一简明的叙述，看看近二十

年来的考古工作究竟到了怎样程度。中央研究院的安阳总报告尚未出版，只能就零星发表的记载试作一作，因此急于要用《六同别录》上的石璋如君的报告。今天特地写了封信给转寿萱君，若他到府上，把此书与《殷历谱》一并取下寄来，要是这两本书都尚未收回，要劳先生的神催一催，先生定能谅解"缺少"一本要查的书的苦恼的……

　　或许是胡适正在忙于回国前的各种未竟事宜，并没有太理会陈梦家急迫的借书要求。一个多月以后，1946 年 3 月 27 日，陈梦家接到了曾委托代询胡适书事的韩寿萱的来信，信中转达胡适的话说，"行期定后，装箱时"，会将两书交韩寿萱转给陈梦家。不几日，陈梦家果真收到韩寿萱寄来的《六同别录》，但没有《殷历谱》。收到书后，陈梦家立即回复韩寿萱，并询《殷历谱》因何未寄。韩寿萱接陈梦家信的第三天，1946 年 4 月 8 日复信陈梦家，告知原委：

1946 年 4 月 8 日，韩寿萱致梦家信中，告诉他《殷历谱》胡适先生已送他人了（27.5 厘米 ×21.5 厘米）

《殷历谱》胡先生已送他人矣，无法寄上。适公深为此抱歉。
适老藏书都已装箱，现正待船返国，大约本月总可起程。

自 1945 年 11 月陈梦家就开口向胡适提出借阅《殷历谱》，差不多有五个多月的时间，结果是胡适"已送他人矣"，这个做法令人匪夷所思，或许确有不方便借给陈梦家之处。

陈梦家还是十分感谢胡适的。收到韩寿萱寄给的《六同别录》后，1946 年 4 月 21 日，他从罗马考察返回芝加哥，当即复信胡适："日前承寿萱兄将先生的《六同别录》寄下，谢谢。上有先生的批点，尤觉可贵。"并告诉胡先生"所幸此处最近到一整部（《殷历谱》），可以应用"。因"本期有一门孟子课，因此得到六月中才能去纽，不克亲送"。

五、天各一方的思念

陈梦家与胡适自此一别，直到 1947 年 10 月陈梦家回国，才得以重逢。这时候，胡适的身份是北京大学校长，陈梦家是清华大学教授。他们依然走得很近，陈梦家对待胡先生依然极其敬重，胡适始终把陈梦家看作自己的学生和朋友。这在陈梦家 1947 年 10 月 18 日给仍在美国继续完成学业的妻子赵萝蕤的信中有所叙述：

> 胡博士请我上他们的博物馆图书馆专科（已开）兼课，而不及国文系。我所见学校同仁情形，已简略说过。

这里所说的图书馆专科，就是王重民在美国时向胡适建议在北京大学创办的图书馆学专科。王重民比陈梦家早回国半年多，回国后的王重民，应胡适邀请，被北京大学聘任为图书馆专科教授，但正式关系在北平图书馆，这样他要每日有半天在北京大学教书，半天在北平图书馆办公。能得到胡博士邀请到北京大学兼课，在当时的学术界可是一种很高的荣誉，陈梦家得到了，这也是胡适看重他的学术水平的具体体现。

陈梦家与胡适相处，还是坚持以往的习惯，平日里不打扰，但逢年过节必到，胡先生的生日必到。1948年2月9日除夕，陈梦家照例去胡适家里拜年。陈梦家向胡适说起赵萝蕤的情况，并希望回国后能到北京大学任教，胡适表示欢迎赵萝蕤来北京大学。陈梦家返家后即致信赵萝蕤，他兴奋地写道："胡欢迎你回，将提出北大请你，因给路费四百。"

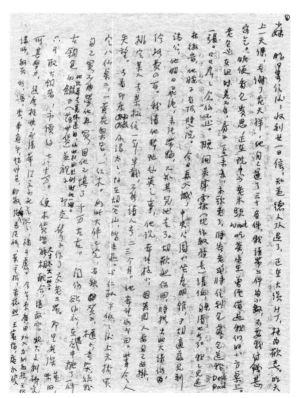

1948年2月9日，陈梦家致信赵萝蕤，告知胡适欢迎她到北大任教

　　1948 年 2 月 13 日是正月初三，陈梦家"取出二百万在东大地办一桌"，请胡适和陆志韦两家。"饭后一桌牌……送客端茶，皆由我任之，回来甚累。"燕京大学的燕东园（俗称东大地）正是陈梦家岳父当时所居之地，陈梦家回国后一度与岳父搭伙。不久，清华大学宿舍整理好了，就不在岳父家吃饭了。岳父母、胡适、陆志韦曾是燕京大学同事；陈梦家始终把胡适当作自己的师长；陆志韦是陈梦家读研时的代理校长，也是赵萝蕤的干爹，这牌桌上都是陈梦家的长辈和最尊敬的人，陈梦家在他们面前只有端茶倒水的份儿了。

　　春节过后，陈梦家依旧是埋入书堆，整理研究从美国带回来的资料，有许多的事情需要一点点地去做，丝毫不敢懈怠。"我忙着把《六国纪年》做出来，因闻别人亦在作，大家留以此问题，而我的出后，必成很好的一本著作。故要十分精细。"（1948 年 1 月 15 日陈梦家致赵萝蕤信）稍有空闲，或真的做学问做腻了的时候，他白天热衷于逛旧市儿、串老宅为自己和朋友踅摸明清家具，同时也为清华大学的陈列室买一些花钱不多、文物价值高的古器物。到了晚上，"看英文小说，已愈看愈有劲，已完三分之一……完后再看一本俄国小说。生字渐少，故看得还快"（1948 年 1 月 15 日陈梦家致赵萝蕤信）。

　　1948 年 8 月，国民党节节败退，经济上陷入危机，政治上四面楚歌。9 月，胡适到南京开会，29 日晚，蒋介石邀请胡适和傅斯年吃饭。政治、经济的溃败，解放军的捷报声，已令蒋介石乱了方寸，这次他决定起用胡适出任行政院长。胡适深知国民党政府大势已去，婉拒了蒋介石的提议，回到北平后，他开始把父亲的遗稿和自己考证的《水经注》书稿托人带到南京，交给傅斯年保存。

　　就在胡适开始做撤离北平准备的时候，陈梦家正在甘肃等地考察，他在 1948 年 11 月 11 日写给赵萝蕤的信里说："我去敦煌期间，国军处处失利，北平成了沈阳。"1948 年 11 月 22 日，陈梦家回到北平后，"会

见许多人（冯、梅、陆、胡……），听到许多谣言"（1948 年 11 月 22
日陈梦家致赵萝蕤信）。大概这是陈梦家最后一次与胡适会见。

　　眼见国民党大势已去、准备退守台湾的蒋介石，着手制订了"抢
救大陆学人计划"。胡适是蒋介石拟定的抢救名单中的第一人。在胡适
还没有决定离开北平时，西山一带的中共广播电台已经明确宣布：只要
胡适不离开北平，不跟蒋介石走，中共保证北平解放后仍让胡适担任北
京大学校长和北平图书馆馆长。北京大学同仁与下属也有劝胡适留下
的，但胡适只是摇摇头，还是决定走。12 月 15 日晨，他接到傅作义打
来的电话，"总统已有电话，要你南飞，飞机今早 8 时可到，请做好准
备"。胡适面对一屋子的书，心怀惆怅，无所适从，挑来拣去，最后确
定带了一部 26 回的《石头记》，于 12 月 15 日下午 3 时与夫人江冬秀一
同登上了去往南京的飞机。

　　胡适并没有随蒋介石去台湾。1949 年 3 月 9 日，蒋介石派蒋经国
赴上海访胡适。4 月 6 日，胡适从上海乘船前往美国，4 月 27 日到达纽
约，住进了他卸任驻美大使后曾经住过的纽约东街 81 街 104 号 5 号楼
11 号公寓。

　　作为胡适先生的晚辈和朋友，自此天各一方，陈梦家只保存了胡
适视为珍本的一册日本《内阁文库图书第二部汉书目录》。这册或许是
胡适所赠，抑或是未来得及还给胡适的书。

赵紫宸：父子般的翁婿情

　　陈梦家与赵紫宸有着多重关系。赵紫宸与陈梦家的父亲很早就已熟识，或许比推荐他到燕京大学服务的刘廷芳认识还要早。因为赵紫宸是在世界基督教学生同盟总干事约翰·穆德（John R. Mott）以及东吴大学校长孙乐文（D. L. Anderson）的影响下受洗成为基督徒的。而这两位与时任南京圣道学院（后改为金陵神学院）教授的陈金镛是好朋友。邀请赵紫宸赴燕京大学的司徒雷登也是与陈金镛共事多年的好友。

　　1922 年 5 月，全国基督教大会在上海召开。作为这次大会的主要参与者、组织者，赵紫宸与陈金镛、刘廷芳有了密切协作。赵紫宸是第三委员会成员，负责撰写"教会讯息"宣言，为了让宣言实时刊出，委员会于大会前一个星期便开始工作。在大会召开前的 1921 年，大概也是与基督教活动有关，赵紫宸与刘廷芳曾经有过晤面。他们一见如故，刘廷芳当即邀请赵紫宸到燕京大学神科任教。刘廷芳返回燕京大学后，向司徒雷登报告了与赵紫宸接触的印象。司徒雷登求贤若渴，马上与东吴大学协调赵紫宸转到燕京大学任教之事，但东吴大学予以拒绝。1923 年 4 月，赵紫宸应邀首次访问燕京大学，并在神科开哲学讲座。这次访问给赵紫宸留下了深刻印象，决心辞去东吴大学文学院院长一职，加盟燕京大学。1926 年春夏之交，赵紫宸离开了他成长和工作多年的苏州，来到北京就任燕京大学宗教学院教授。1928 年 6 月，赵紫宸任燕京大学宗教学院院长一职。

<h2 style="text-align:center">一、结　缘</h2>

　　陈梦家初来燕京大学读书时，赵紫宸并未在国内。1932 年夏，赵紫宸赴英国入牛津大学留学。就在他离开中国不久，他的女儿赵萝蕤考进了清华大学的外国文学研究所。同年秋季，陈梦家经他的好友刘廷芳介绍，来燕京大学宗教学院做短期学生。也是在这一年，赵萝蕤与陈梦家开始了相识相知的交往。

　　赵紫宸回国后，面对女儿的恋爱，很是开明，就像虽然他是个虔诚的基督徒，却不要求儿女们信教一样。对于这个闯入爱女感情生活中的陈梦家，他还是有些了解的。他知道陈梦家是基督教界的老前辈，也是与他志向相同的老朋友陈金镛的爱子，早在陈梦家来北平前，他就听赵萝蕤提起过，9 岁时赵萝蕤在苏州景海师范学校的钢琴老师陈郁磐是金陵神学院讲习陈金镛的女儿。他还知道，陈梦家是清华大学教授闻一多和已故诗人徐志摩的爱徒，已是中国诗坛上小有名气的青年诗人。

　　赵萝蕤生于 1912 年，比陈梦家小一岁。就诗龄而言，赵萝蕤不比陈梦家晚。有记载陈梦家 16 岁前写过一些完全无格式的小诗，但未保存下来；而赵萝蕤 14 岁已开始学填词，15 岁已经写出令老师和父亲肯定的诗了，只是深闺秘藏，没有发表。现在读赵萝蕤青少年时期写出的清丽婉约的闺秀诗，依然使人有耳目一新之感。

　　在与陈梦家谈情说爱之前，爱诗的赵萝蕤早已读过他在《新月》和《诗刊》上发表的零散的诗；1931 年 1 月新月书店出版的《梦家诗集》也已经读过了。等到父亲回国，在汇报她与陈梦家的结识并相互爱恋的经过时，她把陈梦家的诗集推荐给了懂诗的父亲。

　　赵紫宸对女儿心仪的青年诗人，徐志摩、闻一多的高足陈梦家，是缺乏太多了解的，虽然听了女儿的许多赞赏之语，和陈梦家的父亲也是故交，但他还是对陈梦家进行了一次全面的考察。在得到熟悉陈梦家的包括刘廷芳在内的燕京大学同仁，特别是赵萝蕤的干爹陆志韦的认可后，还征求了夫人和三个儿子的意见。当时赵萝蕤的母亲对于陈梦家的家境有所顾虑，更希望女儿找一个家境殷实、有相当社会地位的乘龙快婿。显然陈梦家不符合标准，他除了诗名，一无所成。赵萝蕤的几个弟弟都还小，拿不出什么意见。不过，在后来的交往中，小三赵景伦一度与陈梦家有过矛盾，但不久就化解了。

在综合了各方意见后，赵家同意了赵萝蕤与陈梦家的交往。此时，赵萝蕤已大学毕业考进了清华大学外国文学研究所，读研究生；赵紫宸对陈梦家别无要求，只是建议他要进一步深造，做一个学术上有成就的人。陈梦家接受了赵先生的建议，开始了考取燕京大学研究院的准备。

1933 年初春，陈梦家往承德、古北口等处小游并慰劳抗日军队；春末至夏，在上海；秋，到芜湖广益中学任国文教员。1934 年 1 月，陈梦家的《铁马集》由上海开明书店出版，收 1931 年 7 月至 1933 年 11 月所作诗 40 首。其中《在前线》4 首曾以单行本出版，又重新编入本集。也是在这年，陈梦家考取燕京大学研究生，师从容庚先生专攻中国古文字学。自此，赵家正式接受了陈梦家。

自从陈梦家在燕京大学读研起，经常出入赵家，还时常在赵家用餐，有时与赵先生老两口聊天，家里有客人，陈梦家像赵家人一样照顾客人。赵先生夫妇喜欢打麻将，经常约请陆志韦夫妇、胡适先生来家中，打完麻将会在赵家吃饭，陈梦家不打麻将，但会在旁照应。陈梦家和赵家三兄弟景心、景德、景伦关系处得也很好，他们哥仨都叫陈梦家为"老陈"。他们常在一起滑冰、看电影，嬉戏玩耍，情同手足。在学习上，梦家得到了赵萝蕤的帮助，时常由赵萝蕤从清华大学图书馆借他需要的参考书。陈梦家去拜访闻一多、胡适等先生，赵萝蕤也总是陪他去。

1935 年 8 月，在赵萝蕤的鼓励下，陈梦家从创作的 100 多首诗中选取 23 首编为《梦家存诗》。陈梦家在诗集的自序中总结了写诗的经历，对作品进行了较为公允的自评：

> 这二十三首诗是我七年写诗的结账。前六首选自《梦家诗集》，次十二首选自《铁马集》，最后五首是近两三年作的。从一百多首中选出它，自以为比较醇正，而代表相差极微的形式中的各种；依次成年月排比，也好看出前后的变易。……《一朵野花》是此集中最先完成的一首，他代表我不被熏着的嫩。

据赵萝蕤后来说，陈梦家很喜欢《一朵野花》这一首：

> 一朵野花在荒原里开了又落了，
> 不想到这小生命，向着太阳发笑，
> 上帝给他的聪明他自己知道，
> 他的欢喜，他的诗，在风前轻摇。
>
> 一朵野花在荒原里开了又落了，
> 他看见青天，看不见自己的渺小，
> 听惯风的温柔，听惯风的怒号，
> 就连他自己的梦也容易忘掉。

现在浙江上虞百官镇百福陵园陈梦家衣冠冢（书冢）的碑上镌刻的就是这首诗。在自序的最后，他特别感谢赵萝蕤：

> 多谢萝蕤，这集诗的选定，大半是她温爱的鼓励和谈心，使我重新估价，赐我有重新用功的勇敢。

　　有人说，赵萝蕤和陈梦家的结合，是古典情怀的相吸，是诗人气质的相引。由此看来，是很有些道理的。经过了几年的热恋，1935 年春，陈梦家和赵萝蕤决定举行订婚仪式，向亲朋宣布他们的恋人关系。患病的陈金镛闻听此讯，十分高兴，决定订婚仪式时北上参加，并借此机会与即将成为亲家的赵紫宸先生叙旧，一并看望刘廷芳和司徒雷登等老朋友。可就在此当口，埋藏在赵家心底里的不满意显露了出来。赵萝蕤的母亲公开表现出对陈梦家的排斥，清明节前后的一次聚会，全家照合影，陈梦家被排除在外；关于订婚仪式，母亲泼冷水，父亲态度暧昧。赵萝蕤、陈梦家都在读书，无能力举办，赵紫宸先生推说只有 31 元，还要向老家寄上 20 元，11 元办仪式，怎么行？"又不肯向徐（宝谦）、刘（廷芳）、李（荣芳）、陆（志韦）等开口借！"（民国二十四年四月九日赵紫宸致女儿萝蕤信）这是托词，面对夫人的不满意，做父亲的两头为难。最终，在陈梦家、赵萝蕤的坚持下，1935 年 5 月 5 日下午 4 时至 6 时，赵紫宸在燕京大学甘德阁为女儿萝蕤与陈梦家举办了订婚仪式。陈金镛因病重没能来北平。订婚仪式由赵萝蕤的干爹陆志韦主持，司徒雷登、刘廷芳、叶公超等亲朋好友出席了仪式。在陈梦家珍藏的出席订婚仪式的亲友名单上尚有吴宓、闻一多、胡适、梁实秋、朱自清、朱光潜、杨振声、顾毓琇、梁思成、林徽因、方令孺、饶孟侃（子离）、沈从文、孙毓棠、宗白华、泽承（游国恩）、郭有守、王起（季思）、赵太侔、司徒乔、杨季康（杨绛）等 40 多人。不久，赵萝蕤从清华大学外国文学研究所毕业，随即转入燕京大学西语系任助教。

　　1936 年 1 月 18 日，陈梦家和赵萝蕤结婚，婚礼在燕京大学临湖轩的司徒雷登先生的办公室举行。婚后，陈梦家和赵萝蕤暂时借住在王世襄家的一个院子里，但每天几乎都要回赵家看望，也时常在一起吃饭。陈梦家毕业留校做助教，小夫妻同在燕京大学任教，经济上还是蛮富裕的，让总担心萝蕤会受苦的童夫人松了一口气。陈梦家也争气，不仅课教得好，学生欢迎，还常有论文在《燕京学报》《禹贡》《考古》等刊物

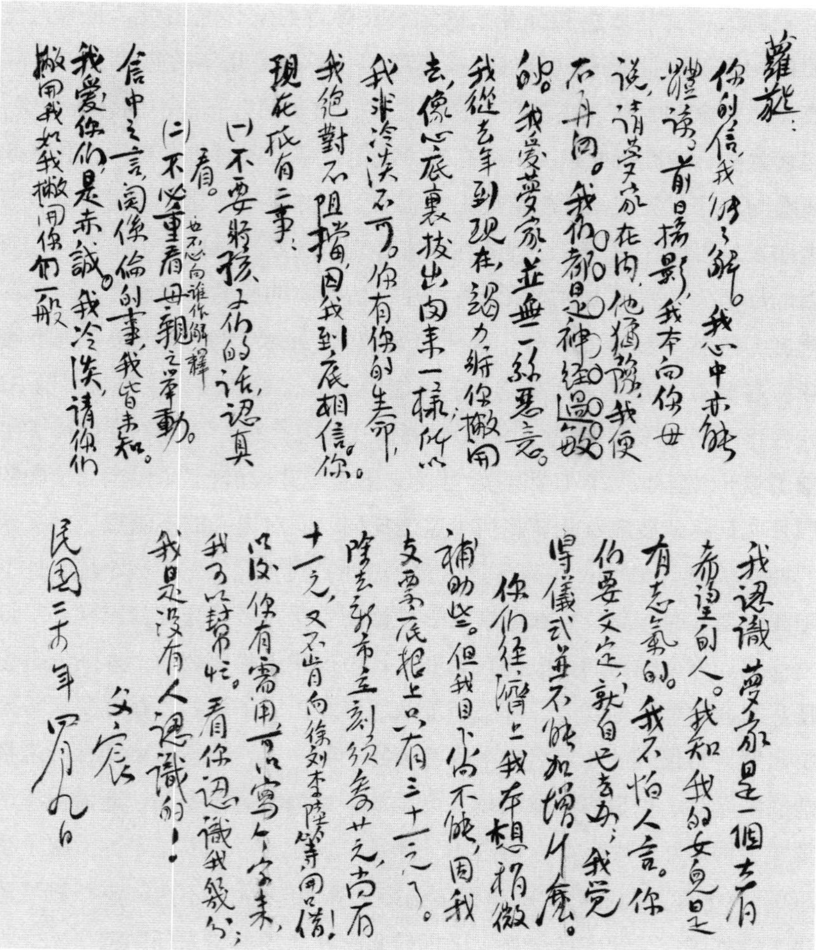
蘿蕤：

你的信，我很了解。我心中亦能體諒。前日攝影，我本向你毋說，請夢家在內，他猶豫，我便不再問。我們都是神經過敏的。我愛夢家，並無一絲惡意。我從去年到現在，竭力將你搬開去，像心底裏拔出肉來一樣，所以我非冷淡不可。你有你的生命，我絕對不阻擋，因我到底相信你。

現在祇有二事：

（一）不要將孩子們的話，認真看。也不必向誰作解釋

（二）不必重看母親之舉動。

信中之言，關係倫的事，我皆未知。我愛你們，是赤誠。我冷淡，請你們搬開我如我搬開你們一般。

我認識夢家是一個大有希望的人。我知我的女兒是有志氣的。我不怕人言。你們要文定，就自己去辦；我覺得儀式並不能加增什麼。

你們經濟上我本想稍微補助些。但我目下尚不能，因我支票底根上只有三十三元了。除去新布立刻須還廿元，尚有十三元。又不肯向徐劉李陸等開口借！以後你有需用，可以寫個字來，我可以幫忙。看你認識我幾分；我是沒有人認識的！

父宸

民國二十四年四月九日

民国二十四年（1935），赵紫宸就萝蕤、梦家订婚仪式事写给萝蕤的信

发表，在当时的学术界已占有一席之地，着实让他的岳父脸上有光。他们的宝贝女儿赵萝蕤婚后更加体贴父母，照顾三个仍在读书的弟弟，且在授课之余翻译文学作品和创作新诗，并在戴望舒于 1936 年秋创办的《新诗》月刊上发表，最著名的是当年 11 月《新诗》第二期刊载的《中秋月有华》。

"新诗既有感性的隽永，又有理性的峻洁。"若不是之后的八年抗战，赵萝蕤或许会有更多的好诗佳作传诵于世。在写新诗的同时，赵萝蕤还应戴望舒之约翻译了美国诗人 H. S. 艾略特的长诗《荒原》，于 1937 年在上海出版。这是一首"当时震动了整个西方世界的热的灼手的名作"，"叶公超老师还为这个译本写了一篇真正不朽的序"（1936 年 12 月 28 日戴望舒致陈梦家函）。邢光祖在《西洋文学》杂志上发表了对于这首诗的详细介绍，并评论了赵萝蕤的译作。文章的最后两句是："艾略特这首长诗是近代诗的'荒原'中的灵芝，而赵女士的这册译本是我国翻译界的'荒原'上的奇葩。"（赵萝蕤著《我的读书生涯》）

面对女儿、女婿的成就，赵紫宸心情舒畅，赵家三兄弟也对姐夫陈梦家充满了敬意，他们处得就像亲兄弟，大事小事总愿意同姐夫、姐姐商量。赵家的生活稳定、有序，陈梦家夫妇学术有成，每到假日赵家高朋满座，陆志韦、胡适等牌友也常在一起小聚。陈梦家、赵萝蕤也常常结伴拜访闻一多、朱自清等先生。

二、离　别

就在陈梦家、赵萝蕤精心构建爱巢、学术渐进的时候，卢沟桥的枪声打乱了他们的平静生活。随后，北平被日寇占领。燕京大学因是美国教会办的，日本人投鼠忌器，所以燕京大学在教学方面较少受到干扰，一些难以离开北平的青年纷纷前来就读，学生人数大增。1937 年 8

月，面对日趋严峻的形势，赵紫宸决定自己留下与同仁坚守燕大，继续工作，让全家都到南方去。陈梦家是燕大的讲师，原本应该留下来的，但考虑到赵家老大要留下陪伴父亲，老二、老三年纪尚轻，路途艰险，童夫人和萝蕤需要照顾，因此决定由陈梦家全权负责，率家人南下，而陈梦家也不愿意在日寇统治下的北平继续工作。

经过数日的奔波劳顿，陈梦家、赵萝蕤与童夫人、老二景德、老三景伦到达苏州，然后回到祖居德清县新市镇的一所旧屋。这是赵萝蕤自出生以来第二次回到故乡。前一次是她小学六年级毕业的那年夏天，赵紫宸带她到湖州来玩。那次回乡给萝蕤留下深刻的印象：

> 湖州是浙江的大府，离苏州不算远，上午乘了没有篷的小船到轮船码头，那种轮船因为很小，南方叫做"小拖机"，在很狭窄的河道里头都可以行走，我很记得的，并且永远不会忘了。……湖州城远没有苏州清秀，不过草色很葱茏，也很稚嫩，住了一天在湖州，明天到我的生产地新市去了。
>
> 我们是坐客船去的，所以摇得很慢，路上只见菜花黄金似的闪着，青色兼之，真是好玩。（赵萝蕤 1928 年燕大一年级时写的《自述》首页）

这次来故乡，又有新的感受：

> 新市镇是水乡，物价低廉，生活极丰盛，天天吃的不是鱼就是虾。又因无书可读，空闲太多，因此或在桥头看赶鸭子过河，或看着一担担蚕茧从门口挑过。（赵萝蕤著《我的读书生涯》）

到了傍晚，陈梦家、赵萝蕤就会走出家门，到河边散步，直到天色渐渐地暗下来。这种闲在惬意的生活，只有两个多月，10 月底，战火已蔓延到新市。这时，陈梦家已与闻一多先生取得联系，请他留意是否可到长沙临时大学教书。不久，陈梦家接到临大电召，于是通过朋友送童夫人回北平，他和赵萝蕤带着景德、景伦，辗转抵达衡山，又随校到达昆明。

留在北平的赵紫宸夫妇非常惦念昆明的女儿和在西南联大读书的景德、景伦。1939 年夏，赵紫宸应香港圣公会会督何明华（R. Hall）主教之请，携夫人和景心到达昆明，以该地圣公会文林堂为基地，开辟了一个学生礼拜堂，传道一年。一年之后，赵家大团圆的日子又结束了。赵紫宸一年传道已满，1940 年"回到燕京，那时我没有教会关系，想选择圣公会作我的教会。1941 年 7 月，我到香港去，中华圣公会主教何明华破例给我接连行了三次按手礼"（摘自《赵紫宸 1952 年 3 月 6 日在燕京大学全校大会上的检讨》），并指定他为中华圣公会华北教区会长。不久他再度回到北平燕京大学。

1941 年 12 月 8 日，日本发动太平洋战争，燕京大学当天上午即遭日寇占领，日本宪兵队宣布："日本现在正式接管燕京大学，学生听从处理，不准有任何反抗。"日本人要求"学生必须离开校园；除了列入逮捕名单的人外，中国教职员在找到其他工作前可以留在校园内，西方人则必须全部集中在燕南园"。此时距燕大得知珍珠港事件的消息，仅仅一个小时。随即，赵紫宸和燕大十几位教授被日本宪兵队逮捕。他们是：哲学系教授张东荪、社会系主任赵承信、宗教学院院长赵紫宸、法学院院长陈其田、文学院院长周学章、学生福利主任侯仁之、校务长助理萧正谊、历史系教授洪业、教务主任林嘉通、新闻学系主任刘豁轩、研究院院长陆志韦、注册主任戴艾桢、历史系教授邓之诚、总务主任蔡一谔、经济学教授袁问朴。

1942 年 6 月 18 日，被关押了六个月之久的赵紫宸从日本宪兵队的牢房出来后，依然居住在沦陷区，借钱售物，生活甚为困苦。得其弟子与宋棐卿慷慨救济，免于饥寒，又有华北中华圣公会凌贤扬会长将其居所迁入圣公会的一座小楼上，安排他做些文案工作，让其在教会里负责讲授《使徒时代的教会》与《圣保罗的生平与著作》。此时，因学校关闭，没有了事务性工作和教学任务，可以全身心进行思考和写作，在之后的日子里，他相继出版了《从中国文化说到基督教》《基督教进解》《耶稣小传》《圣保罗传》《系狱记》《基督教的伦理》《神学四讲》等作品，它们在当今基督教思想界、宗教学界仍具有广泛而深远的影响。

1944 年，美国哈佛大学的费正清给陈梦家联系到了芝加哥大学东方学院教授中国古文字学的工作。同年秋，陈梦家与赵萝蕤告别了西南联大，离开昆明，飞过喜马拉雅山，经过印度，又乘船 18 天到了芝加哥大学。陈梦家在芝加哥大学东方学院教授中国古文字学，赵萝蕤则进入芝加哥大学英语系学习。一年后，祖国传来抗战胜利的消息。抗战胜利后，燕京大学复校，赵紫宸仍任该校宗教学院院长，兼任燕京大学中国文学教授，讲授中国哲学和陶渊明、杜甫诗篇的研究，重点讲诗中的宗教思想。自 1944 年，陈梦家与赵萝蕤赴美，随后赵家老二景德也到美国留学。由于战争时期通信迟慢，赵紫宸夫妇几乎与陈梦家、赵萝蕤、赵景德失去联系。

1947 年春，赵紫宸去美国为宗教学院向几个出名的基督教人士募捐，然后赴普林斯顿大学参加建校二百周年纪念典礼，并接受他们的荣誉神学博士学位，当时同受学位的有杜鲁门、艾森豪威尔、胡佛等人。也是这次的美国之行，他得以与分别了几年的爱女萝蕤，二子景德和女婿陈梦家会面。这次普林斯顿大学在授予赵紫宸荣誉神学博士学位时，也给予他学术地位上的充分肯定。司礼人唱名说："赵氏为东方基督教学术之最先导、著作家、宗教家、诗人、神秘者。"（参《天风》第 79 期）

三、分　歧

1947 年秋，陈梦家谢绝了美国罗氏基金会负责人关于留美定居的邀请，告别了继续留在美国读书的爱妻萝蕤和美国的好友，毅然回国，到清华大学任教。赵紫宸自美国又到加拿大赴"国际宣教协进会"的会议，兼赴"世界教会协进会"的一次筹备委员会，不久回国。

陈梦家到清华大学后，一时住所没有安顿好，暂时借宿赵家，并入伙与岳父、岳母共餐。因萝蕤、景心、景德在外，赵家只有老两口和陈梦家、景伦。景伦正值青春年少，时常出去玩耍，家里来客，迎来送往的张罗，大都由陈梦家来做，与岳父母关系还算融洽。赵家最常来的客人是陆志韦，有时胡适也从城里赶来做客。陆、胡等来赵家有时高谈阔论时局，更多的是打牌。

此时，内战愈演愈烈，学生运动此起彼伏。面对内战，面对燕大弥漫的强烈反美情绪，赵紫宸忧心忡忡，时常在读报时发出长叹，情绪日趋低落。陈梦家仍热心他的古器物研究，授课之余，经常跑厂甸古旧市场买家具和古器物。秋冬之际，他去了一趟西北考察敦煌和沿途古迹，应胡宗南邀请彻夜长谈。不过，对于时局，陈梦家与岳父的看法不同，陈梦家更趋向于共产党这边。赵紫宸则对国民政府怀有期望和幻想。翁婿对时局看法固然不同，但他们最为关心的和谈论最多的是赵萝蕤尽早归国和回来后在燕大、北大任教的利弊等问题。燕大陆志韦已明确表态，萝蕤学成必回燕大；胡适也表示北大欢迎萝蕤。关于萝蕤回来的去向，翁婿也有分歧，陈梦家希望她去北大，赵紫宸希望她来燕大。只是，陈梦家与赵萝蕤去北大是达成共识的，这一点赵紫宸蒙在鼓里。但最后的结果是，萝蕤回来后，胡适已经南下，之后解放军入城，北平解放了。萝蕤遂在燕京大学任教。

1947 年 12 月 28 日晚，陈梦家致信赵萝蕤谈了赵紫宸最近一段时间的状态：

近来你父亲更加怪癖，整日（叨唠）太寂寞可又（不与家人说话，烦闷了也）不大找朋友，有人来了也不耐烦。如此一人在家来独乐，（烦啊烦啊）"累啊真累啊"，叹气不止，令我十分（接受）他不了。大约别（人看到他的状态），当他真累，故宗教楼礼拜由别人主领。可他又说："……不要咱老头儿了。"妈妈说："这是人家体谅你……"可见体谅他也不好，要他做也不好。又一天到晚骂司徒混蛋，（总是来）宗教学院捣乱。不知司徒如何要捣乱？

今日礼拜，爸爸妈妈来马约翰家作圣公会礼拜，照例先来此（清华大学陈梦家宿舍）坐一小时，因小门九点即关，他们于关门前进来。前日大雪，父亲满鞋雪水即在我地毯上乱踩，并将烟灰随意的落下，又把小箱子在木硬桌上拖。真是存心糟蹋人家的东西以为快。我幸未住东大地，得免受许多气。当时不住，要自己立家，他们颇不痛快。果然住下去，他们亦要嫌厌。做人真难。如今去吃饭，亦是两难。所以真盼你早回，可清楚许多。

陈梦家信中对岳父近来"怪癖"状况的描述，与当时赵紫宸面对国内外复杂多变的形势难以预测而产生的近乎于偏执的所思所想和焦虑、迷惘是吻合的。赵紫宸的行为，对已完全进入学术状态、不大关心时局的陈梦家而言，自然是不能理解的了。

与岳父不同，陈梦家对国内形势抱乐观态度，坚信国民党必败。他不像岳父那样忧心忡忡，按照他的想法，知识分子要在业务上多下功夫，远离政治，才能够静下心来钻研自己的专业。回国几个月以来，他异常忙碌，在教课之余，还负责筹建文物陈列室。在为清华大学选购文物的同时，因清华大学的房子收拾得差不多了，也为自家选购家庭用具，主要选购的是他喜欢的明清紫檀、黄花梨和红木家具。每次买到心仪的家具，他总在第一时间写信给美国的爱妻。因赵家子女都不在身边，他为了陪伴赵家二老，每天都要去赵家，有时和他们一起吃饭。或

1947 年 12 月 28 日，陈梦家致信萝蕤提及与司徒雷登晤面谈到
萝蕤入燕京事，并述说对赵紫宸的一些不满

1947 年 12 月 28 日晚，梦家致萝蕤信中说：近来你父亲更加怪癖

许是最近一个时期来，翁婿之间谈论话题常有不畅，包括赵萝蕤回来到北大还是到燕大也有分歧，赵家二老对于陈梦家总来赵宅并共餐并不十分欢迎。一次"父母和于妈在吃饭时讽示，说我有了好用人，何不自开伙食。我于是明白他们介绍第二用人之用意，心中大不乐。我并非硬要去吃饭，我因未住东大地，过意不去，故陪他们吃饭。今既如此，我即下决心自己烙饼面条"（1948 年 12 月陈梦家致赵萝蕤信）。为了避免不愉快，清华大学的房子也可以住了，用人也很好，于是陈梦家开始自己独立生活。"现在胜因院十二号房内已整顿好了。一则预备你回来，一则明窗洁净可使心定。"（1948 年 12 月 3 日陈梦家致赵萝蕤信）此时，傅作义部队已陷入重围，西郊的清华大学、燕京大学已被解放军接管。当国民党政府派飞机接送学者南下时，胡适等知名学者教授大部分已离开北平，不久去了台湾、香港或者国外。而陈梦家不仅自己拒绝出走，并劝友人不要离开北平。就在这个时候，赵萝蕤来了准确消息，她已搭乘一条运兵船离开西海岸驶向上海。1948 年 12 月 28 日，陈梦家寄上海亲友转赵萝蕤一信，叮嘱她抵达上海后，"将行李存沪，从速北来"（1948 年 12 月 28 日陈梦家致赵萝蕤信）。

转眼到了年底，1948 年 12 月 31 日，赵萝蕤搭乘的"梅格斯将军号"停泊上海港，陈梦家的大哥陈梦杰来接，暂住他家，由陈梦家小妹智灯陪伴。数天后，经查阜西帮助，赵萝蕤搭乘傅作义一架运粮食的飞机飞到北平，暂时住在汤用彤的家里（1949 年 1 月 11 日赵萝蕤致陈梦家函）。

赵紫宸夫妇听陈梦家告知赵萝蕤已平安抵北平，只待哪天开城门即可回家的消息，心中充满了欢喜。1949 年 1 月 31 日，北平宣告和平解放，赵萝蕤回家了。北京大学那时在城里沙滩，虽然北大已发出邀请，但因住在清华进城不方便，赵萝蕤选择了在燕京大学任职。最疼爱也是最信赖的女儿回来后，赵紫宸有了思想上的倚靠，他每天要与女儿聊到很晚，接受了女儿的许多切合实际的思想。他决定不再想离开中国的事了。但他潜意识里仍不愿彻底丢掉与西方教会的联络，1949 年 6

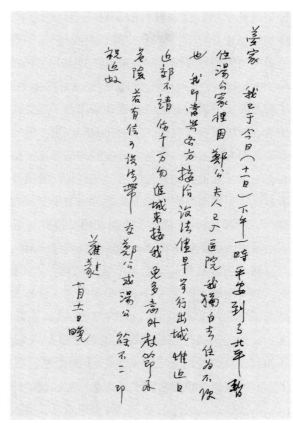

1949 年 1 月 11 日，赵萝
蕤抵平致梦家函

月，他先是给樊都生去信说"希望中美邦交恢复后去讲学"。不久，英国伯明翰大学也请他去讲基督教，他也接受了，但后来辞退了。

四、风光不再

1949 年 10 月 1 日中华人民共和国成立，赵紫宸加入了新政协，通过多次的学习，已慢慢打消了对共产党的恐惧，同时也希望"美国快快承认新中国，等等不来，很为美国惋惜，我认为美国无论如何维持他那所谓的传统友谊。后来我知道这是不可能的了"（赵紫宸 1952 年 3 月 29 日《解放三年后的转变》）。赵紫宸的亲美惧共思想逐渐有所转变，还与他的长子景心有关。赵紫宸身边有了接受新事物快的女儿、女婿和长子，他思想有了波动，总会与他们商量。但他毕竟是一个在宗教界有着很大影响的人物，他是一个虔诚的基督徒，留恋自己在国际上的地位和影响。尽管他参加各种学习，还有子女的疏导，但他充满了悲观和失落。尽管思想上有困惑，但作为教会主要领袖之一，他对于基督教"三自"（自治、自养、自传）革新，还是持有一定的积极态度的，并提出了一系列教会革新的构想，做了基督教"三自"爱国运动的发起工作。

对于舆论宣传的教会是帝国主义愚弄人民的工具，是文化侵略等，他认为所谓的"教会的罪恶与美帝国主义没有关系，以为教会所拿的钱是美国老百姓捐来的"（1952 年 3 月 29 日《对"三自"革新运动的态度》）。他的消极态度表现在他的著作里和行为上。在言论上，自 1950 年初到 7 月，他出了三本书，在书中他说："我们不必大讲教会的改革了，西国宣教士快要走完了，美金、英镑快要停止供给了，与普世教会的联系快要减到最低限度了，教会还有什么可以改革呢？教会不能再被怀疑为帝国主义可以利用的工具了，我们不必着急消除从帝国主义来的毒素，教会的典章……不是提倡改革就可以变更的。"在行为上，1950 年 6 月，朝鲜战争爆发。同年秋季，政府请他代表中国宗教界参加在华沙召开的保卫世界和平大会，他以"妻子病重，自己血压高"为理由，没有参加。后来他自己就此事"检讨"说："现在想起来，我是基督徒，难道不赞成和平么？那是因为对所谓的'国际地位'留恋，恐怕参加了和平大会会影响我在英美的声望。"同年 10 月，中国发动了声势浩大的抗美援朝运动。中共方面已经明确美国教会是帝国主义的侵略工具，点明了"世界教会协进会"的反动性，赵紫宸无奈之下辞去了副主席职务。

真正触及赵紫宸灵魂的是 1952 年 1 月开始的"三反"运动。在燕大，思想改造运动是由北京市委派的以蒋南翔为组长的工作组领导的。燕大是教会大学，肃清学校浓厚的"崇美思想"是工作的一个重点。而和美国教会有着千丝万缕关系，并在国内外宗教界都享有很高声望的赵紫宸在劫难逃。

赵紫宸是被列为在陆志韦、张东荪之后的重点批判对象。他的罪名是"一贯奉行美帝国主义侵略政策，披着宗教外衣进行反人民活动"（《新燕京》1952 年第三期《三反》专刊）。自 1951 年中国基督教会控诉运动开始，至 1952 年，赵紫宸是在检讨和被批判斗争中度过的。这在陈梦家写给暂时外出的赵萝蕤的信中亦有谈及：

> 爸爸已在写检讨。
>
> 20 日，妈妈今日想已去过中关园，爸爸已在写检讨，不给我看，但观其仍有自满自得意，"这一次总成了"的气概。

在赵萝蕤保存的资料中，当年燕大所办校报《新燕京》批判陆志韦、张东荪和赵紫宸的专刊保存完好。其中 1952 年 2 月关于赵紫宸第一次检讨情况的报道称：

> 赵紫宸的第一次检讨是十分不老实的，他痛哭流涕，说了许多"帝国主义毒害了我"之类的话，但不暴露任何事实思想。对于群众已揭发出来的事实则解释推诿……宗教学院及燕大团契师生讨论了赵紫宸的这次检讨，表示极大地不满，群众揭发许多材料证明他的检讨是十分不老实的。

继第一次检讨以后，赵紫宸又做过几次检讨，但都没有得到群众

的认可。最后一次检讨是 1952 年 3 月 6 日。这次的检讨，他谈了三个
方面的问题：一是"与外国基督机构的关系"，主要是与香港圣公会何
明华的关系、国际宗教协进会的关系，以及和樊都生的关系等。二是对
"三自"革新运动的态度；三是"解放三年后的转变"。在检讨的最后，
赵紫宸表示：

> 我对于共产党，我是五体投地的佩服了、热爱了，从前我是
> 反苏的，近来的态度大大的转变了。我见了苏联专家的行为，听
> 了从苏联回来的同志的报告，清楚的认识了美帝国主义的反苏宣
> 传。听了前天文幼章的传达报告，不能不羡慕苏联，我又读了斯
> 大林的文章《十月革命的国际性质》，我对苏联有了些友谊的感
> 情。我现在爱共产党，爱苏联的领袖。我痛恨美帝国主义，要与
> 他作斗争。我要诚恳的向共产党学习，我已揭露了我最严重的丑
> 恶的思想，我明白了我的错误，我下决心要努力学习，彻底改造。
> 我有勇气负起来"三自"革新运动的责任，我愿用行为来证实我
> 的话。

究竟赵紫宸是否讲的完全是心里话，我们无法揣测，但他的这次
检讨仍然没有通过。阅读赵萝蕤保存的 1952 年 3 月 29 日《新燕京》第
三期"批判赵紫宸专刊"，结论是，赵紫宸挖空心思写检讨，痛哭流涕
地去读检讨，都是没有用的，他的风光时代已经结束了。

批判赵紫宸专刊共八版，刊头左右两侧是口号，右侧为：彻底斩
断中国基督教与帝国主义的一切联系！努力推行"三自"革新运动！左
侧为：坚决将"三反"运动进行到底！继续肃清美帝文化侵略在燕京的
影响！第一版共两项内容：第一，"燕京大学及燕京宗教学院师生控诉
美国利用宗教进行文化侵略，揭露赵紫宸的一贯反动言行"。文中指出
赵紫宸的主要"罪行"是，他对美帝国主义唯命是从，奴颜婢膝，解放

后保持宗教学院的美国传统制度，对"三自"革新运动采取消极怠工的态度，等等。第二，"本校及燕京宗教学院师生代表向北京各基督教团体控诉赵紫宸罪行，圣公会华北教区宣布撤销赵紫宸会长职务"。最后由燕大宗教学院老教授李荣芳代表宗教学院宣布意见："我们宗教学院全体师生员工极为愤慨，赵紫宸这样的是中国人民所唾弃的，不配再做燕京宗教学院院长、人民教师和教会领袖，我们全体师生员工已经决定要求燕京大学撤销他的院长职务，并坚决要求燕京大学撤销他兼任教授……"

这位李荣芳教授曾经在 1930 年刘廷芳出国期间代理过宗教学院院长，因能力太差，没多久赵紫宸接替他担任宗教学院院长，直到今天。赵紫宸知道李荣芳对此心存不满，在最后一次检讨中特意做了说明。因李荣芳代理院长短暂的时间里，把宗教学院搞得很糟糕，司徒雷登要把他辞退，但赵紫宸不同意，和司徒雷登进行了争论，李荣芳才得以保住了燕大教职。谁承想，新中国成立后，这个一直在赵院长面前唯唯诺诺的人，今天站在台上大声地呼吁燕大"撤销他的院长职务"，连"兼职教授"也建议燕大撤销。赵紫宸怎么也想不通了。

李荣芳代表宗教学院宣布意见的话音刚落，"这时，群众情绪极高，高呼'打倒美帝国主义！斩断教会与美帝的一切联系！肃清美帝文化侵略影响！'等口号"。"中华圣公会华北教区主教凌贤扬，代表公会在群众的口号声中上台宣布对赵紫宸的处理办法三条：1. 撤销赵紫宸执行会长职务；2. 撤销其在圣公会华北教区一切职务；3. 申请主教院撤销其圣职。除此以外，如果赵紫宸仍不彻底坦白，向人民低头认罪，则开除其教籍。"会后，北京市抗美援朝基督教分会召开会议，议决立即撤销赵紫宸北京市抗美援朝基督教分会副主席职务。

1952 年暑假后，赵紫宸所服务过近 30 年的燕京大学在院系调整运动中，被"大卸八块"，从此不复存在了，而新的北京大学，便坐落在原燕京大学的校址上。原本在 1952 年 2 月燕京大学改为公立大学后，仍为私立的宗教学院（后改名为燕京宗教学院），于 1953 年 4 月与北京神学院、联合女子圣道学院合并组成燕京协和神学院。赵紫宸被聘为名誉教授，从此走下讲坛。之后，赵紫宸心情黯淡地在城里新购置的四合院里开始了茫然的生活。因为是私立学院聘用的教授，赵紫宸连公费医疗都不能享受，看病住院都要自费。

五、"只有在死中我们才有真自由"

"三反"运动和高等学校院系调整打乱了陈梦家和赵萝蕤规律且平静、安逸的生活。赵萝蕤回国后选择燕京大学而拒绝北大的邀请，是为了夫妻同在西郊方便于生活，院系调整后，陈梦家转入城里的中国科学院考古研究所工作，而燕京大学被撤销西语系，并入北大，北大又从城里的沙滩迁到西郊的燕京大学校址。自此夫妻开始了"两地"分居的生活。赵萝蕤到了北大还算顺风顺水。陈梦家则不然，因在美国游学归来，与美国的朋友仍有许多往来，被列为"亲美"一类，也因此被清华"清理"出来，算是"在'三反'中所得不处理的处理"。对于陈梦家来说，靠业务吃饭，到哪里工作都是无所谓的，关键是他有许多未完成的研究工作需要有一个好的工作环境才行。调入考古所不久，他感到研究氛围和学术气氛与学校有很大的差距，他在一封写给赵萝蕤的信中表达了他的担忧："我现在所惧者，还是研究工作的不能像过去在学校时多有时间来做。未来数年不知能作成什么？至于其它一切我已想通，精神反而快乐。"这封信里，陈梦家还向赵萝蕤披露了一件外人难以知晓的事情：

> 昨夜之事可谓侥幸之极，至今回想甚觉可怕，因有此变则我此次的评薪实无足轻重，一切都有天意似乎还是程咬金。我此次

得到最低额，心中觉得泰然，于我毫无损害，似乎在涵养上比从前进了一步。

陈梦家说："我在'三反'中所得不处理的处理，原来时时可以灵活运用的。"最可怕的是后一句，在这次评薪中已有端倪。这只是个开头，在以后的日子里，陈梦家这时所有的担忧都得到了印证（1953 年 3 月 9 日陈梦家致赵萝蕤信）。

1957 年，陈梦家被错划为"右派"，赵萝蕤患了严重的精神分裂症，赵紫宸陷入深深的苦恼中。20 世纪 60 年代开始，为了排遣心中的郁闷，赵紫宸在大佛寺的四合院里专心研究美国神学家尼勃尔德神学著作。

数年后，赵紫宸写了 7 万余字的长篇评论，阐述了自己的神学见解。"文革"初，赵紫宸不畏强暴，仗义执言，为被诬陷的吴晗、邓拓、廖沫沙和翦伯赞申辩，为此遭到打击和迫害。1966 年 9 月，得知陈梦家自杀的消息，赵紫宸与夫人强忍悲痛，承担起照料再次犯病的女儿的重任。1978 年，和他厮守 73 年的妻子去世一个月后，他对朋友说：只有在死中我们才有真自由。1979 年 11 月 21 日，赵紫宸在北京逝世，享年 91 岁。香港圣公会于 1980 年 2 月 10 日在香港圣约翰座堂为他举行了追思礼拜。

陆志韦:"一碗清水两袖风"的寄父

陈梦家与陆志韦的关系亲密而头绪繁多,源头自然是基督教。

陈梦家的父亲陈金镛是基督教界的老前辈,还是金陵神学院的元老级人物,基督教界的知名人士刘廷芳、赵紫宸、陆志韦都非常尊敬陈老先生。从陈金镛与陆志韦的关系论,陈梦家理应尊陆志韦为长辈。陈梦家在燕大做学生时,陆志韦是他的老师;陈梦家任教燕大时,陆志韦是他的校长,从这点论,陈梦家应尊陆志韦为师长。长辈也罢,师长也好,都不足以让陈梦家始终对陆志韦无比敬重并视为尊长,维系这种亲密关系的关键人物是陈梦家的夫人赵萝蕤,因为她自小就认陆志韦为寄父,而陆志韦则一生视赵萝蕤为亲生女儿。

一、欣赏与关注

赵紫宸与陆志韦都是浙江人,且都毕业于东吴大学。赵比陆年长六岁,赵紫宸1888年出生于浙江省德清县新市镇,陆志韦1894年出生于浙江吴兴。1910年,陆志韦16岁入东吴大学时,赵紫宸刚好毕业并留校任附中教师。1907年,赵紫宸在世界基督教学生同盟总干事约翰·穆德(John R. Mott)以及东吴大学校长孙乐文(D.L. Anderson)的

影响下受洗成为基督徒；陆志韦是在入东吴大学的第二年，即1911年
春天，17岁时接受洗礼，正式加入了基督教。同年夏天，陆志韦考取
清华学堂留美预备班。他从传统基督教立场出发，对清华学堂的办学思
想提出批评。他感到难以适应清华学堂的学习和生活，9月中旬，仍返
苏州在东吴大学读书。1912年，陆志韦结识了湖州老乡赵紫宸。1920年，
陆志韦获哲学博士学位，任教于南京高等师范和东南大学，也从事写作
和翻译工作。这年他26岁。这是赵紫宸与陆志韦联系最多，往来频繁，
为终生友谊打下坚实基础的重要时期。也是在这时候，赵紫宸让他唯一
的女儿赵萝蕤认下了陆志韦这个干爹。还是在这个时候，赵紫宸和陆志
韦的共同好友刘廷芳将大妹妹刘文瑞介绍给陆志韦，二人于次年在北京
举行了新式婚礼，这时的陆志韦可谓春风得意。陆志韦、刘文瑞婚后回
到南京，陆志韦继续在南京高等师范和东南大学任教。

　　1926年春，赵紫宸经刘廷芳举荐，应司徒雷登之邀到燕京大学任
教，不久举家迁居北京。1927年春，应司徒雷登的邀请，陆志韦北上
到燕京大学任心理学教授兼系主任。得知寄父一家将来京，赵萝蕤是最
兴奋的了。陆志韦抵京后，燕东园的教工宿舍已经落成，陆家住37号，
赵家住36号。陆志韦多才多艺，爱好广泛，作新旧诗，欣赏西洋音乐，
鉴赏国画，集邮，下围棋，打桥牌，都很精通。赵萝蕤在陆寄父的影响
和指导下，很小的时候就学会了打桥牌、下围棋。每当陆志韦和赵紫宸
收藏到新的国画，他们总会鉴赏一番，这时赵萝蕤总会在旁边听他们评
说，久而久之也掌握了一定的鉴赏书画的要领。赵萝蕤一生喜好集邮，
也是受陆寄父的影响和熏陶。

　　1928年，16岁的赵萝蕤凭借出色的语言能力，考上了燕京大学中
文系。而这时远在南京的陈梦家已于前一年的秋天以同等学力考入国立
第四中央大学法律系，并在闻一多的指导下在写诗中开始以格律约束自
己。1929年秋冬之交，陆志韦担任文学院院长。同年秋，赵萝蕤读完
二年级，教授英国文学的美国老师包贵思找她谈话，劝她改学英国文

学。她的理由是，既然酷爱文学，就应该扩大眼界，不应只学中文。

在父亲的激励和寄父的启发、指导下，赵萝蕤开始大量阅读外国名著，还选了多门音乐课，继续学钢琴。她和同学都喜欢读《新月》月刊，喜欢读月刊发表的新诗。赵萝蕤最喜欢徐志摩的诗，《再别康桥》《他眼里只有你》《枉然》等，赵萝蕤都喜欢。新月书店出版的徐志摩的《翡冷翠的一夜》发行后，赵萝蕤马上找来读，"觉得词句、意境都美，只有他好算是一个真诗人"。对月刊上的游记、散文和小说，赵萝蕤也都很爱看。大二专业是英文，翻译作品也总是要浏览的。《新月》月刊常刊胡适译的小说，赵萝蕤对此评价道："胡适译的东西，终是火气太大，令人觉得浮躁之至。"正是因为她喜欢徐志摩的诗，《新月》月刊每期她必读。《新月》第二卷第九期甫一上市，她立即借读，本期"诗"在徐志摩的名字之后，她看到了一个生疏的名字——陈漫哉。

陈漫哉是陈梦家的笔名，但用了没几次就不再用了。而这个笔名却让赵萝蕤记住了。多少年后，赵萝蕤回忆说当时怎么也不会想到，这个奇怪的名字和他的诗会是一个只比她大一岁的青年写的。这年，陈梦家还不满 18 岁，赵萝蕤不足 17 岁。

这期《新月》刊载了徐志摩的诗《活该》，列其后的是陈梦家的四首诗，依次为《一朵野花》《为了你》《你尽管》和《迟疑》，是迄今所见的陈梦家最早的作品。对这个陌生的诗人委婉朦胧的几首"节奏近于歌，词句清新，……写出了青春爱恋的青涩"的诗，赵萝蕤很是喜欢，尤其喜欢《一朵野花》，常常吟诵。赵萝蕤在日记中写下了读诗的感受："月刊上有的是不诗不文的东西，看了叫人生气，而漫哉的诗才是诗。"此后，赵萝蕤开始留意这个叫漫哉的人的诗和文。并且更加热衷于练琴和写诗。

1930 年新年过后，赵萝蕤在《新月》月刊第二卷第十一期上，看到了署名陈梦家的小说《一夜之梦》。这是陈梦家 1929 年 10 月在南京中央大学写的，这时他 19 岁。赵萝蕤是晚上读的这篇小说，她被小说的主人公——“我”梦中的那个 19 岁的青年的故事吸引。但是赵萝蕤并不知道小说的作者陈梦家就是写《一朵野花》的诗人漫哉。半年后，《新月》月刊（第二卷第十二号）再次发表了陈梦家的三首诗：《露水的早晨》《答志摩先生》《寄万里洞的亲人》。赵萝蕤读后，总觉得与之前月刊刊登的漫哉的诗有同工之妙，她也很喜欢。在寄父家里，赵萝蕤与同样喜欢诗的寄父和刘家兄弟说起陈漫哉和陈梦家的小说与诗，刘家兄弟告诉她，漫哉、陈梦家原本是一个人；还告诉她，陈梦家是闻一多和徐志摩的学生，南京中央大学的在读生。此时纯净得像一潭清水似的赵萝蕤，无论如何也没法将陈梦家和他的诗文联系起来。毕竟陈梦家才比她大一岁呀！

也是在这次讨论陈梦家的诗时，陈梦家的名字得到了陆志韦和刘廷芳的关注。1932 年经刘廷芳介绍，陈梦家到燕大读书，陆志韦于1934 年赴芝加哥大学进修生理心理学时，在该校国际会议厅所作的系列演讲，包括民歌、旧体诗格律与技巧、历朝主要诗人等内容，在第五讲白话诗中，专门谈到了陈梦家的诗作。陈梦家与赵萝蕤的恋爱得到陆家夫妇的支持，或与此次的“先入为主”有很重要的关联。

二、肯定与器重

陈梦家到燕京大学读书，可说是天时、地利、人和都占了。在燕京大学，校务长司徒雷登、校长吴雷川，以及各学院负责人赵紫宸、陆志韦、徐淑希、洪业等，还有几位外籍教授都是其父亲的老朋友，对他自然照顾有加。

自从与赵萝蕤结识，陈梦家会在赵萝蕤的陪伴下去陆家与陆志韦谈诗论词，陆志韦原本是诗人，在其高谈阔论时，陈梦家总是很谦恭地听，很少发表议论。经过多次的接触，陆志韦对陈梦家的才气、人品都很中意，也常在赵萝蕤面前夸赞陈梦家。赵萝蕤是相信寄父的眼力的，陈梦家的阅历、风度、学识等方面均令这位昔日燕京大学"校花"、现在就读清华大学的才女赵萝蕤折服。她意识到，陈梦家就是她寻觅很久的那个"平凡"的人。

1933 年初秋，陈梦家和赵萝蕤确定了恋爱关系。

这年的秋天，陆志韦获中美文化教育基金会资助去美国研究心理学。陆志韦在芝加哥大学进修生理心理学期间，因校方和芝加哥大学的汉学家知道他是中国新文学初期的重要诗人与语言学家，于是邀请他在该校国际会议厅作系列演讲，包括民歌、旧体诗格律与技巧、历朝主要诗人等内容，在第五讲现代白话诗中，陆志韦特别介绍了陈梦家的《铁马集》和卞之琳、臧克家以及他本人的诗作。

《铁马集》是陈梦家 1933 年底编定，1934 年 1 月由上海开明书店出版，收 1931 年 7 月至 1933 年 11 月所作诗 40 首。《铁马集》甫一出版，陈梦家当即寄给了在北平的赵萝蕤，并委托她分赠给在北平的师友，并由她寄赠一本给远在美国的陆志韦。陆志韦非常喜欢陈梦家的诗，也喜欢这位充满青春活力的诗人，很支持赵萝蕤与陈梦家的交往和恋爱。在芝加哥大学国际会议厅的最后一次演讲中，陆志韦朗诵了陈梦家《铁马集》中的一首小诗《致伤感者》：

> 当初上帝创造天地，有光有暗，
> 太阳照见山顶，也照见小草。
> ——世界不全是坏的。
> 伤感在穷人是一件奢侈的事，
> 快乐在人手上，也在人心上。
> ——世界不全是坏的。

陆志韦在演讲中介绍陈梦家的诗的消息，是赵萝蕤告诉陈梦家的。

这是陆志韦对陈梦家这个晚辈的器重和肯定，同时也助推了陈梦家、赵萝蕤恋情更进一步地发展。在这个问题上，陈梦家由衷地感谢陆志韦，从此，陈梦家同陆志韦的交往逐渐多起来。1934 年春夏之交，陆志韦完成进修回国。由于时局紧张，经费困难，无从改善技术装备条件，陆志韦不再搞心理学实验工作，转而研究语言学中有关心理学的问题，如儿童语言的研究、拼音文字的试验等。

就在陆志韦潜心研究学术的时候，燕京大学代理校长周贻春离职，司徒雷登推举陆志韦接替代理校长之职。周贻春校长的前任是吴雷川。吴雷川当上燕京大学的校长，是根据当时国民政府的规定，外国人办的教会大学必须由中国人当校长。而握有管理学校的实际权力者，是校务长司徒雷登。因此，吴雷川在任上时大致是有职无权的。吴雷川离职后，校长之职暂由周贻春代理，但周贻春并不愿意担任徒有虚名的燕京大学校长，碍于情面，最终答应代理一年。

1934 年初夏，一年期满，周贻春果断离职。陆志韦接替周贻春做燕京大学代理校长后，打破了他一贯主张和坚持的潜心实验研究、甘当纯粹学者的理想。据说继周贻春之后，出任燕京大学校长的人选不止陆氏一人，但最终选择他，与陆志韦的个性有很大的关系。陆志韦的亲友，包括赵萝蕤在内对他的评价是"性情温和，不走极端"。自 1927 年来燕京大学，至 1934 年，七年间，与校内师生员工相处得都很好。陆志韦爱好广泛，品位很高，却不大关心政治；他交际很多，但只限于私人交往，从不介入任何派系。不过，陆志韦自己的评价是："鲠傲而不近人情。"他的说法，与和他在燕京大学共事多年的洪业晚年对他的评价——"疾恶如仇"，是个敢说敢为的人——很是吻合。

1934 年夏，陆志韦同意担任燕京大学代理校长。虽然当初陆志韦答应只代理一年，可是实际上一代理就是三年整。直到"七七事变"日寇占领北平后，他才终止了代理校长的职务，而由司徒雷登担任校务长和校长两个职务，以应付日本侵略者的干扰。但是陆志韦仍然要协助司徒雷登处理学校很多行政事务。

正是在陆志韦从美国回国，接任燕京大学代理校长不久，陈梦家结束了在安徽芜湖狮子山广益中学任教的生活，回到了北平。这时他与赵萝蕤的恋爱关系已经明朗化。早在陈梦家去芜湖时，赵萝蕤已经转达父亲的意见，鼓励和支持陈梦家报考燕京大学研究院研究生。这时，陈梦家已经热衷于古史和古文字的研究，自然乐于接受建议，于是开始复习准备。在此期间，每当陈梦家提出需要的复习资料，赵萝蕤总是千方百计通过父亲和寄父找到并立即寄给狮子山的陈梦家。

时年 23 岁的陈梦家，正值不知道"累"的年龄，在芜湖狮子山一年左右的时间里，收获颇丰：创作了八百行长诗《往日》，编定了《铁马集》；对报考燕京大学研究生做了精心的准备；与赵萝蕤往来通信，逐步增进了了解，加深了彼此间的感情。他这次回北平，是有备而来的。

赵家联合陆家给这个准女婿接风，气氛还是蛮真诚的，只是陈梦家不是很自在，因赵家夫妇话里话外总是敲打陈梦家没有明确的方向，将来怎么生活。而陆志韦则打圆场，鼓励陈梦家不要放弃自己喜爱的东西，一定要考上研究生，奋斗几年，前景会很好的。因赵家夫妇曾有"拉郎配"似的撮合赵萝蕤与一个"大兵"的婚事，赵萝蕤清楚父母择婿的取向不是陈梦家这样的。尤其是在母亲的眼里，陈梦家只是个穷书生而已。但女大当嫁，看到赵萝蕤对陈梦家的喜爱，他们夫妇也只能默认了。压力变动力，陈梦家喜爱赵萝蕤，果然不负众望，以很好的成绩考取燕京大学研究院研究生，师从容庚专攻中国文字学。

以陈梦家的个性，干什么就要干出个样子来。既然决心做一个文字学家，就要全身心地投入到这门学科的刻苦学习之中。陈梦家深知自己的底子薄，要想在此学科有所建树，不仅要一丝不苟地完成容庚布置的学习任务，还要利用一切可以利用的时间阅读大量与文字学有关的书籍，去听有关教授的课。据钱穆先生回忆："余在北平燕大兼课，梦家亦来选课，遂好上古先秦史，又治龟甲文。"不久，燕大图书馆内有关古文字学的书籍，都被陈梦家阅读过了，闻一多家、赵紫宸家、陆志韦家的藏书，陈梦家也都挑选过，凡是与他专业有关的书籍，他都要借读，并认真做笔记，写心得。毕竟燕京大学图书馆藏书有限，需要又借不到的书，他就让赵萝蕤到清华大学图书馆去查。在学习、研究、考证的过程中，有了新的发现和见解，陈梦家会以独到、深刻的文笔，写成文字在校内或校外的刊物发表。

陈梦家的刻苦、聪颖，得到所有任课教授的肯定，容庚、郭绍虞、唐兰和后期的陆侃如等先生都对陈梦家喜爱有加，常常单独辅导。原本就看好陈梦家的陆志韦更是对他关爱有加，时常把他约到家里，谈古论今。虽然陆志韦肯定陈梦家在专业学习方面的刻苦钻研精神，但对他放弃新诗的创作，认为可惜，他鼓励陈梦家，专业与写诗并不冲突，但陈梦家决心已下，已然没有了写诗的兴趣。

赵萝蕤和寄父陆志韦观点一样，不同意陈梦家放弃新文学和新诗的创作。经过与陈梦家深入的交流、探讨，见他决心已定，赵萝蕤不再坚持自己的观点，但建议陈梦家把以往的诗文进行梳理，做个总结，也算是对喜欢梦家诗的读者的一个交代。对此，陈梦家表示接受，他对赵萝蕤说："我现在就是要发愤考他一下古，这当中曲径虽多，行走甚累，只要有耐性有功夫，各人包能有一条新走法告诉人。我不想就此迷在当中，实在很想因此出气，你让我任性钻一些日子，到暑假我再做别的。"（1935 年 3 月 11 日，陈梦家致赵萝蕤信）

这时赵萝蕤已完成在清华大学读研的课程，燕大已经聘她为西语系助教。暑假到了，陈梦家开始整理自己多年积攒下的诗和文。为了帮助陈梦家尽快完成这项具有历史意义的工作，赵萝蕤无私地停下了戴望舒约她翻译艾略特的《荒原》一诗的工作。在赵萝蕤的参与下，陈梦家从以往一百多首诗中选取 23 首编为《梦家存诗》，选出后还专门听取了正在修订《中国诗五讲》的陆志韦的意见，陆志韦很赞成陈梦家和赵萝蕤的选择，于是《梦家存诗》定稿。

《梦家存诗》于 1935 年出版。几乎与《梦家存诗》定稿的同时，陆志韦以在美国的英文演讲稿为基础的《中国诗五讲》（英文版）也已修订完毕。陆志韦让陈梦家、赵萝蕤以诗人的视角，对是书初稿做出评介。陈梦家、赵萝蕤均以为从汉诗乃至狭义新诗传播学角度衡量，其地位绝不容忽视。最终这个别具一格的英文汉诗（含新诗）著述——《中国诗五讲》次年以线装铅排本问世。

这年，陈梦家的学习、生活紧张而充实，按照燕大的"绩点"制度，陈梦家的学分是 4 分，也就是绩点在 3.5 以上，学分 5 分为 100分，则陈梦家的学分在 90 分以上。对陈梦家的学习成绩，作为燕大代理校长兼研究院委员会主席的陆志韦是非常满意的。同年，经容庚推介，陈梦家被考古学社吸收为第二期学员，从此结束了诗人生涯而开始致力于考古学等研究，并逐渐在学术界产生了一定的影响。

1936 年 1 月 18 日，陈梦家与赵萝蕤结婚。婚礼在司徒雷登的办公室临湖轩举办，仪式很是简单，陆志韦以燕大代理校长和赵萝蕤寄父的双重身份担任婚礼的主要召集人和组织者。陈梦家的老师闻一多作为陈梦家的长辈出席，孙毓棠等陈梦家的诗友前来贺喜，赵萝蕤的老师叶公超"给他们送了贺礼：一个可作灯具的朱红色的大瓷瓶，矮矮的一个单人沙发床，一套带着硬壳的哈代伟大诗剧《统治者》"。

婚后，陈梦家、赵萝蕤暂时借住在燕大旁王世襄家一个占地二十多亩的大园子里。不久陈梦家从燕京大学研究院毕业，最后一个学期他的学系主任是陆侃如，陈梦家的毕业论文得到了陆侃如和陆志韦的好评。作为燕京大学研究院委员会主席的陆志韦为陈梦家签发了毕业证书，又作为代理校长向陈梦家颁发了任教燕大的聘书。陈梦家和赵萝蕤双双在燕大任教，比翼齐飞。教课之余，赵萝蕤写新诗、散文和文学论文，并继续翻译戴望舒约她翻译的艾略特《荒原》一诗；陈梦家则从事学术研究。

三、别离，情不断

1937 年"七七事变"，日本大举入侵，北平被日寇占领。燕京大学因为是美国教会办的，一时还没有直接受到日本侵略者的骚扰，但一个月后，日本人公然轰炸了燕大附近的一个兵营，燕大校园内人心惶惶，失去了往日的平静。

面对莫测的前景，燕大校董会经过反复磋商，决定对燕大领导层进行调整，解除了 6 月份校董会刚刚选为校长的孔祥熙的校长职务，由司徒雷登出任校长。理由是，在目前形势下，由作为中国国民政府的高官之一的孔祥熙担任一个处于日本控制区的大学校长，会给燕大带来麻烦和危险。按照 6 月份校董会的会议决定，孔校长缺席时，由陆志韦代理校长，随着孔校长的职务取消，陆志韦的代理校长身份也就不存在了。

1941 年冬，太平洋战争爆发。12 月 8 日上午 9 时，燕京大学校园遭日寇占领，日本宪兵队宣布正式接管学校。时任研究院院长的陆志韦和宗教学院院长赵紫宸等师生三十余人被逮捕拘押。因当时司徒雷登应天津校友会邀请正在天津，第二天正当他准备返校时，遭日本兵抓捕，被押送北平拘禁，直至日本投降才被释放。

陆志韦被捕后，日寇企图利用他在学术和教育领域的威望，诱他出来为伪政府服务，遭到他严词拒绝。在狱中，日寇哄骗陆志韦说：只要写一张"悔过自新"书，便可出狱。他拿起敌人给他的纸和笔，写下了"无过可悔"四个大字，充分表现了爱国知识分子的民族气节。由于他坚决不肯为日伪政权服务，日寇恼羞成怒，竟以"违反军律"的罪名判他一年半有期徒刑。

1943 年，陆志韦假释就医，中共地下党因海淀比城里交通方便，常把准备运往解放区的医药器材放在陆家东厢房内，待有机会再运走。蓝公武拟去解放区，约陆志韦同行。陆志韦因怕连累出狱时的保人张子高，未能成行。1945 年 8 月 15 日，日本宣布无条件投降。1945 年秋，国民政府授予陆志韦胜利勋章。1946 年夏，司徒雷登出任美国驻华大使，校务工作托付给陆志韦。

自 1937 年抗战爆发，陈梦家、赵萝蕤离开北平，与陆志韦一家分手，至 1947 年已有十个年头。其间，赵萝蕤与寄父一家没有间断过书信来往，每有信寄给父母，总会念及寄父、寄母和陆家弟弟妹妹，逢年过节会专门写信给陆寄父问候全家。往往是赵萝蕤与陈梦家联名写信，分别寄至赵家和陆家，若只寄赵家的信，也会附言问候陆家好。抗战前，陈梦家、赵萝蕤都是燕京大学的教师，抗战期间也时时接到燕大同事的书信，回信时也自然会附言向陆志韦问安。陆志韦也偶尔会回信，或在赵家致萝蕤的信中附言，以表问候。

1947 年春夏之交，赵家和陆家分别接到陈梦家、赵萝蕤的来信。陈梦家信中报告几位长辈，他已谢绝美国罗氏基金会某负责人的邀请，初拟于七八月份回国。此前，他已得到校长梅贻琦和文学院院长冯友兰回清华大学任教的首肯，并与清华大学国文系主任朱自清多次通信沟通。朱自清告诉陈梦家，学校很重视他的归来，返校后的住所、课程都已做了合适的安排。赵家夫妇得知女婿回来，女儿亦归国有期，自然高兴得不得了。陆志韦得知陈梦家、赵萝蕤即将回国的消息，则更多地是考虑如何让这对从燕大走出去的青年才俊为他们的母校服务。原本很少给陈梦家、赵萝蕤写信的陆志韦，这次破例给他们写了一封意味深长的信：

　　梦家如面：
　　　　……闻您夏间回国，蕤或须至明春毕业，得一学位亦好玩。国内需此敲门砖，景德亦如是。无论如何，既镀金矣，还不如联头联脚全镀为是，芝加各（哥）牌子尚好。
　　　　我执笔只为一事，暑后此间文字学一课无人教授，清华教授例可兼课，母校近在咫尺，求沾一点光，尚望答应。特此预约，并请覆允，此课约为三学分，然多少由您酌定。此间文字学一缺不能长此久为，请您与萝蕤从长考虑，究有意回母校否？我自当竭力主持，须你们没有问题时，我始可着手进行。

作为陈梦家、赵萝蕤的长辈、师长，陆志韦信中的语言不乏尖刻，但叙事条理清楚。主要事宜有两件：一是燕大文字学课无人教授，请陈梦家来燕大兼课；二是若陈梦家和赵萝蕤有回母校任教之意，他将竭力给予协调。陈梦家和赵萝蕤都极为尊重陆志韦的意见，他们在复信中向陆志韦表示：梦家返国后在清华任教，并在燕大兼课；萝蕤尚有时日回国，原则上回燕大任教。

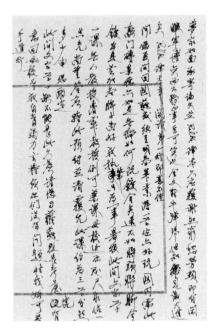

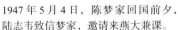
1947 年 5 月 4 日，陈梦家回国前夕，
陆志韦致信梦家，邀请来燕大兼课。

陆志韦在信中看似尖刻，却很实在，亦不乏幽默的话语，表达了他对赵萝蕤和二弟景德在美苦读学位的看法："国内需此敲门砖。"信中，陆志韦告诉赵萝蕤、陈梦家他将休假的信息及休假期间的安排，并强调尽管校方有意让他出国，"然国事如此，何颜在美国颠儿郎当"，时值燕大百废待兴之时，作为燕大校务委员会主席，怎么能赴美躲清闲呢。因此，陆志韦决意在国内休假，不离开燕大，以便随时处理燕大的疑难事务，而空余时间"写作'音韵学'……苦作一年"。

信之末尾，陆志韦叮嘱赵萝蕤，让她时时"教导""勉励"正在美国读书的陆家小弟卓如。这个卓如就是小时候得到赵萝蕤特爱的陆家小弟。陆卓如自小就喜欢萝蕤姐姐，赵萝蕤一直像对亲弟弟一样疼爱卓如，在美国，赵萝蕤定会一如既往地呵护卓如弟弟的，这一点寄父、寄母是放心的。信末，陆志韦还简要介绍了赵家二弟景德的媳妇和女儿小颂梅的情况，从这一点来说，陆志韦更像是赵萝蕤姐弟的家长了。

陆志韦一年的休假是从 1947 年春开始的。休假期间，除了学校有非由他参与处理的事情外，他全身心投入到汉语音韵学方面的研究，从 1946 年起到 1948 年先后发表"古官话"音史论文九篇。

四、相聚相亲的两家人

1947 年 10 月，陈梦家从美国辗转香港、上海回到北平，到清华大学任教。因赵萝蕤还要在美国继续学习，陈梦家暂时在赵家入伙，因赵、陆两家的特殊关系，陈梦家自然与陆家的接触很多。

陆志韦休假期间除研究、写作以外，几乎每天都要与赵紫宸和童夫人，包括陈梦家，闲谈国事、家事，有时也打打牌。谈论燕大现状和前景，赵与陆有时观点一致，有时水火不容，陈梦家只有听的份儿，谁是谁非，很少发表意见。

在陈梦家与赵萝蕤的书信往来中，他们之间常以问答的形式交流信息。当然是赵萝蕤问得多，且所问大多为赵家、陆家和她所熟悉的燕大教授家庭琐事，当然也有陈梦家的工作、生活和清华公寓的安置情况等。陈梦家对远在美国的妻子所问，事无巨细，都会给予应答。

1947年10月，赵萝蕤来信问及陆家情况，陈梦家自1947年10月18日至12月31日回复赵萝蕤的信大致有四封。10月18日，陆志韦的《古音说略》发表。当日，陈梦家收到赵萝蕤的来信，当即给赵萝蕤回信："寄来照片一合（盒），内装的小蚌杯无损，包的甚好。高本汉像有一张尚好，请多印几份，寄他一份。我在欧所照不错，尤以剑桥风景为佳。"信中特告"陆先生新出《古音说略》，送我一册"。

陈梦家致赵萝蕤信中提到陆志韦的《古音说略》（1947年《燕京学报》专号之二十）是他对音韵研究的代表作。《古音说略》从统计学方法入手研究上古音和中古音，提出许多独到见解。陆志韦还系统地研究近古音的一些资料，写出《释中原音韵》等九篇文章，推动了近古音的研究工作。

或许是赵萝蕤致陈梦家的信里询及陆先生女儿瑶华的情况，1947年10月22日陈梦家在复赵萝蕤的信中专门提到瑶华的近况：瑶华并不漂亮，与小时差不多，已戴眼镜，妈妈说她"总是格格地傻笑"，唯伦与她甚好，今日分了半小包酥糖与她吃云云。

自1927年陆志韦来燕大，每日里只要有暇总要到赵家闲谈，赶上吃就吃，赶上喝就喝，20年了，已成为习惯。陈梦家回国后，赵萝蕤回国前的这段时间，也是陈梦家与陆志韦接触最多的时期。几十年的朋友，赵、陆两家亲如一家，大事小情总会一起讨论，说深说浅，相互间也都不大往心里去。因时处内战时期，燕大何去何从开始成为赵、陆两位谈论的主题，有时因观点不同，看法不一，吵得面红耳赤，不欢而散。但吵归吵，不伤感情，第二天又会在一起，或聊天，或打牌。

陈梦家在燕大读过书，当过教员，和燕大的教授大多很熟，也常听到他人对陆志韦的一些评论。特别是赵家夫妇对陆志韦曾反对梦家、萝蕤和景德在抗战时期出走美国和对此次将送景伦赴美颇有微词，而不高兴，常在陈梦家面前数落陆志韦的种种不是，受赵家二老的影响，陈梦家与陆志韦接触时也开始谨慎起来。他在之后给赵萝蕤的信中提到陆氏时，也多是说些赵家二老对陆志韦的看法和自己的判断。

在 10 月 22 日的信里，陈梦家叮嘱赵萝蕤说："陆，须小心他。你家与陆家已甚疏远矣。"这时，在对待国共两党的态度上，陆志韦已开始明朗化。陈梦家在 1947 年 11 月 12 日致赵萝蕤的信中再次提到陆志韦："陆先生的'唯我独尊'，野心颇大，甚可畏……"此时，陆志韦与国民政府渐行渐远，在燕大教授中差不多是公开的了。

陆志韦对陈梦家值国家困难之时携萝蕤赴美，随后景德亦赴美，早有微词。前文所录陆氏致陈梦家信中的"镀金说"足以说明陆氏观点，不过陆志韦还有"国内需此敲门砖"一句诠释其后，可见还是理解他们几个的。实际上陆志韦的两层意思都在理。国难当头，作为青年知识分子，理应在国内为抗战效劳。但现实是陈梦家在清华任教，仅凭他在燕大读研的学力，很难在清华立足；陈梦家走了，赵萝蕤有条件同去，也是合情合理，何况赵萝蕤在美并未荒废，最终读了博士。陆志韦是一个耿介、说话不藏着掖着的人，他把自己的想法说出来，也说明对赵家的子女没有当作外人来看待。

就景伦赴美事，赵、陆两家各有自己的"私心"。赵家为景伦的前途；陆家为了女儿瑶华。虽然赵、陆两家关系亲密，但赵家夫妇并不想与陆家改变现状，由好朋友变成儿女亲家。而陆家则希望景伦和瑶华成亲，与赵家亲上加亲。在陆志韦眼里，赵家四姐弟都很有出息，若果真与赵家结亲，赵、陆两家的下一代互相帮助，互相提携，是最圆满的。平时陆家看到景伦与瑶华进出成双结对，心里甚是畅快。若景伦不出国，也许一二年后"赵家老三即为陆家的乘龙快婿"了。关于陆志韦的景伦不必留洋、在清华大学读研究生也很好的建议，赵家也犹豫过，可赵家"已为景伦交了有关费用，不去怎么行"。

最近一个时期，陈梦家致赵萝蕤的信，除了述说景伦和瑶华的事，弄得赵、陆两家心有芥蒂之外，还有有关赵萝蕤回国后的去向问题的讨论。这件事的起因归咎为童夫人与邓之诚夫人的一次聊天，童夫人透露了赵萝蕤回国后将去燕京大学任教的消息。

其实这本来是正常的事情，赵萝蕤在燕园生活、学习了十几年，燕大教授和家属们都喜欢这个端庄可爱的女孩子。陈梦家回国后，燕大的教授和家属们都关心赵萝蕤什么时间返国。赵萝蕤回国后，是继续来燕大任教，还是另谋高就，自然是熟悉和关心赵萝蕤的人所关心的问题。

陈梦家回国后，就赵萝蕤回国在何校任教的事，在他们之间的往来书信中，也多有涉及。一是回燕大。这是皆大欢喜的事情，父亲、寄父都支持。可陈梦家和赵萝蕤不十分甘心。二是去北大。陈梦家更喜欢赵萝蕤学成回国去北大，他和胡适提起过，胡适表示"可以"。这样，待赵萝蕤回来，即可在城里安家。但是，赵家二老不乐意女儿独自在城里。三是去清华。赵萝蕤和陈梦家意见一致。赵萝蕤是清华大学外文系的研究生毕业，况且离燕大很近。只是与陈梦家同校会有困难。为此事，陈梦家专门"去看了陈福田，他说清华大学极需教文学者，现在吴宓、莫泮芹皆占了名额，他欢迎你来（此是他提的），但仍以夫妻同校之例为问题，他个人主张破例云云。又说莫若来了，莫太太亦不许在清华图作事。且待冯公回来再说"。

在赵萝蕤去清华还是去燕大的协调中，只要有了点滴的新消息，陈梦家会第一时间写信告诉赵萝蕤。与陈福田接触后，陈梦家听说燕大拟发美金薪水，当即写信告知：

> 清华兼亦好，专更好，不知能破例否。燕京发美金薪水（你爸爸约 150，如此是一千四百万一月），将成事实矣。此对你之去燕京，多

一层考虑。即使去燕仍以住清为便，因那边房子亦有问题也。总之，一切将由我详告，而我不决定，亦不拒绝一切，处处都说考虑可也。

随着内战的不断深入，燕大与美国方面的关系也越来越不确定，以美金支付教授工资的计划泡了汤。清华是否破例"夫妻同校"，也是未知数。但最终的结果，去清华条条框框所限，赵萝蕤回国后去燕大西语系。这个选择为赵萝蕤归来的过程减少了许多的麻烦，这是后话。

作为燕大校务委员会主席的陆志韦求才若渴。陆志韦是看着赵萝蕤成长起来的，赵萝蕤回国有期，且已落实来燕大服务，陆志韦总算一块石头落了地。

还有一件悬而未决的事，就是陆志韦希望陈梦家也来燕大。于公于私，陈梦家、赵萝蕤加入燕大，对陆志韦来说都是好事。陆志韦在与陈梦家的数次交谈中，陈梦家话语中曾流露在清华并不顺心。陆志韦表示，若陈梦家来燕大，会有比清华更高的待遇。陈梦家素来与燕大教授高名凯友好，陆志韦试图请高名凯做陈梦家的工作。

高名凯是陈梦家和赵萝蕤的好朋友。他是福建平潭人，我国现代著名语言学家。1931年秋，高名凯考入燕大哲学系，曾任燕大学生会主办的《燕大周刊》主编。1935年夏，高名凯以优异成绩升入燕大研究院中文系，从陆志韦专攻语言音韵学。震撼全国的"一二·九"学生爱国运动，就发生在这一年。而运动爆发前著名的《平津十校学生自治会为抗日救国争自由宣言》，即出于高名凯之手。1937年"卢沟桥事变"之后，高名凯远渡重洋，赴法国巴黎留学，1940年10月返抵北平燕大母校。1941年12月8日，珍珠港事件爆发，燕京大学由日本宪兵队接管，全校师生被驱逐出校。高名凯夫妇与婴儿被迫迁入城内，局促斗室之中，守贫不移，靠卖文为生，坚持民族气节。巴尔扎克的几种作品，就是高名凯在这几年翻译出版的。1945年秋，日本投降，燕大复校，高名凯任中文系主任，住燕东园32号。

陈梦家夫妇在美国时，与高名凯常有书信往来。回国后，陈梦家与高名凯的关系更为密切，是无话不谈的知心好友，又因高与陆志韦友善，故而常在陆家小聚闲谈。自陈梦家自美归国，高名凯即有请陈梦家来燕大任教之念，只是难以启齿与梦家谈。此次闻陆志韦云梦家在清华似不顺心，才与之深谈。陈梦家对陆、高的招引不为所动，他在12月8日致赵萝蕤信中分析了不能去燕大的原因：

> 昨高名凯来说，他正与陆志韦商谈欲我全部去燕京，作哈燕社的教授。我是决不去全部的，只可以部分的为哈燕作事。他们也许以为发美金了，我有活动余地。清华发展前途甚大，燕京目前只是小康，一等大局略好，教会大学仍只有衰弱下去的。

还真被陈梦家说中了，到了1952年院系调整，燕大竟被取消了。这又是后话了。

实际上，陈梦家在清华的处境没有那么坏。尽管陈梦家到清华任教后有许多不尽如人意处，但他觉得清华大学校长梅贻琦和文学院院长冯友兰是器重且信任他的。"燕雀安知鸿鹄之志"，燕大对他有恩，陆志韦很看重他，但毕竟燕大发展的空间远不如清华。陈梦家婉转谢绝之后，高、陆也就不再提起去燕大的事情了。陈梦家知恩图报，应允了在燕大国文系兼课，"每周兼四点钟，拿教授半薪"。

因清华有人对陈梦家在燕大兼课拿薪水事忌刻，他遂决定把燕大兼课所得捐赠部分出来，以避免别人的口舌。他把自己的想法与陆志韦和冯友兰说了，他们都表示支持。冯友兰建议他拿些钱出来"雇书记帮我抄写"正在编著的《六国纪年》等有关学术著作，并且明确说：《六国纪年考证》是清华的成果，理当由清华雇人誊写的，你用燕大给的薪水支付，是对清华的贡献。陈梦家采纳了陆、冯二公的建议，并致信赵萝蕤说："我忙着把《六国纪年》做出来，因闻别人亦在作，大家留以此问题，而我的出后，必成很好的一本著作。故要十分精细。"

陆志韦对有人说陈梦家不应该回国，在国外更有利于学术，也避免在清华受人排挤打压等言语，不以为然。他认为中国人学成了就要回国服务，才对得起祖宗和国家的培养。陆志韦休假期间，有美国的大学和英国的大学邀请他讲学，都被他拒绝了。在这点上，陈梦家和赵萝蕤都很敬佩陆志韦。

1948 年 2 月 9 日是阴历除夕，陆志韦虽然休假，但学生会还是邀请他作为教职员代表在新年同乐会上讲话。陆志韦在讲话中鼓励燕大的教职员工和广大学生要面对生活，奋斗下去，局势快要变了，大家在思想上要做好准备。

1948 年春节过后，内战愈演愈烈，人民解放军东北野战军已控制了东北 80% 的土地和 70% 的人口。东北国民党军队被围困在长春、沈阳、锦州等几个大城市。东北战事正酣，北平依然平静。陈梦家在春节期间除了探亲访友，大都在清华的住宅里读书、写文，赵家有事招呼，随叫随到。他这段时间里除了著述，还写了一篇《海外中国铜器的收藏与研究》，发表在天津《民国日报》上。这是陈梦家回国后首次将自己旅居海外四年所见、所闻等有关中国铜器流失情况，以文字形式向外界披露，引起了学术界的重视。由此陈梦家在学术界的威望又一次得到了提升。陆志韦的事情要比陈梦家的复杂得多，有学校的事情、家里的事情，还有他的"音韵学"。忙归忙，陈梦家和陆志韦也经常参加一些同事朋友的聚会。关于这段时间陈梦家参加的各种活动，他在致赵萝蕤的信里都有较详细的叙述。他在 1948 年 2 月 15 日，也就是正月初五的信中，记述了赵萝蕤的老师、燕大英文系美籍女教授包贵思宴请的场景（见 1948 年 2 月 15 日陈梦家致赵萝蕤信）：

> 昨晚包贵思请陆氏夫妇与我去吃饭，吴兴华也在……吃饭时谈鲁迅，陆先生说算不得什么大作家，吴某附和，我只得直说

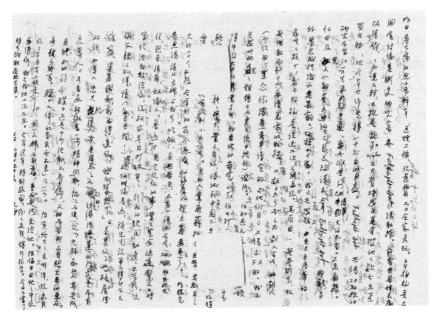

1948 年 2 月 15 日陈梦家致赵萝蕤信
谈及包贵思请客与吴兴华不愉快事

"我不赞同了"。吴某议了些极肤浅的话，此等人恐只跑洋人与半洋人之人的门的，仿佛洪煨莲的门客中常有这等人。

包贵思请客当晚"吴兴华也在"，看来陈梦家对这个人的出现并不十分的高兴。

虽然陈梦家对陆志韦的自负、"唯我独尊"有些看不惯，但是对陆志韦总体的评价是好的，尤其对陆志韦的学问和人品大加赞扬。

陈梦家常与陆志韦论学，无论谈诗论赋还是古今语言文字的研究，陆志韦往往出语不凡，令陈梦家受益匪浅。在燕大读研时，凡有陆先生的课，不管是心理学还是音韵学、谈讲诗词，陈梦家总会去旁听。从美国回来后，只要是陆先生的课与自己专业沾边的，他都要去听。

对陆志韦的人品，尤其是在大节上是个立得住的君子，赵家老小和陈梦家都是给予充分肯定的。在陈梦家致赵萝蕤的信里，他讲述了张东荪请他吃饭时讲的事情：

> 张东荪忽请我于下星期二吃饭，帖子送到你家，……与他谈天。他告诉我燕京关门之后发生的一件事，希望我不说云云。原来陆、赵、张第一批被捕后某某与某某、某某即与日本军部商议复课，由洪领衔，邓、周、吴等一同去军部递请求书。此事邓主动而推洪为首。陆等被捕后，洪、邓等即分头到各家，说不久可无事，即为此。后因陆志韦等坚决反对军部这种做法，复课未果，并迁怒于洪等，遂将洪、邓、萧、周等人亦抓捕入狱……洪入狱后始大悔，而邓居然怪洪之犹豫不决，若不听陆氏的话，按军部意见积极复课的话，否则大家不至入狱云云。此事张氏在各位出狱后闭口不言了，大家都心照不宣，谁也不提了。我听此殊吃了一惊……陆于紧要关头，到底是中流砥柱，可惜平日为人，气量太小。

此信寄至美国的赵萝蕤后，解放军已由东北战场向平津转移，不久燕大校园内因是否南迁问题议论纷纷，经常有教授到赵家和陆家来打探消息。陈梦家常常在场，每当这个时候，陆志韦总会高谈阔论，打消来者南迁的念头，并明确地表示燕京大学要留下来。看到自己的老友赵紫宸也忧虑重重，陆志韦很是不满，曾对陈梦家说："有什么法子叫你岳父不这样消沉。宗教学院太无希望。"对陆志韦这一时期的表现，陈梦家在致赵萝蕤信中说："陆志韦虽小事不容人，大体上仍不失为正人君子，第一等学者。近来燕京多纠纷，他表现得最好了。"

陆志韦除每日忙于燕大事务以外，仍继续他的音韵学。1948 年春，他假满回校。"此时燕大正闹'中国校长'问题"，当时燕大有两个人选——梅贻宝和陆志韦。众望所归，最终是陆志韦仍然以校务委员会主席的名义主持燕大工作，但他坚决不肯担任校长职务。

面对复杂多变的形势，老邻居清华大学校内学生运动此起彼伏，教授们惊慌失措者多，城内北大学生更加活跃，教授们激进者和消极者并存。胡适与陆志韦私下友好，在陆志韦休假结束，主政燕大后不久，借陪一位美国老人来燕园的机会，到陆家看望。交谈中，胡适建议陆志韦亦南下。当陆志韦明确表示留下来，哪里也不去的话一出口，胡适无言以对，起身告别，留下了一句话："这次（从南京）回来，只有四天，特地来看看你，明天就走，不知以后何时再见。"

送走了胡适，陆志韦怅然许久，但很快缓过神来，以维持燕大正常秩序、保护学生安全为近期工作的重心，静待天下大变。

1948 年 8 月 19 日，国民党北平"剿总"在《华北日报》以大字标题《传讯匪谍今天始》刊登了"中央讯"，开列各校拘传名单 250 人，并以军警包围北大等 11 所大专院校，史称"八一九"大逮捕。在这次"大逮捕"中，陆志韦不顾个人安危，更是不怕得罪国民党当局，将军警拒之门外，待保护名单上的学生离开学校后，才与军警"约法三章"，要他们徒手入校，讲明搜查条件，绝不允许抓走一个不在名单上的学生。此举给予进步学生很大鼓舞，并得到当时解放区报纸的表扬。

1948 年秋，对于燕京大学"撤退与否"有了两派的意见。梅贻宝代表少数派主张南迁，陆志韦代表的多数主张"不搬家"。1948 年 11 月 26 日，陆志韦给洛氏基金会法斯的信中说："目前实在没有安全的地方，也没有什么地方绝对允许有学术自由和信仰自由。"而让陆志韦坚决主张留在北平的三个原因是：（1）他对国民党已失去信心，认为在中国共产党领导下，人民的生活会过得更好；（2）要撤退无处可退，因为全国都要解放；（3）他认为学生必须留下来，因为学生的前途在解放区。他说：我要与学生们一起留下来，迎接解放。

在就燕大是否撤离北平和全家是否返回南京的问题上，赵家的思路和陆家基本上是相同的。赵紫宸尽管没有陆志韦的远见卓识，但他对国民党政府并无好感，只是对共产党了解得也不多。陈梦家依然每日来赵家，时时会碰到陆志韦，有时会专门到陆家拜访。新的学期开始，陈梦家遵照陆志韦的意见，仍然在燕大兼课。

和以往一样，陈梦家有时在赵家吃完晚餐，若未见到陆志韦来，总会到陆家小坐，闲谈或简要谈谈燕大任课中的有关问题，有时也顺便聊点时事政治，但大多是陆志韦说，陈梦家听。

在这个时期，陈梦家受清华梅校长和校务委员会委托筹备清华"文物陈列室"和收购文物，课余时间常跑古董铺，有时买回些有一定欣赏价值又花不了几个钱的字画、古玩类的物件，也会送给陆志韦。有的虽然是为清华买的古玩精品，但往往会带到赵家让赵、陆二位前辈先睹为快，为他们带来一些快慰时光，也算是陈梦家对他们的一点孝心。

陈梦家实现了他多年来想到西北考察的梦想。10 月 22 日，他安排好了校内和家里的事情，告别了赵、陆二家，离开清华的胜因院，乘车进城。11 月 20 日，陈梦家返回北平的第二天，他到赵家，陆先生也在。陈梦家简要述说了此次赴西北考察的经历，而更重要的是他知道了，离开北平一个月里清华、北大、燕大和整个北平城内发生的情况；特别是知道了在北平的清华、燕京的教授们皆不南下。陆志韦面对学校内是否撤离北平的谈论，坚持主张留下来，赵紫宸表示支持陆志韦的主张，也绝不离开北平南下。

陆志韦则每日里要应对来自各方的压力。燕大是教会学校，与美国有着千丝万缕的关系，而早在前些时候，哈佛燕京学社这一享誉国际的学术机构已经迁回美国。而最令陆志韦担心的是远在美国纽约的主管燕京大学经费的托事部对待燕大不肯南迁的态度。出人意料的是，纽约的托事部批准了校董会关于燕大继续留在校址内办学的决定，并许诺继续予以支持。这个消息不仅对于陆志韦是个好消息，也给没有南迁计划的燕大同仁吃了一颗定心丸。陈梦家把这个好消息迅速写信告诉了赵萝蕤：

> 陆先生对燕京甚起劲，彼近来各方面皆有好誉。你父亲此番忽然改常态，镇静乐观。

12月中旬，东北野战军先头部队攻下北平北部昌平的沙河车站，继续向北平的西南方向推进，国民党军队在颐和园、圆明园一带予以激烈抵抗。因有燕京、清华两座著名大学在邻近，东北野战军遵照中央军委的指示，没有用大炮还击。无论是燕大校内的赵、陆两家，及在校内居住的各教职员工之家，还是住在清华校园内的陈梦家和校内的师生员工，虽然外面枪弹横飞，杀声阵阵，但他们心里都非常淡定，因为已有消息传来，国民党大势已去，北平马上就要解放了。

因赵萝蕤回国后已决定在燕大任教，在这封信中，陈梦家特意叮嘱她说：

> 陆先生说，你赶紧乘飞机回来，学校发给500元的旅费。若不够（一定不够），可由英文系补足……总之要以先归，其它好想办法。……人人只知道目前一个月的事，以后如何，无法逆料。我希望不久接到你动身的消息。

关于燕大补足旅费的事情，在此信里，陈梦家强调说："他（陆先生）对此事需负责，况目下燕京大权在他手中，一切可顺利。"并透露说："燕京今年至明年六月底的经费，将在任何情况下完全用掉。"听口气，这些话语似出于陆志韦之口。看来，陆志韦对于以后的形势是有所判断的，根据后来发生的一系列事实，足见陆志韦是有先见之明的。

陈梦家返国后，深得梅校长的信任，同事们对他的总体评价也很好，个别不投脾气的，对他的学术水平还是肯定的。陈梦家精力充沛，除了清华、燕大两校的课程以外，还不遗余力地为学校搜寻古物，也为梅校长和同事们购买一些家用古旧器物。因所购大都物美价廉，有很大升值空间，很受欢迎。还有一件陈梦家最得意，梅校长和同仁对他刮目相看的事情，就是他在离开美国之前，从浙江同乡卢芹斋那里指名要的洛阳出土的流失到美国的嗣子壶，终于平安地陈列到清华大学文物陈列室。

1948 年 12 月 15 日，解放军占领海淀，燕园和清华园被解放。12 月 16 日燕大召开全校教职员会议，陆志韦在讲话中说："我们已经解放了。"然后说："这是个伟大的变革，是比中国历史上任何一次改朝换代或是革命都要伟大的变革。"燕大在解放军的保护下，保证了正常的教学秩序。

在解放战争即将获得决定性胜利的时刻，虽然陈梦家没有像陆志韦的立场那样明朗，但是当国民党政府派飞机接送学者南下时，胡适等知名学者教授很多已离开北平，不久去了台湾、香港或者国外，而陈梦家不仅自己拒绝出走，也劝友人不要离开北平。

1948 年 12 月 31 日，赵萝蕤抵达上海，暂住陈梦家大哥陈梦杰家。数天后，她搭乘傅作义的一架运粮飞机，飞到了北平。1949 年 1 月 31 日，北平和平解放，赵萝蕤与家人团聚。

1949 年 2 月 10 日是中国人的传统节日春节，自 1937 年起至 1949 年，整整 12 年，赵萝蕤没能与父母过春节了，这一年爱女归来，赵家夫妇喜气洋洋地准备了节日的食品。陆家夫妇对干女儿的感情依然不减，赵萝蕤又非常懂事，有事没事地总是到陆家与寄父、寄母聊家常，和瑶华妹妹说悄悄话。春节当晚，赵、陆两家与陈梦家夫妇欢聚一堂，依旧像以前那样，餐饮过后，赵萝蕤弹琴，陆志韦即兴高歌，家人互唱，然后孩子们陪赵、陆二老打牌。陈梦家不打牌，在旁饮茶与岳母聊天，偶尔也看看赵萝蕤的牌，随意支支招。

春节过后，仍然任校务委员会主任委员的陆志韦，协助周扬、张宗麟草拟北大、清华暂时管理办法。3 月 25 日，毛主席抵达北平，陆志韦应邀去机场迎接。《陆志韦先生传略》这样描述陆志韦在机场初次见到毛泽东的感受："当看到他思慕已久的毛主席衣着朴素、和蔼可亲，对党外同志的热情态度，不禁肃然起敬，回到家中对夫人刘文瑞说，中共领导人的高大形象可亲可敬，庆幸中国获得新生。"那天陆志韦极为兴奋，当晚在燕大逢人便讲对毛泽东的印象。陈梦家、赵萝蕤也是头一次听说毛泽东的高大、平易近人。

本年度陈梦家在清华大学讲授中国古文字学和新开设的现代中国语言学等课程，课余写《甲骨断代学》四篇。经修订的《六国纪年考证》在《燕京学报》第 37 期发表。这时燕大西语系的美籍教师陆续回国，赵萝蕤成了主力，每天忙碌不停。她的努力和能力得到了陆志韦和燕大同仁的肯定，不久她担任了西语系主任。

1949 年春，全国政协会议召开，陆志韦以无党派人士身份参加全国政协，开始了他与新政权短时期的密切合作。

1950 年 6 月，随着抗美援朝战争的打响，中美势不两立已然明朗化。

1950 年 12 月 29 日，政务院通过《关于处理接受美国津贴的文化教育救济机关及宗教团体的方针的决定》；1951 年 2 月 12 日，中国政府接管了燕京大学，经中央人民政府委员会第十一次会议通过，任命陆志韦为燕京大学校长，2 月 20 日，毛泽东主席颁发给陆志韦任命通知书。从此燕大脱离了同美国教会的关系。

五、众叛亲离

1949 年 10 月至 1951 年，同清华、北大一样，燕园里很是平静。

陆家、赵家以及住在燕园内同仁各家都过上了没有战争的硝烟、居家享受安宁生活的舒心日子。陈梦家和赵萝蕤住在清华胜因院内经陈梦家打造的书香气、古董气浓郁的安乐窝里，他们没有孩子拖累，夫妇两个把所有的精力都用在了学术研究和教学工作上面。

1949年7月，中国新史学研究会成立，郭沫若任主席，陈梦家被选为研究会理事。这个研究会的宗旨之一就是"学习并运用历史唯物主义的观点和方法，批判各种旧历史观"。1949年9月1日，毛泽东主席指定吴玉章、成仿吾、范文澜、马叙伦、郭沫若、沈雁冰等共同组织中国文字改革协会。10月10日，中国文字改革协会在北京正式成立。陈梦家被邀请为协会理事会成员。10月20日，协会举行了第一次理事会议，决定把研究拼音文字作为主要任务。

同年10月，清华大学校务委员会第27次会议选举图书委员会委员，主席是潘光旦，委员有陈梦家、王永兴、张子高、胡祖炽、吴景超、郑尧、刘仙洲、宗孔德、唐贯方、毕庶滋、陆震平，还有两名学生代表邢家鲤、葛俊民。

应该说，新中国成立初期，陈梦家在事业上是顺风顺水、异常得意的。每逢周末，陈梦家、赵萝蕤总要到赵家来。只要听说陈梦家、赵萝蕤来赵家了，陆志韦总会抽空到赵家串门儿。有时还与赵紫宸和赵萝蕤一起打打桥牌。陈梦家、赵萝蕤在工作或学术上有了问题，会在小聚时向赵紫宸、陆志韦二老请教。陆志韦仍像对待年轻时的陈梦家、赵萝蕤一样，居高临下地予以指教，当然有时也激烈地讨论，直到问题解决为止。

这种精神上的放松和工作上忙碌而又无压力的生活并不长久，到了1951年初夏，土地改革开始，政治气氛愈来愈浓，先是陆志韦响应教育部的号召去四川参加土地改革。赵萝蕤则于同年10月赴湖南常德参加半年的土改。到了秋季，在北京市副市长吴晗的推动下，北大、清华、燕京三校开始酝酿合并。也是在这个时候，全国政协一届三次会议于 10 月 3 日召开，"思想改造，首先是各种知识分子的思想改造"开始了。在燕大，思想改造运动是由北京市委派的以蒋南翔为组长、张大中为副组长的工作组领导的。这次运动目标清楚，重点是三个人物：陆志韦、张东荪和赵紫宸。其他人是教育问题。

1952 年 1 月 19 日，赵萝蕤参加土改回到北京。还有几天便是除夕了。赵家、陆家，还有陈梦家、赵萝蕤，没有像往年那样聚集在一起，三十晚上赵萝蕤和陈梦家在赵家吃了个团圆饭。饭桌上，赵紫宸长吁短叹，在他的感染下，全然没有了往年喜乐的气氛。饭后，赵萝蕤与父亲谈了谈校内运动方面的事，劝他不要太有压力，实事求是检讨就是。然后赵萝蕤与陈梦家去陆家拜年。陆家的气氛要好些，陆志韦依然谈笑风生，但是明显地憔悴了许多。因陆志韦正面临被批判，要思考和写"检讨书"，不便久坐，于是回清华胜因院。

与燕大同样，清华、北大等校"三反"运动也是如火如荼地开展。陈梦家所在的清华大学潘光旦、周炳琳等一大批教授遭到批判。陈梦家也因个人英雄主义突出，几次检讨未被通过。最令他恼火的是居然有人对他为文物陈列室购买古器物产生了疑问，让他交代是否有公私不分的行为。尽管在"三反"期间陈梦家遭到批评，但是丝毫没有影响他的学术研究。自 1950 年起，陈梦家在《文物参考资料》（1959 年改为《文物》）发表了《中国古代铜器怎样到美国去的》《敦煌在中国考古艺术史上的重要》《〈铜器发展历史概要〉讨论》《中华民族文化的共同性》《反对美国侵略集团劫夺在台湾的我国古代铜器》等。1954 年，《历史研究》（双月刊）创刊，陈梦家在《历史研究》上发表了《西周文中的殷人身份》。

到了 1952 年 2 月下旬，对陆志韦的斗争已经升级。许多平日与陆志韦看来关系很好的人，已开始揭批他。赵萝蕤是陆志韦的干女儿，这是燕大校园内人所共知的。为了让她站出来揭批陆志韦，工作组煞费苦心。先是张大中、侯仁之、翁独健开燕大干部会敲打，而后让系内进步教师做思想工作。2月24日，系里的青年进步教师杨耀民受工作组指派来找赵萝蕤谈心，要赵萝蕤"对陆校长坚定立场，怕我对他的深厚感情又要作怪"。因最近一周，揭批的对象主要是张东荪，关于赵萝蕤对陆志韦的态度问题，也就没人顾得上了。赵萝蕤和陈梦家对张东荪的学问、人品，尤其是民族气节是极为敬佩的。赵萝蕤在看了张老先生的几次检讨后，"不觉得他是反动，我的心里还是十分爱他"。对于会上揭批张东荪的发言，赵萝蕤担心的是"不知张老受得了否耳"。赵紫宸的检讨也开始了，受校务委员会谢道渊的委托，赵萝蕤还肩负起帮助父亲"讲解立场"的任务。3月2日，"美帝国主义文化侵略罪行展览"开展。西语系教师看完展览，讨论时有人把矛头对准了赵萝蕤，先是俞大纲说话"莫名其妙"，而另一教师阮铭则直截了当地说"特别注意我的亲陆思想"。3月4日，按照校务委员会的要求，西语系组织教师讨论"全校性与陆志韦的问题，大家基本统一认识陆是亲美的"。会上俞大纲因与陆志韦"私仇甚深"，"最有顾虑"，而另几位又都"亲陆"，会议讨论不能深入。晚上，侯仁之专门找赵萝蕤谈话。赵萝蕤当晚日记写道："希望我对陆事有所发言，而我实缺乏勇气。他未明言，但隐隐约约已给我扣了一个'改良主义'的帽子。八点和他同去办公室开会，张大中已来，重申政策，并特别告我对父亲要帮助。回家已午夜了。"3月5日，"上午九点，新闻、教育、外文三系合开师生会，上半部同学控诉，下半部师生发言……俞大纲揭发陆三件事，仍从自己自私自利的仇恨出发，毫无立场，可鄙"。从赵萝蕤的日记不难看出她对俞大纲报私仇极为鄙视。在她3月6日的日记里，再次记下了对俞大纲"责陆"的不满："十点半又开教员会，漫谈昨天会的收获，杨德在座。俞大纲再次恶劣的责陆的丑恶，又数次举出曾昭抢作为自己护身符，又说合并事陆完全是假，教育部表扬陆时，'昭抢曾向钱俊瑞说，昭抢是旧时代人，能识出陆是假的'。俞真乃丑恶之极。这一个月多的'三反'，给我的教育意义极大，12个同事的真面目皆已揭露而惟俞最丑。下午父亲检讨尚好……"

陆志韦的检讨大会于 3 月 11 日在大礼堂召开。赵萝蕤在当天的日记里记下了会议的大致情况和群众的反应以及她对陆志韦的真实态度和立场（1952 年 3 月 11 日赵萝蕤日记）：

> 下午陆寄爹在大礼堂作检讨，计二小时许。站在我个人立场听来非常伟大，难怪我一生只是倾倒于他。我把他的检讨详细记下。途中人人皆曰检讨好。

为了达到揭批陆志韦的最好效果，工作组做了大量动员工作，包括陆志韦的女儿、燕大化学系研究生陆瑶华和与陆志韦最亲密的学生吴兴华、林焘等。对于赵萝蕤，他们明知她不会登台揭批，但也没有放弃争取她。3 月 12 日，翁独健又约了赵萝蕤谈陆的问题。也许是赵萝蕤有顾虑，怕冷了场，在翁来之前，先约了本系的吴兴华、巫宁坤、俞大纲、胡稼胎。翁与他们从下午两点谈到五点，工作组副组长张大中来参加，又做了启发式动员。而就在即将召开的最重要的一次揭批陆志韦的大会之前，赵萝蕤病倒了，需要卧床休息。陈梦家也因赵萝蕤病倒，需要他的照顾，免去了每天参加会议之苦。但他还是在晚上参加了潘光旦的检讨会。

揭批、控诉陆志韦的全校师生员工大会召开，首先登台批判、控诉陆志韦"反动集团罪行"的人，果真多为原来陆先生着意培养、信任的人。如在太平洋战争爆发，同陆志韦一同被日寇逮捕拘押的侯仁之。当年在狱中，陆志韦患病之时，侯仁之给予了精心照料，这件事陆志韦一直记挂在心，燕大复校后，对侯信任有加。而在 1952 年 3 月 11 日燕大师生员工举行大会控诉"陆志韦及其反动集团把持校政，忠实执行美帝国主义文化侵略罪行"时，侯仁之是燕大教授中唯一登台"揭露陆志韦反动集团'把持校政打击进步力量散布反动言论'罪行"的人。他的发言慷慨激昂，义愤填膺，揭露和控诉了陆志韦利用聂崇岐、齐思和、沈乃璋和陈芳芝组成的一个"严重危害人民利益、坚决与人民为敌"的反动集团，把持校政，维护燕京这个美帝国主义文化侵略的堡垒，披着"宗教自由"与"学术自由"的外衣，继续执行美帝国主义文化侵略的政策，对于新民主主义的文教政策阳奉阴违，对于校内进步力量肆意打击的罪行。在发言中，侯仁之还分别揭露批判了"陆氏集团四兄妹"的政治活动和政治关系。侯仁之的几段发言，直接涉及陆志韦的并不多，矛头主要指向聂崇岐和齐思和等人。最后，侯仁之还是抡起棒子，给了陆志韦狠狠的一击：

> 最重要的是三四年以来，每当学校有新生希望的关头，陆志韦必然要参与参谋团秘密讨论，商量对策，一心一意维护这个帝国主义文化侵略的堡垒，执行帝国主义文化侵略的政策。聂崇岐自己坦白说陆志韦曾经在四次紧要关头和他商量过学校的大计：第一次在解放初期；第二次在一九四九年七月毛主席发表了《论人民民主专政》之后；第三次在抗美援朝运动的初期；第四次在燕京改为公立的前夕。另一方面根据我们所看到的陆志韦与纽约托事部来往的信件，可以说三四年来，凡是有关燕京大学的重要措施，他无不与其美国主子商量讨论，一面接受他们的指示，另一面又献计决策。这一切与美帝国主义来往的信件，从来没有在燕京最高的行政机构校务委员会上公布过，甚至连提都没提到过，政府和教育部当然是更不知道了。这简直是蒙蔽校内同仁和欺骗政府的一种罪恶行为。

如果说侯仁之在大会上的"揭露和控诉"，陆志韦还能承受，毕竟侯仁之打击的目标不是直接对准他，而真正让他难以预料和承受的是燕大生物系的研究生陆瑶华、外文系副教授吴兴华和国文系讲师林焘对他的控诉、揭露和批判。陆瑶华是陆志韦的女儿；吴兴华则是陆志韦最赏识的学贯中西的典范；林焘是陆志韦的学生，也是他学术研究的助手。

据说陆瑶华登台发言批判自己的父亲，是接受"指派"，背熟了台词。尽管如此，亲生女儿在大庭广众之下"义愤填膺"地"控诉"自己的父亲，对于陆志韦这个老派的学者来说，是非常不能接受的。陆瑶华在发言中一口一个"陆志韦"，不仅陆先生听了气愤不已，与会的教师员工私底下对其也都有微词。有记录称，陆志韦面对自己的女儿指着他的脑袋训斥时，"默默恭听，没有张口的份儿"。因陆瑶华在发言中还揭发了赵紫宸"为营救六个美国俘虏的事"找过陆志韦，原本对陆瑶华并无好感的赵家二老和赵萝蕤、陈梦家谈起陆瑶华的"大义灭亲"都深感痛心和厌恶，同时庆幸当初赵家小三没有与这个具有"叛逆精神"的女孩继续交往。

吴兴华在这次"三反"运动中的表现是积极的，在批判陆志韦的全校大会上因"大义凛然"揭露陆校长，得到工作组的赞赏，也为他在运动后得到信任和重用打了基础。在陆志韦的眼里，吴兴华是"孺子可教"的一类，也是他最器重的青年教师，还是玩桥牌的忘年交，但这位平时看起来温文尔雅的才子，在"运动"来时却一反常态，在全校师生面前不仅痛诉自己如何长期为陆某的学者面貌所欺骗，而且讥刺老人家在玩桥牌时好胜的童心。面对吴兴华这样的绝情，陈梦家很是愤慨，他和赵家人说，陆先生有今日之众叛亲离，"全怪他缺乏识人的能力"。

吴兴华的发言，现在来看，实际上是没有"杀伤力"的。按他自己发言说，在"三反"运动以前，他是陆家的座上客，他佩服陆先生的为人，等等。现在他登上了批判台，指名道姓地对恩师进行了揭发和批判：

　　　　我今天才看出了陆志韦是怎样的一个人，我痛恨他那套欺人的学术外衣，同时我也深深了解为什么阴险毒辣的美帝国主义会派像他这样一个人来"坚守岗位",而且华尔街的老板们死乞百赖给他以"最有力的支援"。

吴兴华控诉完陆志韦校政方面的"罪行",开始揭控他在政治方面的严重问题：

> 最后说到政治,想从陆志韦口里听到一句有关国内外政治比较肯定的话是极端困难的。我只提一桩事,当抗美援朝运动刚展开时,我们一群讲助会讨论应否出兵的问题,并且大家认捐款项,支援那时快要组织起来的志愿军。有一次谈起这桩事,我曾说政府的意思到底要怎样办,始终没有明确的表示。我们讨论所得的结论,也不知是否正确,当然那时我政治水平很低,周总理说过"不能置之不理",难道这还不够明确吗?可是陆志韦怎样说呢?他只冷冷的说："唉!政府要是有力量可以作表示,早就表示了。现在不是不肯,是不能。"当时给我泼了一头冷水,我想陆志韦认识好多政府领导干部,所以说的话一定有道理,我们要是大规模出兵恐怕要倒霉。直到人民志愿军把敌人赶回"三八线"以南,获得一连串光辉的胜利,才扭转了我的恐美思想。从最近揭发的材料里,我们都可以看出陆志韦对政治有多么浓厚的兴趣。远自解放前,勾搭司徒雷登、魏德迈起,他一贯执行帝国主义侵略政策,深谋远虑,有守有攻,什么国际谅解、中美友谊、人道、伟大的实验……一句话就是铁托路线。我们的政府民主、自由、宽大,他都看做钻空子的机会,高高兴兴的飞快的报告托事部：宗教政策很宽大,洋人可以留学,美国的钱可以拿,太好了,让我们再想些更好的办法来对付这帮人。

罗列了一大堆所谓的证据、材料,其实没有什么货真价实的可以打倒陆志韦的东西。吴兴华只能以质问的口气说几句空话：

> 同志们，这是什么立场？这样一个人有做爱国中国人最起码
> 的条件没有？

吴兴华对陆志韦的批判之后是林焘的"控诉"。"控诉"的结尾，他给陆志韦"扣"上了多顶空洞的帽子：他是黄皮肤黑眼睛的美国人，他死心塌地地为美帝国主义服务，他披着纯学术的外衣进行反人民的政治活动，他的"民族气节"也是假的，把外衣剥下去后，发现陆志韦赤裸裸的是一个帝国主义的爪牙。

（以上吴兴华、林焘文，引自 1952 年 4 月 14 日《新燕京》1952 年第 4 期第八版。）

面对燕大工作组一次次组织的批判，开始的时候，陆志韦对一些人的不实之词，甚至诬陷、造谣，特别是言辞缺乏最起码的人格尊重，难以接受。但他知道，这一难他是难以逃脱了，只能硬着头皮，不管对错，一概接受，并在各种批判会上检讨交代，向全校师生低头认错，甚至"痛斥自己"。在 1952 年 3 月 11 日全校师生大会上，陆志韦做了一个很长的检讨，最后总结归纳说：

> 以上我检讨了四个问题。现在把我的责任、我的错误总起来说：
>
> 一、司徒雷登选择了我，是因为他知道我的亲美思想已经进入骨髓，自甘情愿的在燕大执行美帝文化侵略。他又利用了我的自高自大，我的虚名，可以在校内校外做幌子，叫人更不容易认识文化侵略的圈套，害了无数青年。
>
> 二、我对中国共产党，对新民主主义的文教政策，一向是消极抵抗，实际上是消极进攻。我站在个人利益的立场上，要保持

自己的思想堡垒，要保持燕大的旧传统，我只愿让步，知道让步是势所必然的，然而越少让步越好，我不愿意改造思想，所以也不愿，也不能改变燕大。我从前的立场是亲美反共反人民的立场。

三、从我跟美帝国主义的关系来看，跟联合托事部的关系来看，我的罪恶不但敌我不分，我站在美帝国主义立场上，在解放之后，保存了燕大的旧传统，我还狂妄到自己以为我凭自己的主张来办燕大，不需要美帝国主义的指示。实际上，我的态度在表现我是依靠美帝国主义的。我跟他们的关系是奴才跟主子的关系。至少在下意识里我怕美国人回来，希望原封不动地保持燕大好交还给他们。

四、校内几个反动分子的违反人民利益的言论行动，凡是跟我有关系的，我应当负责任。我纵容他们，包庇他们，那就等于间接指示他们。我利用他们来维持燕大的旧传统。我跟他们互相依靠，成为恶性循环。直到"三反"运动，群众才把这恶性循环打断。

以上说的我的罪恶，绝大部分我在上次做检讨的时候，还不能认识。心里像横着一扇铁门，自高自傲的心情浮在外面，那是我从前做人的基础。肮脏丑恶的思想藏在里面。"三反"运动里，群众帮助我，把铁门打开了，我认识了自己的亲美思想，认识了整个美帝国主义在燕大进行文化侵略的骗局。我还只是初次跟我思想的黑暗方面见了面，还要往深里挖。承同仁、同学帮助我，我才醒过来，心里很痛苦。群众把我从前说的话，做的事，把美帝国文化侵略的全部面貌指给我看。特别是对美帝文化侵略，我从前只看见片面，所以不能认识全貌。再跟我从前说的话，做的事连起来看就认识自己的罪。一切人痛恨我的罪那是应当的，我承认了我的罪，我从前以为我的长处，现在完全否定。我要否定我的过去，我要重新做人。希望群众继续帮助我，因为我认识不够深刻，给我最严厉的批评，对于我过去所做的错事，我应当受惩罚，感谢群众今天给我这个机会。（1952年4月14日《新燕京》1952年第4期第八版）

揭批运动开始后，陆志韦和原本主持校务各方的所谓"四兄妹"全部"靠边站"了。

六、灰暗的尾声

院系调整后，陈梦家转入中科院考古研究所工作，清华大学的房子交出来了。赵萝蕤转到新北大外文系，北大给了她房子。等到他们买到自己的房子，已是1956年的事情了。

1952年的国庆节，赵家和陆家是在城里过的。赵萝蕤和陈梦家专门去看望了心力交瘁的陆寄爹和寄母刘文瑞。

陆志韦到中科院语言研究所后，潜心研究汉语。1956年发表《汉语的并立四字格》。汉语的并列四字格实际上是一个对现实世界分类和归类的过程，体现着汉族人的一种分类观。对并列（陆志韦当时用的是"并立"）四字格结构的认识，最早可能始于陆志韦。陆志韦在该文中认为四个字（音节）在语法上紧密结合在一起就是"四字格"，其中两两并立的叫作"并立四字格"，如枪林弹雨、飞禽走兽、伶牙俐齿等，而并列"四字格"的来源可上溯至《诗经》《屈赋》《易经》《论语》等古文献作品。1957年，陆志韦任中国科学院学部委员。

与陆志韦同样，陈梦家到了考古所，开始全神贯注地撰写《殷虚卜辞综述》，同时开始撰写另一巨著《西周铜器断代》。陆志韦原本是语言文字学家，还是1954年12月16日国务院任命的中国文字改革委员会23名委员之一。他的身份足以说明他对于文字简化和推行拼音文字是有着自己的见解的。1957 年 9 月，就在陈梦家因对文字简化提出不同意见被戴上"右派分子"帽子的时候，《文字改革月刊》"笔谈"栏目向他约稿，陆志韦并没有因此会招来麻烦而拒绝，而是直抒胸臆，洋洋洒洒地写了一篇题为《关于简体字和拼音方案》的长文，表达了自己对于文字改革的看法，并对已经公布的两批简体字中的个别字提出了自己的看法。耐人寻味的是，陆志韦在文章中几次提到在文字改革的过程中，文字改革委员会对于提出不同意见的人不要带有"成见"，要以诚恳的态度来处理问题。文章的开篇，他直言不讳地表达了自己目前的困惑和忧虑，并建议文改会应该多做些面对面的同志式的批评：

> 这些日子，我常是在自问自答：以往我对于文字改革的看法，哪几点是符合人民利益的，哪几点未必是这样。特别是文改委员中间，在简字和拼音上都出了个别的右派分子，我们更得要"自疚"，断不能因为自己跟他们在政治上划清了界限，就以为在文改方面，思想方法上和作风上，都万事大吉了。我现在要说的，都不过是些技术上的小节，但是免不了会反映出我对于劳动人民的利益是否彻底忠心，对于自己祖国的语言、文字是否全盘的了解，是否平心静气地在谋求解决已经发现了的种种内部矛盾。同志们会从这个角度来批判我。我们委员会以往不常能用这样的诚恳态度来处理问题；以后我们应该有更多的机会面对面地作些同志式的批评。

对于汉字简化，他认为是一项长期的任务，"祖宗传给我们一些造字的原则，有的是可以考虑的"。每个字的写法都"有它的历史渊源。记得我们简化'國'字的时候，大家不喜欢用'囗'，因为是'空空如也'。那么'厂'就可以让它空着么？不只是空的，并且还摆不稳"。虽然陆志韦对于简化字有个人的见解，但是他还是表示"已经颁布的简化字不宜多更动了，个别的字可以修改"。"关乎拼音方案或是拼音文字"，陆志韦表示："我要说的话很多，但是尽有机会慢慢地说，只希望以后大家不要成见太深，更谦虚地想想汉语是怎样一种语言，我们的任务是怎样的任务。""据我了解，为汉字注音和采用拼音文字，中间还有相当的距离，不只是时间上的距离，还有技术上的距离、研究上的距离、语言学理论上的距离等等。"

据《文字改革月刊》"人民来稿处理单"，收到的时间是 1957 年 9 月 24 日。叶籁士的批示意见是在 1957 年《文字改革月刊》10 月号用，但因该稿有些内容和观点不符合月刊的要求，一改再改。直至 12 月初，陆志韦接到 11 月 30 日月刊编辑的来信，告诉他打算在第二年 1 月号上发表。

陈梦家被打成"右派"后，陆志韦与他并未中断往来。1958 年苏联中国研究所副所长伊·费先科·勒·伊·杜曼访问北京，陆志韦与杜曼早有交往，深恐中科院有关人员在接待上漫不经心，怠慢了杜教授，特地致信叮嘱陈梦家："这次杜曼等来中国，对苏联'汉学'的发展和两国友谊关系极大。院方有时在小节上相当疏忽，我们得自动设法帮助他们。杜教授对金文学方面资料极有兴趣。"并请陈梦家和"夏先生、张先生等尽量给予辅助"。

进入 60 年代，陆志韦几乎赋闲，偶尔去单位参加一些活动。1962 年 11 月中国文字改革委员会再次下发对《汉字简化方案》的修改意见。陆志韦对"修改意见"进行了认真的复核并提出书面意见。书面意见的最后，他针对有人对姓氏简化有意见，提出自己的看法。他认为这种情况不必多考虑，"萧先生们不反对'肖'，黨先生们为什么要反对'党'呢？假若有马先生反对'马'，我们也连毛带腿都给添上么？习惯了写'陸'，别人写'陆'，一点也不反对"。

1963 年 1 月，陈梦家摘掉了压在他头上五年多的"右派分子"的帽子。为此充满了喜悦心情的陈梦家和赵萝蕤，还专门去了陆志韦家。

陆志韦以长辈的姿态，再次告诫陈梦家处事要小心谨慎才是。

1966 年 6 月，轰轰烈烈的"无产阶级文化大革命"开始了。陈梦家再次罹难，受到折磨和羞辱，9 月 3 日，趁赵萝蕤重病卧床不起，以睡衣腰带自缢身亡，终年 55 岁。赵萝蕤从此孑然一身，精神分裂加剧。

陈梦家之死，陆志韦难受万分，每日为精神病加剧的干女儿担忧，却爱莫能助，只有默默祈祷"天主"保佑了。

"文革"中陆志韦虽已退休在家，却仍未逃脱被揪斗和批判，除"三反"强加给他的"罪名"外，还加了"反动学术权威"的帽子，受到隔离审查。1968 年，"文化大革命"进入到"清理阶级队伍"的新阶段，就是要清理那些混进革命队伍里的阶级异己分子，采用的办法是创办"五七干校"。1969 年年底，年已 75 岁的"反动学术权威陆志韦"在三子陆卓元的照料下，与语言研究所的同仁一起，下放到河南息县偏僻落后的"五七干校"劳动，被勒令去养猪。仅仅两个月的时间，陆志韦的身体已被摧残得憔悴不堪，血压不断升高，常常头晕目眩，生活不能自理，精神恍惚，"直到一天陆志韦突然晕倒在养猪场里，冷汗淋漓，神志不清，气息短促……后来公社请来医生，经初步诊断，得知已病入膏肓，难以妙手回春了"（《燕京大学校长陆志韦》，54 页）。在这种情况下，1970 年 10 月，经军宣队批准由他的三子陆卓元陪同他返回北京家中养病。到家后，他才知道妻子刘文瑞因忧郁过度已在同年 4 月逝世。因是"黑帮分子"，陆志韦虽然重病在身，但没有医院肯收留他，更没有医生敢给他看病。11 月 21 日，陆志韦因病在家中去世，享年 76 岁。死后，国内媒体未作任何报道。

1979 年，中国社会科学院语言研究所经过详细调查，撤销了加在陆志韦身上的所有莫须有的罪名和不实之词，彻底为他平了反。

容庚：恩怨难计算

陈梦家 1934 年考取燕京大学研究院研究生，燕京大学是陈梦家学术生涯中最重要的一个阶段，也是彻底改变他的人生轨迹的地方。他在燕大国文系得到了许多名师的指导，其中容庚在学术上对他的影响最大。

容庚，字希白，号颂斋。1894 年 9 月 5 日，容庚出生于广东东莞县（今东莞市）旨亭街八巷的一个官宦之家。容庚的父亲容作恭是广雅书院的学生，清朝的拔贡，家中的藏书颇多，为他的孩子们初入学门提供了很好的条件。容作恭与夫人邓琼宴共育有六个子女，容庚原名肇庚，是老大，其下依次为肇新、肇祖、七媚、八媛、九娴。其中以容肇庚、容肇祖、容媛的学术成就最为突出。1908 年，容作恭死于鼠疫，容夫人邓琼宴以坚韧的意志，克服社会压力与家庭经济困难，抚育教导子女。

这位邓夫人出身东莞的书香门第，乃东莞名士邓云霄的第十一世孙。她的父亲邓蓉镜和弟弟邓尔雅均为一代名士。邓蓉镜生于清道光十四年（1834），卒于光绪二十八年（1902），字上选，号莲裳。邓氏精小学，富收藏，亦精通篆刻，与篆刻大家黄牧甫过从甚密。辛亥革命后，邓尔雅返归故里，在东莞期间，容氏三兄弟容希白、容肇新、容肇祖跟随着舅舅学习小学、甲骨金文，为他们日后的学术成就打下了扎实的根基。在良好的家庭环境熏陶下，容庚幼年时即熟读《说文解字》和吴大澂的《说文古籀补》。1922 年，经罗振玉介绍入北京大学研究所国学门读研究生，1924 年毕业，留校任教一年后，转入燕京大学任教，直至 1946 年离开北京赴广东岭南大学任教。

一、不亲不疏的师生情谊

陈梦家自 1934 年入燕大研究院国文系做容庚先生的学生，两年后毕业留校，业务上继续接受容庚的指导。1937 年陈梦家南下，继而赴美游学，1947 年回国，容庚已然到岭南大学执教了。尽管分多聚少，但他们的师生情谊始终保持，从未间断。不管在哪里，陈梦家总会有信致容先生嘘寒问暖。凡容先生北上，陈梦家定会陪同请饭。

如果说闻一多是陈梦家走上学术道路的引路人，那么容庚则是他学术道路的奠基者。尽管如此，在陈梦家的心目中，闻先生的地位远远超过了容先生。这并非缘于闻先生与容先生在学术水平方面孰高孰低，而是闻先生的人格魅力大大超过了容先生。据与陈梦家熟悉的人回忆，他生前家里的书桌上一直摆放着闻一多的照片，并多次讲过，他认为一生中无论是做人还是做学问，对他影响最大的是闻先生。陈梦家与闻一多亦师亦友，而容庚在他的眼里，只是曾经教过他的一个老师而已，私人感情一直没有真正建立起来。陈梦家是个喜欢交朋友的人，凡是与他有过交往的人，他都会保持联系，学术圈内的人更是如此。若抛开他与容庚的师生关系，他们之间几十年的交往，大概与陈梦家和唐兰的交往差不多，尊重却并不亲近。容庚做过陈梦家的老师，在交往中始终以前辈自居，而陈梦家在容庚面前也总是以学生的面貌出现。他们没有深交。

1936 年，陈梦家从燕京大学毕业，留校任教，并与亦在燕大西语系任教的赵萝蕤完婚，住在燕东园的容庚曾设家宴请陈梦家夫妇，以示祝贺。在燕大任教的陈梦家，教课之余在《燕京学报》《禹贡》《考古》等刊物上发表学术论文多篇，在当时的学术界有着相当的影响。对陈梦家的成就，闻一多大加赞赏；而据说容庚对他的学术成果则不以为然。

1937 年"七七事变"后，闻一多毅然随清华大学南下长沙，继而到云南蒙自、昆明。陈梦家则步恩师后尘，并经闻师推荐，到迁至长沙的清华大学（当时是国立临时大学的一部分）任国文教员。而容庚则脱离了私立性质的教会大学——燕京大学，到伪北大任教去了。这次离开虽然背上了"文化汉奸"的包袱，却侥幸躲过了 1941 年冬燕京大学遭日寇占领，学校被解散，教授被捕，遭受折磨的灾难。

自此，他们天各一方。但在做学问上，陈梦家和容庚都没有放松。容庚在伪北大教书之余，于 1941 年出版了《商周彝器通考》。这是一部关于商周青铜器的综合性专著，分上下两编。上编是通论，详述青铜器的基本理论与基本知识，分 15 章；下编是分论，将青铜器按用途分为 4 大类。全书共 30 多万字，附图 500 幅，征引详博，考据详备，堪称材料宏富、图文并茂。这是一部对青铜器进行系统的理论阐释并加以科学分类的著作，是研究青铜器的重要参考书。此书的出版被誉为"标志青铜器研究由旧式金石学进入近代考古学的里程碑，具有划时代的意义"。陈梦家自 1938 年到昆明西南联合大学任教，讲授中国文字学和《尚书》通论，不久晋升为副教授，课余仍从事学术研究，从"研究古代的宗教、神话、礼俗而治古文字学，由于古文字学的研究而转入古史研究"（陈梦家著《尚书通论·序》）。这一时期发表论文多篇，如《五行之起源》《梦甲室字话》《认字的方法》《书语》《释"国""文"》《介绍王了一先生汉字改革》。此外，还汇编和撰写了《海外中国铜器图录》《老子今释》《尚书通论》《西周铜器断代》《六国纪年》等。因当时的条件所限，这些著作有的只是完成了初稿，并未及时发布或出版，如《六国纪年》在《燕京学报》发表，1955 年 12 月由学习生活出版社出版。《西周铜器断代》是他 1939 年春昆明的讲稿，1942 年秋在昆明北郊龙泉镇据三代拓本曾复写一遍，直到 1956 年才在《考古学报》上陆续发表；《尚书通论》是 1942 年秋在昆明北郊龙泉镇的楷庐村居"因治西周年代和西周金文，乃以余暇试作《尚书》的研究……经营二年，始具粗稿，用以试教于昆明西南联合大学。以后远行，置于行箧之中。北京解放以后，曾不顾众议之所非，又在清华大学讲过一期"。《尚书通论》1957 年 7 月由商务印书馆出版。

1944 年秋，陈梦家赴美国芝加哥大学讲授中国文字学，这一去就是四年。1947 年 10 月陈梦家回到清华大学的时候，他的两位老师，闻先生已作古一年，容先生则去了广州。

二、计较多于宽容

陈梦家与容庚彼此间是互存成见的。抗战前陈梦家留校与容庚成了同事，共事不久逐渐产生对容庚反感之情，容庚也因陈梦家骄傲自大而心存芥蒂。但不久他们就各分南北了。这次陈梦家由美国返回北平，听到了许多对容庚的负面反映，尤其是容庚为了保全自己，去了伪北大，着实令陈梦家看不起。

关于容庚于抗战胜利后的境遇，有许多著作和文章曾有生动而有趣的描述。综合起来大致如下：

1945 年 8 月，抗战胜利，傅斯年代理北大校长，他声明"伪北大"的教职员坚决不再聘用。容庚自然在不被聘用之列。为申诉自己并非汉奸，容庚写了一篇"万言书"自辩："庚独眷恋于北平者，亦自有故：日寇必败，无劳跋涉，一也；喜整理而拙玄想，舍书本不能写作，二也；二十年来搜集之书籍彝器，世所稀有，未忍舍弃，三也……"傅斯年阅后不屑一顾。为此，容庚不辞辛劳地专程从北平跑到重庆中央研究院总办事处找傅斯年当面讲个清楚。不料，傅斯年根本不给容庚面子，竟然指着容庚大骂："你这个民族败类，无耻汉奸，快滚，快滚，不用见我！"（傅振伦《我所知道的傅斯年》）并让手下将容庚驱逐出他的办公室。容庚遭到如此羞辱，并不死心，再次来到傅斯年的办公室。尽管容庚一再表示知罪，要重新做人，但傅斯年仍不答应容庚到北京大学任教。后来，岭南大学收留了他，自此他再也没能迈进北京大学的门槛。

容庚离开北平到岭南大学后，被聘为教授，不久兼中文系主任，并主编《岭南大学学报》。岭南大学成立于1888年，是晚清时期中国13所教会学校中实力最强的，与燕京大学、东吴大学、金陵大学齐名。1927年，岭南大学收归中国人自办，在广州革命政府和南京政府时期得到长足发展，成为全国四大名校（燕京大学、清华大学、岭南大学、中山大学）之一。抗战时期，岭南大学校址从广州康乐园迁到香港，香港沦陷后与中山大学一同迁往广东韶关，1945年在康乐园复校。容庚此时到来，正是岭南大学恢复阶段，容庚这样大师级的学者到来，岭南大学自然会给予重用的。

自1922年至1946年，容庚总共在北平生活了24年。自1927年至1941年，他一直住在燕东园内24号，位于现今的北大东门和清华西门之间。如今这幢二层独立小楼仍保存完好。容庚一生最主要的学术贡献是在北平完成的。任岭南大学教授期间，容庚曾对他的学生说："吾自归岭南，无一字著述。"这个说法在1949年8月容庚致陈梦家的信中得到印证："回粤四年乏善足述，学习与新课程更使无暇整理旧业，奈何！"

容庚对于陈梦家的性格是十分了解的，他知道陈梦家自1937年至1947年这十年中学术上已然成功，甚至某些方面已经超过了自己，但他毕竟是陈梦家的老师，是其走上这条康庄大道的启蒙者、引路人，故而他与陈梦家不论是书信交往还是晤面交谈，总是以师长的口气说

话，甚至做出一些令陈梦家难以理解和接受的事情。如 1947 年 11 月
12 日，陈梦家致赵萝蕤信中有"容庚叫其妹来索以前所借的二部书，
其人斤斤不忘此等小事，甚可鄙"。抗战前陈梦家向容庚借的书，至
1947 年已十年矣，陈梦家夫妇离开北平后，辗转湖南、云南，又去美
国，按说容庚不应再向学生提及索要才符合情理，但容庚做出了，难
怪陈梦家发牢骚（1947 年 11 月 12 日陈梦家致赵萝蕤信）。另在 1947
年 12 月 31 日陈梦家致萝蕤信说道："容庚寄来一册《甲骨学概说》，
把他自己大吹了一顿，并罗列他的学生。说我任清华国文系讲师……
其人近来言行，更加错乱……"其实陈梦家早在 1944 年就是清华大
学的正教授了，这次由美国回清华仍然是正教授，大概容庚不大留意，
或是不关心，居然把他说成是"清华国文系讲师"，实在有伤陈梦家的
自尊。

《甲骨学概说》是 1946 年容庚南归后所刊，除列举罗氏对甲骨学
的重要贡献，也大谈自己于此的成就。容庚与罗振玉并无师生之名，却
有师生之实，其情谊亦逾乎一般师生。容庚念念不忘当年经罗振玉介绍
入北京大学研究所国学门读研究生之恩。除了罗振玉外，容庚还时时不
忘他的母亲邓氏的教育和舅舅邓尔雅的培养，曾著文自述如何受母教而
成人，如何从舅攻印治学而立志，尊敬感激之情溢乎言表。容庚尊崇罗
振玉是由来已久的，他不仅在罗振玉声名显赫之时，即使罗任职伪满、
被人斥为汉奸之后，依然如此。直至容庚晚年仍常念罗振玉知遇提携之
恩，常言"没有罗振玉，就没有我今日之容庚"。

陈梦家与容庚尽管心存芥蒂，渐行渐远，貌合神离，但彼此的交
往却一直保持着。每次容庚北上，总会提前告诉陈梦家，而陈梦家则热
情接待。现存 1953 年 6 月 10 日陈梦家致赵萝蕤信中有语曰："容希白
在此，免不了应酬，殊以为苦。"他们之间的关系明显疏远，是在 1957
年反右斗争时容庚公开批判陈梦家以后，但依然有所联系。

1947 年 11 月 12 日，陈梦家
致赵萝蕤信

1949 年 8 月 4 日，容庚自私立
岭南大学致梦家函

三、"稳准狠"的笔伐

现在说到陈梦家被划为"右派"的起因，都是说他反对文字改革。依据自然是陈梦家在 1957 年 5 月 17 日发表在《文汇报》的一篇《慎重一点"改革"汉字》的文章。在"汉字简化"的问题上，陈梦家太过于执拗，导致引火烧身，这是事实。1956 年 1 月国务院公布了《汉字简化方案》（草案），陈梦家是研究文字学的，自然十分关注，他利用春节休息的时间，仔细分析了这个《简化方案》，提笔写了《略论文字学》一文。1957 年春节刚过，2 月 4 日立春当日，《光明日报》刊发了陈梦家的《略论文字学》，文章认为改革汉字是非常必要的，但不能过于忙迫，他建议说：

> 简体字应该是继承过去许多代的习用而加以正式规定，而不是创造。在未实行拼音文字以前，改若干繁体字为简体字，为了工作效率和学习书写方便，是非常必要的。但这些事的进行，必须要经过调查研究，并且要像汉朝未央宫开过的文字大会一样，集全国文字学者于一堂，共同争论商讨。试行以后，一定还要征集反对的意见，重新加以考虑。改革文字是一件大事，不可以过于忙迫。现在颁布的简体字，在公布前所作的讨论是不够充分的，日常听到许多意见。我觉得，在文字改革工作中，负责部门吸取文字学家的意见是不够的。

陈梦家在这里所说的"现在颁布的简体字"，指的是 1956 年 1 月国务院全体会议通过的《汉字简化方案》，共有简化字 515 个，简化偏旁 54 个。这个方案的草案是 1955 年 1 月由文字改革委员会发表，在全国各地组织讨论，参加讨论的人在 20 万以上。根据群众意见修订之后，曾经全国文字改革委员会和国务院汉字简化方案审订委员会审定。陈梦家恰好在这个时候在《光明日报》发表了《略论文字学》的文章，当即被文改会列入被邀请的学者。1957 年 3 月 22 日下午，陈梦家以《关于汉字的前途》为题，在中国文字改革委员会上作了演讲。时隔两天，《光明日报》刊载了他的演讲。陈梦家发表演讲后不久，他根据自己演讲的稿子整理出一篇《慎重一点"改革"汉字》的文章，于 5 月 17 日发表在《文汇报》上，重申了演讲中提到的观点。文中，陈梦家肯定了"在某些笔画较多的汉字中，酌量合理的根据以往的习惯加以简化，是一件大好事。这样使得汉字更简一点，对于书写要经济一些时间"，同时重申了他在演讲中提出的意见和建议。此文发表两天后，5 月 19 日《光明日报·文字改革》第 82 期上原封不动地发表了他以《关于汉字的前途》为题的演讲稿。陈梦家写的"补记"附在正文的后面，同时发表。"补记"中，他又阐述了自己对这次公布的简字方案的不同意见。他说：

> 我想这次公布的简字方案是有些毛病的……我个人对这次公布的程序是不赞成的，制定的不周详，公布的太快，没有及时收集反对的意见。因此在某些方面它是不科学的，没有走群众路线，也脱离了汉字的历史基础，把学术工作当作行政工作做。我因此希望是否可以考虑撤回这个简字方案，重新来过。我也希望是否可以考虑成立一个永久性的文字研究所，从事较长时间的研究，毫无成见的来"处理"汉字。……拼音字母应该明确分别它的两种功用：作为注音的或是代替汉字的。不要把这两种混淆起来。注音是需要的，代替汉字作为文字只是一些人的一种看法，是否行得通是很成问题的。

自 1957 年 2 月 4 日起至 5 月 19 日，《文汇报》和《光明日报》连续发表了陈梦家三篇关于汉字简化的意见和建议的文章。反右运动开始后，陈梦家即以"反对文字改革"的罪名被打成"右派"。

批判陈梦家反对文字改革的运动，是从1957年夏季开始的。许多与陈梦家交好的学术界知名人物口诛笔伐，痛批陈梦家疯狂地反对文字改革的罪行。而其中炮火最猛烈，又"稳、准、狠"的是曾教过他文字学的老师容庚。

容庚因背负"文化汉奸"的臭名离开北京，到了远在广东的岭南大学，埋头业务，反而因祸得福。容庚是个识时务的人，他自知"底潮"，因此在新中国成立后不但谨慎处事，而且言语先进，对一切新生事物无不举手赞成。1956年1月国务院公布《汉字简化方案》后，容庚与他的学生陈梦家的态度截然不同。他对汉字简化持积极支持的态度。1955年10月15日，全国文字改革会议在北京召开，容庚有幸出席。像以往一样，此次容庚来京，陈梦家照旧看望并宴请。正是容庚的来京，陈梦家有机会与容庚探讨有关汉字简化的问题，因各持不同的意见，还发生了争论。

两年后，陈梦家因反对汉字简化，成为全国知名的"右派"之一，住在广州中山大学西南区的容庚，毫无同情之意，反而写下了一篇长达3400字的《汉字简化不容翻案》的长文，于1957年10月发表在《文字改革月刊》，指名道姓地批判陈梦家，甚至狭隘地揣测陈梦家之所以反对简化汉字，是因为文字改革会议，没有邀请他参加。《文字改革工作通讯》第十一期，登载了三次文字改革问题座谈会的综合报道，其中反对简化汉字的意见，最荒谬的莫过于陈梦家、王伯祥两人，应当加以坚决的驳斥。陈梦家表示：我坚决反对创造简化字。文改会应该自动地收回简化方案，把大家认为好的字再经过开会讨论决定使用。他自以为是真正文字学的专家，文字改革会议，没有邀请他参加，因而提出反对，完全是出于自私自大的偏见，会后我曾当面批驳过他。难道全国代表207人全体通过不算，还要再经过开会请陈梦家参加讨论才能决定吗？陈梦家如有勇气，应当提出坚决反对创造简化字的理由来让大家讨论，而非空言所能翻案"。容庚为了增加批判的效果和说服力，还把陈梦家写给他的私信拿出来示众（见容庚《汉字简化不容翻案》手稿）。

　　试举 2 月 16 日陈梦家给我的信为例，他写了不少简化字：如廠作厂，學作学，製作制，亂作乱，爲作为，國作口，對作对，实际是用了，而口头是反对，为的是什么？这只是顽固心理的表现，而不是有真实理由的。简化汉字，为的是大多数工农群众、中小学生，抑或为的是极少数自命为文字学家的顽固分子？人人听到文字改革都说是好的，而陈梦家听到的都是坏的，此右派之所以为右派也。

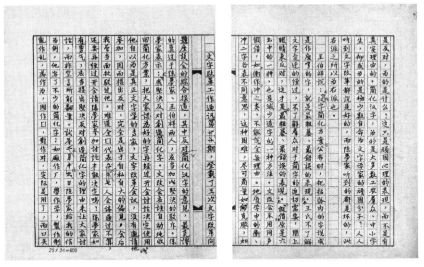

1957 年 10 月 15 日，时在广州中山大学任教的容庚撰写了《汉字简化不容翻案》对陈梦家进行批判

四、"谋略"与"伪证据"

笔者曾仔细阅读前引陈梦家的三篇文稿，特别是他的那篇演讲，陈梦家明确地表示："我是研究文字学的，我是爱护汉字的，也提倡简化字。"所谓反对汉字简化，是建议简化字要有根据，不要创造。他对于那些需要简化的字且简化得好的，像"鐵路"的"鐵"字简化为"铁"字，则表示肯定。容庚批判引用陈梦家使用的简化字，并非是国务院公布以后才有的简化字，是陈梦家在演讲中指出的"（一）古已有之。（二）习惯上已有的。（三）同音代替"。这三种，陈梦家认为"不应属于简化字的范围"。作为老一辈古文字学家的容庚，自然明白陈梦家写给他的信中使用的所谓"简化字"是"古已有的；习惯上已有的"。之所以拿出来，作为批判的证据，一是他的确拿不出实打实的证据来，二是他认为除极个别的文字学家能够识破他的"谋略"外，广大的读者不会识破他拿出的居然是"伪证据"。容庚的做法，陈梦家自然明白，但是到了如此地步，成了"落水狗"，只能让他人痛打；成了"破鼓"，只能让人乱"捶"了。

总之，新中国成立以后，由于容庚谨言慎行且与时俱进，尽管罩在他身上的"文化汉奸"的阴影依然存在，但他在历次运动中却始终安然无恙，直到1983年3月离世，终年89岁。而他的学生陈梦家却因"口无遮拦"，早于他17年即已离开人间了，终年仅55岁。

朱自清：宽厚温良的师长

　　朱自清先生是陈梦家最为敬重的前辈之一。1928 年，陈梦家刚与恩师闻一多结识，踏上文学的轨道时，朱自清已出版了纪实性散文《背影》，成为当时负有盛名的散文作家。1932 年，陈梦家追随闻一多从青岛来到北平入燕大国文系读书时，朱自清已从英国留学归来，代理清华大学中国文学系主任，时"闻一多先生辞青岛大学教职，任清华大学中文系教授，此为朱、闻二人共事论学之始"（《朱自清年谱》）。

　　据《朱自清年谱》，1932 年"10 月 20 日晨陈梦家、方玮德来访，谈诗歌改造与诗的音节等问题"。此时陈梦家受老师闻一多的影响，对写作新诗没有了兴趣，已入燕京大学攻读古文字学，住在燕大宿舍里。这时候，他的好友方玮德和方令孺也北上到达北平。一天早上，朱自清走访方玮德，地点正是燕大的陈梦家宿舍。"朱自清待人温文尔雅"，这是朱自清给两个年轻人的第一印象。自此后，陈梦家与朱自清有了互动关系，再加上闻一多与朱自清的交往日益紧密，陈梦家与朱自清的来往渐多起来。这个时期，陈梦家已经完全沉浸在他的古文字学和考古学等纯学术的研究中，并陆续有新颖的论文发表，朱自清对闻一多的弟子有了很好的印象，这为陈梦家进入清华大学中文系打下了很好的基础。

一、慧眼识人，热诚推荐

1937年7月7日，日本侵略者在北平宛平县卢沟桥向中国军队发动进攻，二十九路军吉星文团长奋起抵抗。抗日战争由此全面爆发。7月28日晚，中国军队撤离，北平沦陷。8月5日，日军占领清华园，梅贻琦校长带一些职员南下长沙，不久来电报让朱自清迅速南下，朱自清立即南下。"走的那天，他戴着一副眼镜，提了一个讲课用不显眼的旧皮包，加上他个子也不高，没有引起日本人的注意，总算躲过了日本人的搜查。"（陈竹隐著《追忆朱自清》）此时，国立长沙临时大学筹备委员会第一次会议已于9月13日召开，长沙临时大学开始运转。长沙临时大学由清华、北大、南开三所大学合组而成，内部保留三校自身建制。

朱自清于9月25日从塘沽登船赴青岛，然后几次换乘火车，10月2日到达武汉，看望了先到武汉的闻一多。10月3日晚乘武长线火车赴长沙，10月4日中午到达长沙小吴门外韭菜园一号圣经书院，国立长沙临时大学即设于此处。与梅校长、潘光旦教务长和沈履秘书长晤面后，朱自清走马上任临大中国文学系教授会主席（1939年10月起，系教授会主席改称系主任）。10月22日，闻一多抵达长沙。这时，在浙江德清避难的陈梦家与闻一多已有联系，当朱自清与闻一多商量中文系课程安排时，临大尚缺一名文字学教员。闻一多当即推荐陈梦家可以胜任。朱自清与陈梦家虽交往不多，但对陈梦家的学问早有耳闻，经闻一多详加介绍之后，朱自清当即致信梅校长，申明推荐理由：

> 临时大学尚缺文字学教员一人，拟由清华聘陈梦家先生为教员，薪额一百二十元，担任此类功课。陈君系东南大学卒业（注中央大学前身），在燕大国学研究院研究二年，并曾在该校任教一年。其所发表关于古文字学及古文之论文，分见于本校及燕大学报，甚为前辈所重。聘请陈君，不独可应临时大学文字学教员之需要，并

可为本校培植一研究人才。倘承同意，至为感谢！

闻一多的精心培植、提携与朱自清的慧眼识才、热诚推荐，为陈梦家之后的学术生涯铺平了道路。也因此，闻、朱二位在陈梦家的心里是至为尊贵的前辈，在他口中始终尊称朱公、闻公，即使在给亲友的信中也是这么称谓朱自清、闻一多的。

陈梦家是准时到达长沙临大的。据《朱自清年谱》，国立长沙临时大学 1937 年第一学期开学的时间是 11 月 1 日。11 月 3 日的上午，朱自清"偕临大文学院同事闻一多、陈梦家、叶公超、罗暟岚、柳无忌、金岳霖、冯友兰、吴俊升、罗廷光、周先庚及英籍教授燕卜荪等二十人赴文学院所在地——南岳圣经学院分部。下午抵达"。"校址上，石阶三百四十四级，乃临大教员宿舍。是一座小洋房，位在校址之巅，下望溪谷，仰视群山，四周尽是松树花草，堪称圣地。"（柳无忌《南岳日记》）11 月 18 日，长沙临时大学文学院正式开学，陈梦家讲授文字学。

1938 年 1 月 20 日，长沙临时大学常委会决定学校迁往昆明。维持近三个月的山居生活至此结束。3 月中旬，临大迁往昆明。4 月，奉教育部电令，长沙临时大学改组为国立西南联合大学。联大内部保留清华、北大、南开三校建制。由于校舍不够，文法学院暂设离昆明四百里的边城蒙自。蒙自曾为中越边境地区的一个重镇。1889 年中法战争后不久，法国在此设立海关，接着德国、希腊、美国、意大利等国皆在此设立机构。后滇越铁路未经蒙自，该地失去往日的重要性，各国机构纷纷撤走，留下一片空荡荡的房子，正好成为联大文法学院的校舍。几个月后，文法学院由蒙自迁到昆明，直到抗战胜利，1946 年复员北平。

陈梦家在西南联大任教时期，虽然条件艰苦，因有妻子赵萝蕤的照顾，与大多数教授相比，生活是舒适的。联大的学术氛围很浓，促使陈梦家加倍用功，教课之余，一门心思钻研乌龟壳上的古文字，时有论文见诸刊物，凭着自己的才华和努力，由 1937 年入清华时的文字学教

西南联大时期，留了胡须的闻一多

员，赴美前已升任清华大学正教授。

在西南联大时期，因朱自清与闻一多甚为友好，陈梦家对朱自清亦以师长对待，始终对他"恭敬客气"。因陈梦家对时局稍显冷漠，很少参加联大组织的一些富有政治色彩的演讲集会，几乎淡出了闻、朱二位先生的圈子。从陈梦家夫妇保存下的亲友、同事往来书信中，与其交往密切的大多为史学、考古界同道和自然科学界的同事朋友。而读《闻一多年谱长编》和《朱自清年谱》则不难发现，他们二位身边已鲜有陈梦家的身影。常在闻、朱二位先生身边的浦江清、许维遹、游国恩、何善周、吴晗、李广田等，几乎与陈梦家没有什么互动往来。

二、观念不同，关心依旧

1944 年秋陈梦家赴美，至 1947 年 9 月回国，四年间，他与朱自清时有书信往来。朱自清并没有因陈梦家与其的观念有所不同而远离他，对远在美国的陈梦家仍如在西南联大时那样关心备至。

陈梦家应美国芝加哥大学东方学院之邀讲学 9 个月，即 1944 年 10 月 1 日至 1945 年 6 月 30 日。讲学结束前，他向清华提交请求休假的申请的同时，还分别给时任文学院院长的冯友兰和清华大学"评议会"的主要成员、暂不兼任中文系主任的朱自清写信，以得到他们的支持。

民国时期的清华大学是在教授们组成的校务委员会（也称评议会）管理下进行各项工作的，校务委员会是清华最高权力机构。从朱自清 1945 年 9 月 9 日致陈梦家的信可知，接陈梦家的信大概是 7 月上旬，因 6 月 29 日朱自清赴成都探亲，直到 8 月 30 日返回昆明。看到陈梦家的信后，"询知先生休假事尚待决定"。9 月 8 日下午，朱自清赴昆华中学北楼出席联大教授会议，与钱端升、张奚若、陈岱孙、陈雪屏、郑华炽、闻一多、冯文潜、燕树棠、汤用彤、吴大猷、李辑祥当选为联大第八届校务会议代表。9 月 9 日朱自清致信陈梦家，告知"前日又开评议会，通过此事。但附一条件，即本年（学校已请陈福田先生赴北平，梅先生或亦拟往视察，又及）先生在美所得他项津贴须不超过美金二千四百元。学校想已有正式通知矣"。对于陈梦家询问其他事项，朱自清亦一一作答："学校复员恐须俟滇越路畅通，当在明夏。燕大已在北平招生，定双十节开学。蓉校明春或即可北迁。"还特意告知"闻先生已将胡须剃去"（1945 年 9 月朱自清致陈梦家函）。

这次朱自清的来信，使陈梦家如释重负，开始了他"（一）详细调查美国境内之中国铜器，收集照片，编作目录，并个别给予研究。一部分报告可在美国出版，其他材料可带回国整理。若时间与经费许可或延展其范围至英加及欧洲。（二）选习考古学、人类学诸课程，并与芝大东方学系及

梦家先生：晋谒前承
手教敬悉二一。彼时曾开评议会一次，未及讨论
休假研究事。嗣清即回成都，上月底迄昆，询知
先生休假事尚待决定。前日又闻评议会通过
此事。但附一条件，即本年（学校已请陈福田先生主持北京柏克莱先生处拟排视察。又及）
先生在美所得他项薪给须不超过美金二千四百
元。清校得已有正式通知矣。燕大已在北平招生，定双十节
趋路畅通，当在明夏，兹又闻评议会请次俟滇
开学后再行函商。明春致可北迁。闻先生已将眷属颐萧
均携赴渝，想极明春致可北迁。
即颂
俪祉
夫人

朱自清谨启 九九

1945 年 9 月 9 日朱自清就
陈梦家询清华大学复员等
事致函

美术系教授交换意见"（1945 年 8 月陈梦家致梅校长函）的工作计划。

这次休假自何日始、何日止，尚未找到依据。但从 1947 年 3 月至
7 月底朱自清致陈梦家的信中所讨论的陈梦家回校后的具体安排分析，
学校批准休假是自 1946 年 10 月至 1947 年 9 月。

清华给予的休假一年的待遇，为陈梦家打开了一扇汲取营养、积
累资料、日后展现才华之门，这是他一生中最重要且极具意义的一年。

一晃，1947 年的春天来到了。这是陈梦家到美国的第四个年头，
休假即将结束，回国的行期越来越近了。此时的陈梦家一方面要加快步
伐，游历并观摩计划中尚未到达的国家的博物馆收藏的中国铜器，白天
马不停蹄地看实物，记录物体特征、拍照；夜晚则整理记录，制作卡
片。同时，《海外中国铜器图录》的撰写工作业已开始，第一集初步完

成。另一方面着手回国的准备，初步拟定 1947 年 9 月抵达北平清华大学。陈梦家的决定得到了时在美国讲学的冯友兰的支持。

1947 年 3 月 5 日，陈梦家致信时任清华大学中国文学系主任的朱自清，把自己在美国工作的情况、拟定返校时间、拟教授课程等逐一说明，同时详询了清华自昆明返北平后的状况，中文系的师资、学生情况，及目前清华教授住宅情形等。朱自清就陈梦家所询，于 5 月 13 日复信一一作答（1947 年 5 月 13 日朱自清致陈梦家函）：

梦家先生惠鉴：

前接三月五日手示，欣悉先生九月内决可到校至慰。所开学程除"文字学"（二小时）外，尚拟请开"卜辞学研究"（二小时，下学期），"铜器铭文研究"（三小时，下学期），及"说文"（二小时）。"古文字学"及"尚书"，本年已开过，拟隔年再开。其"说文"一科，至悉惠允开讲，俾可一新阵容，并盼早日惠覆。至住宅事，已请校长特许保留一所，与战前在校同人同例。至何处住宅，现尚未定，惟盼台端务于九月内到校，免生枝节。

高本汉来华事不知能提前否？至念。冯先生有去檀岛一年之意，此间却切盼其回校，除另行去信外，并请函劝其打消去檀岛之原议，至托。

了一先生回校与否，尚未确信，下年度系中新聘李广田先生任现代文学方面课程。并拟聘张清常先生任"音韵训诂"等课，尚未大定。

系中学生本年度共二十七人，语文组只四人。二十七人中临大分发者甚多，临大无语文组，亦语文组人少之一原因，但主因实在教授方面无专授语文者。下年度，先生回校，好极。了一若亦能回，则更圆满矣。

清华复员情形尚称迅速。昆明文科研究所书籍大部到平。先生一小部分书籍亦已到此。至存毛先生处之尊书，前晤毛先生谈及，据云尚存昆明，想毛先生有信奉告矣。系中下年度，许维通兄拟休假在国内研究，匆此，即颂近安！夫人均此致意。

自清顿首　卅六年、五、十三

闻先生文集已定分开排印，现在编辑中。

又在美购书，中文系约有三千美元，请酌购汉学、语音学、文学理论及批评、英译本中国文学名著四方面书籍。但校中正式信恐尚未寄出。

朱自清信中还委托陈梦家办三件事：一、聘高本汉至清华讲学事；二、函劝冯友兰打消去檀岛之原议，早日返校；三、在美购汉学、语音学、文学理论及批评、英译本中国文学名著四方面书籍。陈梦家按照朱自清的意思，一一落实照办。对陈梦家惦念闻一多全集编辑出版事，朱自清告诉他正在编辑中。1946年下半年，闻一多遗稿陆续由昆明运抵北平。当年11月，清华大学校长梅贻琦聘请朱自清（召集人）、雷海宗、潘光旦、吴晗、浦江清、许维通、余冠英七人，组成整理闻一多遗著委员会，负责整理编辑工作。经过一年多的整理编辑，1948年8月《闻一多全集》（全四册）由开明书店印行。

朱自清赴梅宅向梅校长转述了陈梦家来信的内容，和委托其在美代办事项。梅校长很高兴陈梦家回清华服务，嘱朱自清办理陈梦家清华教授住宅和聘书寄送等事宜。朱自清于1947年6月6日再次致信陈梦家："住宅已于昨日代为选定，系新建胜因院平房十二号，较近学校中心，在旧大门外河南岸偏西。聘约一年寄奉，应聘书乞早日寄回秘书处。"此信至6月10日才发出，这天朱自清出席清华聘任委员会会议，又补言告国内近况："国内近有学潮，现虽略平静，但一切仍在动荡中。北平情形表面如常，但物价涨，人心殊不安也。"还再三叮嘱："英文翻译的中国文学作品，请尽量代为购备，本系有美金三千元作购书之用，请与孟治先生接洽。"

朱自清寄给陈梦家的信函，连同孟治转达梅校长 1947 年 1 月 25 日函，附清华大学 1947 年 1 月 16 日第四次评议会议决案摘录，陈梦家一直珍藏着。

1947 年 8 月陈梦家即将回国的前夕，接朱自清 7 月 29 日信，云：

> 前日《大公报》载胡小石先生新任中央大学中文系主任，宣称新聘教师，有大名在内。校方行政同仁及清均甚惶惑，佥信不致有此事，当系报纸误传或仅胡先生有此意向。兹特函达，想承见覆，如其所望也！（1947 年 7 月 29 日朱自清致陈梦家函）

假设真的有此样事，陈梦家会遭清华同仁谴责，朱自清、冯友兰乃至梅校长都有失察之责。最后证实，中央大学确有此意。陈梦家曾在南京生活过很长时间，在中央大学读过法律系，和胡小石又是很要好的朋友。陈梦家如何回应朱自清无据可查。

三、思想有分歧，依然有互动

1947 年 10 月，陈梦家从美国归来，应聘清华大学教授，住在了朱自清为他选定的胜因院十二号。此院在陈梦家返国前曾由李广田暂住，李广田从南开大学来清华不久，他的住所在达园，正在修缮。陈梦家返回清华，李广田即搬出。

陈梦家稍加安顿，即写信给尚在美国的妻子告知"住宅是永久性的，即派定以后一直属我们住。有些资历浅者，只是暂住或借住，即此房仍属别的将要来的人的"。陈梦家自 1937 年抗战初起即赴长沙入清华，至 1947 年 10 月，整整十个年头，自然是资历深者。

　　1947 年 10 月 22 日，陈梦家开始他返国后的第一次课，当天晚上在致妻子赵萝蕤的信中简述了上课情况，还谈了自己对分别四年后的朱自清及国文系的初步印象：

> 今晨到清华上课，说文四人，文字学七八人，卜辞一人，后者将改在办事房内教。……许休假。同仁已见，后晚学生开会欢迎。
>
> 朱公拘谨而善忘，谓我在清华只一二年，其人已衰老，疲黄不堪，我以礼待之。其他人皆温饱，衣服整齐，远胜在滇。……
>
> 天甚寒，刮风，已全副冬装。国文系甚不景气，朱当负责，尚有其它原因。我将如你所说，一切不管，……俟冯公来再说。

　　这里最重要的信息有两个：一是朱先生"已衰老，疲黄不堪"；二是"国文系甚不景气"。阅《朱自清年谱》，自清华由滇返北平，朱自清身兼数职，每日工作都是满满的，在昆明时，他身边有冯友兰、闻一多二位先生，还有几年的时间中文系主任是闻一多担任，现在一个在美国未归，一个已经离世，原本综合组织能力较弱，且身体又差，围绕左右又都是些帮不上真忙的人，他实在过于疲劳了，乃至一年后因病早逝。

　　不久，陈梦家逐渐地感觉到，他与朱的步调已经越来越不协调了，很难融入这个已然没有学术氛围的群体了。1947 年 12 月 7 日，陈梦家在写给赵萝蕤的信中，再次表达了他与朱自清先生的隔膜：

> 朱公为人方正，甚多拘忌，亦不免有疙瘩，我一切小心了，时时捧他甚高，以免有误。……照我看，他办中文系，只有将系弄得比闻更糟。因延聘皆中庸之才……

　　更令陈梦家愤懑的是，1947 年年底，一次与同仁聊天，他知道了在西南联大时与朱、闻走得很近，并与自己同时升任副教授，继而又同升正教授的许维遹，在陈梦家赴美后，在闻、朱面前说三道四的事情。陈梦家在致赵萝蕤的信中气愤地写道：

> 近来听到一些话，知道我离校后许骏斋有许多阴谋，他们似乎以为我不回来了。

由此不难使人联想到，闻一多生前对自己的爱徒产生了误解，说过一些有损学生声誉的话，是否会与此人有关联呢？闻一多被暗杀后，吴晗在一篇叫作《闻一多的"手工业"》的文章中，有一段描写闻一多"谈起他的一个诗人学生"的故事。吴晗文章中说"很多人说此公闲话"，并以生动的言语旁白描写了闻一多对这位诗人学生的抱怨。"如今，此公已经自成一家了，来往也不十分勤了！当时，有人插嘴，为什么不把这些怪事揭穿呢？"这显然是在闻一多面前挑拨师徒间的关系，那么这个人会是谁呢？还是在写给赵萝蕤的信中，陈梦家继续说：

> 余冠英之回任，请张政烺（后张本人招聘又去北大），张清常之拟聘，催王了一回来，皆是他的玩意，而朱（朱自清）居然入其彀中。现在李广田亦鲁人，你看山东人的势力。许（许维遹）又介绍一助教，现住他家中。又有陆永俊，山东人，也是他弄来的。此人培植势力，无非感觉自己之孤单，并用以对付我。后来张清常到底未改专任，必是冯（冯友兰）警告了朱无疑。因有人说，朱（朱自清）反对。这些人（朱、许、余）都把国文系弄成一群中庸分子，以稳固自己。

1948 年 3 月 19 日，他在致妻子的信中郑重地说：

> 两件大事告你。一是十四日清华学生会开文艺座谈会，我最

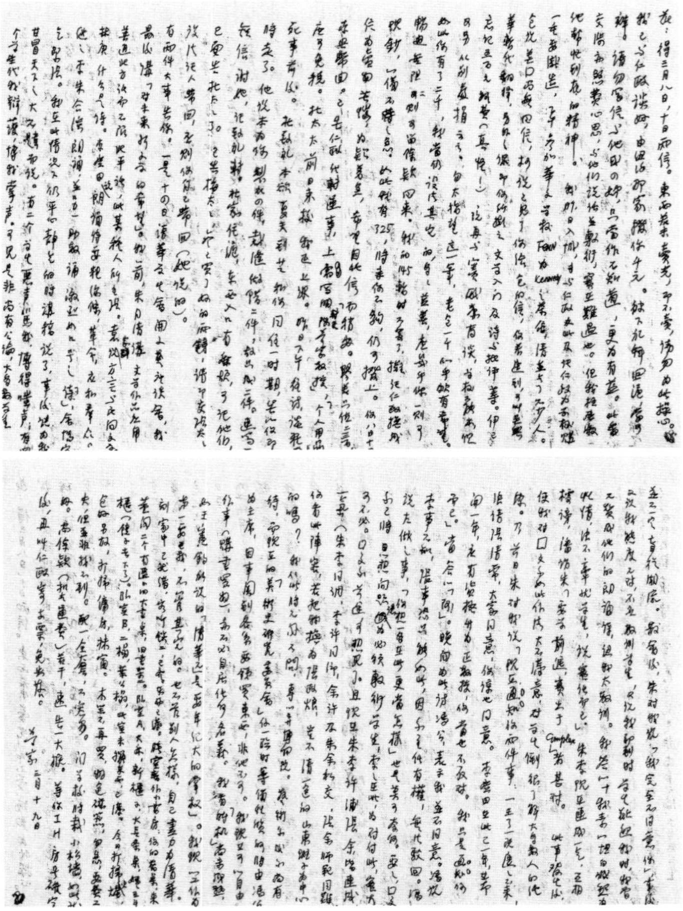

1948年3月19日，陈梦家致赵萝蕤信

后讲"对未来新文学的希望"。我以前朱自清讲"文学作品应用普
通北方话而不限北平话，此某种人所主张"。袁家麟说"方言与
民间文学"。林庚"什么是诗"。李广田说"朗诵诗要粗线条，革
命，应和群众"。继之李、朱合演朗诵，并另一助教诵激烈似口号
之"诗"，会场空气紧张。我在此情况下仍平心静气的将讲稿说
了，事后认为我甘冒天下之大不韪而说。有两个学生恶声骂我，
博得嗤声；有四个学生代我辩护，博我掌声。可见是非尚有公论，
大多数学生，并不一定盲从潮流。散会后，朱对我说"我完全不
同意你"，事后又说我态度不对，不应该教训学生，又说我初到时
学生欢迎我时，我曾不赞成他们的朗诵诗，认我太教训。我答以
"我素以坦白诚恳为性情，决不迁就学生，说实话而已"。朱、李
现在连成一气，互相标榜，潘谓朱"心胸不开阔，故意学先进"，
甚对。（1948 年 3 月 19 日陈梦家致赵萝蕤信）

在陈梦家眼里一直温和敦厚的朱先生，居然正声批评"我完全不
同意你"，显见朱自清因受李、许等的"拨弄"，与陈梦家已有了明显的
隔阂。即使是这样一种局面，陈梦家依然抱有幻想，"一切等冯公回国
再说"。那么，冯公回来就能扭转乾坤、改变现状吗？这个问题在 1948
年初他连续写给尚在美国的妻子赵萝蕤的信中找到了答案：

此事发生后，使我对国文系如此做法大不满意，对学生倒很
了解大多数人的纯洁。乃前日朱对我说："现在通知你两件事：一
王了一既匿之不来，决请张清常，大家同意，你谅也同意。李广
田在此已一年，在南开一年，应有资格升为正教授。"晚间为此访
冯公，表示我并不同意。冯说李事不知，张事恐只能如此，因系
主任有权，无法驳回。冯说左倾之事，"你想一多在此更当怎样"，
也是莫可奈何。要之，国文系已将思想问题认为必须敷衍学生，

李之在此，为对付此，实大可不必。国文系前途，可想见了。且
现在朱、李、许、浦、张、余皆连成一气（朱、李同调，李、许
同乡，余、许及朱、余私交，张、余师范同难）。你看此阵容，若
把我换为张政烺，岂不清一色的山东班子为中心的吗？我从此将
不闻不问，专心弄博物院。

面对"国文系前途"，连文学院院长冯友兰都无可奈何，陈梦家只
能是"不闻不问，专心弄博物院"了。

尽管对朱自清的做法，陈梦家有自己的想法，甚至不满，但他
"对朱公，极恭敬客气，此人虽时有小心眼，不失为好人"（1948 年 3
月 3 日致赵萝蕤信）。从《朱自清年谱》中亦看出，二人思想上有了分
歧，但并没有完全失去友谊，他们之间的互动依然很多。直至 1948 年
8 月 12 日朱自清病逝，清华中文系主任由浦江清暂代。

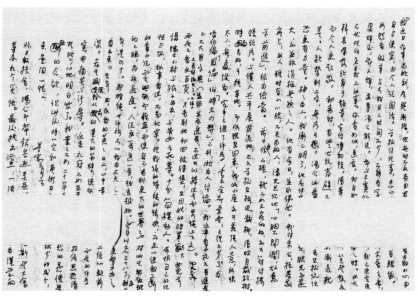

1948 年 3 月 3 日，陈梦家致赵萝蕤信

梅贻琦："大公至正"的关心与器重

1936 年，陈梦家从燕京大学研究院刚毕业时，曾有过到清华大学任教的愿望，闻一多也曾向清华大学校长梅贻琦推荐过陈梦家，但终因各种原因未能如愿。

1937 年 11 月，长沙临时大学开学，当时清华大学国文系的教授南下长沙的很少。闻一多推荐陈梦家，原本就对陈梦家存有很好印象的梅贻琦校长，当即同意邀约他赴衡山长沙临时大学教文字学。

接到电召，陈梦家和赵萝蕤立即整理行囊通过京杭国道到了南京，然后乘船去了长沙，文学院在衡山，于是又举家到了衡山，"与内子同往衡山一茅庐，后有峭壁清泉，前有茂树成林，茅屋筑于一绝径的山冲上，风景甚佳，伏处其中，温读从前所不能整读的书籍"（1938 年 10 月 30 日陈梦家致胡适信）。陈梦家到清华大学任教的愿望，因为战争而变为现实。

一、困境结友谊

长沙临时大学立足未稳，1937 年 12 月 13 日，南京沦陷，武汉震动，临时大学再次转移。当时广西当局欢迎临时大学迁至桂林或其他城市。学校请准教育部，决定迁往昆明，学校改称为国立西南联合大学。此事于 1938 年 1 月底决定，2 月中旬开始搬迁。陈梦家夫妇亦随校南迁至蒙自，"小城生活简易，南湖而外，无处可游，所以也能多多看书"（1938 年 10 月 30 日陈梦家在昆明致胡适信）。到达云南边陲小镇蒙自之后，陈梦家在联大文学院任教。但在蒙自只待了一个星期，因为蒙自的空军拟扩大机场，想使用联大租用的房子。因考虑到学校在飞机场旁边，容易遭受敌机轰炸，于是联大决定将文法学院迁回昆明。陈梦家夫妇随文法学院迁到昆明。

西南联大虽由清华、北大、南开组成，但仍循清华旧规：夫妻不能在同一学府任教。这样，拥有清华大学西语系研究生学历的赵萝蕤只能在家操持家务，1939 年后她才谋到云南大学和云大附中任教的机会。那时候昆明西南联大教授是没有集体宿舍的，为防止敌机的轰炸，教授们大多在昆明市郊租房居住。为了相互照应，同校的教授们往往房屋租得相对很近，有的教授干脆两家或几家租住一个院落。1940 年，清华在昆明西北郊的大普吉建盖"清华基地"。因而大普吉一带的农村中，居住了大批清华教员。陈梦家夫妇和冯友兰等也寓居在离此很近的龙头村。梅贻琦和吴有训、杨武之（杨振宁的父亲）、赵忠尧、吴达元、杨业治、任之恭、赵访熊、范绪筠、叶楷、赵九章、姜立夫等一批清华大学教职员，则在龙头村著名报人惠我春的盛情邀请下，住进了惠我春的住宅——惠家大院。

清华大学的教员和他们的家眷比较集中地住在昆明西北郊地区，教授之间来往增多，家眷之间时有往来。赵萝蕤是教授家眷中文化最高的，又有素养，得到教授夫人们的尊重。她和所有的女眷都处得很好。因她毕业于清华，对梅夫人称以师母，因陈梦家是闻一多先生的弟子，她亦称闻夫人为师母，对待年长的冯友兰、汤用彤等先生的夫人敬若长辈。他们没有孩子，但喜欢小孩，所以教授家的孩子们也都喜欢陈叔叔、赵阿姨。在困难环境下结下的情谊，及至抗战结束，清华复员回到北平，清华家眷们之间仍保持着。

　　陈梦家夫妇在昆明与梅贻琦校长及诸位西南联大的同仁，在极其艰苦的条件下为祖国培育人才。许多教授在此期间留下了有趣的故事。陈梦家自1938年初自长沙到昆明至1944年秋离开，在长达六年多的时间里，苦中有乐，学术有成，也有可圈可点的逸闻趣事。最主要的有两件，一是他讲《论语》，当朗读到"暮春者，春服既成，冠者五六人，童子六七人，浴乎沂，风乎舞雩，咏而归"时，便挥动双臂，那长袍宽袖，飘飘欲仙，自成古文人风骨，煞有魅力。有调皮的学生故意请教陈先生：孔门弟子七十二贤人，有几人结了婚，几人没有结婚。这问题本来无解，没想到陈梦家信口回复道："冠者五六人，五六得三十，故三十个贤人结了婚；童子六七人，六七得四十二，四十二个没结婚，三十加四十二，正好七十二贤人。"此番回答，虽是歪解，却一时在西南联大传为佳话。二是陈梦家力劝钱穆先生撰写《国史大纲》的事。在北京曾旁听过钱穆讲课的陈梦家，此时已经成为钱先生的同事，他力劝钱穆写一部中国通史教科书。经陈梦家几次劝说，钱穆答应试一试，结果凭着扎实的功底，原本计划两年完成的《国史大纲》，历时一年完成。

　　在极其艰苦的条件下，陈梦家在西南联大讲授中国文字学之余，坚持他的古文字研究。1939年夏，他将授课的讲义编订成册，名"文字学甲编"，共分七章，其中第七章古文字材料只写了"甲骨文"一节，为未完稿。1940年，任职于西南联大师范学院中文系的教授们主办了《国文月刊》，主编是著名学者浦江清，先后出任编委的有朱自清、罗庸、沈从文、王力、余冠英等。在创刊号的卷首语中，编者特意提到"不想登载高深的学术研究论文，却欢迎国学专家为本刊写些深入浅出的文章，介绍中国语言文字及文学上的基本知识给青年读者"。应编委约稿，陈梦家先后为《国文月刊》写了《梦家室字话》《认字的方法》《书语》《释"国""文"》《介绍王了一先生汉字改革》《评张荫麟先生〈中国史纲〉第一册》等颇有影响的学术论文。1943年，他又对1939

年编订的授课讲义进行修订，作中国文字学两章，自称为"重订本"。

正在他的学术研究逐渐成熟的阶段，1944 年，经美国哈佛大学费正清教授介绍，由洛克菲勒基金会提供陈梦家、赵萝蕤联合的人类研究奖学金，让他们到美国从事研究。基金会指定陈梦家到芝加哥大学东方学院教授古文字学，时间是 1944 年 10 月 1 日至 1945 年 6 月 30 日。这次机会对于没有西方留学经历的陈梦家和赵萝蕤来说，非常重要，他们决定接受洛克菲勒基金会人文学者奖金的资助，双双赴美。

时任西南联大常务委员的梅贻琦，对他们有深造提高的机会表示支持。在他们即将离开昆明前的 1944 年 9 月 15 日晚，梅贻琦特意在他的西仓坡寓所设宴欢送陈梦家、赵萝蕤，受邀陪坐者有莫泮芹夫妇、冯友兰夫妇、王力夫妇、吴宓、闻一多、吴晗等人。此时，闻一多任清华大学文科研究所文科主任，与朱自清、浦江清等就住在文科所所址昆明北郊今官渡区龙泉镇司家营桂家祠堂，冯友兰、王力、余冠英和陈梦家等住在离司家营不远的龙头街民房中。几天后，陈梦家携爱妻告别了龙头街的邻居们，带着梅校长和众位师长的重托离开了昆明，离开了他工作六年、有着深厚感情的西南联大。自此陈梦家开始了他的游学生涯，赵萝蕤则有了在芝加哥大学英语系学习的机会。

二、大公至正的关心

陈梦家初到美国，只是潜心准备他的文字学讲义，并强化他的英语说写能力，其讲义经过完善修订，以英文打印成稿，名 An Introduction to Chinese Pal Aeography（译成中文为"中国古文献学概要"）。虽然做了精心的准备，但选读这门课的美国学生寥寥无几，只有四五人，因此他有足够的时间与芝加哥大学的汉学家交流并利用教学之余到纽约等城市的博物馆参观考察。此时正是美国各大博物馆争购中国铜器的时代，陈梦家参观了芝加哥美术馆、哈佛大学美术馆、纽约市博物馆、波士顿市博物馆等美国博物馆后，发现美国博物馆内收藏的中国铜器、古刻与书画数量之多令人咋舌。尤其是馆藏的中国商代与战国精美铜器，许多未见著录。此时的陈梦家看到"我们自己国家如此精绝的历史文物毫无保障的被异邦占取了，是我们莫大的耻辱。在考古学上遭到的损失，更是无法补偿"。这加强了他原本借在美讲学的机会"亲往各藏家观览古器，搜集照片并作目录考释"，"编一部全美所藏中国铜器图录"的计划。

为了实现这个计划，陈梦家开始编制工作方案，并在授课之余走访美国各博物馆、大学、私人藏家，查访中国铜器。正当为此奔走已初见成效的时候，原定在美的工作期限即将到期。陈梦家按照梅贻琦先生执掌清华大学时期采用的"宽松休假制度——教授工作一定年限后，可休假一年，还可以赴欧美研究，而学校则在开支一半薪水的同时，给予往返路费"的惯例，当即给梅贻琦写了长信，说明自己继续留美的理由和计划，请求清华给予休假待遇，以便得以深造和详细调查美国境内之中国铜器，收集照片，编作目录，并进行研究。原信如下：

月涵校长钧鉴：

　　到芝以后曾奉一笺，谅登记室。梦因迟到之故，一切工作及薪水改于一九四四年十二月一日开始。本学期起开始授课文字学一门，其余时间仍可自作研究并旁听校内功课，尚觉自由。在此工作期限至一九四五年六月为止，故拟从一九四五年七月起正式请求清华给予休假待遇，以便得各所学习。兹将休假计划附上，务恳校长提出早日决定，俾可安心所事。

　　到美后曾往纽约一周，与外国汉学家及各博物院略有接触，皆深感中国古器与中国历史文化之重要，而古器之流传美国者，向来无人研究，故梦颇拟乘此机会亲往各藏家观览古器，搜集照片并作目录考释。此事经中外友人之赞助，业已开始。惟往返各地及购买照片书籍需款甚多，梦抵美后业已费去不少，个人之能力有限，不知学校可否酌予津贴，将来书成后，或由清华出版或在美由美国机关与清华合出亦可。

近来美国人对中国固多批评，然对中国固有文化之推崇不减当日，惟固有文化之宣扬，旨在国人自己能以英文书籍刊布流传始奏功效。梦在此间除整理中国古器物外，亦拟将中国文学及上古史编成英文印行，以应学者之需要。凡此诸事皆望校长赐予赞助，实为公私之便。

见报闻先生将代表中国教育团来美开会，不胜欣慰之至，不悉何日悉行，国内外通讯不易，休假之事务恳早日决定。专此并请。
教安

附《请求休假书》

请求人　陈梦家

请求期限　一九四五年七月至一九四六年七月

休假地点　美国芝加哥大学

计划　①个人自修 拟在芝大选习考古学、埃及学、人类学。②个人研究 拟调查美国境内之中国古器物（铜器为主，甲骨玉石次之）。作一个目录，收集照片、考释文字制度。

这封信 1945 年正月间寄出，正值烽火连天日，邮路不畅，直至 1945 年 5 月下旬仍未接到梅先生的回函。这时已近离美返国期限，陈梦家再次给梅校长写信催询此事。为了保险起见，陈梦家在寄发梅校长信的同时，还写信给他十分信赖的时任联大文学院院长的冯友兰先生。冯友兰此时已接到美国宾夕法尼亚大学之邀，马上赴美讲学，但在事情极多的情况下，依然出面予以协调，并给陈梦家提出了很好的建议。陈梦家按照冯先生转达校方的意见，努力进行了相关方面的协调，而后又

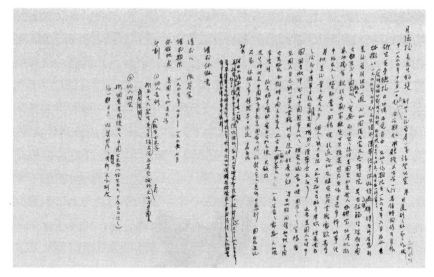

1945 年正月，陈梦家致函梅贻琦校长，说明继续留美的理由和工作计划

速奉冯先生一信，把继续留美工作的理由阐述充分，使冯先生得以说服梅校长和校务委员会的其他成员。

在陈梦家所存书信中，没有找到关于此次结果的校方回函。但从现存的清华大学昆明办事处转给陈梦家的抄送 1946 年 3 月 6 日第六十一次校务委员会会议议决案两则和 5 月梅贻琦签发的聘请陈梦家为清华大学中国文学系教授的聘书，可知陈梦家休假请求并未获批准。

民国时期，清华大学等校延聘教员，一般为一年一聘。既然陈梦家已接到清华大学自"民国三十五年八月一日起至民国三十六年七月三十一日止"的聘约，且聘约中明确"（二）薪金每月国币四百四十四元整""（三）一切待遇照本大学教师服务及待遇办理"，信中所提的休假实际上不存在了。

无奈之下，陈梦家只能靠其他的途径，那就是"除了洛克菲勒奖学金，他还获得了哈佛燕京学社的资助"。之后，陈梦家遍访美国藏有青铜器的人家、博物馆、古董商，然后回到芝加哥大学的办公室整理所收集到的资料，打出清样。他和所有藏家、古董商、博物馆几乎都有通信关系，并留有信件的存底。1947 年，他前往欧洲，出入贵族王侯之家，走遍藏有铜器的博物馆，收集中国青铜器的资料。与此同时，他每天工作十数个小时来编写庞大的流美铜器图录，用英文撰写并发表了《中国青铜器的形制》《中国铜器的艺术风格》《周代的伟大》等文章，并和芝加哥艺术馆的凯莱合编了《白金汉所藏中国铜器图录》。这些工作基本完成后，他返回芝加哥打点行装，罗氏基金会邀请他永久留在美国，但他毅然启程回国。1947 年 9 月中旬，陈梦家到达上海，月底前回到清华。他在回国后的文章中说，由于罗氏基金会与哈佛大学的资助，得以"游历并观摩北美坎拿大、英、法、荷和瑞典的博物馆，而特别注意于各博物馆、大学、私人收藏的中国铜器"（陈梦家《海外中国铜器的收藏与研究》，原载 1948 年 2 月 6 日天津《民国日报》）。他在致冯友兰先生的信中"说明此项工作系梦在清华任内之成绩，而得哈佛燕京社之补助而成"。大概清华虽同意其延续一年，但在实质的支持方面，则主要是罗氏基金会和哈佛大学。

三、信任·器重·支持

陈梦家回到清华后，梅贻琦校长与他进行了长谈。陈梦家详细汇报了在美国几年的工作、生活情况。在谈及美国以及英国等国家的大学大多有博物馆，并珍藏许多珍贵文物时，陈梦家顺势向梅校长建议，清华大学亦应建立一个博物馆，以提升学校的国际影响力。梅校长表示赞同，并叮嘱他写出一份他参观过的大学博物馆的情况和感受，将安排他在校务委员会上报告。陈梦家见梅校长对此建议颇感兴趣，便把他在国外曾动员卢芹斋捐赠祖国一件青铜器的事进行了汇报。梅校长当即让他与卢芹斋保持联系，促使卢芹斋将青铜器捐赠给清华。为此，陈梦家特意致信尚在美国芝加哥大学东方学院任课并在芝加哥大学研究部读博士学位的爱妻赵萝蕤与卢芹斋联系，尽快落实。

由于梅校长的支持，陈梦家建议成立清华大学文物陈列室得到校务委员会的同意。1947 年 11 月间，清华大学决定由中文系与历史系、营建系、人类学系联合成立中国艺术史研究委员会，以此为筹建清华大学美术史研究室、考古学系及博物馆（后定名为文物陈列室）做诸项准备工作。关于成立美术史研究室事宜，陈梦家在 1947 年 12 月 19 日写给在美国的妻子赵萝蕤的信中有如下简述：

> 上星期二梅校长的便饭，系校务会议的便饭，梁未到，故由我报告成立美术史研究室的需要，似乎大家皆同意。此事只等正式通过了。

清华大学美术史研究委员会成立后，立即分工协作，四处搜集各类文物，李济、袁复礼负责史前陶器，吴泽霖在滇、贵等地采集西南少数民族文物，陈梦家负责铜器。1948 年 1 月，梁思成因故辞去艺术史研究会主席职务，梅校长在一次主持开会讨论美术史研究会工作时，建议"改请邓（邓以蛰），邓亦嚷不干，大概是就了"（1948 年 2 月 15 日陈梦家致赵萝蕤信）。邓以蛰虽然接替梁思成任美术史研究会主席，但实际上仍由陈梦家与潘光旦共同总理全局。

为了筹建文物陈列室和为陈列室搜集古物，陈梦家耗费了大量的时间和精力。每逢休息日，他就会进城出入于古董店和出售古董器物的私宅，与各路古董商人和破落的皇亲贵戚的后人周旋。在这个时期，陈梦家致妻子赵萝蕤的信中，几乎每次都提到他为陈列室选购文物四处奔波，与文物贩子周旋，时常与潘光旦、吴泽霖等一起入城选书、购买文物的事情：

1947 年 12 月 23 日

昨日与潘、朱去太庙选书，同至尊古斋看我所选定的铜器，又增购若干，共以二千二百元成交，约七八十件，外送陶器数十件……不日运回校，在图廊上陈列。

1948 年 2 月 3 日

昨与吴、朱、潘入城，先在西湖营买官衣十余件。次至尊古斋同吃饭，买古物四千万。

1948 年 2 月 5 日

连日无非为书铺及古玩忙，使他们得好过年，故潘光旦天天约我去议价，书商视我为"施主"，琉璃厂古董鬼，每天骑自行车找我。我又买了小铜铃、商石盘残片一、朱绘的战国小盘（陶的）一、舞俑（战国，朱彩）五，此与小盘及上说的镜子乃一组精品，宋彩瓷女人等等，共费三四百万，未付清。过年再说了。梅校长拨五千万，叫我年前买古物，哲学系送来一千三百万。明日与潘、朱、吴去厂甸。

1948 年 2 月 20 日至 21 日

在城中逛厂甸一日，看古董，海格碰到了，为哈佛燕京在尊古斋看定一批铜器，又在厂甸碰到范天祥，均一同陪到尊古斋。范欲买古物寄美，令我大大不快。古董贩子见了生意，什么不管，也颇失望。近日多与此辈接触，渐渐厌恶，除利而外，一概没有概念。
……家中天天是古董贩、书铺的、木匠来纠扰，不久即将清

1948 年 2 月 5 日，陈梦家致萝蕤信有：梅校长拨
五千万，叫我年前买古物

除一下，免得费去太多精神对付。

　　……卢芹斋无回信，……昨日又来了两个古董贩子，在此午
后才去。十分恼人。下午骑车逛大钟寺（清华车站南），寥落之
极，仅七八个摊子，几十个人。看了天下第二大钟（明永乐年造）
即回来。天又晴好，今日再去厂甸，因唐兰接洽有四五家古玩商
联合请我看东西也。

1948 年 2 月 25 日

　　卢芹斋已回信，谓要来看你。卢公司原叫"卢吴公司"（中文
名），现在他的外甥沈友声已到纽办事。卢来信答应十分愿意送铜
器给清华，我所指名的一个壶以外，还要送别的云云。此事居然作

成，甚觉高兴。此人到底还有可取之处，待我们尚不坏，见时好好
招呼。我昨日专门看卢在国内的代表叶君（叔重），不久赴美算账，
此人对古物极熟悉，眼皮下一个大疤，小小个儿，实在江湖朋友也。

1948 年 3 月 3 日

梅公对我买古物事，十分鼓励，并自动要设法找钱。又说听
说我有大明家具，想来一看。明晚礼拜六，金公发起在邓宅请冯
公夫妇及梅校长，由金、邓、梁、任、王及我为主人。后天礼拜，
吴泽霖中午请仁政，亦约了美术史会诸人。

1948 年 3 月 7 日

刘仁政甚要显阔，要送这个那个与我，我择其不大费者取之。
为学校敲到他一张乾隆大绣花被单，给人类系。

1948 年 3 月 8 日

学校将大举买物，使我更忙碌。今日上午购书闹到午后一时
才止。于省吾将以全部甲骨自己送来代售。对于古董贩子，经三
月训练，已略知对付，这班人其实简单，故弄玄虚而已。

1948 年 3 月 19 日

我昨日入城，专与仁政为此及托为学校购一重要织造——乾
隆巨型缂丝佛像……

在上所引信件中，陈梦家提到了他费尽心思为清华大学争取到"嗣子壶"和乾隆时期重要"织造"的事，并对美国人海格和范天祥"欲买古物寄美""大大不快"的心情。

总之，从 1947 年秋冬开始至 1948 年春，在梅校长的鼎力支持及清华大学美术史研究委员会同仁的积极努力下，短时间内便收集了大批文物。在陈梦家的动员鼓动下，陈梦家的四姐夫振德兴商行经理刘仁政、卢吴公司北京分号代表叶叔重等捐献了部分家藏甲骨。最令陈梦家得意的是，他在美国时曾动员他的浙江同乡、卢吴公司老板卢芹斋向清华大学捐赠了令狐君嗣子壶。该壶 1928 年出土于河南洛阳金村的一座墓葬中，同出者两件，形制、纹饰和铭文基本相同，为战国中期重要青铜器。该壶早年流入巴黎和纽约，经陈梦家费尽心血，百般促成，卢芹斋终以重金购得，运回祖国捐给清华。

陈梦家自美国回到清华大学，不但教学方面颇有新意，得到学生们的肯定，而且在清华文物陈列室筹备工作中贡献突出，梅校长对其亦刮目相看。陈梦家与梅校长一家原本在西南联大时期就已经建立了良好的互动关系，此阶段私人间的交往也多了起来。1948 年初，梅校长因生疗开刀住院，陈梦家多次去探望，还致信赵萝蕤让她在美国买些花旗参送给梅先生。梅校长也喜欢古董字画，每逢陈梦家收购到一些稀奇的古物、家具，也会来看看。陈梦家也会买些花钱不多的古董送给梅贻琦，但梅贻琦总会付款给他。在 1948 年 2 月 15 日陈梦家致赵萝蕤的信里，就有"在尊古斋看了一景泰大碗（真明代），想送梅公"之语。一次，梅贻琦去陈梦家的家里看其购买的明清家具，见到他新购回一个红木大八仙桌，非常实用，便向他提出可否为其寻觅一个以供家用。陈梦家答应了他，但几个月过去了，竟没有碰到这么大的，只见到了一个黄花梨小八仙桌，于是购回。然后，他把那个大八仙桌送到梅家。陈梦家在 1948 年 2 月 20 日致赵萝蕤的信中顺便提及此事："我已把红木大八仙送到梅家。未送前常恨它的笨与占地位，但临去时犹有不舍之意。换

来黄花梨小八仙，简单朴素，确为明代，然修理得不很好而已。"梅贻
琦原本购置大八仙桌是为了使用，所以并没有觉得它笨，更没有觉得占
地方。为此，梅贻琦和夫人非常感谢陈梦家为他家解决了客人多时不能
在一个桌子上就餐的大问题。

四、思念与永诀

1948 年 4 月 29 日，时值清华大学 37 周年校庆，文物陈列室正式
成立，并将藏品公开展出，包括上百件商周青铜器、一千余片甲骨，另
外还有金石拓本、数十件六朝隋唐石刻，及西南苗、彝、纳西族文物和
部分台湾高山族文物等。其中尤为引人注目的，是陈梦家通过四姐夫刘
仁政经手从美国购归的一幅大型织造——乾隆巨型缂丝佛像。这件"织
造"长逾 6 米，宽约 4 米，工艺精湛，色彩多至百种以上，极为繁复工
致，堪称缂丝艺术的登峰造极之作。

1948 年 12 月，北平即将解放，梅贻琦搭乘国民党的飞机南下，不
久去了台湾。自此陈梦家与他心目中最为敬重的师长再也无缘相见；也
是自打梅校长离开，陈梦家的人生开始逐渐地灰暗起来。

梅校长离开，受中共中央委托，清华大学由吴晗等人接管。吴晗
被任命为清华大学历史系主任、文学院院长、校务委员会副主任等职。
清华大学的教学秩序如常，文物陈列室的工作仍由陈梦家继续负责。

1949 年 11 月 4 日至 7 日，为庆祝解放，清华大学成功举办"台
湾、西藏及西南少数民族文物展览"。这次展览的筹备工作，是陈梦家
具体负责组织的。展览结束后，经陈梦家协调，原藏者丁惠康和金祖同
同意把参加展览的台湾高山族文物、书籍资料全部捐赠给清华大学陈列
室。对此，清华大学校务委员会对陈梦家所做的工作和贡献给予了充分
的肯定。

　　1950 年初，陈梦家向校务委员会建议，在陈列室的基础上筹备建立清华大学文物馆。不幸的是，陈梦家已不再被信任，有人开始散布他的谣言。于是，他果断辞去文物陈列室主任和文物馆（筹备）负责人之职。陈梦家的离开，使文物陈列室和文物馆的筹备工作受到一定的影响。

　　1952 年全国高等院校院系调整，清华大学的教学科研转向，文物馆最终未能建成。随后，陈梦家调到科学院考古所任研究员，潘光旦、吴泽霖调任中央民族学院任教授，自此在梅贻琦校长领导下，潘光旦、陈梦家等清华同仁苦心经营的文物陈列室被裁撤。西南苗、彝、纳西族文物和丁惠康、金祖同捐赠的台湾高山族文物、书籍资料等被一分为二，一部分留在清华，一部分被调拨到中央民族学院。1959 年 9 月，为庆祝新中国成立十周年，中国历史博物馆建成，清华大学陈列室所藏的"嗣子壶"等 57 件珍贵文物被选调，充实"中国通史陈列"，其中多为陈梦家主持陈列室时征集或购置的。入藏中国历史博物馆的这 57 件文物，包括梅校长主政清华时期经陈梦家促成的卢芹斋捐赠的令狐君嗣子壶和刘仁政代购的乾隆"大织造"，至今仍为国家博物馆的重要文物。

冯友兰:"三同"结下忘年交

陈梦家与冯友兰结识,是 1932 年他追随恩师闻一多来到北平以后的事了。自此,在长达三十几年的时间里,陈梦家视冯友兰为长辈、为师长,尊重备至;冯友兰则对陈梦家视如晚辈,倍加呵护。

冯友兰与闻一多有着真诚的友谊,与赵萝蕤的父亲赵紫宸曾是燕京大学的同事,也是过心的好友。冯友兰 1928 年到清华大学任教前,曾于 1926 年 2 月应燕京大学哲学系主任、美国学者博晨光(L. C. Porter)的邀请,在燕京大学任哲学系教授兼燕京研究所导师,讲授中国哲学史。在这两年多的时间里,冯友兰和赵紫宸建立了良好的友谊。陈梦家在燕大国文系读研究生的最后一年,国文系的主任是陆侃如,毕业论文的指导教授也是他,而陆侃如的妻子冯沅君是冯友兰的妹妹。1936 年,陈梦家毕业后留在燕京大学国文系任教,是得到了陆侃如的支持的。

一、"三同"结下忘年交

陈梦家与冯友兰有了更加紧密的往来,成为忘年交,是他们同在西南联大任教时期。冯友兰时任西南联大哲学系教授,兼文学院院长。

西南联大文学院下设四个系：中国文学系、外国语言文学系、历史学系和哲学心理学系。四个系教员总数最多时 140 余人。陈梦家时任中国文学系教员，属于清华大学编制。

昆明没有足够的校舍，当年的 4 月至 8 月文法学院移到蒙自。当时冯友兰一家住在桂林街王维玉宅。那是一个有内外天井、楼上楼下的云南地区民宅。冯友兰一家住在楼下，一对年轻夫妇住楼上，他们是陈梦家和赵萝蕤。楼上楼下地住着，陈梦家夫妇与冯家老小相处得极为融洽。冯友兰的夫人任载坤因要照顾冯友兰和女儿冯钟璞（作家宗璞）、长子冯钟辽、次子冯钟越的日常生活，终日手不得闲。"当时的西南联大继续清华大学的老规矩，夫妇不同校；丈夫在联大就职，妻子就不能在同一学校任课。而且那时物价腾贵，金圆券不值钱，教书还不及当个保姆收入多。"因此在联大的八年，赵萝蕤基本是操持家务。两个人的小家自然家务事少，赵萝蕤每次忙完自己的家务，看会儿书，写些东西，午前或晚饭前总会下楼帮助任师母做些什么。每次出门采购些日用品，也会帮助冯家带些所需物品。

当时闻一多、朱自清等清华大学教授均在蒙自任教，每当课余或夜晚，在蒙自的教授们总会聚集在一起谈天说地，冯友兰家和闻家往往是沙龙所在地。每当这时，陈梦家夫妇总是帮助两位师母干些力所能及的家务，帮助张罗客人。虽然生活条件艰苦，但是教授们探讨学问，讨论国事，每天都愉快地度过。也是从这个时期起，陈梦家夫妇养成了不管大事小情，都会向冯、闻二位师长讨教的习惯。而冯、闻两位先生和他们的夫人对陈梦家夫妇也是关爱有加，家里有事，总会招呼这对夫妇来帮忙。

几个月后，冯友兰和他领导的文学院从蒙自迁往昆明。起先教授们大部分住在昆明市区，由于时常有日寇飞机来轰炸，居于昆明城内的联大教授不得不疏散至城郊的龙头村、司家营、车家壁等处。清华大学的教授大都寓居在昆明北郊的龙头村，这个村是昆明郊区比较大一点的集镇，又叫"龙泉镇"。当时冯友兰家住龙头村东端，金岳霖和钱端升家在一起，在龙头西端，汤用彤家在麦地村，处于司家营和龙头村之间。相距各约一里。闻一多、朱自清与浦江清等合租距清华大学研究所很近的司家营61号。教授们搬迁到远郊的龙头村，除了远离军事目标，降低被空袭的概率外，还与当时昆明城内外来人口剧增和通货膨胀导致房租暴涨有关。

龙头村的清华大学教授们相处得像一家人，彼此间互相照应，家眷互相串门，孩子们一同上学、一起玩耍。龙头村不仅使教授们增进了了解和友谊，而且他们的下一代也结成了兄弟姐妹般的情谊。陈梦家夫妇虽与冯友兰一家不在一个屋檐下了，但都住龙泉镇，走动频繁。当时交通条件很差，从龙泉镇到昆明城内除了马车就没有别的交通工具了，可大家穷得连马车都坐不起，靠步行。有时碰巧陈梦家与冯友兰或闻一多同日有课，往往结伴而行，每一次要走两个来小时。陈梦家无论与冯友兰还是闻一多一同进城，总是请教学问，探讨人生，有说不完的话。可以这么说，陈梦家来西南联大之前，于学问只是起步阶段，而在西南联大，边教书，边学习，再加上有闻一多和冯友兰等大家的点拨指教，学问突飞猛进，时有论文发表。不久，在闻一多和冯友兰的推荐下，陈梦家晋升为副教授。

龙头村距离昆明近20里，往返需四个小时，实在太辛苦，为不耽误工作，冯友兰在城内平政街租房，凡有课或有公务时就住在这里。据有关史料记载，此时与冯友兰同租平政街房屋的还有陈梦家夫妇和吴有训。既然乐意住在一起，必然是有很好的友谊。他们租住的是个二层小楼，房东在楼下，冯友兰、吴有训及陈梦家夫妇住在楼上。冯友兰、吴有训和陈梦家在平政街居住的日子里，真正做到了"三同"：同吃、同住、同劳动。身为西南联大文学院院长的冯友兰和时任西南联大理学院院长的吴有训，院务缠身，无暇顾及自己的生活。陈梦家夫妇对两位敬重有加，赵萝蕤除照顾陈梦家起居，对冯、吴两位大师的日常生活亦给予帮助，他们时常一起共餐。多少年以后，冯、吴两位对当年赵萝蕤所做美食仍赞赏有加。

这种生活持续到 1944 年秋，陈梦家夫妇离开西南联大，双双赴美。苦难见真情，陈梦家夫妇与冯友兰、吴有训自此建立了深厚的情谊。陈梦家夫妇没有子女，吴有训的女儿吴湘如是他们的干女儿，而冯友兰一家则把陈梦家夫妇当作一家人。

二、信任与敬重

1944 年秋，陈梦家夫妇辗转来到美国。虽然远隔千山万水，但陈梦家与冯友兰时有通信，工作有了难题，总会写信给冯先生，请他拿个主意。按照规定，陈梦家到美国芝加哥大学东方学院讲学时间是从 1944 年 10 月 1 日至 1945 年 6 月 30 日，只有 9 个月的时间。而陈梦家已有志继续留美"集中心力搜集中国铜器流传于美加欧者"。时间匆匆，规定留美时间马上到了。陈梦家经过深思熟虑，觉得这次来美是调查流失美国的中国铜器的绝好机会，错过了实在可惜，他决定留下来。他先后致信冯友兰和闻一多，与他们商量可否参照清华大学实行的"宽松休假制度——教授工作一定年限后，可休假一年，还可以赴欧美研究，而学校则在开支一半薪水的同时，给予往返路费"的惯例，请求休假一年，即在 1945 年 6 月完成芝加哥东方学院的教学任务后，自 1945 年 7 月至 1946 年 7 月休假。信后附上了他留美深造和考察美国各地博物馆及私家所藏中国铜器的计划。至于冯、闻两位先生得悉陈梦家想法后的态度如何，目前尚未见到相关资料。但经阅读陈梦家当年写给梅校长和冯友兰关于此事有关信函底稿，可以推定请求休假一年的愿望没能实现。梅贻琦执掌清华后，为激励教授提高业务，服务于清华，的确有此优厚待遇。但那只是对清华大学服务多年的资深教授而言。而作为青年教师的陈梦家 1937 年秋来清华任教时只是个教员，三年后升为专任教师，1942 年才升为副教授，直至他即将赴美前的一个月才有了教授的身份，与清华的"宽松休假制度——教授工作一定年限后"显然差距不小。以这样的资历，要享受清华休假一年赴欧美研究的待遇，即使梅校长同意了，在校务委员会上也是难以通过的。时间紧迫，冯友兰专门致电远在美国的陈梦家，给他提出了很好的建议。他建议陈梦家不一定非走请求休假这条路，还是以续聘芝加哥大学东方学院任教和与哈佛燕京社合作取得资金支持为上策。

陈梦家按照冯友兰的提示，开始了争取续聘东方学院教授和哈佛燕京社资金支持方面的努力。

东方学院给予的答复是："该院于本年六月前去函请罗氏基金会再事延长一年，该会答复谓原议去年请派之三名教授于期满后均不予

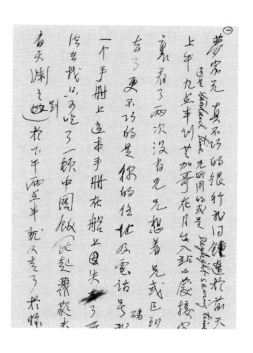

延长，不能破例，而芝大东方学院经常预算费中亦无款聘请专人，故续聘之事无法实现。"与哈佛燕京社的接洽，因"梦与哈佛燕京社之关系，非系该社之研究员，惟由梦提出一项计划，由该社赞助，并出资印刷出版，仅于工作期间酌助旅费及书籍照片费用，并不支薪，此点该社证明书中业已叙述清楚，谅不至发生误会。至哈佛燕京社系用某氏遗嘱所拨之遗产与罗氏基金并无关系，罗氏基金或有时资助该社，惟梦之铜器计划系由该社及一部分款项，后者系由哈佛燕京社出面交涉，梦并未过问"（1945 年 8 月 9 日陈梦家致冯友兰信）。陈梦家速将得到的确切情况向冯友兰致信汇报，出于对冯友兰的尊重和对提出事情的慎重，最终寄达的信函，陈梦家曾二易其稿。对比后，前二稿与寄达稿有一定的区别，可见陈梦家书此信时颇费心思。以下分别照录现存之二稿的底稿：

1945 年 8 月 9 日，陈梦家致冯友兰函

梦离校前本有今年请求休假之预议，故一切计划俱据此。今年哈佛燕京社赞助梦编制《全美中国铜器》之计划，原以印刷需费甚巨，而收集材料有美国学术机关合作较为方便，故除由该社担任印刷外，仅略补助旅费及购取书籍之费，并不计薪水在此。今日到此与哈佛燕京社商洽工作，该社主任甚愿出具书面文件（庶几学校可以获知梦工作之实情）以明关系。故将来目录告成后，梦于序言中仍将说明此项工作系梦在清华任内之成绩，而得哈佛燕京社之补助而成。

梦之请求休假，系欲学校发给生活费用，俾得留美一年。在此期间，除收集材料外并加整理研究，明秋即可返校。以上经过尚祈先生转商一多先生，再向学校申请。庶几梦在国外得安心所业，将来于授课研究有小小之利益也。

这份底稿中，有三件事在第二稿中未提及。一是陈梦家说他在1944年秋离开昆明西南联大时，即有请求休假之预议；二是关于哈佛燕京社赞助他编制《全美中国铜器》之计划；三是请求休假的申请转商闻一多先生后再提出。以上内容二稿中已然删去，以下是二稿（1945年8月，陈梦家致冯友兰信底稿）：

芝生先生赐鉴：

前在哈佛奉来电，曾复一电，并将哈佛燕京社证明公函寄呈，谅已收到，今日复奉。

七月六日手教敬悉——。兹将来示所述两点略述如下：

梦来芝系由罗氏基金会聘请，指定在芝加哥大学授课九个月，即从去年十月一日至今年六月卅日止，事先芝加哥东方学院虽曾授意续聘一年，惟该院于本年六月前去函请罗氏基金会再事延长一年，该会答复谓原议去年请派之三名教授于期满后均不予延长，不能破例，而芝大东方学院经常预算费中亦无款聘请专人，故续聘之事无法实现，又东方学院纯为研究近东而设，其款项中自无专款发付，汉学在此亦系由外方资助。

（二）梦与哈佛燕京社之关系，非系该社之研究员，惟由梦提出一项计划，由该社赞助，并出资印刷出版，仅于工作期间酌助旅费及书籍照片费用，并不支薪，此点该社证明书中业已叙述清楚，谅不至发生误会。至哈佛燕京社系用某氏遗嘱所拨之遗产与罗氏基金并无关系，罗氏基金或有时资助该社，惟梦之铜器计划系由该社及一部分款项，后者系由哈佛燕京社出面交涉，梦并未过问。

七月间，东去参观各博物馆及私人藏家业已完毕，回校教课。此间秋季科目表上仍排有梦之功课，梦除短期旅行外，大部分仍在此间，授课之余，期将铜器目录近明秋之前作完。惟芝大及哈佛两地均未支薪，清华休假待遇实属必须，仍恳先生据上事实再行申请，俾得安心所业，是所至祷。专此并请教安。

晚　陈梦家敬上

八月九日

最终寄达冯友兰的信，未见披露，大概与二稿出入不大。读信之二稿，知陈梦家继续留美计划中，有与芝加哥大学东方学院续聘的愿望，但因种种原因未果。而又无哈佛燕京社研究员身份，陈梦家与之合作期间并不支薪。因此，只有清华大学给予休假待遇一条路了。但种种迹象表明，陈梦家的请求休假计划并未实现。

在信的一稿中，陈梦家有语云：《全美中国铜器》“将来目录告成后，梦于序言中仍将说明此项工作系梦在清华任内之成绩，而得哈佛燕京社之补助而成”。而以此印证的是，陈梦家回国几个月后，1948 年 1 月 10 日写于清华大学胜因院、刊载在天津《民国日报》的一篇名叫

《海外中国铜器的收藏与研究》的文章，开宗明义："从民国三十三年秋
到三十六年秋，我因罗氏基金会与哈佛大学的资助，得以游历并观摩北
美坎拿大、英、法、荷和瑞典的博物馆，而特别注意于博物馆、大学、
私人收藏的中国铜器。此项计划的实现，尤多赖哈佛燕京社与各大博物
院友人的帮助得以顺利完成。"只字未提在"清华任期内"，其中缘故不
言自明。

三、同在美国的日子

就在陈梦家紧锣密鼓地实施自己的宏大计划的时刻，1946 年 9 月，
冯友兰应美国宾夕法尼亚大学之邀，任客座教授一年，讲中国哲学史。

宾夕法尼亚大学位于费城，是美国一所著名的私立研究型大学，
常青藤盟校之一。

冯友兰是 1946 年 9 月 2 日搭乘"麦琪将军"号海轮离开上海的。
启程前，冯先生已致信告知陈梦家夫妇此次来美的任务、行程，并带来
了清华大学校长梅贻琦签发的聘请陈梦家自民国三十五年八月一日至
三十六年七月三十一日止为清华大学中国文学系教授的聘约。这张聘约
恰好与前之推断相吻合。也就是说，1944 年 10 月 1 日至 1945 年 6 月
30 日，陈梦家应东方学院之邀讲学 9 个月，与清华大学是有关系的；
而 1945 年 7 月至 1946 年 7 月并没有发现有清华大学的聘约，是与清华
大学没关系的。冯友兰带来的聘约，意义在于：（一）明确了陈梦家清
华大学教授的身份；（二）本学年度享受本校休假研究教授现在国外研
究待遇，自聘约起始之月起学校支付月薪；（三）休假结束如期返国，
才可享受月薪及旅费等有关待遇。

此次冯友兰途经上海时，还带来商务印书馆开具的版税账单。原
本冯友兰与长子钟辽专程到芝加哥看望陈梦家夫妇时带上的，但"真不

巧的很，我同钟辽于前天（星期四）上午九点半到芝加哥，在月台入站口处接客人队里看了两次没有见兄。想着兄或已到别处去了。更不巧的是你的地址及电话号码我写在一个手册上，这本手册在船上失去了，所以也没法去找，只可吃了一顿中国饭（比起萝葳夫人的饭有天渊之别），于下午两点半，就又去了。再者，兄的款除了买书等外（弟到北平后又买了两部书约十八万，尚余七十万左右），弟离北平时，佩弦尚未到平，弟已将账目及存款本子交与内人，俟佩弦到即交与他。弟的书，本打算到上海时到商务去取几本带来，谁知那几天商务总公司罢工了，所以什么都没有带来。还有兄的版税账单约一万多块钱。弟带来了，因到上海时忘带兄图章（钟越替你刻了一个图章为领薪之用），故未取出，俟兄来时可将版税账单交兄"。冯友兰信中提到的款项，一笔是陈梦家委托买书款；一笔或许是陈梦家在美国编著的《海外中国铜器图录考释第一集》的版税，或许是《老子今释》《西周年代考》的版税亦有可能。至于钟越为其所刻领薪之用图章，大概是领取 1944 年 10 月 1 日至 1945 年 6 月 30 日陈梦家以清华大学教授身份应东方学院之邀讲学 9 个月的薪水。那么，委托冯友兰买书的款项也许用的是薪水中的一部分。

在海上航行了 13 日，冯友兰于 9 月 14 日下午登陆旧金山，过海关后冯友兰乘火车取道芝加哥赴费城。来美后，虽然与陈梦家不在同一城市，联系还是方便了许多。他们不仅时有书信往来，还曾几次晤面畅谈。阅读冯友兰 1946—1947 年于美国时写给陈梦家的 11 封信，其中 1947 年 1 月 31 日冯友兰奉梅校长指示转达陈梦家之信最为重要，这封信主要内容如下：

　　今晨梅先生的信来了，消息不佳，他说"陈梦家兄照片校中现似无力购买，虽图书补充费现在筹划中，但恐一时顾不及此，至于其他补助办法亦有困难，即烦婉告梦家。再中文系同人希望梦家今夏能早返校"。信中又说"高本汉可以聘请，即烦梦家兄代为接洽"。又说"冯家升君似可考虑聘请，如有著作亦请寄示"。
冯家升《火器起源考》，弟有一份，但其人类学方面不知有著作
否？兄可否写信问之，如有可嘱其选寄弟处一份。高本汉处即请
去信接洽如何？梅先生信中又说"普校之会，大约只陈通夫一人
可来，此间六月初考完，弟打算六月底七月初返国。兄欧游既不
成功，我们同行如何？"

　　报载宴堂已到旧金山，见时代为致候为感。

　　按照是信顺序，梳理如下：

　　（一）"照片校中现似无力购买，虽图书补充费现在筹划中，但恐
一时顾不及此，至于其他补助办法亦有困难。"陈梦家向梅校长提出的
这项开支，是其考察、编辑《全美中国铜器图录》所需购买博物馆的中
国铜器照片和有关参考书籍及到美各博物馆、私人家藏调查中国铜器的
旅费等。梅校长的复函大概就是冯友兰替陈梦家协调之结果。时任北平
图书馆馆长袁同礼致陈梦家信称："照片费用参考用书等可由北平馆担
任，不必列入预算。此外旅费及其他费用可在美设法"，"照片及纽约私
人藏玉照片当分别进行"。清华大学不能解决的问题，袁先生给解决了。
所以陈梦家在美国编著的《海外中国铜器图录考释第一集》和后续各
集，署北平图书馆与商务印书馆出版。

　　（二）"高本汉可以聘请，即烦梦家兄代为接洽。"高本汉（Klas
Bernhard Johannes Karlgren，1889—1978）为歌德堡大学教授、校长，
远东考古博物馆馆长，是瑞典最有影响的汉学家，瑞典汉学作为一门专
门学科的建立，他起了决定性的作用。他一生著述达百部之多，研究范
围包括汉语音韵学、方言学、词典学、文献学、考古学、文学、艺术和
宗教。他在中国历代学者研究成果的基础上，运用欧洲比较语言学的方
法，探讨古今汉语语音和汉字的演变，创见颇多，对中国青铜器的研究
亦取得显著成就。

陈梦家去瑞典考察中国铜器前曾致信高本汉，高本汉表示届时一定会给予帮助。1946 年秋冬之际，高本汉复信陈梦家时，表达了希望到中国清华大学讲学的愿望。陈梦家表示可以帮助协调，并立即把高本汉的意思转达给冯友兰，请他与梅校长商量可否邀请。在冯友兰转达梅校长可以请高本汉赴清华讲学的意见的同时，亦复信陈梦家说：

> 高本汉事有点麻烦，若是他自己有旅费，到北平时我们请他讲讲，在北平的时候，我们招待他，再送点讲演费，这是顺理成章的事很容易办，若是教我们出旅费，只讲短时，恐怕就困难了。（1947 年 5 月 4 日冯友兰致陈梦家信）

除了关于旅费的问题，冯友兰特别叮嘱陈梦家，要问清楚高本汉是否有一个到清华讲学的计划和计划详细情形，"然后看我们能否与他合作。若有一个计划，我们能与他合作就可向学校提议了"（同上函）。

陈梦家在即将回国前的 8 月初飞赴欧洲，游历了英、法、丹麦、荷兰、瑞典等国。据他离英前所购 *Hands* 一书的留言："梦家一九四七年九月四日午离英前游此购存。"他是 1947 年 9 月 4 日参观伦敦国家博物馆后抵达伦敦机场的。陈梦家在瑞典斯德哥尔摩的远东博物馆参观考察时，在高本汉的安排下，得到了高规格的接待。那时，国外学术界对陈梦家的研究成果均表示赞赏，因此当陈梦家与高本汉联系去瑞典考察时，不仅高本汉表示欢迎，就连喜欢收藏的瑞典国王也乐意接见这位远道而来的东方考古学家。陈梦家抵达瑞典后，与高本汉进行了有关中国铜器研究的深入探讨，高本汉极为赞赏这个远道而来的青年学者。在高本汉的陪伴下，陈梦家参观了瑞典远东古物博物馆和瑞典其他两个城市的博物馆以及瑞典私人所藏中国铜器。在高本汉的引荐下，瑞典皇太子和国王还接见了他，并让陈梦家饱览了王室收藏的中国铜器和其他宝物，他们对陈梦家的学问非常钦佩。也是在这次会面时，高本汉再次表

达了到中国清华大学讲学的愿望，并谈了具体的讲学、交流计划。因其
担任瑞典远东古物博物馆馆长，还要交接工作，讲学、交流计划也要详
细准备，因此他希望 1949 年成行。陈梦家离开瑞典后即给冯友兰写信，
转达了高本汉的想法。冯友兰回复陈梦家说："高本汉处似可回一信，
言四九年中国清华欢迎，若能早去更好。"（1947 年 3 月 2 日冯友兰致
陈梦家信）

（三）"冯家升君似可考虑聘请。"冯家升与陈梦家同为燕大毕业生，
后又同为燕大教师。1939 年他应美国华盛顿国会图书馆的邀请前往工
作，后在美国哥伦比亚大学中国历史研究室任研究员，从事辽史研究工
作，同时又在该校人类学系进修。因其先于陈梦家到美，熟人多，人脉
也好，对陈梦家到美后的研究给予了很多帮助，为此在冯家升即将返国
时，陈梦家极力推荐他到清华任教。不知何因，1947 年春天冯家升回
国后去了北平研究院史学研究所做研究员。

（四）"普校之会，大约只陈通夫一人可来，此间六月初考完，弟
打算六月底七月初返国。兄欧游既不成功，我们同行如何？"

陈通夫即西南联大社会学系主任陈达。他和陈梦家虽不在同一个
系，但彼此间很是熟悉。冯友兰这里提到的"普校之会"，是指 1947 年
4 月普林斯顿大学建校二百周年的校庆，冯友兰作为清华大学的代表，
与来美国普林斯顿大学讲学的赵紫宸和受国民政府教育部委托赴美国考
察战后建筑教育并应耶鲁大学邀请讲授中国建筑和艺术的清华大学教授
梁思成出席了校庆。冯友兰被普林斯顿大学授予名誉文学博士学位；赵
紫宸获普林斯顿大学荣誉神学博士学位。在普林斯顿大学校庆期间举办
的系列纪念活动中，梁思成应邀担任了"远东文化与社会"研讨会的
主席。

1947 年 3 月 2 日，冯友兰接到陈梦家于 1947 年 2 月 24 日信，信
中称：

兄及夫人若于四月一日前到此，我们一同去普校最好，休士亦从英国来，先到此一同赴普校，龙头村的人又聚在一起了。我想旅舍总可以找到，不过你们若有定期，望早一点通知，以便先下手为强。

此时距普林斯顿大学校庆还有一个多月的时间，"四月一日前到此，我们一同去普校最好"。因赵紫宸来参加普林斯顿大学校庆，陈梦家与赵萝蕤自然要前往陪同。此外，信中提到"休士亦从英国来，先到此一同赴普校，龙头村的人又聚在一起了"。"休士"即休斯，是冯友兰和陈梦家夫妇的朋友。西南联大时，英国牛津大学的讲师休斯来昆明，想找一部中国学者在抗战时期写的稿子，由他翻译成英文，在英国出版。他看到冯友兰写的书（《新原道》）合适，就随着冯友兰的进度不停地翻译。冯友兰搬到哪里，休斯就跟随到哪里。冯友兰与陈梦家在龙头村居住时，休斯也曾住在那里，后来冯友兰一度在昆明城内与陈梦家夫妇合租住房，休斯也多次到住处蹭饭，对赵萝蕤的厨艺更是赞赏有加。抗战胜利，冯友兰写完了，休斯也译完了。写成之后，题目为"新原道"，副题为"中国哲学之精神"。《新原道》1945年在商务印书馆出版，休斯带走的翻译稿1947年以《中国哲学之精神》为书名，在伦敦出版，以后多次重印，还在美国出版。老朋友重逢，自然兴奋不已，何况到了普林斯顿大学还将见到曾在龙头村住过的梁思成和陈达。

冯友兰在1947年1月31日和1947年2月5日的信中还提到"宴堂"到美事。董作宾字彦堂，又作雁堂、宴堂，与"鼎堂"郭沫若、"雪堂"罗振玉、"观堂"王国维并列"甲骨四堂"。冯友兰于1月31日信云："见报载宴堂已到'旧金山'，见时代为致候为感。"2月5日信有"致宴堂信乞转交"之语。

冯友兰与董作宾同为河南南阳籍。冯友兰于1923年自美学成归国，回到家乡的中州大学担任文科主任（即文学院院长）兼哲学系主

任、校评议会成员和图书馆委员会委员，是河南大学哲学系的创始人之
一。在任文科主任三年里，冯友兰有志于"办个像样的大学"，受哥伦
比亚大学研究院的启示，他提出"三合一"的办学构想，认为像样的大
学应该有像样的本科、研究部和编辑部，充分表现了冯友兰的教育管理
天赋和关于现代大学教育的思想，也为他后来长期执掌清华大学文学院
奠定了基础。在他的主持下，中州大学文史、哲学和英文三个系科得到
很快发展。在他的延揽下，一批国内知名学者如郭绍虞、嵇文甫、董作
宾、李燕亭等聚集在中州大学。抗日战争时期，董作宾随中研院历史语
言研究所相继迁往长沙、桂林、昆明、南溪，其间曾住在龙头村，与冯
友兰时常小聚。因陈梦家与冯友兰走动甚多，董作宾与冯友兰晤面，有
时会叫陈梦家参加。陈梦家与袁同礼曾有编辑《甲骨丛编》之计划，为
此曾到董作宾乡下住所请益，后又致信请教有关具体事宜。陈梦家应袁
同礼之约编辑《海外中国铜器图录》时，亦曾得到董作宾的指导。由
此，陈梦家虽与董作宾并无师生关系，但始终尊董作宾为师长前辈。抗
战结束，冯友兰来美国不久，即得知董作宾来美的消息，他乡遇故知，
因此委托陈梦家先行与董作宾联络。此前，陈梦家曾向胡适借阅《殷历
谱》，并有心得。《殷历谱》是董作宾以 12 年时间利用甲骨文等资料撰
写的研究殷代历法与周祭祀谱的巨著，1945 年在四川石印出版。陈梦
家对董作宾极为敬重，巧的是董作宾这次来美国也在芝加哥大学任客座
教授，自然乐意传递信息。

冯友兰在宾夕法尼亚大学一年的客座教授任期至 1947 年 8 月。他
于 5 月间接到夏威夷大学的邀请，在 1947 年 5 月 4 日致陈梦家信中
详告：

> 夏威夷已来电报答应弟去半年，所以就算决定去了。弟已打
> 电与梅先生一面请假至明年一月，一面通知内人办护照来美，但
> 至今尚未得到回信……

弟暑假中的计划已定者是威斯康辛大学主办的一暑期讲演会，至七月十二日纽约住下以后的事，要看内人的信，看她来不来或是什么时候来，再决定。

冯友兰经梅校长同意，接受了夏威夷大学的邀请，到该校做了一个学期的访问教授。此前，在离开宾夕法尼亚大学前往夏威夷前，曾计划让夫人任载坤来美，但因国内形势不佳，取消了计划。而此时陈梦家已决定回国了。冯友兰因有些具体事项需要向陈梦家交代，在 1947 年 6 月 6 日致陈梦家的信中，告知自己下一步的活动安排：

> 弟因即将离费，而卜德亦于十七八间别去避暑，故赶紧结束工作，颇觉忙碌。
>
> 弟大约八月间过芝，届时想兄已自坎拿大回芝矣。甚愿在兄离芝回国以前一谈也。弟到夏威夷半年已说定，但上星期接内子信言，国内情形不佳，她不能留下璞、越而独来，因此希望弟不要到夏威夷，俾可早点回来，以便大局有变时照料家事，若此信早到，弟即决不到夏威夷矣。但现在已与夏威夷有成约，似不便反悔，故仍是打算去，而兄返国前一谈，亦可带些口信及东西也。弟将尽量将可邮寄及转运公司转运之东西寄回运回，其不可寄及转运者则将托兄带也。弟离此后住址电话当随转通知。六月以内，此处原住址不动，六月以后，此原通信处亦可用，但转折费时耳。

这里提到的卜德先生，是冯友兰的老朋友，与陈梦家亦熟识。关于与卜德的相识相交，冯友兰在《三松堂自序》中回忆：

> 我在清华讲中国哲学史的时候，有一个荷兰裔的美国人布德，

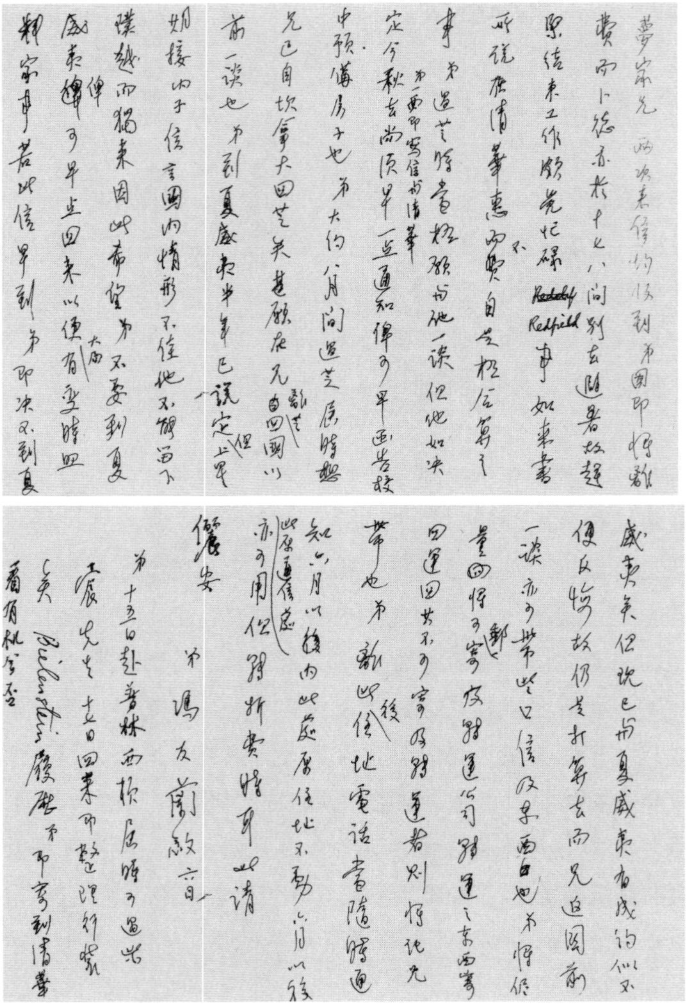

1947 年 6 月 6 日，冯友兰致信梦家
告知下一步行程计划

在燕京大学读研究生。他的名字挂在燕京，但是来清华听我的课程。那时候，《中国哲学史》上册，已经由神州国光社出版。布德向我建议说，他打算用英文翻译我的《中国哲学史》，请我看他的翻译稿子。他翻译完一章，就把稿子给我看一章。到 1935 年左右，他把上册都翻译完了。那时候，有一个法国人（魏智）在北京饭店开了一个贩卖西方新书的书店，名叫"法国书店"。他听到布德有一部稿子，提议由他用法文书店的名义在北京出版。布德和我同意了，他拿去于 1937 年出版。

冯友兰《三松堂自序》中还记载，卜德的译序写作时间是 1937 年 5 月 18 日，离"卢沟桥事变"不到两个月。全面抗日战争爆发后，冯友兰随清华南迁，卜德则到欧洲的汉学研究中心莱顿大学继续攻读中国哲学博士学位。《中国哲学史》下册的翻译工作只能暂时停滞。抗日战争结束后，冯友兰回忆说：

　　在日本投降后不久，我在昆明接到一封从美国来的信，信是翻译我的《中国哲学史》的布德寄来的。……这封来信说，他已经在费城宾夕法尼亚大学当中文教授，并且已经向洛氏基金会请得了一笔款项，基金把这笔款项捐给了那个大学，那个大学就用这笔款项请我去当一年的客座教授，任务是讲一门"中国哲学史"的课，其余时间继续翻译《中国哲学史》下册。大学在 9 月 1 日开始上课，请于 9 月 1 日以前到校。我回到北京，已经是 7 月底了。当即筹备出国，于 8 月初到上海，乘船于 8 月下旬到旧金山。……到 1947 年暑假，布德的翻译工作没有完成，但是我的任期已满，不得不离开。

卜德翻译《中国哲学史》下册的工作再次得以继续是在 1948 年秋

他获得美国富布莱特奖学金，作为访问学者来北京的事了。冯友兰《三松堂自序》对此亦有回忆：

> 布德住在北京，经过平津战役，在围城之中，继续他的翻译工作，到朝鲜战争爆发的时候，他已经翻译完毕。他看见中美关系不好，恐怕交通断绝，就带着稿子回美国去了，此后音信不通。一直到 1972 年邮政通了，我才知道，这部《中国哲学史》英文稿，包括以前在北京出版的那一部分，都已经由普林斯顿大学出版社于 1952 年（应为 1953 年——作者）出版。

自 20 世纪 50 年初卜德离开北京，再次来北京是 1978 年 10 月，美国学术代表团访问中国，卜德是成员之一。遗憾的是，这次冯友兰拒绝与他会面。最后一次见面是 1982 年 9 月 10 日，冯友兰在哥伦比亚大学接受荣誉博士学位时，卜德应邀出席。

仍在这封信中，冯友兰流露出"内子"不能来美的遗憾。原本计划冯友兰离美国前让妻子任载坤来美游历，但因国内时局不稳，不得不放弃了计划。无奈之下，冯友兰只有委托即将回国的陈梦家"带些口信及东西也"。之后，冯友兰于 1947 年 6 月 26 日和 7 月 9 日另有信致陈梦家告知二事："廿九日赴纽约转赴 Montclair 参加华美协进社主办之夏令会。孙毓棠亦已来纽约，弟约其于廿九日下午一时到 Chinese village，141_5w.33rp street 聚会，兄若到纽约望亦来一谈。"

在这封信中，可大略得知冯友兰的暑期行程：6 月 29 日赴纽约再转赴新泽西州的蒙特克莱尔参加华美协进社主办的夏令活动并讲座，"7月 12 日下午五时左右到纽约"。1947 年 7 月 16 日，冯友兰再次致信通知陈梦家，详细时间安排"廿六日下午九点三十一分从费城上通平，廿七日（夏季时间二点二十分）到芝加哥六十三街车站"，且强调"兄不必往接，弟自叫黄包车到尊寓"。这次冯友兰还带来了拟让陈梦家带回国的小件东西。冯友兰到"威斯廉辛讲演定在二十八日晚上八点",时间安排得很紧,在芝加哥只逗留了一天。

离开了芝加哥,冯友兰赴威斯康辛州立大学讲演,三天后赴夏威夷。

1947 年 8 月,陈梦家游历法国、丹麦、荷兰、瑞典,最后一站是英国。9 月 4 日,他离开英国,回到了芝加哥,这时离回国的时间已不多了。本来他还想赴德国收集流失的中国铜器资料,并通过亦在美国的好友王重民联系正在欧洲访问的袁同礼,请袁先生与中国政府有关部门协调。袁同礼也希望陈梦家赴德"接收铜器",但由于"中德关系一时不易恢复",他的建议政府无法采纳。同年 9 月,陈梦家告别了爱妻赵萝蕤和冯友兰以及在美国的诸位朋友,乘轮船由美国先抵香港,再转道上海,与母亲和兄弟姐妹相聚。

陈梦家走后,冯友兰继续留在美国。1947 年 12 月 20 日,冯友兰致信陈梦家,告知他即将回国的消息。圣诞节刚过,冯友兰就启程回国,在过海关时,查护照的人员看他持的是永久居留的签证,就把护照还给他说:"保存着,什么时候来都可以。"冯友兰推开护照,断然说:"不用了。"

经过一年半的游学,冯友兰于 1948 年 3 月回到北平。冯友兰的归来,不仅他的家人无比高兴,陈梦家亦异常兴奋。像在西南联大时一样,陈梦家工作上遇到了难题,总会找冯友兰倾诉,冯友兰也总是不厌其烦地给予指导和协调。当年 9 月,冯友兰当选为中央研究院院士。这时的国民党政府已处在风雨飘摇之中。嗣后,校长梅贻琦离开清华,维持学校教学工作的重任暂时落到了冯友兰身上。1948 年 12 月至 1949 年 5 月,冯友兰担任校务委员会主席,为清华平稳过渡做出了贡献。

吴有训：友谊胜过师生情

吴有训先生是闻名世界的物理学家、中国近代物理学奠基人、教育家。吴有训从事教育工作 50 余年，王淦昌、彭桓武、杨振宁、李政道、钱三强、何泽慧、林家翘、陆学善、王竹溪、钱伟长等中外知名的科学家都是其弟子。新中国成立后，作为中国核物理和固体物理学家，吴有训长期担任中国科学院副院长，领导他的绝大部分弟子，为开创新中国的尖端科技事业做出了不朽贡献。原子弹、核动力、半导体、激光器、电子计算机等几乎每一项高科技成果，都与他们付出的心血关联。

就是这样一位蜚声中外的著名科学家，却与比他小 14 岁的陈梦家是忘年之交。他们的人生道路、政治倾向、所学专业和兴趣爱好等都是截然不同的，但他们是非常好的朋友，患难之交。

一、结缘中大，相逢北平

陈梦家与吴有训有着鲜为人知的多层关系。他们既是校友（都曾在中央大学求学），又有师生之谊（陈梦家在中央大学读书时，吴有训是中央大学教授）。抗战时期他们同在西南联大任教，并曾经住在一起。陈梦家的夫人赵萝蕤在清华大学读研究生时，吴有训是清华大学教授。

但赵萝蕤与吴有训的熟识，并非因此。原来赵萝蕤与吴有训的夫人王立芬是很说得来的姐妹。她们因喜欢音乐、弹钢琴和书画鉴赏而结缘，王立芬比赵萝蕤长九岁，二人一直以姐妹相称。这也是吴有训夫妇的二女儿湘如成为陈梦家夫妇干女儿的原因。

陈梦家入学中大的时候，吴有训是物理系副教授兼物理系主任，这也是陈梦家尝言吴公乃吾师之由来。其实陈梦家在中大读的是法律专业，他们之间有师生之名，而无师生之实。即使这样，陈梦家对待吴有训始终像对待恩师闻一多一样，非常敬重。

陈梦家与吴有训有实质性的接触，是 1934 年他考取燕京大学研究院研究生以后。此时，吴有训已辞去中大教职，受叶企孙之荐，接替叶担任清华物理系主任。

燕大与清华毗邻，陈梦家时常去清华访闻一多，有时也会与吴有训碰面。吴有训与闻一多曾同在美国芝加哥大学学习，后来又同在中大任教，故而他们二位往来还算密切。陈梦家和赵萝蕤订婚后，因赵萝蕤与吴夫人王立芬友善，陈梦家有时会陪同她到吴家做客。

尽管吴有训与陈梦家已经很熟悉，但也只是泛泛之交。他们真正建立友谊并成为彼此信赖的朋友，是在清华大学南迁长沙、昆明以后，也就是西南联大时期。

吴有训与陈梦家几乎同时期离开北平。1937 年"七七事变"发生后，因日军向北平发起全面进攻，并出动飞机轰炸清华附近的西苑兵营，为防止清华大学的重要文件和存款落入日寇的手中，吴有训和清华的领导班子成员，于校长梅贻琦在庐山开会未归的情况下，将全校师生员工疏散进城躲避。此时，吴有训的妻子刚刚生下幼女还不足一个月，便拖儿带女逃往城里，暂避浦薛凤教授家。吴有训则继续留守学校，组织当年暑假正在西苑接受军训的本校一二年级部分学生轮流护校。直到 8 月份，梅贻琦和工学院院长顾毓琇、政治系主任浦薛凤等人在南京和教育部商定，由清华、北大和南开合并，于长沙清华大学预备的迁校基地内，设立长沙临时大学。吴有训接到南京放弃清华迅速南下的电召当日，迅即潜入刚刚失陷的北平城内，向妻子儿女告别，告诉妻子目前为了安全他只能只身南下长沙。此时，他的妻子王立芬以赢弱之躯带着四个孩子，最大的才六岁，最小的还在襁褓之中。因大女儿叫希如，吴有训马上要去湖南长沙，湖南简称湘，于是为小女儿取名湘如。这个湘如就是后来陈梦家夫妇的干女儿。

二、西南联大创建的功臣

吴有训在清华大学师生的心目中是一名优秀的教授、科学家，并且是一位优秀的学术、行政领导。他工作得心应手，广受同事的赞誉和学生的爱戴。生活上也十分幸福美满，妻子贤淑，与清华同事的家眷们相处得很好。抗战之前，吴有训的家庭收入是可观的。那时的清华大学一般教授的最高薪金是 400 元，但有特殊学术成就者可以突破此限，可达 500 元。吴有训不但有特殊学术成就，还先后担任了物理系主任和理学院院长，因此他在清华期间的月薪是 520 元，比陈寅恪先生还高。由此，也可以看出他在清华的学术地位。高超的学术地位，优越的工作待遇，美满的家庭生活，随着日寇的入侵而瞬间破灭。吴先生肩负使命，抛妻舍子赶赴湖南，而后又赴云南，为创建西南联大做出了巨大的贡献。

吴有训 8 月中旬赶到长沙，是最早赶到长沙的三校教授之一。当时学校的领导机构还没有组建。9 月上旬，教育部才宣布成立长沙临时大学，并任命南开大学校长张伯苓、北京大学校长蒋梦麟以及梅贻琦等为筹备委员会常务委员。吴有训受临时大学常委任命，担任学校国防工作介绍委员会常委兼召集人，主要负责直接为抗战输送人才的工作。实际上，早在"九一八"之后，吴有训就一直留心培养学生的国防服务能力，并取得了一定成效。

经过紧张的筹备，临时大学于 11 月 11 日开课。当天就遇空袭，敌人的炸弹在城内接连爆炸，前线不时传来坏消息。1937 年 12 月 13 日，日军攻陷国民政府首都南京，制造了南京大屠杀，接下来是武汉告急。面对国破家亡的危机，师生们再也无心上课，大都做好了上前线参加战地服务或留后方从事战时生产的准备。当时八路军驻长沙办事处向临大征集知识青年入伍，吴有训大力支持，积极配合，帮助一部分学生去了国共两党的军事系统从事技术工作，一部分学生参加了战地服务团，还有一部分学生直接去了延安。就在组织学生参军的同时，迁校的问题也摆上议事日程。关于校址选择问题，吴有训是重要的咨询对象。他根据当年清华的经验，力主迅即将学校西迁至昆明，这个建议得到了梅贻琦的赞同。1938 年 1 月 20 日，蒋梦麟、张伯苓、梅贻琦等诸常委举行了第 43 次常委会，最终采纳了梅贻琦、吴有训等清华同仁的建议，"宣布即日开始放寒假，将学校搬迁至昆明，定于 3 月 15 日前在昆明报到，本学期的期中考试也推至下学期在昆明开学后举行"。与此同时，宣布了迁滇后的人事安排：聘请周炳琳为总务长，潘光旦为教务长，黄钰生为建设长，胡适为文学院院长，吴有训为理学院院长，方显廷为法商学院院长，施嘉炀为工学院院长，于到达昆明后开始履行职务。后因胡适任驻美大使，文学院院长改由冯友兰代理，方显廷请求辞职，法商学院院长改由陈序经担任（聂冷著《吴有训传》）。

长沙临大抵达昆明后，更名为国立西南联合大学。由于昆明校舍不敷使用，而蒙自有滇越铁路连接昆明，交通便利，又有闲置的房子、宁静的南湖，文学院、法学院暂迁云南蒙自，组成西南联大蒙自分校。

吴有训和其他院系的师生来到了昆明城。"按照常委会的决议，他担任联大理学院院长，参与学校各项决策；负责联大理学院五个学系的教学安排和管理，另外，仍担任清华大学的理学院院长、理科研究所所长和物理系主任以及金属研究所所长，主管清华大学理学院的全部具体事务。"(聂冷著《吴有训传》)除了这些基本职责外,吴有训还先后担任了国防工作介绍委员会常委、招考委员会委员、设备设计委员会委员及主席、课程委员会委员等二十多个临时性或非专业性职务。他的工作量之大,是当年联大教授中数一数二的。然而,他各方面统筹兼顾,安排有序,把所有的工作都做得尽善尽美,表现出非凡的组织领导和统筹协调能力。

吴有训与妻子儿女在昆明团聚,已是 1938 年秋冬时节。王立芬带着他们的二子二女——吴惕生、吴再生、吴希如、吴湘如,最大的不到七岁,最小的不到两岁——从北平辗转到达云南,可谓千辛万苦。王立芬和孩子们来到昆明后,陈梦家夫妇当即来看望,赵萝蕤非常喜欢他们的两个女儿,尤其是乖巧的小湘如,与她见面亲。王立芬见此,便许下湘如做陈梦家夫妇的干女儿。自此,赵萝蕤对湘如照拂有加,如同己出。

吴家在昆明安顿下不久,因日机频繁空袭昆明,1939 年 9 月,吴有训一家和其他许多教职员都搬到了昆明郊外居住。吴家借住在梨园村,而他所分管的金属研究所和联大理工两学院的实验仪器等设备搬到了昆明西郊的大普吉镇龙院村。这里离吴家住地梨园村有 5 里路,吴有训每天都要从梨园村步行 15 里路到昆明城内办公和教学,然后又要步行 15 里路赶到大普吉镇龙院村的金属研究所和物理实验室指导研究和实验,工作结束后再走 5 里路回梨园村住地,晚上还要在油灯下看书、写作、备课等。

陈梦家夫妇为了照顾在联大读书的两个弟弟赵景德、赵景伦,暂时在昆明平政街租房,他们住楼上,楼下住房东。陈梦家在校内看到他所敬重的吴有训先生和冯友兰先生不仅有课时要来联大,而且常有公务也须来校,非常辛苦,因所租房屋尚有多余的房间,便邀请冯友兰和吴有训在联大上课或有公务的时候,住在这里。在一段时间里,陈梦家、赵萝蕤像对待前辈一样对冯友兰和吴有训,给予了生活上的关照，也是在这个时期，陈梦家夫妇与冯、吴二公及其家属结下了深厚的情谊。

1940 年 7 月，日军侵占越南，云南从后方成为了前线。10 月上旬，日本飞机空袭昆明日渐频繁。为了截断抗日运输"生命线"——滇缅公路，日军还专门组织了"滇缅路封锁委员会"，调 100 架飞机进行轰炸封锁，同时加紧对昆明及附近城镇的空袭。在日机的空袭下，西南联大校舍多处被炸坏，师生财物损失严重，还有好几位教职员工被炸死或炸伤。"跑警报"成了联大师生和昆明市民的家常便饭，联大师生几乎天天跑警报，有时一天来回跑两三次。

为了躲避敌机的轰炸，联大教授纷纷迁居昆明郊区，龙头村、司家营、岗头村、车家壁、黄土坡、王家桥、陈家营、龙院村、呈贡……到处都有。陈梦家夫妇是 1940 年秋天敌机轰炸最猛烈的时候，搬到昆明北郊龙泉镇的桃园村起凤庵的。在起凤庵住了一年左右，他们又迁到龙头镇的棕皮营村。后来陈梦家在《尚书通论》序中回忆："赁居于龙泉镇的楷庐，茅屋数间而有菜圃可种，有花可种。隔壁则有李氏茶花园，出门则是金汁河的堤岸，常于此徘徊散步。""楷庐"是陈梦家 1937 年 11 月在长沙临时大学所在地衡山南岳镇租住茅屋时的斋号，因茅屋旁有大楷树一棵，故取此号。此斋号到昆明龙泉镇仍继续沿用。

此时，吴有训一家也从梨园村搬到清华大学金属研究所驻地昆明西郊大普吉镇龙院村的惠家大院。惠家大院始建于 1910 年，其主人惠我春是宣威人，担任过云南陆军讲武堂国文教员，还当过《义声报》总编辑，写得一手好散文，有"爱国报人"之称。与吴有训一家先后搬进惠家大院的还有清华大学校长梅贻琦，我国核物理、中子物理研究的先驱者和奠基人之一赵忠尧，我国气象学、地球物理学的奠基人之一赵九章，著名的无线电专家、清华无线电学研究所所长任之恭，半导体物理学家、无线电研究所研究员范绪筠，晶体学家、清华大学金属研究所研究员余瑞璜，电机系教授、无线电研究所研究员叶楷，著名数学家、算学系主任杨武之，数学系教授赵访熊、姜立夫，外文系教授吴达元、杨业治等，这些教授大部分都带有家属，大大小小有四五十人，十分热闹。据西南联大校友贺联奎后来的调查，当年惠家大院内除惠家人居住的两个小院外，还有四座两层小楼和几间平房。当时住在惠家大院的教授的分布是：梅贻琦的住房在大院的北部，是一座新建的楼房。楼上楼下各三间，楼上住人，楼下堆放惠家的农具。吴有训、杨武之、赵忠尧共住一幢楼的楼上楼下各两间住房内。杨武之一家8口和赵忠尧家住楼上两间，他们的住室间有一窄过道，在过道靠近赵家的一侧还隔出一窄条，作为大院中小朋友的图书室。过道的地板上开一洞口，自此下梯子可到楼下。杨武之的大儿子杨振宁当时是西南联大的学生，假日也随同父母在此居住。吴有训和夫人王立芬带着4个子女住了楼下的一间，另一间是厨房。吴达元、杨业治、任之恭、赵访熊家所居也是两层楼，上下各三间。楼下从中间开门，吴达元、杨业治各住一间，中间为吴、杨共用的厨房。从一侧上楼，第一间是任、赵共用，穿过任家才能到赵家。范绪筠、赵九章、姜立夫、叶楷共住一楼，范绪筠、赵九章家住楼下；楼上则住着姜立夫、叶楷。姜立夫是南开大学教授，其侄女姜淑雁是叶楷夫人。余瑞璜所住的是平房两间。

这里所说的"间"，指的是房屋的"开间"，每间房屋有20多平方米，用木板或篱笆分隔为两小间，一间约10平方米。杨武之一家8口，吴有训一家6口，住得十分拥挤。况且这些房屋极为简陋，除了新建的一幢外，其他大多是惠家的仓房或长工的住房。楼板和墙板单薄而有缝。人在楼上走动，楼下听得很清楚；楼上的人稍有不慎，便会将污水或小孩的尿液渗漏到楼下房间。

不但居住条件极差，而且这里没有电，照明原用煤油灯，后来煤油也难买到了，就用菜油点灯。由于生活困窘，只能用一根灯芯。每到夜晚，全家借助这昏暗的灯光，孩子们做作业，教授们备课、写论文或著述，夫人们则为大人孩子缝缝补补。龙院村距离西南联大大约10公里，每当有课，住在这里的教授就要早出晚归。

围绕着昆明西北郊的大普吉龙院村的"清华基地"和昆明北郊龙泉镇麦地村桂家祠堂的清华大学文科研究所，周边一带，金汁河沿岸的村落居住了许多清华、北大的教授和家眷。冯友兰一家住在附近龙头山顶的弥陀寺厢房；闻一多、朱自清等居住在司家营；梁思成、林徽因、金岳霖，陈梦家夫妇，以及李济、董作宾、钱端升、王力、游国恩，还有古琴专家查阜西等都先后居住在靠近金汁河的龙头村北头棕皮营。他们多有走动，常有聚会。每逢休息日，有家眷的会以家庭为单位，相互串门小聚，单身教授则三五个人聚在一起，谈天说地，或参加某个家庭之中。

陈梦家夫妇在棕皮营租赁的"楷庐"不仅住房宽裕，而且有空闲的园地，又紧靠金汁河畔，赵萝蕤利用这良好的自然条件，在龙泉镇的集市上购买了各种蔬菜种子，在园内播种，春种夏收，园内一片生机。这时的赵萝蕤已从一个十指不沾阳春水的"大小姐"，成为一名厨艺高超的家庭主妇，来访的客人对她的厨艺交口称赞。为了让大菜园子里的各种蔬菜苗壮成长，她也像当地的农妇一样，赤着脚挽着袖子施起了大粪。在她精心侍弄下，菜园子里的黄瓜、刀豆、辣椒、丝瓜、茄子和番茄都长势喜人。她还养了鸡，每天早上放鸡喂米。因为有了这么诱人的菜园子和她娴熟的厨艺，每逢休息日，他们家里总会有同事和朋友来小聚。冯友兰和夫人、吴有训一家、查阜西一家，是这里的常客。棕皮营距吴有训一家居住的惠家大院，大概走路有半个小时的路程。每当父母说去棕皮营陈家，孩子们都会十分高兴。尤其是吴有训的小女儿湘如，听说去干爹、干妈家，就会兴奋起来。每当吴家来陈家，赵萝蕤总会精心准备一些孩子们喜欢吃的食物，陈梦家则会沏上一壶平日里自己舍不得喝的好茶，与吴先生闲谈。王立芬与赵萝蕤同为知识女性，又都有很高的艺术素养，总有说不完的悄悄话。自打湘如认下赵萝蕤这个干妈，赵萝蕤时时会惦记她的干女儿，每次湘如来，都会给湘如一些小礼物，还会教湘如识字、唱歌、游戏。

战时的西南联大教授不仅居住条件极差，物质生活更为艰苦。据有关专家估计，那时候西南联大的教授每月的收入通常是300—400元；校长是600—680元。这个收入在1937年以前可以使一个三口之家买得起汽车洋房。然而到了1939年之后，由于日寇的掠夺和国民党政府的全面腐败，物价一日三涨，100元的钞票也就只能买一只鸡。按照这个比价，西南联大的一名教授，每月的薪金也就是3—4只鸡的价钱。吴有训虽然比一般教授的薪金高一些，大概每月600元，平均每月每人的生活费为100元，除去孩子交学费、书费等，所剩无几，有时大人孩子免不了生病，还要支付医药费用等，连温饱都无法办到。为了填饱肚子，吴有训夫妇想尽了办法，该卖的都卖了，他们住的惠家大院没多远就是山，王立芬常带孩子们上山挖野菜，以补充粮食的不足。据联大的学生们回忆，自1938年起，吴先生常年穿着一件洗得褪了色的蓝布长衫。1940年，饥寒交迫的吴有训因一场大病，元气大伤，落下了病根。1942年，因患斑疹伤寒，差一点丧了命。多亏了夫人王立芬略通医术，到惠家大院不远处的山上寻觅草药，日夜照料，精心调养，才保住了性命。他在生病期间，只要有空，陈梦家夫妇就会来探望，并力所能及地买些补身体的食品。为了不让王立芬分心，赵萝蕤主动把小湘如接到自己的家里照管。也因此，小湘如对陈梦家夫妇很是亲近。就是因为这场大病，吴有训的黑发变白发，右手颤抖，从此握笔不稳，字也写得不规整了。

三、遥远的牵挂和思念

自1937年7月全面抗日战争爆发，至1945年，经过了七年的抗战，由于国民政府不断加印纸币造成通货膨胀，此时的昆明已是千疮百孔，物价飞涨。1944 年 4 月，联大因经费出现赤字，只好将校舍教室、办公室屋顶的白铁皮全部拆卖换成茅草顶。联大办学之艰辛、经济拮据之甚，于此可见一斑。学校已然这样，教授们的生活更加艰难。陈梦家夫妇没有孩子的拖累，都近乎到了山穷水尽的边缘，而如吴有训这样的 6 口之家，靠一个人有限的薪金根本不能养活。无奈之下，原本有绘画能力的王立芬，发挥她的艺术才能，绣制绢面手帕出售给美国军人。这些手帕采用白、粉、橙、紫各色细绢为底，配上彩色绣线，绣上二龙戏珠、鸳鸯戏水以及龙凤呈祥等种种具有浓郁中国特色的美丽图案，很受年轻美国军人的欢迎，他们纷纷购买，作为返回美国后送给妻子、恋人的礼物，一时竟然供不应求。于是王立芬便把能绘画和绣花的教授夫人组织起来，成立了三个教授夫人绣花组。王立芬亲任一组的组长，并兼三个组的技术顾问，每天忙完自己的份额，还要为别的教授夫人指导，修理她们的绣品。这一干就是两年多，由于居住条件差，不仅白天要绣花，晚上就着昏暗的菜油灯还要绣，以致患了眼疾。

　　陈梦家夫妇是幸运的。1944 年秋，美国哈佛大学的费正清给陈梦家联系到了芝加哥大学东方学院教授古文字学的工作。在去与不去的问题上，最初陈梦家并没有准主意，国内形势不稳定，去美国后能不能回来，回来是否还能回到清华，或者到其他较好的大学应聘，诸多问题困扰着他。他先后拜访了他所信任的几位前辈，如闻一多、冯友兰和吴有训等。闻一多明确表示不支持他赴美，中文系的其他同仁也颇有微词；冯友兰则给他分析了走与不走的利与弊；而坚定地支持陈梦家去美国讲学的是吴有训。吴先生认为陈梦家这样有才华的青年教授，踏出国门，对以后的视野和学术发展都会有益。当时已有了吴有训即将走马上任中央大学校长的消息，但因种种原因，吴有训并没有到任。为了鼓励陈梦家出国游学提高学术水平，吴有训表示，不管陈梦家什么时候回国，他都会帮助解决任教问题。有了吴先生的鼓励，陈梦家最终决定赴美。

　　陈梦家夫妇离开了西南联大，吴有训一家失去了每周小聚的朋友。最为思念陈梦家夫妇的是小湘如，她常常询问父亲：干爹、干娘有没有来信。只要有信来，小湘如总要仔细读上几遍，特别是干妈的来信，总会问及她学习怎么样，长没长高，等等。有人去美国，干爹、干妈总会有礼物带给湘如。

　　吴有训一家于1944年底搬进学校新盖的宿舍。这些宿舍是1944年冬敌机空袭减少后，西南联大在昆明市内西北角离新校舍不远的西仓坡盖的十几个单元房屋。宿舍是平房，房子的主体是用土坯砌成。宿舍里，每个单元有两个房间，附带一小间厨房和用人住房。瓦顶、砖墙、灰地，比起岗头村的草房要高级多了。不过由于教授人多，房屋单元较少，不能满足全部联大教授的需要，只好采取抽签的办法来决定，吴有训等教授幸运抽中。

　　自此，吴有训一家从惠家大院搬到了西仓坡17号。新宿舍离学校近，很是方便，没有了每天徒步几十里的辛劳。吴有训并没有因此得到休养，作为联大理学院院长和中央研究院的学术带头人，他身兼数职，一点也不敢懈怠，每天忙碌到深夜。由于物价暴涨，他不仅衣着寒酸，而且常常食不果腹，不到50岁的人，面容憔悴，未老先衰，看起来比实际年龄要老许多。

　　远在美国的陈梦家夫妇一直挂念着昆明的同事们，尤其是惦念吴有训一家和他们的干女儿湘如，常写信至吴家嘘寒问暖。1945年初春，钱端升去美国参加学术会议，取道芝加哥专程看望陈梦家夫妇。陈梦家向钱端升询问了国内的形势和联大的情况，重点详询了梅贻琦、闻一多、冯友兰和吴有训诸位先生的现状，赵萝蕤则询问了吴夫人王立芬和其他相熟的教授夫人的情况，当然亦包括梅夫人、冯友兰夫人和钱端升夫人的近况。得知联大教授仍然生活极端贫困，陈梦家夫妇的心情很是沉重。在钱端升短时间访问芝加哥大学时，陈梦家夫妇极尽"地主"之谊，接待钱端升并陪同访问。在钱端升离开芝加哥前，夫妇二人精心采购许多礼物请他带回国内，分送联大同仁。其中特意带给吴有训一家各种所需物品，赵萝蕤还专门为干女儿湘如买了一个漂亮的发卡。

钱端升不负重托，万里迢迢将陈梦家夫妇带给吴有训一家的物品送到。吴有训当即回函致谢并讲述了自家的生活现状和自己目前的情形：

> 梦家兄：
>
> 　　别后时在念中。去年年底，弟已搬入学校新盖宿舍，地点在西仓坡，对于弟及诸儿均甚便当，房子似较小东城乡为佳，租金每月七千，因弟自己装修费四万元，实租近万元，然较外间已属最低价格矣！
>
> 　　最近物价飞涨，米已到六万，弟等菜四千五百元，简直吃得苦不堪言，诸儿嗷嗷，有时殊令人心酸也。好在本年为最后关头，总可糊涂过去。内人绣花业不佳，因卖价不易加，而原料价格已数倍，且做者更多。惟寒家维持，仍靠此业，亦可叹也。
>
> 　　吾兄托端升兄带下之物品三包，早经收到，谢谢。如有便人，盼代内人购手表一只或派克 51 式水笔及铅笔一套。校中一切如恒，每日训急者，为同人生活，其他无法顾到。弟最近到渝一次，中研院事，旧事重提，仍不敢就，另一事体更不敢自讨苦吃。
>
> 　　吾兄在芝，想能安心工作，内人极羡嫂夫人能有机进修，将来多一女教授，彼极言之得意。彼意嫂夫人多才多艺，应有此一机会也。
>
> 　　专此敬请
>
> 俪安弟　训上　四、十七日
>
> 　　内人嘱代候。嫂夫人未另。茶叶有便当带上些。又及

1945 年 4 月 17 日，吴有训致
梦家函。函中所及，有非至亲
好友不可言及者

信内所及之事，有非至亲好友不可言及者，可见吴家与陈梦家夫
妇友谊至深。陈梦家夫妇在收到吴有训书札的同时，还收到了干女儿湘
如写来的饱含思念干爹、干妈的书信：

亲爱的干爹、干妈：

自从您们离开我之后，我非常想念。前天钱伯伯从外国回来，
带了一个别针给我，说是干爹干妈送给我的，我高兴极了。我别
在头上真是美丽。谢谢干妈干爹。从前干妈送我的衣料，妈妈还
没有替我做衣服，说我太小，长大了再帮我做。

现在我们搬到西仓坡联大教职员宿舍十七号，离学校很近。
我现在上联大附小二年级，功课很容易，第一个月考，我考得很

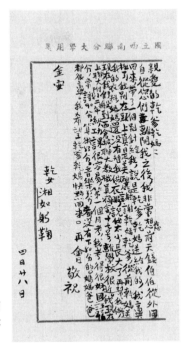

1945 年 4 月 28 日，吴湘如写给陈梦家、赵萝蕤的饱含思念之情的信

好，国语 96 分，常识 90 分，算术 83 分，音乐 83 分，都没有下 80 分的。妈妈爸爸都很高兴。我希望干爹干妈快点回来。

　　再会　敬祝

金安

干女　湘如　躬鞠

四月廿八日

　　干女儿的信，无疑触动了陈梦家夫妇的思乡之情，他们在异国他乡思念干女儿，也思念国内的亲人和昆明的师长同事。原本为期一年的讲学，按说到 1945 年的秋季就该返国了。但此时陈梦家已决意收集流散在北美的中国古铜器资料，赵萝蕤也决意要攻读博士学位。为此，陈梦家在讲学结束后又延长了三年。

吴有训寄往美国的信是 1945 年 4 月 28 日发出的。两天后，传来希特勒自杀的消息。之后，不断有好消息传到昆明西南联大的校园里：1945 年 5 月 9 日德国无条件投降，欧战结束；1945 年 8 月 15 日正午，日本天皇发表《终战诏书》，宣布无条件投降，第二次世界大战正式结束。

抗战胜利，作为核物理学家的吴有训并没有像其他学科的教授们一样，沉浸在摆脱了战争的恶魔，将要回归正常生活秩序的喜悦之中。引起他高度兴趣的是美国对日本先后投放的两颗原子弹。为此他建议国民党政府要开展应用开发性质的核研究，并希望能承担起这项责任。国民党政府接受了吴有训的建议，指令国民党军政部负责组织赴美考察原子弹的任务，军政部虽然把任务交给了西南联大理学院，但因这时国民党教育部通知吴有训去担任中央大学校长，这次考察与他擦肩而过。此时，西南联大师生和昆明其他知识界人士对原子弹充满了好奇，很希望吴有训能开讲座。为此他推迟了赴中央大学上任的行期，在昆明做了一场有上千人参加的原子弹原理问题的科普报告。这是中国第一次普及原子弹原理问题的报告。吴有训还把这份报告稿带到了重庆，在中央大学也做了一次全校师生数千人参加的报告。

1945 年 8 月 29 日，吴有训布衣长衫，独自一人乘机飞往重庆上任。王立芬和他们的四个孩子继续留在昆明，直到 1946 年中央大学即将复员南京之际，王立芬才带着四个孩子赴重庆，全家得以团聚。不久，吴有训全家随中央大学迁返南京。

远在美国的陈梦家凡清华大学同事或其他在西南联大的友人来美国，一定会打听关于吴有训在中央大学的情况，不管多么忙，总会致信问安。吴有训有时过于忙碌，接到信后会让夫人王立芬或者已读初小的湘如回信给陈梦家、赵萝蕤。陈梦家在给国内友人写信时，也总会问到吴有训和家人的情况。

1947 年 5 月，陈梦家在美国收集铜器资料已初步告一段落，又去加拿大多伦多的安大略博物馆考察所藏中国铜器。此时，按计划离他回国的日期越来越近了。这个时候，他更加关注国内的形势和友人们的情况。1947 年 5 月 20 日，陈梦家在致郑华炽先生的信中详细询问了清华复员后的情况和西南联大故旧的情况，特意询问了吴有训的工作状况。6 月 24 日，郑华炽复信对其所询一一作答，关于吴有训的近况，以简练之语概括如下：

> 正之先生自去年十一月就中大校长职后，忙碌异常，而事亦不好办，曾四次辞职，均未蒙允准，故只有牺牲干下去。正之作中大校长，在目前实为最适当之人。彼半年来为中大牺牲甚大，头发更白而人更瘦，惟希望彼能为中大奠定一好基础，能领导中大同人向轨道上走，则其功劳实不少，个人牺牲亦属值得。

关于吴有训曾"四次辞职"之说，是上任几个月的时间里发生的，到 1947 年 10 月底，他向教育部呈送辞职书共 14 份。辞职的原因很多，主要有两个方面：一是作为校长尽管向国民党政府多次提出增加教育经费和教授薪金待遇等要求，但最终没有得到解决；二是对蒋介石政权已完全没有了信心。鉴于吴有训总是向政府提出改善教授待遇，天天喊辞职，蒋介石终于决定让吴校长"好好休息调适"，并决定让他率团出席联合国教科文组织在墨西哥召开的第二次大会。但这第 14 次辞呈仍未获准，名义上他还是中大的校长。

四、再相聚，迎接新中国

就在吴有训准备出国之际，陈梦家谢绝美国罗氏基金会关于留美定居的邀请，怀着一颗赤子之心，毅然回国。1947 年 9 月 14 日他抵达

香港九龙，次日到达上海。在上海逗留期间，陈梦家看了在上海的亲
友，会晤了昆明时的好友查阜西。自沪回平前，陈梦家与吴有训一家通
了电话，并把送给吴家的礼物委托他人带给吴家。

1947 年 11 月中旬，吴有训率中国代表团抵达墨西哥城出席联合国
教育、科学、文化组织第二次大会。1948 年 10 月下旬吴有训结束了访
问，回到上海。

1948 年 11 月下旬，国民党政府开始了部署善后事宜。在确定了台
湾岛为最后的立足之地后，便开展了三项"抢救"活动。第一项是将大
陆银行的全部硬通货紧急抢运至台湾。第二项是将故宫博物院和中央博
物院的文物精品抢运至台湾。第三项便是所谓抢救"学人"活动。

吴有训无疑是被"抢救"的学人之一。为了争取吴有训赴台，"梅
贻琦先生受'委座'之托，专程来沪向吴有训转达'委座'殷望，希望
他先将家属搬往台湾，并谓国府之意，拟将朱家骅调任他职，特任梅贻
琦为教育部部长，吴有训为中央研究院院长（在此前 3 月 28 日，他已
缺席被选为中央研究院院士和评议员）"。吴有训毫不犹豫予以拒绝，他
明确告诉梅贻琦说："中国的科学事业，不可能靠着一个台湾岛发展起
来，为科学计，也不能去台湾。"

1948 年 12 月下旬，就在吴有训一家在上海静观情势，做好留在
中国大陆或赴美两手准备的时刻，赵萝蕤乘坐的"梅格斯将军号"于
1948 年的最后一天进泊上海港，因这时去北平的火车与海轮已停运，
她只好先在陈梦家的大哥陈梦杰的家里住下。在上海停留的十几天里，
她看望了久别的亲朋故旧，吴有训一家听说了赵萝蕤抵达上海的消息，
当即联系并很快见面。最高兴的是湘如，自 1944 年昆明一别，她与干
妈已经 5 年没有见面了。赵萝蕤见到湘如，她已完全没有了昆明时的样
子，现在 12 岁了，长得快和妈妈一样高了。吴有训对赵萝蕤冒着危险
从美国赶回祖国，并决心留在祖国大陆的勇气，极为赞赏。1949 年 1
月 11 日，赵萝蕤告别吴有训一家和上海的亲友，搭乘傅作义运粮食的

飞机飞到了北平。三个星期后，北平和平解放。

　　就在赵萝蕤滞留上海时，已做好赴美定居准备的吴有训一家，听到了中共点名劝他不要离开大陆，胜利后安排他继续担任中央大学校长的广播。实际上，早在吴有训从美国回到南京时，中共地下党已和他取得联系，并嘱咐他赶快更换住址，尽量不要外出，新的住处不要告诉别人，尽量不接待来客。与中共地下党接触后，吴有训心里有了底，知道中共是欢迎他的。他打消了赴美的念头，按照中共地下党的嘱咐，把他的家从南京悄悄地搬到在上海做中医兼开药铺的连襟家。

　　1949 年 5 月 25 日，人民解放军突破汤恩伯防线进入上海城内，吴有训带着子女走出家门，汇入了欢迎解放军的行列中。当他看到解放军军容整肃，对百姓秋毫无犯的事实后，他留下来参加中国科学建设的信心更足了。当天晚上，吴有训在收听国民党中央电台广播时，女播音员反复播音："吴有训先生，你在哪里？听到广播后，请你马上启程赴厦门，那里有人接你⋯⋯"之后，每天都能听到这一广播，直到厦门解放，但吴有训不为所动，坚持留在了大陆。

　　5 月 28 日，陈毅在上海八仙桥青年会召开各界人士座谈会，吴有训在会上作了关于科学教育问题的发言，首次直接向共产党高层表示了热烈拥护的态度。

　　6 月 16 日，吴有训在上海接到一份到北京参加并主持中华全国第一次科学会议的电报。发报人是涂长望，为原中央研究院气象研究所研究员，曾先后担任过清华大学、浙江大学和中央大学教授，是吴有训和竺可桢的老朋友。7 月 13 日，吴有训和竺可桢率上海代表团到达北京。下车伊始，即获悉他们二人已被推选为大会主席团成员。接着，他又被大会选为全国自然科学工作者联合会筹委会常委，并被推举为出席中国人民政治协商会议第一届全体会议的科学界代表。7 月 19 日下午 6 点半钟，周恩来邀请吴有训、竺可桢等几位著名科学家到中南海春藕斋共进晚餐。从周恩来在科学大会上的报告和晚餐后的交谈中，他清楚地感到中共高层对科学以及包括自己在内的科学家的重视，受到了极大的鼓舞。7 月 29 日，吴有训担任了上海交大校务委员会主任（即校长）。

　　1949 年暑假期间，陈梦家自北京到上海看望母亲和亲友，其间专门去看了吴有训一家。因陈梦家自北京来，吴有训很高兴地与他进行了长谈。毕竟陈梦家在北京朋友多，接触面广一些，听到的也多。陈梦家倾自己所闻、所知，一股脑儿说给吴有训听。吴有训从陈梦家的口中还得知了自昆明西南联大复员后在清华、北大或其他岗位工作的同事、朋友、学生的一些情况。从这次与陈梦家的接触，吴有训看得出这个年轻的学者与自己一样对新政权是充满憧憬的。陈梦家还给吴家的几个孩子带来了礼物，虽然有些时日不见了，湘如对干爹依然很亲近，陈梦家想把湘如带到北京玩几天，但王立芬生病，没能前往。

　　陈梦家离开上海不久，吴有训再次接到赴北京参加全国政协首届全体会议的通知。9 月 21—30 日，吴有训参加全国政协会议，被选为《政府组织法》草案整理委员会委员。10 月 1 日，吴有训应中央人民政府之邀登上天安门城楼，出席了中华人民共和国开国大典。

　　自参加开国大典以来，吴有训因参加各种会议，来北京的次数很多。吴有训每次来京，都会和陈梦家夫妇取得联系。陈梦家夫妇也都要到吴有训的住地看望他。每次会面，陈梦家定会向他所尊敬的师长谈自己对新中国的感受和目前在清华大学工作的情况，吴有训也总会问到他所熟悉的老同事、老朋友的近况。陈梦家会一一作答，并想方设法地联系上吴有训想见的故交。赵萝蕤更关心的是王立芬和几个孩子的情况，特别是干女儿湘如的情况，吴有训总会介绍一番。这次吴有训回上海，赵萝蕤特意去布店为湘如选了一块布料，让吴有训带回上海。

　　湘如与干妈自上海匆匆一见后，一直没有谋面机会。吴有训回到上海，转达了陈梦家夫妇对湘如的怀念。湘如也很想念干爹、干妈，但因家事和学业而不能如愿，只能在信中感谢北京的干爹、干妈了。

亲爱的干妈：

　　许久没有写信给您，只是因我懒惰，但是心中却时刻在想念着您。在第一次父亲由北京回来，您送给我们许多果脯，心中已是高兴万分，再加上这次您又送给我一件美丽的衣料，我真兴奋的无可形容，我不能再懒笔了，特此书禀，谨向干妈道谢。

　　在暑假中干爹到上海，我见到干爹时，还以为在梦中，三四年没见了，但干爹还是从前的样子，没有老，不知干妈怎样？我的身体已长得比母亲高了，也许干妈再见我时，要不认识了。干爹叫我到北京去住，我自己也很想去，但是一则母亲生病，姐姐又是毕业班，功课很忙，只有我来服侍母亲，二则常换学校，对学业是有损坏的，因此我决定不来了，请原谅。

　　赵萝蕤收到干女儿的信后，立即回信告诉她北京现在的情况，并询问她是否仍在练习钢琴，以及她在学校的情况。这次湘如收到干妈的来信，正是吴有训忙于交大整顿的当口，虽然很辛苦，但全家每天看到吴有训乐呵呵地进家门，都十分高兴。

五、为圆"原子梦"举家北上

　　吴有训自北京回到上海交通大学校长的任上，心情是舒畅的。从工作上来说，对于管理一所大学，吴有训轻车熟路，在他的领导下，上海交大很快就步入了正轨。从家庭来说，吴有训每天忙完校务，全家其乐融融。忙碌的工作，欢乐的家庭，吴有训此时已完全忘记了在北京的不愉快。

　　新组建的中国科学院没有忘记这位在学术界有着崇高地位的吴有训先生。中科院在制订工作计划和开展一系列事务性工作时，总是绕不开、撤不掉吴有训。比如科学院要成立若干个学术评议机构，鉴于吴有训在中国科学界的威望和国外科学界的影响，有关的委员会缺少了他不仅给工作带来影响，而且会在学术界产生不良舆论。可是吴有训的名字一旦列入，就必须摆在前列；若摆在他人之后，吴有训不会觉得有什么，而列其前者会感到不自在。

虽然吴有训拒绝了科学院给他的职务，但紧跟着钱三强以中科院研究计划局的名义邀请他以专家身份参加讨论中国物理学研究机构的设立问题，他欣然莅会，并以高屋建瓴的战略眼光提出了一些非常有价值的建设性意见。尤其是他建议中科院设立数学及应用数学研究所筹备处和工程科学研究工作筹备处，以招揽钱学森、林家翘、陈省身等旅美学者工作。他的建议得到了中科院领导的认可。

这次会议中，钱三强再次向吴有训表示了请老师来他任副职的近代物理所当所长和计划局局长的愿望，为了能够说服吴有训，钱三强还搬来了竺可桢和陶孟和两位先生一起做他的工作。这次吴有训明确表态绝不会担任计划局局长，近代物理所所长倒是可以考虑，但须回沪后认真考虑一下，再给予答复。这次在京没有惊动故友亲朋，只是在所住的宾馆里给几个朋友打电话问候。因带来了湘如写给赵萝蕤的信，他打电话告诉了赵萝蕤。赵萝蕤与陈梦家得知吴有训来京的消息，当即赶过来晤谈。吴有训将湘如的信交给赵萝蕤，赵萝蕤当即展开，看到已上初中的干女儿纤秀的钢笔字，她感到非常亲切，信的开头一句"亲爱的干妈"让赵萝蕤幸福不已。大概是受干妈的影响，现在湘如的字很像赵萝蕤的字体，这使赵萝蕤很欣慰。吴有训说："你这个干妈，可是你干女儿的偶像呐。"

谈完孩子们的事，吴有训简要询问了陈梦家夫妇的工作情况，以及清华、北大相熟朋友的近况。陈梦家谈了清华同仁与吴有训相熟者，得知他没有入职科学院领导班子的遗憾，吴有训一笑了之。此次吴有训抵京，给钱三强等人留下一个悬念，即他会放下上海交大校长的位子，来京担任一个小小的研究所所长吗？不仅钱三强心里没底，竺可桢、严济慈、周培源三位熟悉吴有训的人也拿不准结果会如何。但他们对吴有训很早就有为祖国研制原子弹的梦想是了解的，因此他们对吴是否来京"屈就"都打了一个大大的问号。

　　吴有训实在太想实现他的"原子能之梦"了。也正是钱三强理解自己的老师，才会提出让老师放弃交大校长的位子，来京做这个近代物理研究所所长。吴有训经过慎重的思考，决定辞去华东教育部部长兼交大校长的职务。教育部部长马叙伦闻讯，当即赶到科学院与院长郭沫若晤面协调，马叙伦表示，教育部经过研究，绝不能将吴有训调出教育界。但吴有训主意已定，不顾教育部领导、上海交大同仁以及众多朋友的劝阻，坚持来京担任这个新中国第一个综合性核科学研究所的所长，以实现他在国民党时代即已开篇而未能实现的"原子能之梦"。

　　1950年5月19日，政务院第33次政务会议通过，任命吴有训为中国科学院近代物理研究所所长。陈梦家夫妇和其他在京的亲友得知吴有训已来京就职，在遗憾他放弃声望很高的交大校长职务的同时，也为他能够实现自己的理想而高兴。陈梦家夫妇比其他人还多了一层欣喜，那就是，不久他们可爱的干女儿就会随父亲来京读书了。

　　1950年10月1日，是新中国成立两周年。因拟寒假把家从上海搬到北京，有很多事情要做，包括居所的布置、孩子就读学校的联系等。吴有训是无暇顾及这些事情的，这些看起来简单，但实际很复杂的家务事，都落在了夫人王立芬的身上。自来京后，许多事情都没落实下来，国庆节只好在京过了。

　　自1937年离开北平，王立芬已有十几年没有回京了，这次来京她住在科学院招待所，所有事情都在等消息，急不得。于是她便利用空下来的时间，看望曾在昆明一起艰难度日的姐妹们，还专程去清华大学看望抗战前在清华大学宿舍共同居住、抗战时期又在昆明度过艰苦岁月的老邻居。在清华，都是赵萝蕤陪同。王立芬把吴有训最近的工作情况及寒假将搬家北京的一系列计划安排，都与赵萝蕤谈了，家里的事情、孩子转学北京就读的事情，都请赵萝蕤当参谋。

国庆刚过，吴有训夫妇将启程返沪，就在这时，科学院党组告诉他，暂时不能离开，毛主席要接见他。

10月上旬的一天下午，在周恩来的安排下，由中央办公厅派车接吴有训进中南海，在中央人民政府主席毛泽东的办公室里，吴有训受到了毛泽东和周恩来的接见。这次接见共进行了一个多小时，吴有训按照毛主席的提问，汇报了中国各门自然科学研究的情况，其中重点介绍了在中国发展较早的地质学、生物学以及发展最晚的物理学方面的一些成绩。最后，他谈了中国必须开发原子能、研制原子弹的问题，并介绍了他和同事们曾在抗战胜利前后特意培养选派了相当一批研究核物理的留学生以及他和萨本栋、赵忠尧拟订数理化中山计划的情况。他还向毛主席和周总理表示，在未来突破西方的封锁之后，只要国家能解决资金问题，中国将会有能力自己设计制造出原子弹来。接见完毕，毛泽东和周恩来一道，一直把吴有训送到门外，并且目送他所乘坐的汽车开走。

王立芬一直在招待所等待与吴有训携手返沪。直到10月30日，吴有训才告诉她可以准备回沪了。收拾好返沪行李的王立芬当天与在京的亲朋好友告别。就在这天晚上，吴有训告诉她，即将率团赴波兰出席第二届世界保卫和平大会的郭沫若在科学院召开临时行政工作会议，突然宣布已与周恩来总理商定，将增补他为中科院副院长，分管数理化、工程和天文方面各研究所的领导工作；因办公厅主任严济慈要随郭沫若出国，所以同时让他兼理办公厅主任之职，而且不待报批，即可先行到院办公。这样一来，吴有训与夫人回沪看望孩子、办理迁移手续的事情，又要拖下去了。王立芬马上给沪上的孩子们写信，告诉他们父亲将做科学院副院长的消息，还特意告诉湘如与她干爹、干妈会面的情况。

第二天，吴有训到所里去，他的弟子们纷纷祝贺，说吴先生做副院长是众望所归。吴有训告诉他们，他不在乎这个职位，他还是要把主要的精力投入到近代物理研究所的工作中，早日圆了他的"原子能之梦"。

几天后，王立芬接到了孩子们的回信。信是湘如写的，还有一封是她写给干爹、干妈的。接到湘如的信，王立芬立即提笔给赵萝蕤写信，告知她仍然滞留北京的原因：

> 您一定奇怪，我们至今还逗留在北京，一直住在科学院的招待所里。原因是正之被任命为科学院副院长，一时不得脱身。妹希望能和他同路返沪，一星期又一星期地等待他，一直等到今天。

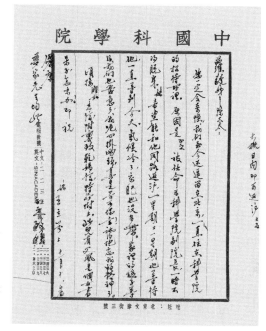

1949 年 11 月 10 日，吴有训夫人王立芬致萝蕤函。告知滞留北京的原因

　　自 1950 年 10 月 30 日郭沫若宣布中科院将增补吴有训为中科院副院长，直到 1950 年 12 月 26 日中央人民政府正式任命其为中科院副院长兼办公厅主任，差不多两个月的时间。按照院领导的排序，吴有训是第六位，排在他前面的是郭沫若、陈伯达、李四光、陶孟和和竺可桢，但他前面的陶孟和和竺可桢没有多少实际的行政工作。

　　可以说，吴有训担任近代物理研究所所长期间，工作是愉快的，对早日实现"原子能之梦"也是充满憧憬的。自担任科学院副院长后，他肩上的担子更重了，于是在 1951 年 2 月相继辞去了近代物理研究所所长和在华东担任的一切职务，开始站在院领导的高度来考虑全院的，尤其是自己分管的数学、物理、化学、工程和天文方面的工作。而后中央人民政府加任他为政务院文化教育委员会委员，使他有了参加政务院关于文教方面大政方针议决程序的资格。不久，王立芬和孩子们来到吴有训的身边。

六、厄运降临下的"远离"

　　正当吴有训的工作逐渐顺畅的当口，政治运动一个接一个地到来。

　　"三反""五反"运动中，吴有训熟悉的不少知名教授、学者受到了批判，包括叶企孙、潘光旦，还有陈梦家。随后就是院系调整，陈梦家离开了清华大学，到中国科学院考古所工作。

　　在这场思想改造的运动中，吴有训也遭到了批评，但因他的历史问题，在任命他为副院长前中央已经搞清楚了，在思想改造方面他的表现中央也是满意的，所以"运动"中他没有受到太大的冲击。

　　思想改造运动结束后，直至 1957 年，科学院没有再出现大的政治波动，虽然科学院党组把从旧社会过来的，而且与国民党有过关系的人员，如吴有训、竺可桢乃至赵忠尧、钱三强等科学家划入"嫌疑分子"

的行列，但吴有训依然是历届的政协委员，1954 年的全国人民代表大会还当选了人大代表。

1957 年夏，反右派斗争开始，因在 1956 年的"鸣放"运动中吴有训始终保持着清醒的头脑，他没有跟风去"鸣""放"，这是他在经过冷静的思索后做出的选择。他并没有先见之明，会想到"鸣""放"的目的是要"引蛇出洞"和"后发制人"。

在这次"鸣""放"中，吴有训管住了自己的嘴，没有"反党"言论，但是当组织上让他写文章批判著名的"反党五教授"曾昭抡、华罗庚、钱伟长、童第周和千家驹时，他以手发抖、不便写字为由拒绝了。随后有人为整钱伟长，希望他提供一些证明钱的"反党罪证"，亦被他严词拒绝。他是了解自己的学生的，他认为钱伟长只是有点"骄傲情绪"，并且认为"这是年轻人的通病"。吴有训做人是有原则的，他坚决不做落井下石、攻击别人的事。对于吴有训的表现，院党组是不满意的。他们认为，吴有训之所以不"鸣"不"放"，不揭发、批评他人，说明他对党"不够信赖"。但他的"夹着尾巴做人"的态度和工作主动积极，科学院党组还是认可的，因此最终在政治排队时，吴有训被定为"中右"。

在"鸣""放"之前，吴家和陈梦家夫妇的来往是很频繁的，尤其是陈梦家买了钱粮胡同的宅子之后，赵萝蕤每逢周末都从西郊的北大回到城里的家中，西南联大时期的姐妹们常有互动。湘如也时时会来看望干爹干妈，只是作为科学院领导的吴有训与陈梦家的晤面少了。

"鸣""放"期间，吴有训也很关注陈梦家的动态，当他看到报刊上刊载的陈梦家关于"反对"文字改革的文章时，对他有所担心，但因陈梦家是响应党的号召进行的"鸣""放"，他也不便指出有什么不妥。王立芬倒是与赵萝蕤常有往来，将吴有训叮嘱陈梦家的话学说给赵萝蕤，意在提醒陈梦家。赵萝蕤也苦口婆心地劝陈梦家不要"口无遮拦"，但此时的陈梦家一方面"捍卫汉字"的决心已定，另一方面也没有想到会有什么不好的结果，依然我行我素。直到 1957 年夏，陈梦家被划为考古界"四大右派"之一，整日里写检查、遭批判，已编成的《中国铜器综录》不能公开发行。从此，这个曾经在 30 年代活跃在诗坛，40 年代至 1957 年上半年活跃在文博界的诗人、学者的名字消失了。他用稿费购置的宅院里，再也没有昔日的高朋满座和赵萝蕤弹出的幽雅美妙的钢琴声了。就在这时，更不幸的事情发生了，因陈梦家成了"右派分子"而受到沉重打击的赵萝蕤患了精神分裂症。

吴有训对陈梦家在劫难逃是预料之中的。他了解陈梦家的个性，心直口快，疾恶如仇，眼里不容沙子，其实他也是这样性格的人，因此才与陈梦家成了忘年交。但是他经历的事情多，比陈梦家理性，他更清楚这种性格的人迟早会吃大亏的。陈梦家被划为"右派"，赵萝蕤急火攻心而精神分裂，他只有同情，爱莫能助。至于与赵萝蕤情同姐妹的王立芬为了避嫌，怕给吴有训招来不必要的麻烦，不敢登门看望，甚至连电话也不敢打，信也不敢写。吴有训、王立芬清楚，陈梦家只是从学术角度提出自己的见解，言语措辞上的确过于激烈，观点上也有不妥之处，但说他是"章罗联盟在文字改革方面向党进攻的一个急先锋"，肯定是太过于牵强了。

对陈梦家夫妇的遭遇，最为痛心的是他们的干女儿湘如。1957 年夏季，她已是北京航空学院的一名大学生了。她亲历了这次的"鸣""放"和反"右"运动，深知"右派分子"的性质和与"右派分子"及其家属来往会有什么样的后果。陈梦家夫妇没有子女，只有她这么一个干女儿，按情理，在干妈患病时应该前去探望和照料，但是这是个非常时期，她不但不能去探望，还要明确地与他们划清界限。这是父母希望的，也是陈梦家夫妇希望的。

因患精神分裂症，赵萝蕤常常语无伦次，神志模糊，北大的课暂时不能教了，陈梦家想把她调入城里工作，借调也可以，但没能成功。陈梦家既要完成所里承担的工作，还要照顾妻子，有时要到外地工作，只能请人来照顾她。心力交瘁催人老，46 岁的陈梦家开始老了。1960 年六七月间，陈梦家被派往兰州，协助甘肃省博物馆整理武威汉墓出土的《仪礼》简册，从此开始了汉简的研究。

吴有训虽然被定为"中右"，但工作岗位并没有变动，政治待遇依然如故。1958 年 2 月 11 日，第一届全国人民代表大会第五次会议决定任命吴有训为中科院副院长。同年 8 月，中国科学院成立原子核委员会同位素应用委员会，他又被任命为主任委员。1959 年 8 月 25 日，他陪同毛主席接见朝鲜科学院代表团；10 月 1 日赴天安门城楼参加中华人民共和国成立 10 周年庆典。1962 年 2 月 15 日至 3 月 10 日，他出席在广州召开的全国科学技术会议，正是在这次会议上，周总理做了《论知识分子问题》的讲话，对几年来党内错误的知识分子政策进行了激烈的批评。广州会议后不久，院党组给全院的"右派分子"大多摘掉了"右派"帽子。

陈梦家虽然"右派"的帽子还没有摘掉，但在工作上已有明显的变化。考古所决定让他负责《居延汉简甲乙编》的编纂工作。1963 年 1 月，陈梦家终于摘掉了"右派分子"的帽子。赵萝蕤得到这样的喜讯，病症减轻，趋于好转，开始了正常的教学工作。同年，陈梦家在《考古学报》以实名发表《汉简考述》论文。

同年 11 月，吴有训奉周恩来之命，赴苏联与苏联科学院谈判继续进行科学交往问题；1963 年 9 月 14 日出席原子能所第一次学术委员会会议，对该所取得的成绩给予了充分的肯定。

七、圆梦后的"悲凉"

1964 年，是陈梦家自 1957 年以来最轻松的一年，更是吴有训的圆梦之年。这年的 10 月 16 日，北京时间 15 时，在罗布泊的上空，中国第一颗原子弹爆炸成功。吴有训的梦圆了，他激动得夜不能寐。更令他欣慰的是，这颗原子弹的研制人员大都是他的学生，也就是说，是他的学生替他圆了中国原子能之梦。

自 10 月下旬以来，吴有训参加了一系列未经媒体报道的庆贺活动。在这些活动中，吴有训与他的学生钱三强、彭桓武、王淦昌、何泽慧、郭永怀、梅镇岳、王大珩、朱光亚、邓稼先、郑林生、金星男、陈芳允、胡宁、赵九章等多次欢聚一堂。在陪同周恩来、陈毅、聂荣臻等接见科研人员时，周总理特意请他讲了话。

这一年，除原子弹研制成功外，中程地地导弹也已成熟，氢弹的理论探索也临近突破，红外探测器的研制也已成功。还是在这一年，中共中央正式决定研制和发射卫星，这项工作已准备有年，基本具备发射条件。这一切都使吴有训感到欣慰和自豪。多年的心血和辛劳，终于迎来了丰收的季节。

1964 年，和吴有训相比，陈梦家没有太大的惊喜，但已经摘掉了"右派"帽子的他，一身轻松。他迎来了一生中最后一个旺盛的创作期。他在所里和家里各备一套常用书，在两处都能有效地工作。他白日里孜孜不倦地勤奋工作，晚上则写作到深夜。继《汉简考述》发表后，陈梦家的《汉简所见居延边塞与防御组织》在 1964 年第 1 期《考古学报》上发表。他的学术成果再次得到了学术界的肯定。同年，根据考古所的计划要求，陈梦家重新开始了西周铜器断代的研究，赶写许多器铭的考释。该年，《武威汉简》出版。

就在陈梦家沉溺于学术海洋，正值学术研究水平炉火纯青的时候，厄运再次降临。1966 年"文革"来了。陈梦家再次成为批判的对象，赵萝蕤再次遭到打击，旧病复发。1966 年 9 月 3 日，不愿再受侮辱与迫害的陈梦家，以睡衣带自缢身亡。

在这场运动中，吴有训没有受到冲击。给他带来最大伤害的，是他非常了解和要好的老朋友先后被打倒，继而有的受到残酷迫害死亡。

陈梦家自缢的消息，他很快就知道了。然后是叶企孙和赵忠尧，再后来钱三强夫妇也相继遭到迫害。年底，湘如工作的西安飞机厂因运动暂时停工，她回到北京，得知干爹已"畏罪自杀"，干妈卧病在床，昔日干爹、干妈对她的爱，也只能时常在心头回味。

1977年11月30日，吴有训与世长辞，终年80岁。

袁同礼：学术道路上的引路人

袁同礼生于 1895 年，1916 年毕业于北京大学预科第一部英文甲班，同班同学有傅斯年、沈雁冰、毛子水等。他是北平图书馆的主要奠基人，毕生尽瘁图书馆事业，为目录学权威学者。1937 年 10 月，袁同礼随北平图书馆迁至长沙，1938 年 1 月以北平图书馆馆长职务兼任长沙临时大学图书馆馆长。长沙临时大学图书馆由北平图书馆、中央研究院历史语言研究所、北京大学图书馆、清华大学图书馆和南开大学图书馆联合组成。这时，陈梦家亦应召来到长沙临大任教，原本在北平即有往来的袁、陈两人，从此接触多了起来。1938 年 4 月，长沙临大迁往昆明，陈梦家随校至昆明，袁同礼随北平图书馆亦迁至昆明。长沙临时大学更名为西南联合大学，袁同礼以北平图书馆馆长兼任西南联大图书馆馆长。

一、受重托，编辑《海外中国铜器图录》

此时的陈梦家初入各学科专家如云的西南联大，自知必须努力才能立足于这气势浩大的学术之林，他在授课之余，每天利用大量的时间研究古史和考古学，尤其在甲骨学、青铜器研究方面颇下功夫。为了便于研究，他需要大量的有关图书，在昆明这个地方，图书资源缺乏，除

了向同事借阅，就靠联大图书馆数量不多的图书。每当听说图书馆来了
与其专业研究有关的图书，他总会马上去借阅，每次去都要向年长几岁
的、学识渊博的袁馆长请教。袁馆长也很喜欢与这位好学的青年教师交
流，一来二去就成了很好的朋友。

　　一次，袁同礼与陈梦家说起迁至昆明的北平图书馆现存一批中央
古物保护委员会搜集到的流散到欧美的中国古代青铜器照片，拟汇编为
《海外中国铜器图录》，以方便专家学者研究之用。袁同礼说的这个中央
古物保管委员会，是 1928 年由蔡元培主持的国民政府大学院根据国内
古物屡遭盗掘破坏，大量珍贵古物被盗流散国外的现状而成立的文物保
护机构。委员会共有委员 20 名，除蔡元培外，还有张继、高鲁、马衡、
刘复、陈寅恪、徐炳昶、张静江、易培基、袁复礼、胡适、傅斯年、翁
文灏、李四光、沈兼士、李济之、李宗侗、李石曾、朱家骅、顾颉刚，
囊括了各学科的专家学者。1934 年，行政院设立中央古物保管委员会，
原来隶属教育部的古物保管委员会被裁撤，新成立的中央古物保管委员
会由傅雷、叶恭绰、李济、董作宾、蒋复璁、傅斯年、黄文弼、卢锡
荣、邹楚石、朱希祖、滕固、马衡、徐炳昶等人组成。中央古物保护委
员会除了宣传、呼吁、制止盗卖古物，还利用出访欧美的机会关注、考
察流散国外的中国古物，一旦发现高价值的中国古物，总会想方设法拍
照、记录特征等，把资料带回国内存档备查。

　　陈梦家接触殷周铜器研究这门学问，是他 1934 年考入燕京大学研
究院读古文字学时开始的。1937 年春，已在燕大任助教的陈梦家跟随
闻一多到安阳由傅斯年、李济、梁思永等学界名流组织的殷墟现场探访
考察。这是陈梦家第一次亲眼得见考古发掘现场，也是他第一次目睹和
摩挲殷周铜器。自此他对殷周铜器产生了浓厚的兴趣。袁同礼通过与陈
梦家这一时期的接触，发现他对青铜器一类的图书资料极为关注，便询
问他有无兴趣汇编这部《海外中国铜器图录》，陈梦家当即表示可以完
成这项工作。

正是这次汇编《海外中国铜器图录》，为陈梦家日后旅居海外期间集中心力搜集流散于美欧之中国铜器奠定了基础。

陈梦家是一个在学术上极端刻苦、不惜气力的人，这一点在当时的学术界是公认的。此次接受北平图书馆的重托编纂《海外中国铜器图录》更是有充分的体现。自1939年至1940年4月初，陈梦家除了教学之外，夜以继日地工作，编纂工作大体完成。袁同礼对陈梦家的工作给予了充分的肯定，4月下旬，他与商务印书馆王云五先生沟通、协商后，签订了以下出版契约：

北平图书馆（以下简称甲方）

商务印书馆（以下简称乙方）

兹因甲方介绍印行陈梦家所编《中国海外铜器图录》并定印三百部。双方合议订立条件如下：

（一）《中国海外铜器图录》书本版式计高十三寸四分之一，阔八英寸四分之三；文字约排成三十二页，单宣纸铅印，图片约一百零七页，双层宣纸，双面珂罗版各订一册。

（二）本书售价暂订每部国币三十元，甲方允定印三百部，定印费售价六折计算即每部实收国币十八元，定印三百部共计国币五千四百元，于定约时一次汇交乙方上海发行所，倘在乙方分馆交款，甲方照市补贴汇水，所有定印部数均在上海或在香港交付。

（三）甲方定印之部数，不计版税外，其他售出部分，乙方均按售价付版税百分之十。

（四）本书由乙方与著作人陈梦家君另定租赁版权契约，所有版税径付陈梦家君。

中华民国廿九年四月廿五日

北平图书馆　袁同礼　签字

商务印书馆　王云五　签字

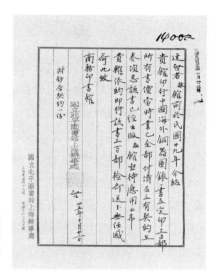

民国卅五年十月廿二日，国立北平图
图书馆上海办事处关于《中国海外铜
器图录》印 300 部，所有书价业已全
部付清

　　契约签订后，陈梦家加紧了图录的整理编纂工作，不久就将图录编辑稿交付商务印书馆。

　　不幸的是，次年 12 月，太平洋战争爆发，商务印书馆遭到了抗战以来最为沉重的打击。"此时商务印书馆的绝大部分的资产均在上海和香港两地，日本侵略军进占上海租界后，立即查封了商务印书馆的发行所、工厂和栈房，没收销毁图书 462 万余册，掠走大量纸张、铅字、铜模等，仅铅字即达 50 吨以上；而在香港，工厂和栈房部分毁于战火，部分为日寇查封，图书数百万册被日军抢走，机器被运走 120 余台，铜模几十箱。损失极为惨重。可以说，商务印书馆所赖以生产经营的主要资产均被日寇损毁和控制。"（摘自《商务印书馆大事记》）

　　抗战胜利后，商务印书馆重新启动《海外中国铜器图录》排版印制工作。此时，陈梦家虽然已经赴美，但依然与袁同礼保持通信来往。

二、订计划，探访流失海外铜器

1945 年 12 月 27 日，袁同礼接到陈梦家于美国的来信，复信中，袁同礼告诉陈梦家，他将于 1946 年 2 月初抵香港，径赴巴黎出席联合国教育科学文化组织之筹委会，然后到纽约，"在美国有四个月之逗留，约明年三四月间方能来芝城一聚"（1945 年 12 月 28 日袁同礼致陈梦家信）。此前，陈梦家曾在 12 月 24 日写过致袁之信，信中曾问他行前商务印书馆《海外中国铜器图录》第一集出版情况。此信向袁同礼汇报了有关第二集重新编纂，增补遗漏之全美公藏、私藏中国铜器的设想，并初拟调查全美各博物馆所藏中国铜器相关旅费、摄制器形照片、打制铭文拓本、记录尺度和流传情况记录等系列行动的英文计划。袁同礼在 27 日的复信中表示："关于重编海外铜器之事，弟拟愿赞助，惟此时美国纸张缺乏无法付印，似不如利用此时机会搜集资料，但此项工作亦非得有确定之款项不易进行。"并告诉陈梦家可否先"代拟一计划"，"俟弟三月间到芝后面谈何如？弟拟下月初到纽约转波士顿，大约三月中旬可到芝加哥"。信中对陈梦家"课余暇尚从事研究"大加赞赏，并建议能作一久留之计划，俟战事结束再行返国。陈梦家见信后，倍加鼓舞，立即复信，并附上重编《海外中国铜器图录》计划。袁同礼因腿疾，迟至 1946 年 2 月 3 日方复陈梦家信：

> 奉到廿四日及三十一日手教，适以腿部发炎曾在医院小住数日，以致未能早复为歉。承寄下英文计划，至为感谢。内中尚有待奉商者数点列后：
>
> （一）第一集商务曾制版，序文亦排好，此时或已出版。第二集之资料已运沪，大致亦未被毁，内中美国欧洲各半（尊处想有详细目录），今日之计划拟专限美国较易办理，未识尊意以为如何？

（二）如能先将美国部分出版，则筹款较易。惟商务以版权关系难免不抗议，因商务原拟在国外多销数百部方肯承印，其经过想尚记忆。

（三）照片费用参考用书等可由北平馆担任，不必列入预算。此外旅费及其他费用可在美设法，惟数目以愈少愈好（敝意二千左右，如何？），不识应规定若干，请赐考虑示知至感。

袁同礼复信告诉陈梦家，《海外中国铜器图录》"第一集商务曾制版，序文亦排好，此时或已出版"，"第二集之资料已运沪，大致亦未被毁"。袁同礼所说第一集"或已出版"，是有根据的，确切出版时间是

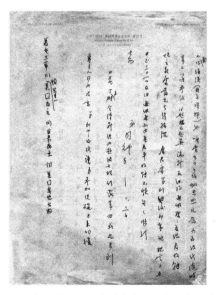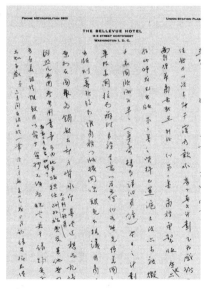

1946 年 2 月 3 日，袁同礼接到梦家的英文计划，复函

1945 年 5 月。第二集之稿幸免于难，实属万幸。

前文提及商务印书馆曾遭日寇损毁和控制，劫后文稿资料转运至重庆和香港，其中即有"第二集之资料"。按照 1940 年北平图书馆与商务印书馆所订契约，至此已经五个年头。1944 年秋，陈梦家来美后，教课之余，亲临美国一些城市的博物馆、图书馆和私人藏家，对在国内整理的铜器图录，深感缺憾太多，故萌生重编第二集和全美中国铜器目录的想法。袁同礼非常理解并支持陈梦家的设想，在经费上明确表示支持陈梦家的计划，但要征得商务印书馆的同意。陈梦家仔细阅读袁同礼信后，迅速拟订了重编《海外中国铜器目录》的工作计划：

（1）铜器专一美国为主；

（2）目录为主；

（3）美国其他古物。

大概是刚到美国不久的缘故，袁同礼有许多事情要做，有许多朋友要联系、拜访。对于他 3 月底或 4 月初来芝加哥，邓嗣禹邀请赴芝加哥大学作讲演事，请陈梦家转告"因无资料"婉拒。另告"公超想已赴英，端升在纽约，通讯处孟治君收转，怀主教处当先去信接洽，卢君处弟到纽后即奉访"，"丁声树、全汉升经此赴波士顿说罗莘田或尚未到"等一系列杂事。信中提及叶公超、钱端升、丁声树、全汉升、罗常培等，都是抗战前后来美国的。卢君是卢芹斋，陈梦家到美国后，在寻访中国铜器的过程中得到了他的帮助。

有了袁同礼的支持，陈梦家考察全美中国铜器的信心倍增，并开始行动。之后，陈梦家就编印《海外中国铜器目录》之事与袁同礼通信十余次，而且还有见面叙谈。

1946 年 2 月 10 日和 21 日，袁同礼接到陈梦家信时，已然在巴黎了。在 2 月 25 日的复信中，他告诉陈梦家"关于编印铜器目录之事，曾与张彭春及孟君平商议，渠等虽热诚赞助，但对筹款一事，仍感棘手。敝意只有二处可以设法：①哈佛燕京社②罗氏基金会"。信中提到的张彭春，是南开大学校长张伯苓的胞弟，1923—1926 年任清华大学教授兼教务长；抗日战争开始后，从事国民外交活动。1939 年 1 月，他请长假赴美致力于国民外交活动。在美国，他发起组织"不参加日本侵略委员会"，同美国 30 个和平团体联络，争取支持中国从事抗日救国的斗争，1940 年起，他正式担任国民政府外交官，1946 年联合国大会期间任联合国经济社会理事会中国代表。孟君平即华美协进社社长孟治，华美协进社是一家早期由胡适等人创办的在美国传播中国文明的教育机构。哈佛燕京学社英文全称 Harvard-Yenching Institute，本部设于哈佛大学，是由美国铝业公司创办人查尔斯·马丁·霍尔（Charles Martin Hall）的遗产捐赠建成的，它是哈佛大学与燕京大学联合组成的汉学研究机构，在东西文化交流上占有举足轻重的地位。中国现代许多在哈佛留学的研究者，如赵元任、胡适、梅光迪、陈寅恪、汤用彤、丁文江等都曾经接受燕京学社资助。罗氏基金会即洛克菲勒基金会，由大约翰·戴维森·洛克菲勒、他的儿子小洛克菲勒以及纽约州重要的商业和慈善事业高级顾问弗雷德里克·T. 盖茨在 1913 年创立，总部位于美国纽约第五大道 420 号，主要机构都是洛克菲勒家族六代人创立的。它的主要历史使命是"提高全人类的福利"。洛克菲勒认为，要达到这个目标，需要了解造成社会问题的原因并解决，最好通过科学的慈善事业进行。为了帮助陈梦家实现拟定的计划，袁同礼使出浑身解数来帮助他。

经过袁同礼的斡旋，1946 年 3 月后，他致陈梦家的信中屡屡有好的消息。

1946 年 3 月 10 日，他告诉陈梦家"四月初或中旬哈佛燕京社即开董事会"；4 月 26 日，袁同礼信云："来函谓对于编印目录事已允补助三千元……敝意可先写一信致谢，以后再拟详细计划。七月一号以后，始能发款也。"

1946 年 5 月 10 日，袁同礼致信陈梦家："弟定廿二晚离此径赴匹斯堡大学接受名誉博士学位。如火车不迟到则在芝城停留二小时，俟到站后再行电告。"这时袁同礼已经得到他回国即上任国立北平图书馆馆长职的消息，他初拟 7 月初返国。其间，他还赴南加州往访罗莘田、陈受颐、莫泮芹诸君。从 1946 年 5 月 22 日袁先生复陈梦家信言"欣悉大驾将于下月来纽，工作进行至为顺利，健羡何似"可知，陈梦家实施访问全美博物馆及其私藏中国铜器的计划已初见成果了。

三、得支持，"计划"得以完成

按照罗氏基金会的指定，陈梦家到芝加哥大学东方学院教授古文字学的时间是 1944 年 10 月 1 日至 1945 年 6 月 30 日止，期限 9 个月。在课程结束后，陈梦家本来应回国到清华大学任教，清华大学亦聘其为国文系教授。但陈梦家已有条不紊地从美国开始调查流散国外的中国铜器，这时候离开，放弃计划，实在不甘心。其实，在陈梦家结束芝加哥大学东方学院的讲课之前，已向清华提出休假在国外研究的申请。在未获得批准的情况下，哈佛燕京社已同意资助他继续完成计划。

1946 年 8 月 19 日，陈梦家致信袁同礼，告知"铜器总目约明年春夏之交可以完成"。

1946 年 9 月 4 日，陈梦家得袁同礼来函：

> 铜器总目约明年春夏之交可以完成，至为欣慰。哈佛燕京社既肯资助完成，美国所藏者自应先将已有成绩陆续呈送。如能在美先刊印一部分尤所企盼。一俟工作完成，再请该社资助调查欧洲各国所藏者，至少在欧应留一年方能完成也。

果然被袁同礼说中了，直到 1947 年 9 月陈梦家回国，也没有完成欧洲各国收藏的中国铜器的调查。

在这封信中，袁同礼还透露：

> 此次赴德调查德国所藏铜器及其他文物，内中大部分仍在装箱，且疏散在乡不易提取，此批中国文物，我国拟要求退还（明年和会中当提出），将来拟请吾兄来德协助时，拟请先将德国各机关所藏之铜器编一简目……此项工作或较在国内编制为易也。……可惜馆藏德国铜器照片仍存在商务一时不易提取也。

袁同礼的信发出后，即从巴黎"赴瑞士再转意大利，由意飞沪，大约十月初旬可以抵平"。

袁同礼回国后，以馆长身份主持北平图书馆的工作。他继续保持与陈梦家的书信往来。他们之间所谈的话题亦多与中国铜器有关。1947年 1 月 4 日，陈梦家把完成的《芝加哥中国铜器目录》寄给袁同礼，委托找寻 1939 年德国人艾克所著《陶德曼所藏早期中国青铜器》，并询国内文物流失情况。袁同礼一一落实，于 2 月 3 日复信陈梦家：

> 近月以来北平及上海所出铜器甚多，惜无款未能由公家购买。大约均为美人购去（定价按每斤计算，故无人敢问津）。芝加哥铜器目录业已拜收……陶德曼铜器集不易觅得。

陶德曼全名奥斯卡·保罗·陶德曼，德国外交官。陶德曼曾任德国驻华大使，1939 年著有《使华访古录》，是在华收集青铜器之著录。艾克全名古斯塔夫·艾克，他的中文号曰"锷风"。他生于德国，母为伯爵之后，父为波恩大学神学教授。艾克在德国、法国各大学攻读美术史、哲学史，游学欧洲各国，之后在包豪斯学校任教。1923 年厦门大学建校，聘请艾克来华任教。1928 年清华大学建校，邀来北平任教，随后又到北平辅仁大学任该校西洋文学史系教授。 艾克遍游中国、朝鲜、日本名胜古迹，接触到中国古代艺术精粹，仰慕之至，遂从事研究，终生不懈。他与梁思成、刘敦桢教授等交往较多，同时对中国古代铜器、玉器、绘画以及明式家具进行研究。艾克在中国专门搜集中国古物，然后运回德国。1948 年辅仁大学迁校，他便离开了中国。

袁同礼在信中还告诉陈梦家，"二战"结束后，艾克购买"现秘藏某处所藏器被没收也"。连同陶德曼在华收集的青铜器，德国政府拟归还中国。袁同礼还就陈梦家欲往德国调查中国铜器的愿望，告知陈梦家：

> 将来接收德国铜器当推荐吾兄前往，惟须俟对德和约何日生效方能派人前往接收也。

关于赴德调查中国铜器的愿望，最终"因中德外交关系一时不易恢复"，未能实现。就此事，袁同礼在 1946 年 5 月初推荐陈梦家代表政府赴德接收铜器，"前曾建议由政府派台端赴德接收铜器，此时尚嫌过早"。为此，袁同礼建议陈梦家"不如先行返国，俟将来有机会时再行赴欧"。袁同礼此时作为中国代表"在英出席联合国教育科学文化组织之筹委会后，拟 7 月杪即行返国"（1946 年 5 月 2 日袁同礼致陈梦家信）。不久，陈梦家接到了清华大学的聘约，获得了休假一年在国外研究的待遇。此时的陈梦家已然没有了精神负担，经济上也有了保障，他更加紧了中国铜器的调查和图录的编制工作，每当有了新的成果，即写信告知国内的袁同礼。袁同礼也是接信必复信。陈梦家在袁同礼的支持鼓励下，计划实施基本顺利。1946 年，陈梦家著《白金汉宫珍藏中国青铜器》出版，内收录白金汉宫珍藏中国青铜器近百件；《芝加哥中国铜器图录》出版，内收芝加哥大学、美术学院馆藏中国铜

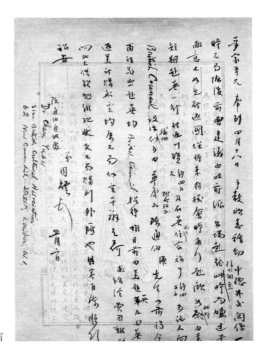

1946 年 5 月 2 日，袁同礼致梦家信

器。1946 年 5 月，《海外中国铜器图录》第一集（上下册）出版。上册有《中国铜器概述》，内容分时期、地域、国族、分类、形制、文饰、铭辞、文字、铸造、鉴定十项。其中如地域一节，将东周铜器分为东、西、南、北、中土五系。尚有所收藏品的目录和说明，记载海外收藏家姓名及器物尺寸、器形、花纹、铭文等，有英文提要。下册为 150 件铜器的影印图。

1947 年夏，陈梦家在游历了英、法、丹麦、荷兰、瑞典等国之后，于 9 月乘船经香港抵达上海，在上海逗留数日后，在查阜西的帮助下，返回北平，开始了他在清华大学执教的生涯。

据 1947 年 12 月 7 日陈梦家致赵萝蕤函得知，陈梦家回国后与袁同礼几乎没有了往来。一次见面，他们只"谈了十来分钟。为他所编之书（《海外中国铜器图录》）送我四部，谓一切已送光，然商务仍未发卖，故我一个稿费也无"（1947年12月7日陈梦家致赵萝蕤信）。

1949年，袁同礼赴美定居。新中国成立后，陈梦家与袁同礼再无往来。

王重民：与时代不相合的同路人

1947 年，王重民与陈梦家先后从美国回到祖国。陈梦家是在考察了全美各博物馆及欧洲部分国家博物馆的中国铜器之后回国的，回国后任清华大学国文系教授并筹备清华大学文物陈列室，继续做流失海外的中国铜器的考释、图录编纂等工作。王重民是在完成了鉴定美国国会图书馆中国善本并同时完成北平图书馆在抗战时寄存在美国国会图书馆远东部的善本书籍的拍摄和撰写提要工作后回国的。回国后，王重民任职北平图书馆，不久开始代理北平图书馆馆务。十年后的 1957 年，王重民和陈梦家同时被划为"右派"。陈梦家被划成"右派"后，惩罚是降级使用。王重民因有长时间美国工作的背景和与胡适的亲密关系，划为"右派"后受到降级、降薪、撤掉职务的处分。"文革"中，陈梦家遭到批斗，于 1966 年 9 月 3 日自缢而死，年仅 55 岁。王重民终于熬到了"文革"即将结束的 1975 年，却又遭遇突如其来的一场灾难。1974年，"批林批孔""评法批儒"运动中，王重民因鉴定李贽的著作《史纲评要》是伪书，遭到了严厉、激烈的批判。1975 年 4 月 16 日，终不忍侮辱迫害的王重民选择了与陈梦家同样结束生命的方法，自缢于颐和园的长廊上。

一、学术交流结友谊

陈梦家与王重民是 20 世纪 30 年代初在北京结识的。从此，直至陈梦家悲愤离世，二人一直保持着学术间的交流和朋友的情谊。他们在各自的研究领域取得的成就，是学术界公认的。王重民与胡适和袁同礼二位先生有师生之谊；陈梦家则与胡适和袁同礼保持着亦师亦友的良好关系。也正是有了这种特殊关系，陈梦家和王重民成了好朋友。

王重民出生于 1903 年，比陈梦家年长 8 岁。在陈梦家还在人生道路上迷茫时，王重民已从保定直隶第六中学升入北京高等师范学校国文系，跟随高步瀛、杨树达、陈垣专攻古史了。在王重民求学期间，时任北海图书馆（后并入北平图书馆）馆长的袁同礼兼任北京高等师范学校国文系目录学教授。因王重民朴实好学，家境又比较困难，深受袁同礼的关爱，于是袁同礼让他课余时间来北海图书馆做些力所能及的工作。图书馆的工作涉及中国古文献学、目录学、版本学等学科，王重民既听袁同礼的目录学课程，又能得到他手把手地教，边学边做，很快就踏上了治学之路。1928 年王重民毕业后，在短暂地兼任保定河北大学国文系主任和北平辅仁大学讲师之后，于 1929 年正式到北平图书馆任职。

同年，陈梦家在闻一多和徐志摩两位先生的指导下，刚刚步入新诗创作的轨道。也因为这二位先生的引荐，陈梦家在这个时期认识了胡适先生。1932 年秋季，陈梦家到北平，进入燕京大学宗教学院做短期学生。此间，陈梦家与胡适有了更多的面对面交流，因学习的需要，经常到北平图书馆查阅资料、借阅图书，与袁同礼和王重民等学界同仁相识。1934 年，陈梦家进入燕京大学国文系攻读古文字学。正是在这一年，王重民离开北平奉派赴法国巴黎。自此，他们开始了书信交往。

王重民 1934 年赴法，是奉北平图书馆指派去巴黎法国国立图书馆拍摄敦煌遗书并协助伯希和对其手稿进行编辑整理。这件事源于 1906 年伯希和受法国金石和古文字科学院及亚细亚学会之托，率考察团前往中亚探险，伯希和凭借流利的汉语和丰富的中国历史文化知识，1908年春在敦煌低价选购了密窟文书中的大量精品，运回法国。1932年底，伯希和为调查近年中国文史学的发展，并为巴黎大学中国学院采购普通应用书籍，再度来华，经香港、上海到达北平。在北平期间，他研究考察中国古迹及美术，并参观各著名学术机关，受到学术界的热烈欢迎，中央研究院历史语言研究所、燕京大学、辅仁大学、北平图书馆、营造学社、与学术界关系密切的《北平晨报》馆以及当地的学者名流，陆续举行欢迎宴会或约其讲演。正是伯希和的到来，袁同礼与其达成了王重民法国之行的协议。

1937年，全面抗日战争爆发，陈梦家离北平南下，到迁至长沙的清华大学任国文教员，不久赴昆明西南联大任教。而远在美国的王重民心系祖国的命运，急欲回国参加抗战，但苦于他的工作任务尚未完成。1939年，王重民完成在法国拍摄敦煌遗书并协助伯希和对其手稿进行编辑整理的工作和赴华盛顿国会图书馆鉴定馆藏中国善本书的任务后，向国立图书馆提出回国参加抗战的请求。但袁同礼告诉他，把流散在国外的中国善本著录下来，同样是报效祖国。王重民只好放弃回国参加抗日的想法，继续留在国外。自1934年以来，他先后在法、英、德、意、美等国著名图书馆刻意搜求流散于国外的珍贵文献，拍摄照片，撰写提要。

1940年，王重民终于有了直接报效祖国的机会。受胡适的重托，短暂回国，配合袁同礼冒生命危险赴上海抢救北平图书馆善本书，并参与胡适、袁同礼策划的将这批善本书秘密运往美国，暂藏于美国国会图书馆远东部的工作。1941年5月8日，王重民与胡适次子胡思杜同船由沪启程，返回美国。

王重民返回美国后，即开始对陆续抵达美国的这批善本书进行鉴定、拍摄并撰写提要。1944年秋，陈梦家夫妇到达美国，立即与胡适接上了关系。1946年3月，袁同礼赴巴黎，并在美国逗留。其间陈梦家、王重民与胡适、袁同礼常有书信往来。袁同礼、冯友兰、陶孟和赴美，胡适生日，都是他们相聚交流的机会。

二、真诚帮助见真情

在国外四年里，陈梦家得到了王重民的真诚帮助。王重民利用自己在美国国会图书馆鉴定中国古籍善本的优势，为陈梦家提供了查阅有关殷周以来中国铜器的各种图录文献，尤其他在修订《海外中国铜器图录》和《美国所藏中国铜器集录》的过程中，得到了王重民的帮助。包括回国后于 1956 年出版的《殷虚卜辞综述》中，有些资料也是王重民帮助获得的。

陈梦家在国外考察中国铜器的同时，还对流失海外的甲骨文给予了关注，每到一处博物馆，总会留意甲骨和有关拓本。王重民在整理存放在美国国会图书馆的中国古籍善本及有关资料时，也总是把发现的信息提供给陈梦家。回国后，陈梦家曾计划编纂一部甲骨拓本的图集，但当得知社科院历史所有计划编纂时，就毅然把积攒了多年的四万余片甲骨墨拓等提供给了历史所。陈梦家在编写庞大的流失美国的中国铜器图录的同时，还对周朝的历史及中国铜器的艺术风格进行了研究，并用英文撰写发表了《周代的伟大》和《中国铜器的艺术风格》等文章。从现存王重民致陈梦家函，可得知陈梦家在研究和撰写有关中国铜器考释文字的时候，遇到问题和需要的资料总要请王重民支持。王重民在鉴定古籍、撰写提要或学术研究中遇到一些问题，也常与陈梦家探讨，力求考证准确。

陈梦家在昆明西南联大任教，居住龙泉镇时曾撰《汲冢竹书考》，到达美国后，因研究铜器铭文需要，陈梦家手中无书，函询正在美国国会图书馆工作的王重民有无此书，如没有，可借阅图书馆藏书拍成照片寄给他。1945 年 7 月 5 日，王重民接到正在剑桥的陈梦家来书，找到刊登该文的《图书季刊》后，当即回信："大著《汲冢竹书考》载新五卷第二三期，馆中有一册，弟无其书。大著凡十五页，可照成八张相片，若用……约美金两元。可在此照，弟即交照相处，一俟将照片寄到尊处后，即一直汇款与他。"（1945 年 7 月 12 日王重民致陈梦家函）

陈梦家在《汲冢竹书考》中对出土年代、出土地址、竹简形制、整理、著录、类别等，做了全方位考察。王重民读毕陈梦家的《汲冢竹书考》，忆起曾"见一敦煌本全本（？）《六韬》内有《周志》或《周语》颇多……盖其文与《汲冢》之《周语》同。数年前，弟写了一短篇《周书考》，但未发表，今亦不知置何处。今读大著，于《周语》一条，所见正与高明相同，何日找出，当寄上一阅"（1945 年 7 月 12 日王重民致陈梦家函）。王重民提到的"敦煌本全本《六韬》"，现存法国巴黎

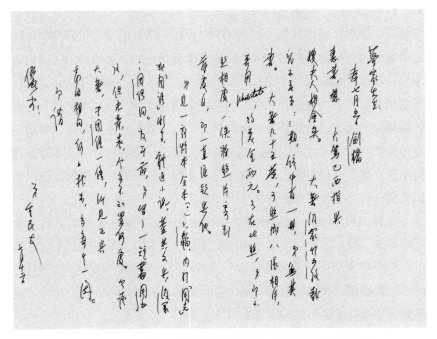

1945 年 7 月 12 日，王重民就《汲冢竹书考》和敦煌本《六韬》等事致梦家信

国立图书馆，为编号 3454 的敦煌写本《六韬》残卷，因其为敦煌遗书中仅见的一种较完整的兵书而引人瞩目。因历来辨伪学者指《六韬》为伪，此写本的发现与研究当更显出它的价值。1937 年，王重民阅览该写本后，题为《原本六韬》。这个写本"首尾残缺，恰存二百行；卷端上截断裂，故阙九半行；行字不齐，五千余字。残卷书写字迹为一人所为，因无印章、题记，不知书写者为谁；惟第六十五至七十计六行，书势纵逸，雄健中略显肥厚，颇类唐人笔意，当为另一人所书"。《六韬》通过周文王、武王与吕望对话的形式，论述治国、治军和指导战争的理论、原则，是一部具有重要价值的兵书，对后世产生了重大影响。

陈梦家接王重民函，对王重民已从馆内借到《汲冢竹书考》并已联系照相，致以谢意。陈梦家此时已完成芝加哥大学东方学院的讲学，全身心投入考察流失全美中国铜器情况，需要很多有关殷周时代的资料，以理解铜器上的铭文记录下的信息。王重民是版本目录学家，涉猎古籍善本无数，他撰写的《周书考》对于正在进行殷周古史研究的陈梦家来说，参考价值会很高。因此，陈梦家复信中特别强调，请王重民寄来拜读参考（1945 年 7 月 20 日陈梦家致王重民函）。1945 年 7 月 24 日，王重民在落实了《汲冢竹书考》的翻拍事情并找到《周书考》后，即函告陈梦家"大著已交照相部，照好后，即一直寄上。该价若干，亦请一直寄他们"。"差不多十年前，不知为什么写了一篇图书考，又不知为什么不肯发表？今得先生印证，方找出来重读，兹寄上，请指教。我兄如以为有一得之见，将来愿修正发表了他。"

王重民自 1934 年赴欧美鉴定中国古籍，到陈梦家赴美时，已有十几个年头，他和美国的汉学家和各博物馆、艺术馆、图书馆都十分熟悉了。在陈梦家考察全美各馆收藏中国铜器时，得到王重民的极大帮助。陈梦家在游历、观摩加拿大、英、法、荷和瑞典的博物馆时，凡与王重民有过交往的，王重民一定会介绍给他。

陈梦家和王重民与袁同礼先生同样有着深厚的友谊。在得知袁同礼将自巴黎赴美，为了迎候袁先生，陈梦家和王重民多次沟通情况。
1945 年 12 月 9 日，陈梦家致信王重民，询袁先生抵达的消息。当得知
袁先生"在美国有四个月之逗留，约明年三四月间方能来芝城一聚"的
确切消息，陈梦家特别安排好游历观摩的行程。1946 年 4 月 12 日，陈
梦家自加拿大回到美国，立即致信王重民询问袁先生到美行程。1946
年 4 月 16 日，王重民回函："守和先生已于四月九日抵金山，闻二十日
前即可抵芝城，想现在他已有信奉闻足下矣。"在此信中，王重民还告
诉陈梦家，他"七八月间有归国之意"。此时，王重民已将寄存在美国
国会图书馆的古籍提要全部完成，拟携带缩微胶卷回国。就在他结束工
作、准备归国的时候，接到北平图书馆奉派赴普林斯顿大学葛思德东方
图书馆鉴定该馆收藏善本书的任务。

　　普林斯顿大学是美国一所著名的私立研究型大学，历史悠久，普

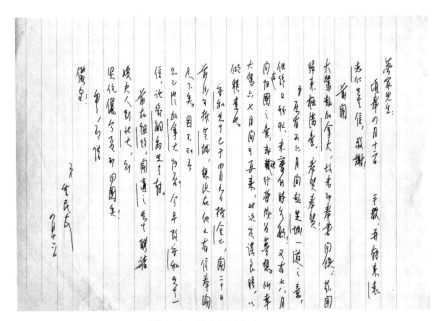

1946 年 4 月 16 日，王重民致信梦家，他有归国之意

林斯顿大学图书馆是馆藏中国古籍善本较多的图书馆之一。还是在这封信中，王重民提到他在纽约听胡适说北大聘请赵萝蕤任教的消息和陈梦家夫妇夏天即返回祖国的消息："前在纽约，闻适之先生聘请嫂夫人到北大，则贤伉俪今夏即回国矣！"此刻陈梦家的课程已结束，清华大学已聘陈梦家为中国文学系教授，北京大学亦聘赵萝蕤为教授。而陈梦家集中心力搜集流散美国、加拿大和欧洲的中国铜器的计划刚开始进行，赵萝蕤亦决定在美攻读博士学位了。

在继续留在美国的日子里，陈梦家为了弄清楚各馆藏中国铜器的数量，每件铜器的规格、年代、铭文，以及其拍摄、墨拓等数据资料，曾两度参观美国和加拿大的重要博物馆，有的不止两次，以达准确无误。"我公已再度参观各重要博物馆，想三度之后，各博物馆无余蕴矣，遂满载而归矣。"（1947 年 1 月王重民致陈梦家信）按照计划，陈梦家游历英、美、加、瑞、法、荷后，尚拟赴德国考察，当他得到袁同礼赴德调查"德国所藏铜器及其他文物"，"此批中国文物，我国拟要求退还（明年和会中当提出）"的消息后，即致信袁同礼可否作为他的助手，以便观摩流失德国的中国铜器。袁同礼答应届时一定要他来德协助，并由他"将德国各机关所藏之铜器先编一简目"。

袁同礼在国外期间，往来书信大都由王重民收转。1946 年 8 月 7 日，陈梦家致信王重民询问袁先生赴德及参加巴黎和会之后的行程等情况。王重民接陈梦家信，于 15 日复函称："守和先生八月初由德进巴黎，即在我和会代表团内作顾问。不知和会何时能闭幕，而他则拟于八九月之间离巴黎，再到瑞士、意大利移住，即赴上海。离欧之期，约当在九月中旬也。"对于陈梦家关心的流散德国的图书古物能否去德接管事宜，王重民亦作答复称，袁先生"在德约两周，查知德国所藏我国图书古物均未毁，能否拿回，须看军事代表团能力如何"。至于赴德接收德国归还中国古物图书的事，最终"因中德外交关系一时不易恢复"，未能实现。这也给陈梦家留下了终生遗憾。

　　王重民在袁同礼回国后，即开始了回国的准备。1946 年 4 月，胡适拟回国就任北大校长，行前将寄存美国国会图书馆的汉简和古籍善本的收条及库房钥匙交给王重民，托他代为管理，并说"俟将来海运大通时"运回。当陈梦家信中询及王重民迟迟未定归期的原因时，王重民告诉他："尚有数事未了（一、我善本未装箱；二、国会日未完）。看情形，若能回国，亦必待须今年之底或明春矣。（如春间不能开课，即须延至明年夏矣。）拟日内致适之先生一信，报告此情形。"（1946 年 8 月 15 日王重民致陈梦家函）

　　此时，王重民已初步完成美国国会图书馆藏中国善本图书的编目工作。1947 年 2 月 7 日，王重民怀着兴奋的心情致函胡适："重民今天把国会工作，作到一清百了！ Princeton（普林斯顿）有善本九百六十种，亦编成二目。在美任务，结束亦自满意。"

　　早在胡适回国任北大校长，就曾要王重民和他一起归国，创办北京大学图书馆学系。王重民有两点忧虑：一是在美国尚有正在着手的学术工作有待于完成；二是自 1934 年至今在美国国会图书馆工作，是北平图书馆派出并得到袁同礼先生支持的，若答应胡适去北大任教，恐辜负了袁先生的栽培。但胡适说："我知道守和对你的多年爱护，他决不会不许你到北大做教授，而同时帮他的忙。"（1946 年 2 月 2 日胡适致王重民信）最终，王重民答应了胡适任北京大学中文系教授，并主持该系图书馆学的教学工作。1947 年春，王重民开始办理古籍启运回国手续，但由于内战爆发而中止，直至 1965 年才运回台湾。

　　王重民是 1947 年 2 月 8 日离开华盛顿的，行前他致信陈梦家告别，同时致信胡适："二十四日由金山乘 Marine Hynx（一艘美国邮轮的名称）返国，二月底抵沪，三月十七日以前，一定能赶到北平上课了！"3 月 5 日早晨抵达吴淞口，比预期迟到一天，他在致胡适信中说明了迟到的原因："二十四日从金山开船，航行未久，发觉机器有毛病，又开回金山修理，次早始又开航。所以到吴淞口比原定日期晚了一天。"3月6日午刻下船，先暂在上海停留。这时他接到袁同礼的信，袁对他半天北大、半天北平图书馆不满意。因"不愿叫守和先生有什么不痛快"，他请胡适"解围"，建议"那样折中办法既不能，不知可否这样折中？暑假以前，便完全在北平图书馆；暑假以后，再就北大教授，正式授课"（1947年3月7日王重民致胡适信）。经胡适与袁同礼协商，王重民在北大任教支全薪，仍兼任北平图书馆参考组主任。同年他向北大校长胡适提出建议在北大办图书馆学专科，招收北大中文系和历史系的高才生。自此王重民半天在北大教课，半天在北平图书馆办公。工作之余，他开始撰写北平图书馆馆藏善本书提要。

1947年10月29日，王重民在致胡适的信中，总结了自1939年至1947年的工作成就：

> 重民近十年来，编了国会图书馆的善本一千五百种，北平图书馆的二千七百二十种，普林斯顿的一千种，欧洲的天主教书三百五十种（大致明刻本）。北大的又将近三百种了。总起来说，没有《千顷堂书目》二分之一，也有五分之二了。在最近三五年之内，还希望能编北大的一千五百种，故宫的一千五百种，北平图书馆的两千种，除去重复，将不难有七千种或七千五百种。以往的书目，著录过了一千种的很少，《四库全书》仅三四五○种，连《书目》也不过一○二三种。几年以后，再能往南方游历几次，很希望到死的时候，能够到一万种明以前刻本书，这就是我的梦想了。

十几年来，王重民写成宋、元、明刻本及校钞本等善本书提要共计四千四百余篇（包括补遗），包括六朝唐写本、宋刻本六十余种，金、元刻本一百余种，又有影钞宋元刻本、明钞本一百五十余种，明朱墨印本一百余种，卷末附有书名索引及人名（作者、编辑者、校者、刻工、刊刻铺号等）索引，王重民夫人刘修业及好友傅振伦、杨殿珣等编辑整理，编为《中国善本书提要》以便读者参考检寻。

1948 年 12 月初，解放军围住了北平城，时任国民政府教育部代理部长的陈雪屏，奉蒋介石之命由南京紧急飞往北平，召集清华、北大校长梅贻琦、胡适等开会，秘密商讨"抢救学人"的实施办法。与此同时，蒋介石亲自指派的飞机也冒着解放军的炮火飞抵北平，停留在南苑机场等待被"抢救者"登机南飞。1948 年 12 月 14 日，"抢救学人"的飞机在南苑机场等候了两天，最终只有胡适、毛子水、钱思亮、英千里、张佛泉等少数教授登机。12 月 21 日，第二批被"抢救"的学人也只有清华大学校长梅贻琦和李书华、杨武之等二十几位教授。而此时袁同礼对王重民说自己要赴美访学，请王重民暂时代理北平图书馆馆长职务。

据说胡适乘飞机离开北平前，慌乱之中和王重民连个招呼也没打，袁同礼更是一去不返，1949 年以后在美国定居。王重民可谓临危受命，以代理北平图书馆馆长和北大图书馆系主任的身份留在了即将解放的北平。

三、饱受"运动"之苦的难兄难弟

1947 年先后回国的王重民与陈梦家依然保持着友谊，经常晤面探讨学术上的问题。新中国成立后，因他们二人都在美国工作过，且与胡适、袁同礼等"反动文人"有着千丝万缕的关系，在历次运动中都是批判对象。陈梦家自 1951 年以后，每次运动几乎都遭到批判。但凭着对事业的追求，忍辱负重，取得了许多学术成果。王重民因无论如何难以说清与"反动学者"胡适、袁同礼的关系，受到打压、批判。1957 年，陈梦家和王重民被划为"右派分子"。"文革"中，王重民、陈梦家再次遭到野蛮的批判斗争，最终二人采取了同样的方法结束了生命。

1948 年，胡适、袁同礼与他们喜爱的青年学者王重民和陈梦家天各一方，至死再未能晤面，堪称人间悲剧。本来王重民和陈梦家是可以留在美国继续他们的事业的，但是他们在祖国最困难的时候，放弃舒适环境和优厚待遇，毅然回国。同千百个游子一样，他们满怀着对这片苦难深重的土地无法割舍的爱，回来了！可是，等待他们的竟是如此坎坷的命运，实在令我辈后人唏嘘不已。

唐兰：同道中人，相煎何急

唐兰与陈梦家同为浙江籍。唐兰 1901 年出生于浙江嘉兴，比陈梦家正好大 10 岁。他们结缘于 1933 年前后，全面抗战爆发，他们先后抵达昆明，同在西南联大任教。他们都是文字学家，均有一本《中国文字学》存世。唐兰的那一本是 1949 年开明书店出版的；陈梦家的这一本是中华书局根据他在昆明西南联大任教时的两份讲义合编而成，2011 年出版时，正值他 100 周年诞辰，也是他离世 45 周年。

一、闻道有先后

唐兰与陈梦家结识于 20 世纪 30 年代初期，也就是 1934 年陈梦家考取燕京大学研究院研究生，从容庚专攻中国文字学时期。经陈梦家的恩师闻一多介绍，他与代顾颉刚讲《尚书》于燕京、北京两大学，后讲金文及古籍新证，又代董作宾讲甲骨文字，并在师范、辅仁、清华、中国诸大学讲授古文字学及"诗、书、三礼"的唐兰认识了。这一点，在 1957 年 10 月唐兰的《右派分子陈梦家是"学者"吗？》一文中有生动的描写："1933 年前后的一次宴会上，闻一多先生告诉我，有个青年陈梦家敢于说'夏朝就是商朝，夏禹就是商汤'将要访我。隔几天，这青年来了，长头发，神气傲慢。留下很厚一部稿子，内容荒谬，都是忽发奇想，悬空立说。这是我认识他的开始。不久他入燕京大学研究院跟容庚先生学金文。"

　　虽说此时的陈梦家在文字学方面还是一个刚刚踏入门槛的学子，可在诗坛却已是一个才情横溢且有广泛影响的诗人了，不到 20 岁就出版了第一本诗集，入燕大前的几个月刚刚有《铁马集》问世。除此之外，他还在当时著名的期刊《新月》以及有影响的报刊屡屡发表文章。总之，要论名气和社会影响，此时的青年诗人陈梦家要比唐兰这位大学助教大得多。

　　正如唐兰所言，初入此行的陈梦家深知做学问的艰难，更知道古人所云"板凳要坐十年冷，文章不写一句空"的内在含义。自入燕大专攻文字学的那一天起，他完全进入另外一个状态，"几乎把他全部精力倾注于古史与古文字的研究"（赵萝蕤《忆梦家》）。一般情况下，他早晨 6 点多就起床温习功课，晚上完成作业后，还要读与专业有关的书籍。燕大图书馆的相关书籍都被他借过、读过了，有些书籍清华或北大图书馆有，他会托人到这两所学校的图书馆去借。罗振玉的《殷墟书契前编》《后编》《菁华》三种及《殷墟书契考释》，是他委托未婚妻赵萝蕤借读的。勤奋刻苦加上聪颖，他很快就有了研究成果。"仅仅 1936 年一年（他大半时间还是学生的时候），就在《燕京学报》《禹贡》《考古》等杂志发表了长短不一的七篇文章。"（赵萝蕤《忆梦家》）陈梦家所取得的一些学术成果，多是时任指导教师容庚认可的，有的还经闻一多审阅过。陈梦家自知底子薄，在容庚的具体指导下，他还向诸位文字学前辈学者请益。每每有了新的研究成果，在发表前，他也会请浙江同乡马衡和唐兰指教。陈梦家在此阶段从事古文字研究的初步成果，在当时的学术界有着相当的影响。

　　陈梦家在燕京大学做了两年研究生后，便留在学校当助教。1937年"卢沟桥事变"后，陈梦家与时任故宫博物院专门委员的唐兰分别由北平辗转至昆明，入西南联合大学。从这年起直至 1944 年秋陈梦家赴美，他和唐兰为西南联大文学院中文系同事近 6 年。两人共同为西南联大中文系的学生开设必修课程"文字学概要"，陈梦家还讲授《尚书》通论等课程。

虽然与唐兰同任西南联大中文系教师，但无论在年龄上还是在学问上，此时的陈梦家都比唐兰稍逊一筹。满打满算，自 1934 年至 1939 年，陈梦家与文字学打交道也仅仅 5 年的时间。而唐兰于 1920 年即已"发奋小学，渐及群经"了。之后，唐兰经罗振玉引荐，得以结识王国维并时时向其请益。"于时初知有甲骨文字，取罗氏所释，依说文编次之，颇有订正，驰书叩所疑，大获称许，且介之王国维氏，余每道出上海，必就王氏请益焉。"（唐兰《天壤阁甲骨文存·自序》）

唐兰在文字学方面的造诣是有口皆碑的。1941 年陈独秀避难四川江津石墙院杨宅时，重订《古音阴阳入互用列表》，请台静农代请国立编译馆写刻油印 20 份，陈独秀自留 12 份分送友人，另有 8 份由台静农分赠沈尹默、沈兼士、胡小石、陈中凡、魏建功和唐兰诸君。因魏建功和唐兰在昆明，台静农由重庆把两册油印本辗转送达魏建功手中，由魏建功转交唐兰。台静农信中强调说，陈独秀先生特别嘱咐，一定要送"唐立厂先生一份"。陈梦家非愚顽之徒，岂不知"闻道有先后"之理，自燕大读书时起，一直尊唐兰为先生。

陈梦家在西南联大中文系是小字辈，面对朱自清、闻一多、魏建功、杨振声、刘文典和唐兰这些文史界前辈，他深知不刻苦钻研，没有新的研究成果，是很难在联大立足的。为此他始终不敢懈怠，从 1938 年春到 1944 年秋，除教书外，则孜孜不倦地致力于古文字学、年代学和古史的研究，写了许多文章和小册子，如《高禖郊社祖庙通考》《商代地理小记》《商王名号考》《射与郊》《古文尚书作者考》《汲冢竹书考》《王若曰考》等，还写了《老子分释》《西周年代考》以及《五行之起源》《尧典为秦官本尚书说》《六国纪年考证》等。

为了强化自己在铜器鉴赏方面的感性知识，陈梦家还接受南迁昆明的北平图书馆袁同礼的邀请，承担了将北平图书馆存放的一批中央古物保护委员会搜集到的流散到欧美的中国古代青铜器照片汇编的任务，也就是唐兰1957年在《右派分子陈梦家是"学者"吗？》的批判文章中所指出的《海外中国铜器图录》。

按照唐兰批陈梦家文中的说法，"在昆明时，伪北平图书馆馆长袁同礼手上有100多张被盗窃而流散在国外的中国铜器的照片，原物在欧美博物馆或私人收藏，甚至是古董铺里的，既搞不清原物情况，甚至不知道有什么铭文，更不知道器的真假，并且在流散国外的铜器中只是很小的一部分，本没有什么科学价值，但陈梦家却如获至宝，编了《海外中国铜器图录》，写了《中国铜器概述》，作为他自称古器物学家的资本"。

唐兰的叙述显然是带有偏见的，但有一点他说的是准确的，那就是这批中国铜器的照片对于当时在西南联大开讲并研究西周铜器断代的陈梦家来说，自然是"如获至宝"。在生活状况极其艰苦，且书籍资料极为匮乏的西南联大时期，作为一个已全然沉浸在中国古史、古文字研究的学者，能够获得一批如此重要的照片，当然要欣喜若狂了。

至于唐兰所说"本没有什么科学价值"，事实并非如此。正是有了这次编辑《海外中国铜器图录》的经历，才使陈梦家下决心前往美国收集流散于美国的中国铜器，编撰成《美国所藏中国铜器集录》，也就是后来被改名为《美帝国主义劫掠的我国殷周铜器集录》一书。事实上，陈梦家在昆明所编辑的《海外中国铜器图录》所选用的青铜器图片，是经考古专家董作宾审阅过的，图录中的照片，是陈梦家赴美后在遍访流散国外铜器的过程中亲自观察实物之后修订过的。这部陈梦家在昆明时着手编辑的图录，对于国内外的铜器研究专家寻究图中的实物，提供了重要的线索。仅就这一点来说，陈梦家所编图录的作用已经足够了。

唐兰认为陈梦家在《中国铜器概述》中所提出的"最早之刊本为宋，最早之手写本为唐，最早之竹简为汉"的说法"没有一句是说对了的"，还是有道理的。时至今日，业内人士已知道唐时已有刊本，晋时已有手写本，而战国时已有简了。其实，若将前边的"最"字改为"较"字，这样的说法还是可以的。因为陈梦家编辑《海外中国铜器图录》时，沿袭的旧说中有此说法，况且有的发现很晚，非专业人士很难迅速了解和掌握。而这件陈年往事，反右时却被唐兰拿出来，以此印证陈梦家是一个"人们所想不到的""浅薄无知"的人，显然是没有说服力的。

尽管在治学上陈梦家尚有许多不足之处，但西南联大时期，他的刻苦、求知的诚恳，是得到同仁的认可的，也包括唐兰。陈梦家常请益于唐兰，他也总是毫不保守地予以指导。从目前所掌握的资料看，西南联大时期，唐兰和陈梦家的关系总体来说是比较好的，来往也较密切。

二、嫉妒与戒备

陈梦家的努力付出，终于结出了硕果。1944 年，33 岁的陈梦家晋升为教授。升为教授不久，陈梦家接受罗氏基金会的资助，到美国芝加哥大学讲授中国古文字学。

陈梦家赴美后，与唐兰仍时有联系。陈梦家在芝加哥大学教授文字学的合同只有一年，从第二年开始，他遍访美国藏有青铜器的人家、博物馆、古董商，然后回到芝加哥大学的办公室整理所收集的资料。在整理资料的过程中，发现疑难问题，他会写信请益于国内的同行，包括唐兰。但从有关文献中，发现唐兰此时对陈梦家已心怀妒忌并存戒心，不愿与他交流学术问题，甚至拒绝向其提供任何有参考价值的资料。

1946 年，陈梦家在整理已搜集到的流散在美国哈佛大学艺术博物馆等处的我国洛阳金村被盗铜器时，发现金村出土的铜器和古器物应为周代之器物。藏有金村古墓出土文物的博物馆未明确注明年代，而有关金村古墓年代的考释，当时只有盗取金村古墓的怀履光于 1934 年写的《洛阳古城古墓考》，一个叫梅原末治的日本人写的一本《洛阳金村古墓聚英》，和一些零散的文章。怀氏著作含糊不清，梅原末治则从一件银器的铭文中看到有"三十七年"字样，就想当然地认为这是"秦始皇三十七年"，提出金村古墓是秦代墓葬的看法。后来又有人读出金村出土的编钟上有个"韩"字，于是发表文章说金村古墓是"韩墓"。其他有关资料关于金村古墓的记述为"洛阳金村于 1928 年至 1934 年间曾经被盗掘八座战国大墓，……金村出土的文物大部分卖到美国、加拿大、日本、法国"。实际上，此时陈梦家在对流散美国的金村古墓铜器与周代铜器进行对比并细致考证后，已基本否定了前面的说法，但为了更进一步确认自己的判断，于是他致信与唐兰交流看法。

陈梦家在昆明编辑《海外中国铜器图录》时，曾就怀履光、梅原氏等有关金村古墓年代的说法，与唐兰有过讨论，唐兰对金村古墓的年代亦无确切的定论，只是对仅凭墓中出土的一个编钟上有个"韩"字就贸然说是"韩墓"给予了否定。后来他们都未对此做过深入细致的研究考证。这次陈梦家旧话重提，唐兰才下了一番功夫，在进行了一番考证之后，写了一篇《洛阳金村古墓为东周墓非韩墓考》的文章。文章发表后，包括陈梦家在内的多数专家学者接受了唐兰的说法，直至今日，学术界仍依唐兰"金村古墓为东周王陵"说。按理说，唐兰有如此的成果，应感谢陈梦家才对，但在 1957 年批判陈梦家的文章里，他却这样描述那个时候自己的心态：

> 1946 年他（注：陈梦家）在美国芝加哥写信给我说："我忘记你对金村年代好像有一个说法，它绝非韩墓，怀氏对此颇含糊不

清，便中请赐数行。"我没有复信，写了一篇《洛阳金村古墓为东周墓非韩墓考》，在报上公开答复，以免被他巧偷。

不管唐兰以何种方式回答了陈梦家的疑问，陈梦家对洛阳金村古墓铜器的研究，得出金村古墓的年代非秦非韩、应为周代的判断，总算得到了国内学者的印证。这一点，他还是很感谢唐兰的。

为了能够尽快地掌握流散美国的中国铜器更多的线索，陈梦家在正规渠道寻觅以外，还与美国的古董商人交朋友，因为他们掌握很多经他们之手卖出的中国铜器的下落。这也是他能够遍访在美存留大部分中国铜器的最重要的途径之一。换成过于古板的学者，是根本做不到的。

但是对于陈梦家的这种做法，唐兰亦有非议，在他的批判文章《右派分子陈梦家是"学者"吗？》中，有一段这样的描述：

> 在昆明时，陈梦家曾问我如何鉴定铜器的真假。我于此道本非行家，那时又无实物，不知为不知，只好不答复。可是他一到美国，就挂牌鉴定铜器，和奸商流氓勾结在一起，充起专家来了。其实他的鉴定，始终是直接或间接地从古董商人学的，所以对可以盗卖给外国人的文物最有兴趣，而在故宫博物院所藏著名重器亚酰方尊和方罍的真假引起争论时，就认真作假，要让古董商人作最后裁定，方可不再怀疑。

其实，唐兰的这段批判是生拉硬拽且软弱无力的。正如唐兰所说，在昆明时，陈梦家有一段时间在编辑《海外中国铜器图录》，也是在这个时期，开始研究铜器的形制、铭文、用途、艺术风格等。在研究渐入佳境的关键时刻，苦于无人指导，又无可参考的图书资料。那个时候，不只西南联大，整个昆明城里图书资料都十分缺乏。北京大学南迁时图书没有运出，南开大学南迁前遭日机轰炸，图书均被炸毁，只有清华大

学将大部分图书运至重庆，1938 年 6 月，日机轰炸重庆，清华大学的
图书大部化为灰烬。在中央研究院历史语言研究所迁到李庄之前，陈梦
家还可以时时去李济、董作宾等有丰富实践经验的考古学家那里讨教。
1940 年冬，历史语言研究所离开了昆明，西南联大的教授中，只有唐
兰在此方面略知一二。此时，陈梦家和唐兰的关系还算热络，陈梦家尊
重唐兰，而唐兰对他在图书资料极为匮乏的条件下写出了许多很有见地
的论文，也是给予肯定的。特别是对于几乎没有接触过铜器实物的陈梦
家敢于承接编辑《海外中国铜器图录》的任务，尽管唐兰心存疑虑，但
每当陈梦家在编辑过程中有拿捏不准的问题向其请教时，他还是力所能
及地给予热诚帮助。

　　关于陈梦家"一到美国就挂牌鉴定铜器"并和"奸商流氓勾结在
一起"的说法，据王世民说，反右期间，他曾在一次人数很少的小会
上，问陈梦家"有没有挂牌鉴定铜器"的事，陈梦家明确地说，没有这
回事。这里所指的"奸商"之一，当指在美国纽约经营中国古物的卢芹
斋。卢芹斋是浙江吴兴人，与陈梦家是浙江籍老乡，陈梦家在美国搜集
中国铜器的过程中，的确得到了这位老乡的帮助。卢芹斋不仅为陈梦家
提供了许多中国铜器在美及其他国家的线索，还毫无保留地把他几十年
积累的鉴定铜器的经验，传授给陈梦家。重要的是，卢芹斋还把国内制
造赝品铜器的商人告诉了陈梦家，并把仓库中的高仿铜器展示给他。陈
梦家在与卢芹斋交往中不仅没有参与过类似于倒卖中国铜器的事情，而
且卢芹斋还在陈梦家的动员下，向清华大学捐赠了一件洛阳出土的流失
海外多年的重器"嗣子壶"。有了与古董商人卢芹斋交往的经历，陈梦
家虽然对倒卖文物的商人很是反感，但他对于古董商人鉴别真假古董的
丰富经验很是佩服。因此在后来的铜器鉴定过程中，对于专家定夺不下
的器物，他总会找来资深古董商人协助鉴定，并把他们的意见作为重要
的参考。

　　总之，陈梦家在与古董商人的密切接触中，逐渐感觉到，鉴定古

物仅仅依靠图录和前辈学者著述中的经验之谈是不够的，必须具有丰富的实践，不但要尽可能多地观摩实物，还需要仔细研究高仿的技巧与破绽。因此，在国外的四年里，他不放过任何一个有价值的线索，奔走于各大博物馆和私人藏家。就这样，访问，整理，再访问，再整理。凡是他可以往访的藏家，他必定敲门而入，把藏品一一仔细看过，没有照相的照相，有现成照片的记下尽可能详尽的资料。不能往访的、路途遥远的，或只藏一器的，他写信函索，务必得到他需要的一切。比如演《海狼》（依杰克·伦敦小说改编）的电影演员爱德华·G. 罗宾逊藏有一器，他远在洛杉矶，陈梦家于是就给他去一封信。流散在美国各地的中国铜器何止成百上千，但陈梦家无所顾忌，只要有线索，凡是藏有中国铜器之家，他一定会想方设法找到他们的家门，亲眼目睹并留下资料。就是这样马不停蹄地奔走于藏器之所，在美国的几年时间里，他基本完成了美国境内中国铜器的寻访工作。1947 年夏，他又游历了英、法、丹麦、荷兰、瑞典等国，目的只有一个：继续收集中国青铜器的资料。除了编写庞大的流美铜器图录外，陈梦家还用英文撰写并发表了一些文章：《中国铜器的艺术风格》《周代的伟大》《商代文化》《一件可以确定年代的早周铜器》《康侯簋》等。1945 年 11 月 30 日，在纽约举行的全美中国艺术学会第六次大会上，陈梦家应举办方的邀请作题为"中国青铜器的形式"的讲演。1946 年他和芝加哥艺术馆的凯莱合编了《柏景寒所藏中国铜器图录》。因而陈梦家在美国的汉学家圈子里很有名气，他们对其工作表示赞赏。当陈梦家即将回国的消息传开后，罗氏基金的负责人告诉他应该永久留在美国，并要给他找一个固定的工作，但他毫不迟疑地表示一定要如他所计划的那样回到祖国，回到清华大学。

1947 年秋，陈梦家满载着他"以极大的爱国热情与惊人的治学毅力，艰辛备尝，为祖国赢得的一大批可贵的材料"（周永珍《怀念陈梦家先生》，载《考古》1981 年第 2 期），回到了清华大学。

三、不亲不疏的互动

自 1934 年跨入古文字学、考古学的门槛，1938 年后开始涉猎中国青铜器的研究，至 1944 年夏赴美游学，陈梦家用了十年的光景，已经完成了由一个诗人向学者的蜕变。而后，从 1944 年至 1947 年，用了近 4 年的时间，遍访美国藏有铜器的人家、博物馆，乃至古董商肆，他是当年中国唯一前往国外考察，并收集大量铜器资料的学者，总计过手两千余件青铜器物，成为国际学术界亲眼目睹、摩挲并掌握殷周铜器资料最多的考古学家。

陈梦家回到清华大学后，首先感到中文系对他的"胜利归来"不是热烈，而是冷漠。"我离校三载，其实荒凉许多，而学生对我大为起敬，助教亦然，令人可叹。"（1947 年 10 月 28 日陈梦家致赵萝蕤信）学生和助教对他"大为起敬"，梅校长亦对其"刮目相看"，这是因为他们佩服陈梦家的才学。而中文系的同仁呢？昔日西南联大的同事是怎样呢？他在 1948 年 1 月 23 日致赵萝蕤的信中写道："校中忌刻之心太重，故我暂以退为进，凡事不管"，"学校情形，仍理工重于文科，学生不佳，同事平庸，仍旧守我自己教书本分，不作他想"。由于谨慎应对，"我近日作事尚顺利，声誉渐增，但无时不反省……梅先生对我亦是刮目相看"（1948 年 3 月 3 日陈梦家致赵萝蕤信）。

任教同时，陈梦家经校务委员会会议公推为清华大学文物陈列室筹建负责人和图书委员会委员。为此，他常利用休息时间去城里选购文物，有时与同事潘光旦、朱自清、吴泽霖等同去，有时自己去。在购买古器物时，公私分明，"买古物小心，勿自占便宜，勿令人说闲话"。由于谨慎从事，夹着尾巴做人，除了教课就是写文，与同仁大体上相安无事。"我自闻近日声誉尚佳，亦从未发表政论，亦从未任何方攻击，故心中坦然无忧。"（1948 年 12 月 4 日陈梦家致赵萝蕤信）

在校内平安无事，校外亦如此。陈梦家回到清华大学后，和唐兰等"圈内"人士常有互动往来。每次进城总会约上在北大任教的唐兰、于省吾、张珩等小聚。在隆福寺、西四等古旧市场买到了古器物，会邀请唐兰等圈内师友鉴赏。相对他人，陈梦家与唐兰的交往更多些，在他写给妻子赵萝蕤的信中，常常提到与唐兰小聚的场景：

1947 年 11 月 1 日：

> 前昨两日入城，因唐兰、于省吾请吃烤肉于烤肉季，极好，又跑了木器店、德胜门外、鼓楼、后门大街、隆福寺、东四、磁器口、鲁班馆、东晓市、天桥西大街等。
>
> ……又唐兰约我每周到北大兼一点钟"铜器学"（史、国及博物三系合开），将先问过朱自清再说。大约可去，因总要进城也。

1947 年 11 月 12 日：

> 于省吾与唐兰请客之日，唐说本请马叔平为博物馆专门开一"古物照片展"。……

1947 年 12 月 28 日：

> 我又去故宫看杨宁史所送的铜器，而马衡、唐兰所订的铜器时代错误甚多。

1948 年 1 月 5 日：

> 立厂先生已将北大兼任讲师聘书今日寄来，已允每周去讲"铜器学"一小时。

　　摘录的这几个片段中最为重要的是，陈梦家经唐兰推荐，被聘为北京大学中文系兼职讲师，每周去讲"铜器学"。唐兰本身是文字学家和古器物专家，却推荐陈梦家来讲"铜器学"，可以肯定，唐兰对陈梦家在青铜器研究方面的造诣是认可的。从种种迹象来看，那时候唐兰并没有表现出对陈梦家的妒忌与厌恶，也绝对没有把梦家看作"一个不懂装懂，假充内行，欺世盗名的骗子"（唐兰《右派分子陈梦家是"学者"吗？》）。

　　正如陈梦家自己所说，他自回国后完全沉浸在学术研究和写作中。他手头有许多资料需要整理，有许多文章要写。他在授课之余，每日伏案著作，常有新作发表。"我忙着把《六国纪年》做出来，因闻别人亦在作，大家留意此问题，而我的出后，必成很好的一本著作。故要十分精细。"（1947 年 10 月陈梦家致赵萝蕤信）"我每日仍伏案作《竹书纪年》，似乎快写成一本书的样子。"（1948 年 2 月 13 日陈梦家致赵萝蕤信）

　　陈梦家治学严谨，涉猎面广，精力充沛，刻苦勤奋，在学术圈是有口皆碑的，并非如反右时批判者所云"为了稿费，而东拉西扯，拉长稿子"。若真如此，出版单位也不会接受他的著作的。总之，陈梦家自 1947 年回国后直到 1957 年，十年间有众多著作问世。与其相比，唐兰自 1937 年以来，十几年间，有影响的著作只有 1949 年出版的《中国文字学》，专业期刊杂志上唐氏的文章亦不多见，或许如唐兰批陈梦家引其语"他骂我懒"，若非"懒"，抑或另有原因。

　　每有新作发表，陈梦家总会第一时间呈奉给郭沫若、容庚、徐森玉、唐兰、于省吾、商承祚、王献唐等专家学者。大约在 2010 年后，时有唐氏旧藏书籍资料散出，出现在拍卖会上，其中便有陈梦家"敬赠立庵先生教正"的著作。这些著作包括：唐兰《右派分子陈梦家是"学者"吗？》文中提到的"1956 年他在《考古学报》第一期的《西周铜器断代》和第二期的《寿县蔡侯墓铜器》"的"抽印本"，唐兰用墨最大、批判最甚的《殷虚卜辞综述》以及《尚书通论》《六国纪年》等。总之，陈梦家所有的文章、著作甫一发表，就会送给唐兰。每次唐兰读毕论文、著作，必会将自己认为有"错讹"或与己观点不同之处，向陈梦家提出来，有时也会有争论。在学术界，这样的争论是非常正常的。令人意想不到的是，在反右运动时，唐兰竟把平时阅读陈梦家文章、著作中积累起来的，他认为是有"错讹"的东西，罗列出来，上纲上线，小题大做，作为搞臭陈梦家的武器，这实在有损唐兰的学者形象。

1939 年 5 月，陈梦家收到《五行之起源》抽印本
后，当即赠唐兰

1948 年 4 月，陈梦家赠唐兰《尧典为秦官本尚书说》

    1948 年底，赵萝蕤从美国回来，北京大学和燕京大学都希望她来校任教，那时北京大学在城里的沙滩，她与陈梦家考虑再三，还是选择了与清华邻近的母校燕京大学。夫妇两个住在朗润园一幢中式房子里。1949 年 1 月 31 日，北平宣布和平解放，在人民解放军正式入城前夕，陈梦家和朋友们由清华大学骑车进城，以十分欣喜的心情迎接北平的解放。

    新中国成立后，陈梦家依旧在清华大学讲授中国古文字学和新开设的现代中国语言学等课程，课余撰写《甲骨断代学》。唐兰除了担任北大中文系代理主任，还应故宫博物院之聘兼任设计员。

1952 年，全国高等院校进行院系调整，陈梦家被调到中国科学院考古研究所。

唐兰也在这次的院系调整中正式脱离北大，调入故宫博物院任研究员。陈梦家与唐兰都脱离了教学岗位，专事研究，接触也更多了起来。在学术上，他们亦常有互动。自 1953 年起，陈梦家在完成考古所《考古通讯》的编辑和其他任务的同时，开始撰写《殷虚卜辞综述》，至 1954 年底写完。其间，为了尽量减少纰漏，每当完成一个章节，陈梦家会分别请郑振铎、尹达、梁思永、夏鼐、徐炳昶、郭宝钧、张政烺、唐兰、于省吾予以审定，并积极采纳他们的意见，进行修改。继完成和出版《殷虚卜辞综述》后，他的《西周铜器断代》分六期连载于 1955—1956 年的《考古学报》上；《尚书通论》业已整理、修订完毕，等待出版。

1956 年 2 月 21 日至 27 日，中国科学院和文化部联合召开了第一次学术性的考古工作会议。在开幕式上，中国科学院院长郭沫若讲了话，文化部副部长、中国科学院考古研究所所长郑振铎做了题为"考古事业的成就和今后努力的方向"的报告。陈梦家参加了会务组工作，并参与了会议报告的起草、会议文件的印制等具体工作，以及《第一次全国考古工作会议决议》和《给全国青年突击队员们的公开信》的修订发布工作。会议的主要文件，公开发表在 1956 年第 2 期《考古通讯》中。在本期通讯中，陈梦家发表了《咱们在社会主义道上怎不快走》的文章。文中表明了自己不愿落后的态度，并向考古界同仁发出"在这伟大的前进不已的时代中，我们为什么不能快走呢"的呼声。按照赵萝蕤后来的说法，在新中国成立前夕，"梦家的立场是不够明朗，至少极端缺乏成熟的政治识见"，到了现在，新中国已经成立七年，经过历次政治运动，陈梦家已然很成熟了，也基本上可以跟上时代的步伐了。

总之，刚调入考古研究所的几年，是陈梦家生命中相对平静的时期，也是他学术丰产的时期。

四、事实真相

1957 年夏季，这种"平静的工作和生活即被打乱"，陈梦家被打成"右派"，遭到批判。而他被打成"右派"的直接原因，是他在"大鸣大放"期间"利用文字改革问题向党进攻"。而在这次反右运动中，向他下手的有他一直尊为师长的容庚和唐兰，让陈梦家"威风扫地""臭不可闻"。

按照唐兰在《右派分子陈梦家是"学者"吗？》中的说法，陈梦家"过去从来不谈文字改革问题，我提意见，他说'这是政策，不要争了'。我说'文字学研究文字发展规律，要为改革文字而努力'，他说他只注重认识古文字。我提到过文字学会、文字研究所，他都不感兴趣"。实际上，唐兰这里所说的并非完全是事实。

事实的大致情况是这样的：1956 年初，中国文字改革委员会发表《汉语拼音方案》（草案），在全国各地进行讨论，征求意见。作为文字学家的唐兰收到了这份草案的讨论稿，在经过仔细研读思考后，写了一篇《论马克思主义理论与中国文字改革基本问题》的文章，寄给《中国语文》。他认为，整套拼音文字的完全实现，必须以语音统一化、词汇固定化、语法规范化为前提。这些前提的建立，不是十年八年可以成功的。即使十年八年成功了，整套拼音字母的采用也不是一件容易的事情。为了拼音文字化的早日实现，他提出了自己的主张，即综合文字的方案。所谓综合文字就是在一些简单的方块字中加入用注音字母拼写出来的拼音字；这样，就可以把汉字简化工作和拼音化工作结合起来，就可以在汉字的体系中注入新的质素。通过"新质"（拼音部分）的逐渐积累，"旧质"（汉字部分）逐渐衰亡，最后飞跃为完全拼音的文字。这是由汉字内部引起矛盾而发展出来的新文字。

《中国语文》1956 年第一期以批判的形式发表了唐兰的这篇文章，并组织了 18 位各界人士写文章对唐兰的观点予以"讨论"，也就是陈梦家所说的"围攻"和"痛击"。许多人批评唐兰所主张的"综合文字"理论缺乏说服力，对其"严重缺点"提出了批评；对于唐兰"真正为人民大众愿意接受的文字是不需要大力推行的"的言论，采取了粗鲁的态度斥责、谩骂。面对官方组织的声讨，唐兰一度处于被动和无助的状态。

此时，陈梦家站了出来，在《略论文字学》中，以一个文字学家的身份，为唐兰开脱。他说：

> 去年有人手持唐兰先生对于文字改革的一份建议，要我从文字学的角度加以批评，说是一种任务。我拜读了唐文，觉其文字学的学说很高明，无从批评，而且我不赞成这种"围攻"，没有参加"痛击"。对于文字学者唐兰先生的意见，尽管不一定正确，我想是应该尊重的。反对的意见，对于学术研究也还是有好处的；更何况唐兰先生的建议只是另一种文字改革的方案而已，并不是反对文字改革。

接着，他为了支持唐兰的观点，结合现在颁布的简体字和汉语拼音方案以及推行普通话、扫盲等方面的问题，谈了自己的看法：

> 汉字已用了几千年，笔划诚然多些，为了普及教育，扫除文盲，应该多多着眼于如何改进识字的办法。看报纸读一般通俗性书刊，需要认识的汉字并不太多。汉字以形声字居多数，学会了百把个偏旁和若干声符，识字也并不是太难的事。在这方面多想一点办法，对于扫盲工作是有便利的。还有一点，过去文字改革与书写的工具（笔）和材料（纸）是有关联的。现在用钢笔写在

机造纸上，和用毛笔写在手工纸上，书写方法有所不同，在笔划书势上也有了改变。不管我们若干年后是否采用拼音文字，而在目前，还用着汉字，我们就应该改进（而不是改造）汉字的写法，使其简而便。在推行汉字的过程中，就应该研究教和学的问题。文字改革不单纯是语言的事，我想这一点无需详说的。

在讨论文字改革的时候，还应该对汉字作一个比较公平的估价。用了三千多年的汉字，何以未曾走上拼音的路，一定有它的客观原因。中国地大人多，方言杂，一种统一的文字可以通行无阻。汉语单音缀，有声调，而各地声调多少不一，同音语多，用了拼音文字自然引起许多问题。改革文字是一件事，推行普通话也是一件事。说话若不能大致的一样，拼音文字就有困难。现在推广普通话的条件好多了，小学生可以学好，但中年、老年人是改不过来的。许多研究北京话的专家，理论很好，就是说不好正确的北京话，人过了二十岁，要抛弃乡音是有困难的。要全中国的人都会说比较一致的北京话，等待一个时期，是完全可能的，但是文字不能一刻不用。汉字还得暂时用下去，因此就应该周详地考虑如何使它改得更好些。这些事也是属于文字学的范围，不仅仅是语言的事。

从上述文字看，陈梦家对于文字改革中一系列的问题，是经过一段时间的认真思考的。对于文字改革，他并不是反对，更不是全盘否定，而是以一个"曾经有过一个时期做文字学教学和研究的工作，对于文字改革有过兴趣，也有些意见"的普通学者身份提些建议而已。他所提出的"在目前，还用着汉字，我们就应该改进（而不是改造）汉字的写法，使其简而便。在推行汉字的过程中，就应该研究教和学的问题"是非常值得文改会参考的，也是可行的。

但是，在当时的形势下，反对的声音是很刺耳的，陈梦家为唐兰辩解的文章发表后，很快有人对陈梦家的观点进行驳斥，并再次攻击唐兰的所谓"综合文字"主张。自这次陈梦家公开亮相，他和唐兰一样成了文字改革委员会关注的"持不同意见者"。

经历了"三反"运动的陈梦家，面对《略论文字学》招来的麻烦，起初是心有余悸的，恐怕会"引火烧身"。但就在此刻，1957年2月下旬，中共中央提出"百花齐放，百家争鸣"的方针，毛泽东主席在最高国务会议上再一次深刻指出党的这一方针，使千千万万的各界知识分子更加坚信，中共贯彻这一方针是十分坚决的。陈梦家的心也就放下了。陈梦家在《两点希望》一文中写道："我从西安回北京后，纷纷然闻听'鸣''放'之音，好不热闹。这正是花开时节，欢迎红五月的来到，真是一番好气象啊！毛主席两次有关'鸣''放'的谈话，是这几十年中关系了中国文学艺术和科学文化的划时代的一炮，它是即将来到的文化革命大进军前鼓励的号角。我个人深深感觉到，一种新的健康而持久的风气已经开始。""从北京开始，春风吹向全国各个城市，今天已不再是早春气候，而是春风到处，百花开放的时节。这怎能令人不感到欢欣鼓舞呢？"（《文物参考资料》1957年6月号）

正是在这种大的背景下，陈梦家开始认真思考包括文字改革和文物界在执行党的政策方面出现的失误。他要和全国思想界、学术界一道，在"百家争鸣"的时代激流里，以一个爱国知识分子的良知，打破一切顾虑，拿起批评与自我批评的武器，放声倡言，为使我国的文化知识界真正出现一个繁荣时代做出自己的贡献。此后，直到1957年7月，在大概半年的时间里，陈梦家多次出席有关单位举行的"鸣放"座谈会，并撰文就文字改革问题发表自己的见解和建议。

继1957年3月22日陈梦家被邀请到中国文字委员会讲演，并"不一定客气"地"讲一些不同意见"后，他还在1957年5月19日《光明日报·文字改革》第82期上发表的讲演稿《关于汉字的前途》的"补记"中，直言批评文改会，并希望撤回"简字方案"：

我想这次公布的简字方案是有些毛病的……我个人对这次公布的程序是不赞成的，制定的不周详，公布的太快，没有及时收集反对的意见。因此，在某些方面它是不科学的，没有走群众路线，也脱离了汉字的历史基础，把学术工作当做行政工作做。我因此希望是否可以考虑撤回这个简字方案，重新来过。我也希望，是否可以考虑成立一个永久性的文字研究所，从事较长时期的研究，毫无成见的来处理"汉字"。

半个月后，陈梦家与唐兰以文字学家的身份共同出席了文改会组织召开的文字改革问题座谈会。

会议由胡愈之主持，紧跟着是与会人员发表意见。第一个发言的是唐兰，然后是陶坤、周亚卫、翦伯赞、俞平伯、陈梦家、萧璋、钱文浩、曾世英和马学良。唐兰、陈梦家、陶坤等提出了与主流派稍有不同的改革意见。

唐兰是主张汉字要改革的，就是说，方向是一致的，只是方式方法上有不同的意见。唐兰认为文字体系只能逐渐过渡。陈梦家依然坚持"文字要改进，不要改革"的观点，并对文改会存在的"三大主义"提出了尖锐的批评（1957 年 10 月 20 日印《文字改革工作通讯》第12 期）：

文改会三大主义俱在，官僚主义表现在用行政命令公布方案和不了解群众的反应。文改会听到的都是好的，我却听到的都是坏的。我到西北去，很多人对文改会提了好多意见。印刷厂废除繁体字不能印古书的问题，我问胡愈之同志，他说他事先不知道。这就有些官僚主义。

有一次我到文改会，和曹伯韩同志谈起拼音文字和汉字之间，哪一个容易学的问题。他说拼音文字容易学。我认为这事情还要经过试验的，不可以主观的先下判断。

我认为文字要改进，不要改革。文改会宗派主义也有，他们有些人都是搞语言学的，搞文字学的倒不多。又如上次文改会开过文改会议，也没有请唐兰参加。

过去通用的简体字很好，但不要创造，我不赞成用创造的简体字。文改会应自动地重新考虑简化方案，把大家认为好的字再经过开会讨论来决定。

大学中把文字学也取消掉了，解放初期有些青年也反对学文字学。我劝他们安心搞文字学，这是有希望的。我认为现在应有一个文字学研究所。我对汉字是不担心的，因为汉字是消灭不了的。我曾经听说周总理也反对把"舞会"写成"午会"。最近《光明日报》发表一位老生物学家对文改的意见，没有说明这位生物学家是谁。我一打听，原来是秉志先生。我想现在是百家争鸣，他尽可以讲。有一位青年给我寄来一篇对文改提意见的稿件，说明不要转文改会或《中国语文》，因为他们是不理的。这位青年的态度也是不对的。文改是重要的事情，应该大家从长讨论。

我认为文改工作不要快快地，而要慢慢地搞。我听说文改会拼音方案委员会十二个委员中有六人赞成字母上加尾巴，有六人不赞成。我问告诉我话的人（他是文改会的）的意见怎样？他说他认为这种讨论没有意义。我想方案要急于搞的，倒反而没有急于搞，而去进行方案的冗长讨论。拼音对于学习汉字有作用，就应早一点颁布一个方案，总比没有好的。我认为汉字凑合了也可以用，但可考虑使三千字用怎样的教学法才能使人们容易学。我觉得文改会的工作很辛苦，但缺点还是有的。

还有，打字机上用了"方案"上以外的简体字，文改会应该登报声明。

　　唐兰、陶坤和陈梦家在这次座谈会的发言，是完全按照中共中央《关于整风运动的指示》——"决定在全党开展以反对官僚主义、宗派主义和主观主义为内容的整风运动，号召党外人士'鸣放'，鼓励群众提出自己的想法、意见，也可以给共产党和政府提意见，帮助共产党整风"——的精神进行的，他们在会上所表达的对文改会的不满或建议改进，也是符合中共中央有关文件精神的。

　　5月27日，文改会组织第三次文字改革问题座谈会。出席者有：王伯祥、艾青、江超西、陈定民、陈梦家、周亚卫、袁嘉骅、楚图南、翦伯赞、谢无量、高名凯，以上是文字改革委员会邀请的部分人士。

　　黎锦熙、庄栋、傅东华、曹伯韩、倪海曙、郑之东、陶静。以上是文字改革委员会委员和工作人员。（1957年8月10日印《文字改革工作通讯》第11期首页）

　　唐兰和陈梦家出席了第一次座谈会，第二次二人都缺席。这次座谈会，唐兰依旧缺席。

　　胡愈之主持会议，这次第一个发言的是王伯祥。王伯祥发言之后，与会人员都有发言。陈梦家的发言很简短，主要是针对一个名叫江超西的"外行"的发言进行了驳斥。

　　江超西参加了第二次座谈会，据其会上的发言，得知他是福建人，研究中国文字已有20多年。从前在南京军官学校时教务长张治中看过他拟的经济电码，打一个汉字用两个半码，五个拉丁字母打两个汉字。蒋介石不批准，他又到南昌行营，蒋介石曾给了他一个少将研究员的职位。新中国成立后，他好像在四川大学任物理系教授，是专门研究物理的，并且喜欢易学。大概因为他发明了经济电码，所以作为某个方面的"专家"被文改会邀请参加座谈会。这位江先生在陈梦家缺席的第二次座谈会上曾有两段发言。第一段发言表示他赞成拼音文字，批评秉志先生不赞成文字改革，还说"陈梦家先生说'笑'像人在笑，这不科学，不合理。笑从犬，从竹，竹笑叠韵，哭从吠从口声，现在民间就有犬哭家有死人之迷信"。他的第二段发言再次提到陈梦家的言论，他说："陈梦家先生说汉字很美，并且要研究汉字的教学法。我也同意说汉字很美，汉字教学也有不得法的地方。如'姜'，有人说'美女姜'，这狗屁不通，是从女从羊声。因造字时人民不知谁是父亲，子女皆依母姓，如姬姓等亦从女。说'胡'是'古月胡'，这也是狗屁不通。是从肉从古声。……可请陈梦家先生来开班，如果他不愿，我可自报奋勇来开班，请他来听听，提出批评。""陈梦家先生举例说中国人是吃米饭，外国人是吃面包，我认为不妥。因为饭是自己吃下去，而文字是写给人看的。"他的发言给人总的感觉是不得要领。在第三次座谈会上，或许是以为他上次的发言陈梦家不知道，他的发言仍以上次陈梦家关于"哭""笑"的举例和"外国人吃面包，我们吃米饭，他们拼音，我们方块字"说法进行批评。他面对陈梦家说："这种说法不对，外国都是拼音，吃饭只限于一个人吃的事，文字则一个人写，另有许多人看，甚至外国人也可以看中国的字。"最后江超西口出狂言：

> 毛主席指示我们改革文字须保留民族特色；民族特性有二：（1）调；（2）部首。有调则声音正确，有部首则文字有意义。我的方案就是根据调和部首，可以能使拼音字不与汉字脱节，能拼进为拼音字，又能从一堆字母中回复为汉字。改天当作一学术报告，并向科学院提出论文，以请教各界高明诸同志。

他的话音刚落，即遭到陈梦家的否定：

> 刚才听到江超西先生的宏论，他说"周"字从"用"从"口"，又是什么弓长张、立早章的举了很多例子。这怎么能这样解释呢？他口口声声说是科学的，其实并不科学。
> ……

今天在这里谈文字改革，只能讨论原则性的问题，不要拿出自己的方案来，这样大家都会有不同的方案，就争论不清了。刚才听了江超西先生的一些意见，我觉得都是牵强附会的，又说他是从比较音韵学方面来讲的，我看没有那么神秘。文字是个集体的东西，个人的方案是不能成功的。江超西先生批评文改会的《汉语拼音方案》（草案）修正第一式字形太长，如 zh,ch,sh 和 an,ng 韵尾的字，并且说他自己有办法把它弄短。这并不是说我创造的一定比他好，而是说文字不能随便创造，比方江超西先生刚才举的例子就不一定科学。

我想像江超西先生这样的讨论文字改革问题，是不对头的。不必要把自己的方案拿出来，以表示自己对汉字改革或改进有所贡献的意见。我对唐兰先生的方案也主张暂时不提出来，但是对汉字的前途是可以讨论一下的。文字是不能一个人来创造的。江超西先生是老工程师，是搞科学的人，但是刚才所说的有关文字改革的话并不科学。有许多人往往把自己的意见认为是科学的，把别人的意见都说成是不科学的。我觉得文字改革的前途首先应该讨论能不能改为拼音文字，其次才是改成什么样的拼音文字。

这一组江陈对话，揭示了当年文改会所邀请的专家中的确有"卖狗皮膏药"的伪专家。

五、突然的转向

就在陈梦家"大鸣大放期间，忙得不可开交"的时候，热衷于文字改革，并极力推销自己的"综合文字"主张的唐兰，自 1957 年 5 月

16 日出席文改会组织的第一次文字改革问题座谈会并发言强调"改革汉字是天经地义，我并不反对文字改革"，表示不再坚持自己创造的"汉字拼音化"的主张之后，便没有了踪影。尽管仍有人批评他的所谓"综合文字"主张，他也不再发声，就像是与"文字改革"一刀两断，与之无关了。

据熟悉唐兰的人说，唐兰原本是一个"自傲很厉害"的人。我们不妨回过头来，看一看他在此前面对苦心经营的"汉字拼音化"的主张遭到"围攻"批判时的状况。前文提到，唐兰所谓的"综合文字"主张，是发表在《中国语文》（1956 年 1 月号）上的《论马克思主义理论与中国文字改革基本问题》一文中的。按照陈定民先生的说法，《中国语文》在发表其文的同时，"组织了许多反驳他的文章放在前面压倒他"。在很长一段时间里，唐兰虽然心里很不舒服，但并没有进行争论。隔了近一年之后，恰逢"鸣放"的春风吹来，他再也按捺不住心中的"怒火"，于是重新"披挂上阵"，撰文《再论中国文字改革基本问题——关于"汉字拼音化"》发表在《中国语文》（见 1957 年 3 月号）上，一吐压抑一年的胸中怨气。他首先对《中国语文》的"编者组织了十八位同志讨论我的主张"和过早"判决'汉字拼音化'的主张是不正确的"表示"我却认为可以不服判决"。

为了避免有人说他"反对文字改革"，他举例说明他所主张的"综合文字"与"拼音文字"没有原则上的分歧。为此，唐兰呼吁：

> 我恳切地希望一切文字改革工作者能和衷共济，团结在一起。在旷野中找到目标以后，不论主张从东去，从西去，都应该让他们说明理由，并且不妨勘探一下，到底哪一条路最合适。通向共产主义的道路，不止一条，通向拼音文字的道路，也不止一条，大家平心静气地来研究研究，总是有好处的。

　　除了在《中国语文》发表的这两篇文章，唐兰还在1957年4月18日《人民日报》上发表《行政命令不能解决学术问题》一文。

　　正是这样很是自负、固执己见的人，这次却突然放弃了自己苦心经营的"研究成果"，显然与他的个性不相符合。从现在掌握的资料看，唐兰的"噤声"正是从1957年4月开始的。5月中下旬，他出席文化部邀请的在京文物专家的座谈会时发言已然少了些"底气"。

　　1957年5月15日和22日，文化部分别邀请在京文物专家举行座谈，座谈会由文化部副部长夏衍主持。唐兰和陈梦家均被邀请出席。

　　座谈会后，《文物参考资料》（1957年第6期）以"揭露矛盾 大胆鸣放"为题报道了座谈会上各位专家的"鸣放"情况。按照排列次序，第一个发言的是佟柱臣，第二个是唐兰。唐兰之后，依次是马非百、赵万里、王世襄、单士元、杨钟健、启功、陈梦家、沈从文、傅振伦、苏秉琦、韩寿萱、潘絜兹。"鸣放"后不久，马非百、陈梦家、傅振伦等成为"右派分子"。

　　陈梦家在这次"鸣放"中先是提出考古学与金石学有何区别的问题，他认为过去不大尊重老金石学家，重考古而轻金石，对三个月训练出来的考古人员看得比老金石学家还重。他希望文化部对这些老金石学家重视，否则是损失。关于中央和地方文物分配上的矛盾，他认为地方上想把发现的文物保存在当地是可以理解的。中央可以保管全国性的，而地方性文物能充实地方博物馆也很好。中央应该先将许多的东西交给地方。他还针对举办展览，领导人、专家和工作者之间常有矛盾的问题，提出了自己的看法。他说，做具体工作的人辛苦了半天，有的领导去了一看就粗暴地说"不行"，也不说出具体道理。自己不动手是不知其中甘苦的，希望今后注意态度，不要事情办好了是自己的主张，做坏了是人家的错。对于一些传统看法，他主张不要马上简单地否定，特别是领导人尤其不能以个人好恶来处理问题，例如对碑帖的保护问题。在节约与浪费的问题上，文物工作是花钱的事，买文物就是保存文物，国家不收藏就会散失，这不能算浪费。收购文物如果公家出价太低，东西就会流散在私人手中。最后，他建议今后文物局以保护地面文物为工作重点。陈梦家的发言应该说态度是诚恳的，建议是有利于文物事业发展的。

正是在文化部邀请在京文物专家举行座谈和中国文字改革委员会邀请在京各界知名人士举行文字改革问题座谈会期间，也就是 1957 年 5 月中下旬至 6 月初，国内政治生活的气氛突然紧张起来。

唐兰自 5 月上旬以来，无论在言论上还是在行动上均有明显的转变。5 月 26 日《人民日报》刊登毛泽东的讲话后，不但 5 月 27 日的文改会座谈会他未出席，其他的活动亦没有了他的身影，相关的期刊报纸也没了他的声息。他的适时"遁去"，一定是有深层次的原因，要么是他有着极高的政治敏感性，要么是有"高人"向他传递了事态即将发生变化的信息。

两个月后，唐兰的再次出现，已然是反"右派"的斗士了。

六、反戈一击

陈梦家就没有那么幸运了。他虽然也已经感觉到政治气氛有些不对劲了，也想收手，但为时已晚。1957 年 5 月 27 日下午，他虽然出席文改会第三次座谈会，但他的发言已经没有了往日犀利的言辞，更没有对文字改革说三道四。可要命的是，在毛泽东发表讲话的前一天，他已经把一个叫关锡的人写给他的信，连同他于 5 月 24 日写的"附记"，一并转给了《中国语文》杂志社。而正是这封信，成为他"反对文字改革"的主要罪证之一。

1957 年 6 月 22 日，《中国语文》（1957 年 6 月号总 60 期）出版。该刊以"一封讨论文字改革的信"为题，全文刊登了关锡写给陈梦家的信和陈梦家写的"附记"。这一天是星期六,考古所没有休息,召开"整风运动"座谈会。陈梦家参加了会议。会议传达了中央有关"整风运动"的精神和中科院系统"整风运动"进入新的阶段的安排,和所内的具体安排计划。陈梦家收到了刊有他转给《中国语文》的那封信。此时反右斗争已经逐步深入,7月初,陈梦家应声落网。随之而来的是没完没了的检讨和铺天盖地的批判和斗争。

1957年8月号的《文字改革》(原名《拼音》)和《中国语文》率先拉开了批判陈梦家"利用文字改革问题向党、向人民、向社会主义进攻"的序幕。

1957年9月号《文字改革》的再次举行"笔谈",阵容庞大,参加者有:中科院院长郭沫若、北京师范大学中文系副主任萧璋、教育部副部长兼北师大校长林砺儒、教育部初等教育司司长吴研因、中科院心理研究所所长潘菽、新华地图社社长曾世英、中央广播事业局副局长周新武、北京大学中文系教师梁东汉、北京钢铁学院教授兼图书馆馆长胡庶华、故宫博物院研究员唐兰、汉语盲文专家黄乃、上海俄文学校校长姜椿芳、中国民主促进会中央理事李平心、《解放军战士》总编辑那狄、全国总工会副主席刘长胜。

几个月来很少公开露面的唐兰写了超长的批判文章,题目是《中国文字应该在中国共产党的领导下进行改革,反对党的领导是错误的!》。

从文章的标题,即可看出唐兰是以全新的面目出场的。他的这篇文章主要是两个方面的内容。一是"我坚决主张文字改革""我主张文字改革必须走拼音方向,这是社会主义方向"。二是揭批"右派分子"陈梦家,以实际行动与"右派分子"做坚决的斗争。他揭批陈梦家说:

　　　　早在今年一月,他为《光明日报》写了一篇《略论文字学》,

同时介绍《光明日报》记者韩洪文来向我访问，给我讲了许多中国文字改革委员会的内部矛盾，挑拨我跟《中国语文》的关系。我当时虽未觉察他的企图，但由于我愿意与《中国语文》在和解精神的基础上进行争论，没有同意他用"围攻"等有刺激的字眼，后来他索性把这一段取消了。三月间文字改革委员会邀我和陈梦家作讲演，我因故拖延未做，他害怕群众反对，还没有敢做公开报告，但到大鸣大放期间就原形毕露了。他把文改工作全面否定，恶毒歪曲，甚至要求文改会收回简化字表，并强迫《中国语文》刊登一封十分荒谬的来信。在 5 月 16 日文改会召集的座谈会上肆无忌惮地向党进攻，和右派记者刘光华交头接耳，会后对我说"现在形势变了，你不要尽说什么拼音方向，那是没有用的"。我当时也没有察觉他的别有用心，只劝告他"不要这样肆无忌惮，这样提意见的方式是不好的"。

文章的最后，唐兰道出了他之所以能够"擦亮眼睛，分清敌我"的原因。他说：

4 月 18 日在《人民日版》上发表我的笔谈，很多地方是有偏激情绪的。尔后，得到党的教育和帮助，随着局势的发展，使我逐渐懂得尽管是学术问题，也可能转化为敌我矛盾。反对党的领导是错误的。一直到章罗联盟的阴谋暴露以后，我才更加擦亮了眼睛，真正分清了敌我。党给我的帮助，我将终生不会忘记。我以后对党本着"知无不言，言无不尽"的精神，提出自己的意见，同时，必须加强改造自己，锻炼自己，坚定立场，永远和右派分子作坚决的斗争。

七、积怨爆发下手狠

自《文字改革》以"笔谈"的形式，展开了对陈梦家的批判之后，《中国语文》《考古参考》《文物参考资料》《光明日报》《文汇报》等纷纷组织文章展开了对他的揭发批判。

为了把陈梦家彻底批倒批臭，在各单位和研究机构集中火力全面展开对陈梦家批判的同时，已然在《文字改革》"痛批"过陈梦家的唐兰，再次以一篇《右派分子陈梦家是"学者"吗？》给陈梦家致命一击。

唐兰的这篇著名的"批陈檄文"发表在《中国语文》1957 年 10 月号上，立即引起了学术界的轰动。在这篇长达万言的文章中唐兰极尽丑化之能事，对陈梦家进行了抹黑和贬损，将陈梦家描绘成一个"欺世盗名"的骗子。

唐兰是以自问自答的方式开始他的"批陈檄文"的：

> 在大鸣大放期间，向党进行恶毒的猖狂进攻的右派分子陈梦家是"学者"吗？不是的。他是"冒牌学者"，实际上是一个十分热衷不择手段地拼命向上爬的野心家，是一个善于投机取巧，唯利是图的市侩，是一个不懂装懂，假充内行，欺世盗名的骗子。
>
> 正如他自己所说，他在抗战以后，到 1944 年依靠了以新月派为主的种种社会关系，很快地往上爬到了"教授"。在抗日战争最危急的关头，想在国际上成名，到美国过美国式的生活，无耻地接受世界上最大的剥削家罗克菲洛的津贴，为他们服务。以研究铜器为名，实际上完全丧失了民族立场，赞助了美国豪商、军人、官僚劫夺我国的铜器。1947 年到清华，和商人们拉交情，博取在古董商人间的威信，"从流氓诗人变为市侩学者"。他还妄想"把自己成为国际权威"。只是由于北京解放了，"这些狂妄的野心

和梦想"不得不结束，但他说"只是暂时掩住而已"。因此，他对党仇视怀恨在心，"抱着有一天……有东山再起之望"。在党提出正确处理人民内部矛盾的方针后，他认为这样的一天终于来到了，可以"东山再起"了，就发疯似地到处发言、写文章、拉拢、挑拨、点火、放毒箭，从各个方面来向党进攻。

为了进一步说明陈梦家是"冒牌学者"，是一个"欺世盗名"的骗子，唐兰以剥洋葱的手法，试图以见证人的身份一层一层地剥去这个"骗子"的外衣。

唐兰"檄文"中所用笔墨最多，大批特批的是陈梦家耗费几年时间编写的《殷虚卜辞综述》。

陈梦家的这部《殷虚卜辞综述》共二十章，而唐兰"批陈檄文"有关《殷墟卜辞综述》这部书的批判却仅有两处。第一处是第二章第四节《甲骨文字和汉字的构造》；第二处是第二十章《附录（六）库方甲骨卜辞的伪刻部分》。为什么唐兰偏偏选中这两处作为他批判的目标呢？仔细阅读这两章可知，原来全书只有这两处与唐兰有关，其中第二章，陈梦家对颇为自负的唐兰多有"冒犯"。

陈梦家先是在第二章第三节《考释甲骨文字的方法》中，认为唐兰《古文字学导论》提出的辨明文字形体的方法——"宋代学者已用的比较法（或对照法）和推勘法；许慎所创而孙诒让应用在古文字的鉴别上的偏旁分析法；历史的考证"——并无新意。所谓的"历史考证法"并不出乎"宋代学者的比较法"和"许慎所创而孙诒让应用在古文字鉴别上的偏旁分析法"。"由此可知唐氏的方法，特别强调严密的与发展的孙诒让式的分析法而已。"尽管如此，陈梦家仍然肯定"在辨明形体上，唐氏强调用分析法是正确的，他应用分析而认得的字是确实有贡献的"。"在孙诒让之后，唐氏确乎是有意的努力的用偏旁分析的方法寻求古文字的'沿革的大例'"。

　　而后，在第二章第四节《甲骨文字和汉字的构造》中，对于唐兰以《甘肃考古记》上所载辛店和四时定彩陶器上关于人、鸟、兽、轮的图形认作相当于唐虞时代的文字，并得出"假定中国的象形文字至少已有一万年以上的历史，象形象意文字的完备，至少也在五六千年以前，而形声字的发轫至迟在三千五百年前"，"辛店期陶器上所有的，似乎只是我们古代文字中的一个支系，而我们的文字还远在其前"。"至少在四五千年前，我们的文字已经很发展了"（见唐兰《中国文字学》）的结论，陈梦家认为："唐氏的这种推测，其根据是很薄弱的。姑且不论辛店陶器和中原文化或华北平原的商文化的联系如何，但他所举的辛店、四时定彩陶器上的图像而说，也不是文字。这些人、鸟、兽、轮分别的混杂在不同幅的图像之中，成为组成此整幅图像中的一部分。"

　　唐兰在"批陈檄文"中，对上述陈梦家对其学术观点的评论不置可否。他最不能容忍的是陈梦家在《殷虚卜辞综述》中用了很大的篇幅批评其苦心经营多年的"三书说"，而鼓吹自己的"新三书说"：

　　　　在他尽力夸张的七十万字大书里，单是"甲骨文字和汉字的构造"，就写了一万字。他基本上利用我在《中国文字学》里所主张的象形、象意和形声的三书说，但由于他一定要高出一筹，所以把象形象意合并起来，硬添上一种"假借字"。

　　实际上陈梦家批评唐兰的"三书说"并提出自己的"新三书说"，并非在1956年出版的《殷虚卜辞综述》中。1938年以后，陈梦家与唐兰在西南联大做同事时，即对唐兰的"三书说"有了不同看法，并曾与唐兰进行过讨论。唐兰生性高傲，对于出道不久的陈梦家竟然对自己的"学说"提出异议，颇为不满，表示不能接受。而更不能让唐兰忍受的是，不久之后，陈梦家在分析、吸收和批判"传统的六书说"的基础上，富有创见地提出"新六书说"或"新三书说"。

陈梦家的"新三书说"，与唐兰的"三书说"出自同一个时代。陈梦家自 1932 年起从事甲骨研究，至 1944 年将古文字视为中国文字学的主要研究对象，不仅遗存了 1939 年夏在昆明西南联大任教时编订的《文字学甲编》等，还发表了《梦甲室字话》《认字的方法》《书语》《释"国""文"》等文字学研究的论文。在《梦甲室字话》和《认字的方法》中，陈梦家以通俗的语言介绍了他的"新三书说"。1944—1947年陈梦家赴美期间，依然没有放弃对于中国文字学的研究。1947 年回国后，在清华大学继续教授文字学，直至 1952 年院系调整，调入中科院考古所工作。从 1953 年起，他着手《殷虚卜辞综述》的写作，至1954 年底写完。在这部书的第二章第四节《甲骨文字和汉字的构造》中，他从甲骨文的发展完善了自己的"新三书说"。为了立论的需要，陈梦家评论了唐兰的"三书说"。在评论中，陈梦家并非完全否定唐氏的"三书说"。

陈梦家认为，唐氏"有其独特的见地"，贡献在于敢于打破两千年来的"六书"传统，指出"象形、象意、形声"的三书说。但他同时认为唐氏的"上古期的象形、象意完备于五六千年以前（夏初），近古期的形声发轫于三千五百年以前的商代；在上古以前还有原始期，是绘画到象形文字的完成的时期"的分法是虚拟的。陈梦家认为把中国文字的发展分为五个时期是比较科学的：

　　第一期，在去今四千年以前（夏以前），文字尚没有从图画分立出来，所以用画来"记史""记名"。第二期，在去今四千年到三千五百年之间（夏至成汤），文字正在孕育发生，逐渐用脱胎于图画的原始象形文字"记事"了。第三期，去今三千五百年到三千年间（汤至商末），象形文字的形经改造而简化分化变化抽象，它的"声"被借用而为"声假字"；此期后一半，是形指字的发生，接着便有"形声字"。第四期，在去今三千年以后八百年（周至秦统一），文字从执政的民族传播到四方去，而因为王室的衰微，王官之制坏，所以在此期的后半字形渐渐分歧。第五期，在去今二千一百年到一千八百年（当秦的统一以迄《说文》的告成），文字不但凝固了，而且从此以后只有小变，没有大的改易了。（陈梦家著《中国文字学》第三章《汉字的结构》，中华书局2011年第1版）

对于唐兰关于"'三书'就是象形、象意、形声。象形、象意是上古期的图画文字，形声文字是近古期的声符文字"的说法，陈梦家以为是不妥当的。陈梦家认为："形声字的构式，形符与声符居于同等的地位，所以不能称形声为声符文字。我们可以说象形、象意是象形文字，称之为图画文字是不妥当的。"（《殷虚卜辞综述》第二章《文字》，中华书局1998年第1版）

综合上述，陈梦家在1956年出版的《殷虚卜辞综述》里，只是在西南联大教学时的《中国文字学讲义》基础上发展完善了自己的"新三书说"。也就是说，对于唐兰"三书说"的批评，也是"陈年旧账"。

唐兰与陈梦家在学术上产生较大分歧由来已久。还是在西南联大的时候，唐兰对这位由诗人转行的同行就有偏见。但时隔不久，唐兰开始发现，陈梦家在做学问上确有独到之处，勤奋刻苦，不拘泥于传统地汲取前人的学术成果，而有自己独特的学术观点。这一点，老派学者显然不如陈梦家。在授课方面，陈梦家的授课风格更受学生欢迎。据他们的学生回忆，唐兰和陈梦家讲文字学，风格大有不同，唐兰讲课过于刻板教条，几乎照本宣科，很少新意，他的文字学课并不受欢迎。而陈梦家具有诗人的浪漫，授课时谈笑风生，备课又十分认真，总是把枯燥的文字学讲得深入浅出，常有新的研究成果展现，深得学生们的喜爱。

那么，与唐、陈同时代的学人和后辈学人是如何评价唐兰的"三书说"和陈梦家的"新三书说"的呢？归总起来，认为陈梦家的"新三书说"是基本上合理的。而唐兰的"原始、上古、近古三书说"并没有给非图画文字类型的以义会意的会意字留下位置；把假借字排除在汉字基础类型之外，不能真正反映汉字的实际；象形、象意的界限不很明确，难以把握，划分意义不大。例如雨字，唐兰在《古文字学导论》上编当作象形文字，上编《正讹》里又改称为象意文字；上和下字，《古文字学导论》中当作象意文字，《中国文字学》中又改称为象形文字。可见唐兰在划分象形、象意时，也有"混淆不清的地方"。

八、贬损加抹黑

唐兰在"批陈檄文"中，极尽贬损、抹黑之能事。仔细阅读唐兰的这篇"批陈檄文"，不难发现，唐兰行文中的案例，一定是与他相关的。也就是说，凡是陈梦家在其著作中涉及唐兰了，特别是对唐兰的观点有所批评，或者某处否定了唐兰的观点或主张，唐兰在批陈文中一定大批特批。最为典型的案例是唐兰在批陈文中提到的"1953 年秋，在《文物参考资料》上"关于唐兰的《铜器发展的历史概要》一文，和陈梦家有过的一次争论。

这次争论的起因，源于唐兰在其撰写的通俗读物《铜器发展的历史概要》中，说"由于青铜工具的发明，一方面使生产力提高，一方面也使手工业和农业分了工，许多人脱离了农业生产而专事于金工、木工等"。文章发表后，有的读者对唐兰的观点提出了疑问。陈梦家对唐兰的看法亦有不同意见，同年 7 月，写了《〈铜器发展的历史概要〉讨论——就读者所提的意见说明我的看法》，发表在 7 月 30 日《文物参考资料》第 35 期上。

陈梦家在文中首先肯定唐兰所云"由于金属工具的发明，提高了生产力"是不错的，但对唐兰"所谓金属工具，在中国就是青铜工具"

的说法持不同观点。

陈梦家认为："殷代既已有了很高的铸铁技术，当然用的工具不一定是非金属的。但是铸作铜器所用的工具，如作范的、熔炉的、整治铜器表面的，只要竹木、陶质、石质、骨质的工具可以了。等到青铜工艺发达以后，当然可以造青铜的工具，如刀、削、锥之类。但是这种青铜工具和青铜工艺，是为了什么人服务的？就已经出土的殷代铜器来看，好像只限于祭器（包括明器、乐器）、车器和兵器。这些东西都是王室贵族所用的。青铜工艺只是在那个社会制度下特殊发展而成的王家工业。殷代的青铜工艺，只是一种工艺，还不能称为存在于社会的专门化的工业部门。当时的农具和一般的工具，恐怕并不是铜的，而是出土所见的石器、蚌器等等，甚至用木质的。青铜不像后来的铸铁技术出现以后，直接的以铁作为制造农具的材料，对于农业生产确乎起了很大变革。"

为了说清楚殷代和早期的周代所以不出青铜农具的原因，陈梦家做了如下推测：（1）现在的发掘多限于墓葬，遗址的发掘不够多；（2）青铜珍贵，古代的青铜农具又熔化而作为别用；（3）当时根本没有用过青铜农具。关于（1），遗址的发掘诚然很不够，但农民掘地是可以偶然发现的，而这些东西从来不见于市肆。关于（2），青铜既然是珍贵的，就不应当用来作为农具。因此（3）的可能性很大，就是那时候根本不用青铜农具。

由此，陈梦家的结论是：假使我们以上的推论不错的话，那么青铜器与铁器在中国的生产史上起了不同的作用。唐兰以为青铜工具的发明直接产生了两个效果，就是"生产力提高"和"手工业和农业分了工"。所谓手工业，当然包括了陶工、石工、木工、骨工等。这些或与生产有直接的关系，或与人民日常生活有密切关系。它们之出现，当然还在青铜工艺以前。我们既已说殷代青铜工艺的出现并不影响分工不分工，我们既已说铁器与农业生产的直接关系，则手工业与农业的分工应该从铁器成为普遍的农具以后。

为了更进一步印证"在铁器未成为工具以前，作为奢侈品的青铜器不可能成为农工具"推论的准确性，陈梦家还在文中列举了许多实例加以说明：过去研究铜器的人，因为看到市肆流出许多铜器，有许多号称于殷都安阳出土。这很容易给人以错误的印象，以为殷代用铜器殉葬是很普遍的事，一个人死了总有一二件殉葬铜器的。这种看法是错误的。我们试举1953年春季安阳发掘来说，在150个左右的殷墓中，出铜器的只有几个墓；其他的墓虽有很讲究的棺椁，但殉葬品最多的只是几个贝、一两块小玉器，最多的是陶器。这些陶器是仿造铜器而做的明器。这些人埋葬在殷都的近畿，他们大概都是王朝的文官武吏，并非老百姓。他们的殉葬品尚且如此，那么老百姓用铜的机会恐怕更少了。铜器上有只铸"作宝彝""作尊彝"的，不能是普通人民可以到市上买到的，它们之是否为贩鬻的成品，还大有问题。一直到战国后半期，大量的小件日常铜器如镜、带钩、灯、炉的出产和商人阶级的兴起，铜器才开始为贵族以外的人们所享用。劳动人民享用青铜和黄铜，或者更在其后。人民可以享用小件的铜器作为日常用品或装饰品，要在铁器盛行以后。

文章的结尾，陈梦家以极坦诚的态度，提醒"唐先生《铜器》一文除了个别的叙述和判断有可商者外"，他"所举的例子常常是用特殊的例外来说明一般的情况。这种方法，似乎不适宜于以通俗形式介绍专题的论文，更不能用他来讨论中国社会发展史的诸种问题"。

陈梦家的文章发表后，得到了学术界的基本肯定，普遍同意陈梦家的青铜工艺发达以后才可以造青铜工具的观点。而唐兰面对陈梦家与己不同，甚至否定的观点心存不满，曾私下与陈梦家进行过激烈的争论，但最终的结果是，彼此保留自己的观点。

就在唐兰与陈梦家的争论暂时休止的时候，河南安阳大司空村发现了一个殷代铜铲。本已消停下来的唐兰再次打起了精神，拿这个铜铲的出现证明殷代已经使用青铜制作的生产工具。

　　此时陈梦家已着手撰写《殷虚卜辞综述》。他在第十六章《农业及其他》第五节《农具》中，以大量的事实再次否定了唐兰的判断。陈梦家认为："殷代的百工是受重视的。因此他们可以制造并使用金属工具。1953年秋在安阳大司空村所掘获的一把青铜铲，应属于这一类，它不是耕种者的农具。"他再次重申与唐兰争论时的观点，说："我们说过，青铜工艺在殷代是一种特殊发展的王家工艺，为王室贵族服务的。它不是普遍存在的专业化的工业部门。殷代青铜器工艺与战国时代铁器的铸造，在中国生产史上起了不同作用。只有到后来铸铁术出现以后，直接以铁作为制造农工具的材料，才对于农业生产起了很大的变革。手工业与农业的分工，应该从铁器成为普遍的农工具时才开始的。"在文中，陈梦家还分析了殷代不制造青铜农具的原因，他说："殷代的铸铜技术业已极为成熟，当时是可以制造青铜农具的，青铜农具当然远胜于蚌石制的。其所以不造，乃由于当时的农业生产者还是奴隶阶级，连粗糙的石制收获具还要集中管理，当然不容许他们用金属农具的。当时的王室，为了要巩固他们的统治，就大量地用青铜制造兵器。"

　　原本是一场普通的学术讨论，可唐兰却认为陈梦家有意与自己作对，出风头，为此他耿耿于怀。1957年7月，陈梦家成为史学界"四大右派"之一，同年10月11—14日，中科院以哲学社会科学部的名义召开了揭批史学界四大"右派分子"大会。此次会议，不仅中科院系统的有关人员参加，还邀请了北京大学的翦伯赞、故宫博物院的唐兰等出席，参与揭发批判。唐兰在发言中对他所了解的"右派分子"陈梦家进行了毫不留情的揭发批判。几天后，他以这次的发言为基础，整理出《右派分子陈梦家是"学者"吗？》的"批陈檄文"。文中，唐兰重提三年前的那场争论，对陈梦家所持"要到青铜工艺发达以后，才可以造青铜工具"，"青铜工艺只是在那个社会制度下特殊发展而成的王家工业。殷代的青铜工艺，只是一种工艺，还不能称为存在于社会的专门化的工业部门。当时，农具和一般工具恐怕不是铜的"，"那时候根本不用青铜农具"等与己相悖的观点，横加指责，并上纲上线，说陈梦家"否定了作为奢侈品的青铜生活用具只是在金属工具的使用以后，生产力十分发展，并有了阶级剥削，才会出现的一个基本原则"，陈梦家是在"有意地反对马克思主义的发展史"。对于陈梦家否定大司空村出土的青铜铲是"耕种者的农具"。唐兰质问道："但是这个长 22.45 厘米的大铜铲，除了挖地，做什么用呢？陈梦家没有交代出来。"因此，唐兰得出的结论是：陈梦家这种一手遮天的手法，在"有意歪曲科学的历史事实"，"在有意地反对马克思主义的发展史"。

唐兰在其精心炮制的"批陈檄文"中，不仅在学术上对陈梦家极尽贬损之能事，还对他购买明代家具和购置房产说三道四，甚至扯出"三反"时陈梦家曾因为清华大学文物陈列室牵线购买"大织造"而遭人猜忌，接受组织审查的旧事。

唐兰揣测陈梦家购买明代家具的初衷：

> 由于古代木器在国外有市场，陈梦家就经常在鲁班馆等地搜罗明代家具，摆了一屋子，常常约人看，就自封为木器专家。其实所谓明代木器，大都经过改装和拼凑，只有所用材料真正是明代的。

显然，唐兰对陈梦家收藏明代家具的目的和对陈梦家搜罗的明代家具的评价，是主观臆测、缺乏根据的。

陈梦家购买明代家具的起因，既不是为了赚钱，更不是为了成为"木器专家"，而是为了使用。他之所以选择明代家具，除了明代家具精美耐用，还与当时的价格有关。在那个年代，买一件明代家具，要比买一件新的家具便宜许多。根据我们今天掌握的资料，1947 年回国后，清华大学分配给陈梦家胜因院的一处房子，此时陈梦家和赵萝蕤寄存在北平、云南，还有他们在美国几年中积累的物品和书籍都开始不断运来清华园，尚在美国的赵萝蕤回国亦有期。陈梦家的房内需要各种家具，才能安排下所有的物品和书籍。于是，自 1947 年 10 月开始，陈梦家利用休息时间开始进城搜罗家具。

　　陈梦家购买明代家具最初目的是为了使用。但作为学者，在使用的过程中，他对于那些工料精美、艺术价值极高的黄花梨或紫檀家具的年代、材质、工艺、功能等方面进行了综合研究。因明代家具年代久远，有的已经松懈或有缺损，要去小器作坊找好的木匠修理，常来常往，陈梦家和师傅们成了好朋友。木匠师傅毫无保留地将如何辨别明代家具材质、工艺，是否有修，材料是否有假等经验教给他，使他在购置明代家具时少走了许多弯路。有时他们会推荐存有明代家具并有转让之意的人家，陈梦家总会寻觅到精美绝伦、品种稀少的明代家具。由于他慧眼独具，几年中寻觅到数十件以黄花梨木为主的明代家具传世佳品。此时的陈梦家购买明代家具的目的，已由单纯的为了使用而购买，提升到为欣赏、研究而购藏了。在京城经营古旧家具的商贩和从事古旧家具修整的工匠，以及搜集明代家具的同好眼中，陈梦家已然不是唐兰所说的"自封的木器专家"，而是公认的明式家具专家了。

　　几十年后，在文博收藏界享有盛名的明式家具研究专家王世襄先生，对陈梦家经手过的明代家具赞叹不已。在王世襄编著《明式家具珍赏》时，收录之家具有 38 件是陈梦家生前旧藏。1986 年《明式家具珍赏》出版了英文本，扉页是王世襄亲自设计的：一团浮雕牡丹纹，宛然明初剔红风格，是从紫檀大椅靠背拍摄下来的，下面印"谨以此册纪念陈梦家先生"十一字。1991 年，王世襄写了《怀念陈梦家》一文，在文中满怀深情地说："如果天假其年，幸逃劫难，活到今天，我相信早已写成明代家具的皇皇巨著。"而《明式家具珍赏》"这个题目轮不到我去写，就是想写也不敢写了"。

　　综上所述，陈梦家在明代家具的收藏和研究方面，毋庸置疑是一流水平的专家。唐兰批陈文中，对于陈梦家明代家具搜罗的否定言辞，不攻自破。

唐兰是把陈梦家的著述和买房勾连在一起的。按唐氏批陈文中的说法，陈梦家著述的真实目的，是为了"多赚稿费""买一所大房子""名利双收"。其实，陈梦家买房子和买明代家具的目的一样，是为了使用。

为了加强对陈梦家的打击力度，唐兰在批陈文中还渲染说"陈梦家在'三反'运动时是大老虎"。唐兰所说，亦有悖事实。

在"三反"运动中，陈梦家的确接受过审查。起因是他在1948年初为社会学系吴泽霖教授牵线搭桥，委托京城振德兴刘仁政从纽约为清华大学代购"乾隆御用大织造佛像"两幅，致使在"三反"运动中被检举与刘氏合谋赚取费用，陈梦家多次交代才得过关。

这件事遭到人们猜疑的主要原因，是这位振德兴老板是陈梦家的四姐夫。刘仁政是商人，经营振德兴商行，在上海、香港都有分号。他的生意很广泛，也做古董生意。陈梦家自美国回来以后，刘仁政时常让陈梦家陪他逛隆福寺、鲁班馆等古旧物品市场。刘仁政有钱，但眼力不如陈梦家。为此，每当振德兴商行在陈梦家的把关下买到了可以赚钱的物品，出手之后刘仁政总会请他吃饭，有时陈梦家看好的东西，却没有钱，刘仁政往往会借给他或支援他一些。吴泽霖教授与刘仁政认识后，在委托他购买"大织造佛像"之前，还曾委托振德兴代购"满清礼衣"。正是因为陈梦家与刘仁政是亲戚关系，"三反"运动时才被人揭发他与刘仁政有合谋赚取清华大学钱财的重大嫌疑。实际上，陈梦家不仅没有与四姐夫刘仁政合谋赚取清华大学的钱，还曾动员刘仁政向清华大学文物陈列室捐赠甲骨。

关于"大织造"最终的调查结论是，陈梦家并没有在这件事情上占便宜，节约检查委员会对陈梦家"急公好义，精诚感人的人格"（见赵萝蕤1952年5月日记）给予了充分的肯定。因此，陈梦家并不是唐兰批陈文中所说的"大老虎"。原本是事实清楚的问题，唐兰却给陈梦家扣上"'三反'运动时是大老虎"的帽子，可见唐兰对陈梦家成见之深。

九、还原真相

通过对唐氏"批陈檄文"中所罗列事项逐一剖析，并钩沉出事实真相，不难发现，唐兰批陈文中所述，多数与事实真相不符，甚至有的是虚构的。据考古所的王世民先生回忆，1957 年 10 月，在中科院组织召开的一次揭批史学界"四大右派"的会上，唐兰批判陈梦家时说："他一到美国，就挂牌鉴定铜器。"会后，考古所的周永珍悄悄问陈梦家，有这回事吗？陈梦家苦笑着说，哪有这回事呀，让他随便去说吧。

据熟悉唐兰和陈梦家的人分析，唐兰与陈梦家的确在学术方面存有一些分歧，但私人间并没有太多的积怨。之所以在反右时期唐兰对陈梦家下狠手，无外乎两个方面的原因：一是批陈以自保。陈梦家因反对文字改革遭到批判，唐兰遂口口声声说他不反对文字改革，不反对汉语拼音化，但自始至终他并没有与文字改革委员会站在一个起跑线上。他自作聪明地搞出一个所谓的"综合文字"来搅局，令文改会很是反感。1956 年《中国语文》1 月号，用批判的形式发表他的《论马克思主义理论与中国文字改革基本问题》，同时还就其文章的观点组织了 18 位专家学者进行讨论。唐兰知道有把柄攥在一些人手里，随时会找他算账的。因此，他在恰当的时机抓住了批判陈梦家的机会，切割了他与陈梦家有关联的一切关系，甚至说他的一些与文字改革不合拍的做法是受陈梦家的蛊惑；还揭发陈梦家怂恿他组织文字学会，渲染中国语文社向他"围攻"，等等。二是公报私仇。在唐兰眼里，陈梦家的所作所为无非是"企图压倒过去学者们的成绩"。当然，主要是陈梦家在某些学术讨论中占了上风，抢了他的风头，甚至冒犯了他。正是出自他对陈梦家的私人成见，并有挽回面子的成分在内，他在批陈文中所使用的语言明显有如下三个特点：一是抬高自己，贬损陈梦家；二是无错说错，小错放大；三是上纲上线，帽子巨大。

若把"批陈檄文"中唐兰罗织的"罪名"都拿掉，其实唐文每个段落里并没有什么特别有价值的东西，无非是陈梦家在某书或某篇文章里出现的任何学人都不可避免的小疵而已。

正是唐兰在反右派斗争时敢于站出来揭批"右派分子"陈梦家，并写出杀伤力很大的《右派分子陈梦家是"学者"吗？》这样一篇足以让陈梦家"一败涂地"的"战斗檄文"，从此唐兰进入到"党和人民信任的知识分子"的行列，而陈梦家则成为"向党进行恶毒的猖狂进攻的右派分子"。

自这篇杀伤力很强的《右派分子陈梦家是"学者"吗？》一文出世后，唐兰和陈梦家几乎再无来往。

1966年"文革"爆发，同年9月3日陈梦家不堪凌辱自缢而亡。

1978年12月下旬，考古所将在八宝山为陈梦家举行追悼会。王世民专程拜访唐兰，探问他是否参加12月28日黄文弼、陈梦家二人的追悼会。此时唐兰有病在身，根本无法参加了。他只对王世民说了一句话："梦家还是有贡献的。"

于陈梦家的追悼会召开两周后，1979年1月12日清晨，唐兰离世。

于省吾：同列"甲骨四老"

于省吾和陈梦家都是在"甲骨学"方面有着突出贡献的文字学家。"甲骨学"因甲骨文 1899 年为人发现，逐渐形成了一门国际性学问。中国学者对甲骨学贡献最大者，有"甲骨学之父""甲骨四堂""甲骨四老"之说。"甲骨学之父"是首先发现甲骨文，并第一个将其定为商代文字的王懿荣。"甲骨四堂"指中国近代四位甲骨学家，分别是：罗振玉，号雪堂；董作宾，字彦堂；郭沫若，字鼎堂；王国维，号观堂。"甲骨四老"指的是 1949 年以后为甲骨学研究继续发展做出重要贡献的四位学者，分别是陈梦家、于省吾、唐兰和胡厚宣。

"甲骨四老"中，陈梦家与于省吾的关系最为密切。他们之间没有师生关系，但陈梦家对于先生以师视之，尊重有加。

一、"新证派"的开拓者

于省吾，字思泊，1896 年出生于辽宁海城县中央堡。他青年时期宗桐城派古文，以才名闻于乡里，得到时任张作霖总参议的杨宇霆的赏识。1924 年秋，杨宇霆任江苏督办，聘其为秘书。1926 年，奉天省长兼财政厅厅长莫德惠委任于省吾为奉天省城税捐局局长。1928 年，张学良和杨宇霆重建沈阳萃升书院。于省吾任教务长，聘请国内著名学者来书院讲学，教授经、史、文学。"九一八事变"后，萃升书院停办，于省吾离开东北，寓居北京。到北京不久，他的父亲于开第将沈阳的住宅一所和市房一所先后卖出，并两次派人将款潜送北京；此外还设法将家中旧藏的三十多箱书籍从大连转运北京。也就是从这个时期开始，于省吾喜欢上了古器物和古文字，并从事这方面的研究。研究古器物和古文字必须善于鉴定真伪，否则无法引用。为此，于省吾开始搜集商代甲骨、商周时代的古器物。因有一定的财力，几年的时间，他便搜集到带有铭文的青铜器和带有文字的殷商甲骨及戎器 200 多件，其中精品多属戎器，如吴王夫差剑、少虡错金剑、吴王光戈、楚王酓璋错金戈、秦商鞅镦、秦相邦冉戟等，遂以"双剑誃"名斋。誃，通"簃"，意为阁楼旁的小屋。渐渐地，于省吾成为文物鉴赏家和收藏家。不同于多数藏家的是，于省吾热衷于用自己所购藏的文物进行研究考证，他常说："在读书人中，我是有钱的；在有钱人中，我是有学问的。"在集藏古器物的同时，他潜心从事古文字、古籍校订和古器物研究、著述，经常累月足不出斋，陆续完成了《双剑誃吉金文选》《双剑誃吉金图录》《双剑誃尚书新证》《双剑誃诗经新证》《双剑誃易经新证》；还在考古学社社刊发表《井侯殷铭文考释》《毛伯班殷铭文考释》等文章。1940—1943 年，于省吾的《双剑誃殷契骈枝》《双剑誃殷契骈枝续编》《双剑誃殷契骈枝三编》相继出版，在这"三编"中，共新识或纠正过去的误释文一百余字，是罗振玉、王国维以来解决甲骨文字识读数量多且准确性强的重要著作，开拓了地下出土文献证读传世文献这一新的学术领域，学术界称之为"新证派"。

二、"玩物不能丧志"

正是因为于省吾在学术上的成果显著，他曾先后被聘为燕京大学、辅仁大学、北京大学教授或名誉教授，还曾任故宫博物院专门委员。陈梦家与于省吾初识，正是陈梦家在燕大跟随容庚读研究生时。那时陈梦家如饥似渴地用功读有关自己所学专业的前辈学者的著作、文章，自然少不了要读于省吾的著作。尤其是于省吾经由文学而经学，然后加以融会贯通，自成一家的治学经历，对初入学术之门的陈梦家大有启发，自此他对于省吾之著作必读。因于省吾与容庚友善，陈梦家与于省吾得以结识，并执弟子礼。而后陈梦家留校任教，于省吾曾受聘燕大任教授，陈梦家更是侍应备至，颇得于省吾好感。此时，正值于省吾著述旺季，著作甫一问世，定会赠容师，陈梦家定会第一时间捧读。每遇不解，适于省吾来燕大时，会谦恭讨教。陈梦家亦时有论文见诸《燕京学报》《禹贡》等刊并预订抽印本若干赠送师长。于省吾对陈梦家的天赋、悟性、才华和努力、勤奋以及思路、行文都颇为欣赏。于省吾和容庚是一代人，但在陈梦家眼里，于省吾更像兄长，没有代沟，无论谈学问还是聊家常，总是有说不完的话。于省吾酷爱收藏，陈梦家每逢进城，只要于省吾在寓所，定要去拜访。每次陈梦家来，于省吾都会把自己所藏的古器物展示给他，并指导陈梦家辨识铜器的铭文和甲骨上的文字。当见到于宅所藏吴王夫差剑与少虡错金剑时，陈梦家赞叹不已。由此，陈梦家对集藏古器物产生了浓厚的兴趣。

陈梦家常到于宅来，与于家老少都熟悉起来，他们都喜欢这位新月派的著名诗人，每当饭口，于家会留他就餐。有时赶上于省吾去商贾或藏有古器物的宅门探访，也会让陈梦家跟随。陈梦家从于氏串古董店、老户人家，不但学到辨识古器物真伪的要领，还学到了与商贾周旋的实战经验，为他后来搜集古器物和明式家具打下了基础。尽管于省吾热衷于收藏古器物，但只是为了研究古器物和铭文，他秉承"玩物不能丧志"的古训，对所藏古器物凡有学界朋友借去或索去，从未流露过难以割舍之情。

三、坚决不任伪职

1937年全面抗战爆发后，陈梦家南渡，不久应聘迁移到长沙的清华大学，而后随校赴云南任教于西南联大。于省吾仍留北平，任辅仁大学国文系教授。辅仁大学由于罗马教廷和天主教圣言会所在的德国的特殊关系，尤其是董事会的权力实际由德国人把持，所以北平沦陷后，校务活动没有受到影响。在整个抗战时期，辅仁大学是唯一不悬日伪旗，不读日伪所编的进行奴化教育的课本的高校。因此，在北平沦陷期间，有些原来执教于北京大学、燕京大学等高校的教授，由于客观原因不能随校南迁，也不愿在日伪控制下的学校任教，便转入不悬日伪旗的辅仁大学。那些想在北平继续学习，又不愿当亡国奴的青年，也转到辅仁大学。

北平沦陷期间，曾有任伪职的故旧上门请于省吾出山，被他严词拒绝。被日伪接管的院校请他兼课，亦被他厉声呵斥。他坚持不为日伪做事，不在挂有日伪旗帜的学校兼课。他断绝了一切与日伪有勾连的人情关系，秉承校长陈垣先生的学术抗日的爱国主张，专心在辅仁大学讲授古文字学、金文研究、甲骨钟鼎文字等课。在授课的同时，他潜心研究著述，《双剑誃殷契骈枝》《双剑誃古器物图录》《双剑誃殷契骈枝续编》《双剑誃殷契骈枝三编》和《论语新证》等重要著作，都是在这一时期完成的。

陈梦家与于省吾分隔南北，但保持书信往来。得知于省吾拒绝到挂日伪旗帜的学校任教的消息，陈梦家极为敬佩。那时，北平与昆明通邮不畅，于省吾的著作和文章一俟发表，陈梦家一定会想尽办法尽早拜读。虽然远隔千山万水，但于省吾十分关注陈梦家的学术研究动态，对他在学术上的突飞猛进赞赏不已。每当见到陈梦家的最新论文，他都要仔细研读，并将自己的看法写信交流。

1944年秋陈梦家赴美后，与于省吾鱼雁往还。于省吾一如既往地关注陈梦家在美的学术情况，支持并帮助他解决在学术研究过程中所遇到的问题。在这一点上，陈梦家的前辈师长容庚和唐兰远不如于省吾做得好。于省吾在学术上对陈梦家的支持，可以说是毫无保留。对陈梦家取得的学术成就，于省吾从来都是赞赏和肯定。

陈梦家是个知恩图报的君子，在美期间，凡有亲友奉托，他总是不遗余力地奔走。1946年春，于省吾之子世正和儿媳翟雅明相继从辅仁大学毕业，他决定送他们去美国继续读书。恰好陈梦家有信来，求《双剑誃古器物图录》，并询容庚等人近况。于省吾当即检出一部，委托北平图书馆留守馆务负责人顾子刚转寄给陈梦家。1946年4月9日，于省吾致信陈梦家，请他代询有关留学事宜（1946年4月9日于省吾致陈梦家函）："（一）留学生每人一年学费、书籍、衣食住行共需美金若干；（二）报考大学或研究院之手续如何；（三）支（芝）加哥大学入学简章及大学一览。"信中，于省吾告诉陈梦家，容庚已然离开北京大学，"到广西大学任职；胡厚宣有《甲骨论丛》一书已出版"。陈梦家接到于省吾手函，马上按所列三条一一落实，并快信寄出。5月初，于省吾接到陈梦家信函，获悉一切，当即想办法与教育部联系子、媳赴美留学事宜。但最终的结果是"教育部今年暑期考试官费生名额仅百人，而经济只数名，是官费已无考取希望，自费优待汇兑办法业经部令取消，惟有自谋出国，而出国护照亦极难领"，"经济力量有限"。无奈之下，于省吾在复函中请陈梦家联系旧友顾立雅"商量设法代为声请入学并筹划领取护照办法"。信末，于省吾还告诉陈梦家"如能在美谋得伪聘书二份（月薪须书百元以上方有效），寄来用以为声请护照之凭证，亦一法也"。这当然是于省吾打听来的应急办法。最终于省吾之子世正得以赴美留学。

1947年9月，陈梦家离开工作了四年的芝加哥，回到清华大学任教。

1946 年 4 月 9 日，于省吾致信梦家，
请其了解赴美留学之手续等事宜

1946 年 5 月 8 日，于省吾因子于世正赴
美留学事致信梦家

四、"物有所归，我心泰然"

陈梦家回国后，很快就专门到东城大佛寺西街三十七号于宅看望于省吾。自 1937 年分别，至今十个年头。这一年，于省吾 51 岁，陈梦家 36 岁，正是做学问的最好年华。十年前，在于省吾的眼里，陈梦家是一个刚刚步入古文字和古器物研究的青年才俊，而十年后的他已是甲骨学、殷周铜器研究方面的专家了。陈梦家向于省吾述说了他在美国四年中所见我国流失欧美青铜器的大致情况。对于省吾问及的早些年河南某些地区出土的青铜器的下落，凡陈梦家在国外见到过并了解流失过程的，都一一做了介绍。当于省吾向陈梦家问起在美国是否见到将许多中国的国宝级文物贩卖至国外的文物贩子、大古董商卢芹斋时，陈梦家告诉他，在欧美观摩调查流散的商周青铜器，多亏卢氏为其多方周旋打通关节，取得调查的第一手资料。在宾夕法尼亚大学博物馆考察时，他近距离看到被卢芹斋偷运至美国的昭陵六骏中的"飒露紫"和"拳毛䯄"。在与卢芹斋交往的过程中，他看到了卢芹斋怀念家乡，对盗卖祖国文物有愧疚的一面，这也是卢芹斋竭诚帮助他完成调查在美公私所藏中国铜器的动因所在。也是因为看到了卢芹斋的积极一面，陈梦家才在回国前夕鼓动卢芹斋向祖国捐赠国宝。于省吾对于陈梦家赴美四年所取得的成果大加赞扬，鼓励他要抓紧将在欧美搜集到的资料整理出来，以供国内学者研究之用。陈梦家告诉于省吾已然着手整理编撰。

他俩还一起到故宫博物院看望马衡先生。马衡请他们参观并鉴赏德人杨宁史所送的铜器。陈梦家对铜器器型、名称、断代以及铭文的辨识，均极精熟，令马、于两位前辈刮目相看。自此以后，凡故宫博物院有人捐赠或收购到青铜器，马院长都会请陈梦家过来协助鉴定。

不久，清华大学校务委员会责成陈梦家牵头清华大学文物陈列室的筹建工作。此后，他常常自己或与潘光旦、吴泽霖等同仁，进城到德胜门外、鼓楼、后门大街、隆福寺、东四、瓷器口、鲁班馆、东晓市、天桥西大街等古董店、旧书铺和木器店寻觅有价值的文物。每次进城前，陈梦家总会联络于省吾和唐兰。但凡陈梦家单独进城，于省吾或设家宴宴请，或约上唐兰在烤肉季等饭馆请吃。在收藏古物方面，于省吾起步很早，北平有名的古董店铺的老板、伙计大都与他熟悉，有的还有交情。于省吾把自己熟悉的古董店铺老板毫无保留地介绍给陈梦家。1947年底至1948年春，是陈梦家购藏颇为丰富的时期，他在1948年1月30日、2月20日和3月8日写给在美国芝加哥的妻子赵萝蕤的信中，有所详述：

1948年1月30日：

> 我以年关之故，颇拟收买小物，以备他日不时之需。故忍痛托来薰阁代卖普爱伦"石刻"（我有二本）及北平图书馆之《海外铜器》（尚存二部），约可得四五百万。用此买物。在于省吾介绍（乔姓）小铺（此人在琉璃厂铜器好手）买商平勺一，鹗尾一（白石的）合150万，未付。在卡白克介绍的袁世香（专门，清河钜鹿瓷专门）处买小鹿（极小极精），小猪（以上两个实心的），蜷卧兽片各一，皆绥远陕北出土，洋人心目中之上品，极为难得。尚未付。袁送宋瓷三件，寄存定州窑的盆子一个。
>
> 今日在东单小市买喷银小碟（烟碟或茶托的样子）八个，红木扁方文具架，附一对活动小扁抽斗，好玩。今日书桌上陈列，甚觉可观。所买小古董，除陶镜（200万）（前几天送来的）已付外，其它未付。陶镜（墓葬用的）极稀，所见纽约法人有一秘不示人，我的又胜过他的，战国晚期，又与漆器相比，上有朱绘极精花文。
>
> 近日现款奇紧，而又拼命收买小物，因价格太便宜，失去可惜。此等东西，别人未必懂得它的妙处，而我们将来万一有窘迫，可换大价钱也。若不需如此，自己留着亦极可贵，我实愿自留赏

玩。你看了必高兴，稍等拍照给你。

我又三万五万买了些旧书，多《竹书纪年》，来薰阁送宋版一页，框子不佳，可以暂挂，亦尚有趣。我因受潘光旦之托，收买高价的好版（宋元明）书，以资救济书商，故书商大为捧我。可惜无现款，此时买书太便宜，尤以线装书比白纸本子都便宜几倍，可谓惨极了。

1948 年 2 月 20 日：

昨晚住郑家，在于省吾家晚饭，也有唐兰，于见了面也是托卖古物。

1948 年 1 月 30 日，陈梦家致萝蕤信：我在于省吾介绍小铺购买商平勺一、鹗尾一，合150 万

1948 年 3 月 8 日：

　　学校将大举买物，使我更忙碌。今日上午购书闹到午后一时才止。于省吾将以全部甲骨自己送来代售。对于古董贩子，经三月训练，已略知对付，这班人其实简单，故弄玄虚而已。希望你搬家以前把书全部寄出。

在上引陈梦家致赵萝蕤信中，有"于见了面也是托卖古物""于省吾将以全部甲骨自己送来代售"等语，事出有因，于省吾曾就出让甲骨事致信陈梦家，可以诠释（于省吾致陈梦家函）：

梦家仁兄左右：

　　前复一缄，想邀台览。燕王剑可令高有声来取。舍下甲骨在私人收藏方面略有可观，为弟十余年之所藏，兹因小儿第二期结汇为时已迫，需款孔棘，务恳分神向贵校当局关说俾座于成。至以为感，并请暂守秘密，勿向他人道及为荷。专此奉手，即颂撰祺。

弟　于省吾顿首

六日

　　不光是要出售甲骨，还有燕王剑。收藏家出让心爱之物，多因家中遇到大事、难事。于省吾之子世正尚在美国芝加哥留学，因第二期结汇时间迫近，需款很紧急，故而出让珍藏多年的宝贝，实属无奈之举。陈梦家自然理解，何况这些甲骨正是清华大学文物陈列室可遇不可求之品。实际上，于省吾所藏的古物并甲骨，不出售给清华大学文物陈列室，凭着他在古董界的良好口碑，找到价格高于清华的买家不是难事。于省吾是深明大义的人，他需要钱供儿子留学之用，但也深知公藏更有利于文物的保护。当然，这里还有于省吾与陈梦家的私交原因，陈梦家清楚于省吾所藏古物，尤其是甲骨的文物价值，自然不能错失机缘。

自 1947 年底至 1950 年初，陈梦家从于省吾珍藏的古器物和甲骨中挑选了数件精品作为清华大学文物陈列室的馆藏；于省吾还慷慨地将自己所存的青铜器和甲骨拓本毫无保留地借给陈梦家参考研究之用。

"物有所归，我心泰然。"于省吾常说的这句话，对陈梦家的影响至深。

五、走进新时代

1949 年 1 月 31 日，解放军进城，北平解放。同年 2 月，在中共辅仁大学党支部的领导下，成立了辅仁大学教员会。3 月，废除了为外国天主教神父充任的"校务长"，成立临时校政会议。6 月，学校遵照中央人民政府教育法令，成立校务委员会，由陈垣任主席。1950 年 10 月 12 日，中央人民政府正式接管辅仁大学，陈垣继续当校长。接管后的辅仁大学，有的院系开始合并到其他学校。于省吾继续在保留下来的中文系任教并在北京大学兼课。

还像从前一样，陈梦家只要进城定会与于省吾晤面，并在一起吃饭。他们之间不单是学术探讨和交流，有时也会交流校内形势和熟悉人员的情况，于省吾对陈梦家目前的不得意，唯有多加安慰。正如陈梦家所云，自梅校长离开清华，冯友兰辞去校务委员会主席之后，他的工作不再顺风顺水。新中国成立后直至 1950 年春，他遭到排挤，无奈之下辞去了文物陈列室的职务。

两年之后，全国高等院校大规模调整，陈梦家离开了服务 15 个年头的清华大学，转到中国科学院考古研究所。而于省吾任教的辅仁大学并入北京师范大学，历时 25 年的辅仁大学在大陆成为历史。在辅仁大学与师大合并的过渡期，于省吾一度中止教学，居家从事研究工作。同年，他被聘为故宫博物院专门委员。

陈梦家调入考古所后，与城里的朋友来往更加方便。起初，陈梦家住在单位，后来经王世襄介绍，租住其娘舅家在钱粮胡同的老宅一隅。因历史原因，于省吾的两个夫人在京各有寓所，一处恰在与钱粮胡同毗邻的大佛寺。于省吾只要来大佛寺住宅，就会邀请陈梦家到宅上就餐。于省吾和陈梦家都喜欢吸烟喝茶，饭后他们便品茗、吸烟、畅谈。

此时，陈梦家的岳丈赵紫宸在燕京大学并入北京大学后，没有了教职，在燕园住了许多年的宿舍也不能继续住下去了。赵家决定在城里购置房屋，并让陈梦家在城里找寻合适的院落。因在钱粮胡同居住了一段时间，陈梦家对周边环境熟悉，在征得赵家同意后，便决定在这一带选择。

陈梦家把为赵家选房的事说与于省吾后，于省吾推荐了一所位于大佛寺的明代小院。不久，赵紫宸依依不舍地告别了燕园，举家进城住进了大佛寺小院。每逢休息日和寒暑假，在北京大学任教的赵萝蕤梦会进城看望父母，与陈梦家小聚。于省吾凡来大佛寺，就会通知陈梦家晤谈。1954年6月初，陈梦家担任《考古通讯》副主编，在与于省吾晤面时谈起编刊中遇到的一些问题，于先生会提出建议供他参考。

三年时光倏忽而过，1955年，于省吾结束了赋闲居家的生活。时任长春东北人民大学（后来改为吉林大学）校长的匡亚明专程来京聘请于省吾到东北人民大学任历史系教授。离京前，陈梦家与唐兰等人为于省吾饯行。

到东北人民大学后，于省吾从事教学工作的同时，继续他多年来的古文字和古文献研究。为了跟上时代的步伐，不掉队，不落伍，他开始努力阅读马列主义原著，学习历史唯物主义和辩证唯物主义。于省吾学习马列主义原著，对一些基本观点都做了较为详细的摘录。他对于恩格斯的《家庭、私有制和国家的起源》一书尤感兴趣，反复阅读多遍。

　　于省吾赴东北人民大学任教时，各级学校已开始推行汉字简化方案。作为老一辈学者，于省吾不仅不会简化字，也不会用白话文写作。为了适应教学和研究的需要，他开始学习简化字并用白话文写作。他专门准备了一个笔记本，记录他所摘录的白话词汇和句子。到了1957年，于省吾已经可以较为熟练地使用简化字和用白话文写作了。

　　在学术研究方面，于省吾在文字学的教学实践中，着重对田野考古的新发现和民族学知识方面进行了认真的思考和研究。他认识到古文字学这一学科应该为研究古代历史服务。因此他集中精力利用古文字数据去研究商周时代的社会制度、阶级斗争、经济生活等方面的问题，先后发表了有关商代军事联盟、商周的奴隶制、商代的农业和交通、夏商图腾、古代岁时制等一系列研究论文。仅1955年至1957年，就先后在《东北人民大学人文科学学报》上发表了《殷代的交通工具和驲传制度》《殷代的奚奴》《释"蔑历"》《商代的谷类作物》《从甲骨文看商代社会性质》，在《史学集刊》上发表了《商周金文录遗·序言》，在《历史研究》上发表了《读赵光贤先生〈释"蔑历"〉》。

　　在这三年，陈梦家也是硕果累累。他的《殷虚卜辞综述》和《西周铜器断代》都得到了于省吾的鼎力帮助。于省吾不仅为《殷虚卜辞综述》提供了一些重要的参考资料，还在审阅部分章节时提出了自己的见解，多次就有关章节与陈梦家进行讨论。《考古学报》1956年第2期刊出的《西周铜器断代》"四、康王铜器"是陈梦家据1939年春昆明讲稿所改写，1942年秋在龙泉镇据三代拓本曾复写一遍。1955年，陈梦家在重新审订时，于省吾为他提供了原拓照片，"据之更有所增释与改订"。1956年，陈梦家对10年前完成的《美国所藏中国铜器集录》重新整理审定，得到于省吾的充分肯定。同年春，陈梦家着手编辑《中国铜器综录》第二集"美国所藏部分"，初稿完成，请于省吾等先生提意见，于省吾阅过后提出了自己的建议。

六、反对落井下石

1957 年秋冬之际，陈梦家被打成"右派"，但是危难时刻见真情。于省吾闻知后，没有像容庚、唐兰那样为了与陈梦家切割而大批特批陈梦家。他只是为年富力强、业务娴熟的陈梦家感到惋惜。

于省吾到东北人民大学任教后，他的家人并没有随他迁到东北，仍住在北京地安门大街帽儿胡同。每逢寒暑假，于省吾会来北京的家居住。每次来京，像以往一样，他会主动约请陈梦家来他家晤谈。陈梦家自戴上"右派分子"的帽子，为避免连累亲友，他给自己定了个"三不"，即不到朋友家串门，不与朋友聚餐，不给朋友写信。当然亦有例外，如徐森玉、王献唐、于省吾等，因他们不在乎陈梦家是不是"右派"，所以陈梦家的"三不"对他们不起作用。

于省吾对陈梦家的"右派"身份毫无顾忌。他只要回京，便到考古所陈梦家的办公室找他。据王世民回忆，那时陈梦家已从编辑部的大办公室搬进了一间很小的屋子，于省吾与考古所很多人都熟悉，但他来到考古所就直接"钻进"陈梦家办公的小屋子里，一聊就是半天。面对情绪低落的陈梦家，于省吾劝慰他不要过于沮丧，要振作起来，继续正在进行的《西周铜器断代》的研究和编纂。对于唐兰等人的落井下石，于省吾持不屑的态度，自此不再与这些人交往。一次，考古所召开批判陈梦家的会议，由所长办公室秘书王世民去邀请与陈梦家交往较多的人来考古所参加批判活动。

据王世民回忆，那次的批判会，唐兰、胡厚宣、李学勤等应邀出席，于省吾则当面拒绝参加。会上的"批判"发言，有的人敷衍一番，说点鸡毛蒜皮的琐事；有的人以"左派"自居，信口雌黄。会后，李学勤应约写了一篇《评陈梦家〈殷虚卜辞综述〉》，在《考古学报》发表，以配合当时的批判。唐兰则挖空心思撰写了长文《右派分子陈梦家是"学者"吗？》，发表在《中国语文》月刊上。

对唐兰不念旧情、落井下石的做法，于省吾侠肝义胆，颇有微词。唐兰虽有耳闻，但出于对于省吾的尊敬，只能是听之任之。

后来，唐兰还是撕破脸皮，和于省吾打起了笔墨官司。起因是于省吾在《东北人民大学人文科学学报》上发表的《从甲骨文看商代社会性质》一文的"绪论"，矛头直接指向了他（《人文科学学报》第2、3期合刊）。

唐兰曾在暑假参加东北人民大学召开的科学讨论会时，参与了这篇论文的讨论。他对论文提出两点不同的意见：一、他以为三代的社会性质应该整个加以解决。他认为夏商两代与西周都系奴隶制。二、商代的文字已经得到相当的发展和正式利用，并引《尚书·多士》"惟殷先人有册有典"为证，以为商代既有文献记录就应该转入文明时代才合。对于唐兰的两点意见，讨论会上于省吾并没有过多地辩驳。

这篇论文，于省吾公开发表时增加了"绪论"一节。在这篇"绪论"中，于省吾指名道姓地驳斥了唐兰提出的两点意见。针对唐兰认为"夏商两代与西周系奴隶制"的观点，"绪论"的开头与论文的开篇相呼应，再次肯定了"根据甲骨文并结合其他各项史料研究所得，以为商代系原始氏族社会的后期，即父权制的发展期，也即军事民主主义时期"。对唐兰所说"商代的文字已经得到相当的发展和正式利用，并引《尚书·多士》'惟殷先人有册有典'为证，以为商代既有文献记录就应该转入文明时代才合"，于省吾以为："应该理解为简略的记录。"就此，于省吾"稍加论证"得出了《尚书》"不是商代的著作"，"商代金文，还保持着大量的图绘文字"，"商代金文长达四十余字者只一二见，而长达百字或数百字者都属周代作品"，从而得出"如果依照唐先生所提的意见，把夏商两代都看成是奴隶制，不仅是对于商代没有重视到客观的发掘材料，不仅是现有的史料不足以证明夏代是奴隶制，并且这样一来，与已发现的仰韶文化和龙山文化也大相径庭"的结论，唐兰"把夏商两代都看成是奴隶制"，是"实难令人信服"的说法。

为更加有力地证明夏商两代不是奴隶制的观点，于省吾在第二章《生产工具》中，以大量的资料说明了商代的"农业生产工具还处在原始式石器化的阶段上"，"并没有利用冶铜技术来制造农具，这不外乎两个原因：一、当时铜的产量不多，二、军事民主制以制造大量武器向外进行战争和掠夺为主要目的"。由此，于省吾得出了商代因"普遍使用着石制农具，则生产的提高毕竟是受到了很大的限制，因而就不可能发展为奴隶制社会"的结论。

于省吾的文章刊出后，唐兰在"认真拜读"后，对于"绪论"中对他的两点意见全盘否定，大为不满，当即拿出了撰写"批陈檄文"的干劲，奋笔疾书，很快写出了《关于商代社会性质的讨论——对于于省吾先生〈从甲骨文看商代社会性质〉一文的意见》，发表在1958年第一期《历史研究》上。文章中，唐兰用稍温和于"批陈檄文"的言语，对于省吾的"非马克思主义的观点"进行剖析和批评。

他批评于省吾的这篇论文题目与内容是不相符的，说于省吾"所用的方法是旧的考证学，是资产阶级学者们竭力渲染的史料学"。"如果没有马克思主义观点作指导，就很可能成为资产阶级的消遣品；就会根据片面的错误论断成为资产阶级的偏见；甚至于成为资产阶级向工人阶级进攻的工具。"唐兰举例说："潘光旦、向达把土家族考证为巴人，就用这种荒诞无稽的考证来歪曲民族政策。雷海宗抱住一本汉穆拉比法典就说'世界历史上没有一个奴隶社会阶段'，说马克思主义'停留在一八九五年的地方'。"就此，唐兰下结论说："资产阶级史学有一个共同特点，就是强调史料学。"这个时候，潘、向、雷都是"右派分子"了，唐兰把于省吾与这几位学者归为一类，可见其用心。他自称以"马列学说为指导"，说于省吾利用甲骨文材料对商代社会性质的十四项考证里，要么是"根据文献资料"，要么是"抄录别人的东西"，"在十四条考证中，几乎有一半的考证并没有利用甲骨文材料"。"除了我们承认于先生有丰富的'想象力'之外，还有什么'说服力'呢？"

综合上述，唐兰认为"于先生所用的观点和方法是不科学的，非马克思主义的，因之，他所得的结论是错误的，违反历史事实的"。唐兰还列出了五个问题，对于省吾的论点进行了挞伐。

其中在第四个问题"商代的社会生产力已经发展得很高，是奴隶制的极盛时期"中，唐兰为了驳斥于省吾商代不是奴隶制社会的观点，引用马克思主义关于"社会生产力的发展推源于金属工具的发明和利用，由于金属工具的利用和发展，从而使生产关系发生巨大变化，阶级分化，形成奴隶制社会。奴隶主倚靠大批奴隶来从事生产，才能有各种分工，才能积累大量财富，贵族们才能穷奢极欲"的理论为依据，得出"我们只要看见贵族和富人们这样的穷奢极欲，就可以看到奴隶们曾经付出多少劳力和血汗，牺牲过多少性命；同样，只要看见生产力这样大发展，就可以知道金属工具已经发明和利用"的推论。尽管是牵强附会的，他还是要把不同意"马克思主义者所公认的历史规律"的帽子扣在于省吾的头上。这样，他还不解气，不但全盘否定于省吾关于商代普遍使用蚌制和石制农具的事实，而且还影射到陈梦家。他的论证很饶舌，但结论却很直接明了：

> 那些反对商代有青铜工具的人说那时人只会做奢侈用品不会做青铜工具，很明显地只是反马克思主义的谰言而已。

很显然，唐兰把于省吾和已被他批得体无完肤的"右派分子"陈梦家硬是扯在了一起。唐兰把剑直接指向于省吾：

> 于先生一定要把青铜器如此发展的时代，说成只有几百个或千把个氏族成员唯一的简单工具石镰来经营农业，难道符合历史发展规律吗？

原本对唐兰"批陈檄文"的无限上纲很反感的于省吾，读了这篇文章后，清楚地意识到来者不善。此刻，反右派斗争仍在继续，若不给予有说服力的回击，后果不堪设想。

新中国成立后，于省吾非常注重用马列主义历史理论指导，利用古文字考释和古籍校订所提供的新鲜资料，结合其他历史学、考古学和民族学的资料，研究历史问题，特别是在我国古代的图腾制度、我国成文历史的开端、商周时代的阶级斗争、农业生产、土地制度等方面有许多创见。应该说，作为一个历史科学工作者，于省吾在运用马列主义指导教学和研究方面，是可以与唐兰一比高下的。

于省吾在研究了唐文之后，立即做出回应，写出了《驳唐兰先生〈关于商代社会性质的讨论〉》一文，在《历史研究》1958年第八期上刊出。于文开明宗义对唐兰那篇文章"断定了唐虞和整个三代的社会性质，同时也涉及史料的如何分析与利用以及马克思主义与非马克思主义的两条路线之争"，表示"像这样重要的问题"愿意就其论文"提出个人的看法和意见"。对唐兰论文说"于先生所用的观点和方法是不科学的，非马克思主义的，因之，他所得的结论是错误的，违反历史事实的"，于省吾从"论治学方法、从考古发掘方面来论断古史分期问题、题目与内容、唐先生的逻辑、一把铜铲、商代的奴隶和杀戮战俘、关于商代的疆域问题、商代的商业、唐先生与甲骨文、军事民主主义的民主成分、成文历史"等十一个方面对唐兰的批评进行了驳斥。第五个方面是"一把铜铲"，于省吾以醒目直白的标题把它单列，足见对这个问题的重视。

关于唐兰以"一把铜铲"确定"商代有青铜制的农业工具"的论点，早在1953年就曾遭到陈梦家的否定。陈梦家对唐兰评价说："他（唐兰）所举的例子常常是用特殊的例外来说明一般的情况。"正是这次普普通通的学术讨论，竟使唐兰记恨在心，在"批陈檄文"中给陈梦家扣上了"反对马克思主义发展史"的帽子。

事实胜于雄辩。在"一把铜铲"中，于省吾以生动诙谐的语言批评了对"一把铜铲"的过度渲染,他指出:"从马得志等安阳大司空村发掘报告里找到一把铜铲,在唐虞夏商和西周千余年间的农业生产都使用石制工具的情况下,而唐兰先生见到了一把铜铲,就加以巧妙的渲染。唐先生说'为什么在那个时期里(指商代)的青铜器工具发现的还不很多',不很多当然就是多了,既然多了,而只是一把。其实这一把铜铲,是不是农具还要待考(一般农具不使用铲)。即使是农具,即使再多发现几把,也影响不着商代曾普遍使用着蚌制和石制农具的这一事实。"最后,于省吾质问唐兰:"近年来所发掘的西周遗迹,也只出现了石制农具,这都是一般的常识,唐先生何以避而不谈呢?"

对唐兰常常以偏概全的主观臆断,于省吾在第四节"唐先生的逻辑"中指出:"唐先生引用史料往往以一盖万,他一见到酒诰'肇牵车牛远服贾'这句话,就认为商贾们已十分活跃,不应放在国家形成前夕。他一见到商代有了刑法的胎形,就不应是氏族社会。可惜他不知道家长奴役制对于家庭成员是有权加以任何责罚的,而且有时还杀妻妾为殉。他一见到有一把铜铲出现,就认为商代已使用青铜工具。"在这里,于省吾对"唐先生引用史料往往以一盖万"的评价与陈梦家对唐兰的评价如出一辙,难怪唐兰会把于省吾与"右派分子"陈梦家扯到一起。

作为一位贯通经史诸子百家的学问家,于省吾以实事求是、服从真理的态度,从十一个方面对唐兰文章中"五项荦荦大者的一些论证"和"主观上的大胆论断",逐一进行批驳。文章最后一节是"结论",于省吾重申:"我们对于任何一篇考证文章的批判,首先要驳倒它的论证,则其余的枝节问题不攻自破。"而唐兰对于"具有根本性的问题往往避而不谈,有时谈到也不从论证上来辩驳,只是寻章摘句淹没原文的例证加以曲解而已",因此于省吾认为"唐先生的这篇论文对我的批评是不够公允的"。

于省吾和唐兰的这场争论,正值反右派斗争时期,得到了史学界和考古学界的广泛关注。被牵涉其中的陈梦家特别关注事态的发展,同时也担心于省吾在论战中中枪，和他一样被打倒。最终的结果是，于省吾的驳辩文章发表后，唐兰偃旗息鼓，没有再发起反击。自此，于省吾和唐兰在学术上不再有交流。

于、唐论辩时期，是陈梦家人生中最灰暗的日子：接受批判，写检讨，免去职务，降职使用，文章停发。最让陈梦家痛苦的是爱妻赵萝蕤精神崩溃，患了精神性疾病。即使这样，陈梦家仍在寒冷的秋冬季节被派到居庸关去挖坑植树。从居庸关回所不久，考古所第二批下放干部名单出台，陈梦家是其中之一。这一去就是一年。

于省吾继续他的教学与研究，连续发表了多篇考据文章。在这一年里，于省吾和陈梦家没有晤面机会，也不方便通信，几乎失去了联系。

七、永葆书生本色

1959 年 12 月 21 日，陈梦家与其他下放干部回京。不久，学校放寒假，于省吾从长春回到北京。于省吾到京的第一件事是和陈梦家取得联系。

1960 年初夏，陈梦家奉命赴兰州整理武威汉简。此后一段时间里，他研读《汉书》，对武威汉简进行研究。同时，陈梦家开始了与于省吾在学术研究方面的交流、探讨。于省吾则一如既往地在学术研究方面给予陈梦家无私的帮助。1964 年，陈梦家计划完成《西周铜器断代》和《历代度量衡》。对于陈梦家来说，度量衡的研究还是初步涉猎，因此在撰写的过程中，他参阅了前人的研究成果和近人的研究资料，并与于省吾探讨。从陈梦家保存下来的一页于省吾测"汉建初尺"手稿，可知于省吾在度量衡研究方面是有一定造诣的（注：陈梦家保存的于省吾测"汉建初尺"手稿。手稿上有陈梦家记录手迹）。

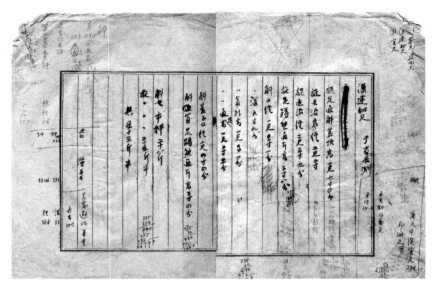

陈梦家存于省吾测"汉建初尺"手稿

　　陈梦家于度量衡虽然涉足不久，但凭着他的钻研精神和过人的聪颖，很快就撰写出《战国度量衡略说》，所述两千年来度量衡制的变化，包括亩制的变化、尺度的变化、升斗的变化，与历史社会变化的关系，至今于度量衡研究家仍有极重要的参考价值。

　　1960年至1966年春，是于省吾科学研究成果的旺盛期，他发表金文研究方面和古文字研究方面的论文30余篇；另一个重要科学研究成果，是利用古文字研究成果对古籍文本和注释进行校订。在进行科学研究的同时，于省吾努力从事培养接班人的工作，从1955年到1966年带出了两届研究生。

　　陈梦家虽不及于省吾学术成果累累，但自1959年底从洛阳返所后，在之前的研究成果基础上，也完成了多部书稿的撰写、修订。1963年初，"右派分子"的帽子被摘掉，他相继在《考古》《考古学报》上发表多篇论文。

1966 年 5 月，"文化大革命"发动，三个月后，运动升级。9 月 3 日，陈梦家不堪凌辱，愤然离世。远在长春的于省吾得知噩耗，悲恸不已。

此时，于省吾的处境亦十分艰难。他有一条"罪状"被造反派抓住不放，就是"预谋上书党中央，图谋不轨"。其实问题很简单，还是在三年严重困难时期，于省吾面对民有饥色、野有饿殍的现状，心忧如焚，准备写一封万言书，申述他对农业问题的看法。他写完后征求亲友的意见时，遭到亲友的极力阻止。可是于省吾态度非常坚决，他说：只知读书而不闻不问国家大事，这不是书生的本色。为民请命，匹夫有责，个人荣辱，当在所不惜！但随着形势发展，看到陈梦家等好友被打成"右派分子"，于省吾才逐渐打消了"上书"的念头，也因此躲过了一劫。谁料想，这个所知范围很小的"上书"之事，却遭到造反派的穷追猛打，追问"万言书"的下落。因为实在找不到证据，最终不了了之，于省吾又逃过了一劫。之后，他有很长一段时间接受审查，教学工作被迫中断。

1978 年研究生招考制度恢复，已 82 岁高龄的于省吾又招收了一届研究生。在研究生培养中，于省吾亲自讲课，亲自指导研究生阅读古文资料。1979 年，中国考古学会成立，于省吾是筹备委员，并在开幕式上被推选为大会执行主席。1980 年，他受教育部委托，主持全国高校讲师以上水平的古文字进修班；1981 年 12 月被聘为国务院古籍整理出版规划小组顾问。1984 年，于省吾先生以 88 岁高龄辞世。

夏鼐：命运迥异的考古学人

夏鼐与陈梦家是浙江籍老乡，夏鼐大陈梦家一岁。自 1952 年 9 月陈梦家调入考古所至 1966 年 9 月 3 日辞世，在长达 14 年的时间里，他们在工作的配合方面总体上是良好的；私人间虽没有建立深厚的友谊，但也没有个人间的仇怨。

1950 年 6 月，时任浙江大学教授的夏鼐接到政务院任命他为中国科学院考古研究所副所长的通知书。但因浙江大学尚未结课，家中事情亦需安排，直到 7 月初他才进京接洽。8 月 5 日，夏鼐返回老家温州处理家中事务，10 月 1 日抵达北京。自此夏鼐正式上任，协助所长郑振铎、副所长梁思永主持考古所的工作。由于郑振铎还担任文化部文物事业管理局局长，梁思永又经常患病，夏鼐承担了考古研究所的主要业务领导工作。

翻阅夏鼐的日记，陈梦家的名字第一次出现在日记里是 1952 年 9 月 1 日。

> 至梁先生处，闻教育部拟将陈梦家君调至考古所，梁先生托余与郑先生一谈。

梁先生即梁思永，时养疴，在家办公。

一、彼此敬重

1952 年的春天，对于陈梦家夫妇来说，是极其灰暗的时光。先是陈梦家因被人诬告在为清华大学文物陈列室牵线购买"大织造"时有贪污嫌疑，遭到批判，陈梦家反复申明，最终经过组织上的调查，认定陈梦家是清白的。事情搞清楚了，结论也有了，但是他依然被清华大学扫地出门，调整到城里的考古所工作。紧接着，燕京大学被撤销，赵萝蕤被调整到北京大学西语系任教授，她的父亲赵紫宸被安排到城里的燕京神学院。不久，北大搬迁进燕大校园，赵家在燕东园住了几十年的房子腾退出来。好在赵家在城里置了一所宅院，总算有了着落。

陈梦家调到城里的考古所，给他的生活、研究和写作带来了极大的不便。每个周末他要挤车返回清华大学的家，周一则要挤公共汽车进城上班。因为研究著述的需要，有些图书资料要备两份，一份放在考古所的办公室，一份放在清华的家里。为了生活和研究方便，陈梦家和赵萝蕤决定在距考古所近处租房暂住。先是租住附近的一处大杂院，房子很好，但"芳邻不佳，每晚大听无线电，也真是可怕"。赵萝蕤因工作及住房等烦心事儿苦恼不堪，以致胃病复发，陈梦家信中疏导她要"少操心"，要做到"人生如此，无话可说，逆来顺受，随遇而安"（1953年 10 月 20 日陈梦家致赵萝蕤信）。不多日，经好友王世襄介绍，陈梦家租住了王世襄娘舅家钱粮胡同金宅的后院，每月租金 45 万元（旧币，相当于新币的 45 元）。

生活上的不方便可以克服，更主要的是工作环境的不适应。陈梦家进入考古所后，工作环境和工作内容是全新的。在大学教书是不坐班的，而在考古所，有无工作都要按要求坚守岗位。"每日匆匆起来，办公时间：7：30—12：00；1：00—5：30，中午只一小时空闲，甚觉不便。"（1952 年 12 月 1 日陈梦家致赵萝蕤信）最令陈梦家不适应的，是所内常常组织各种政治学习，有时一周要有两三次的学习和讨论。陈梦

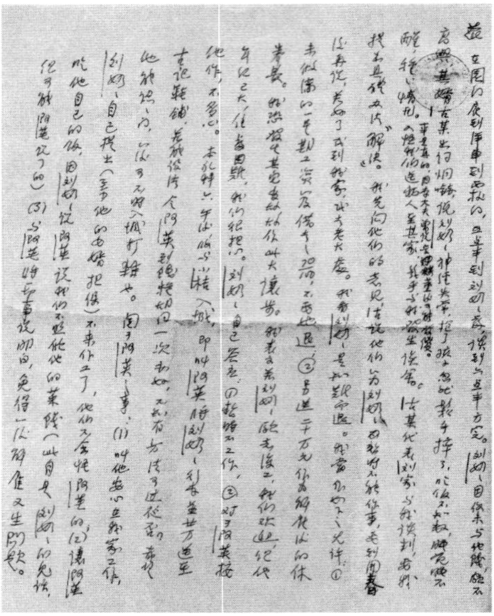

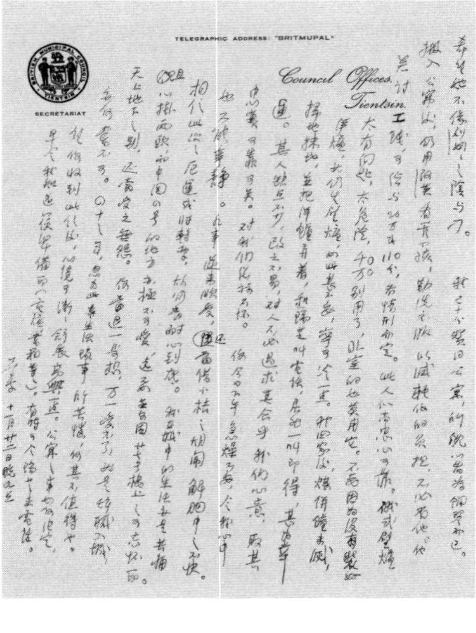

1952年11月22日，陈梦家致萝蕤：凡事逆来顺受，相信此次之厄运或将转变

家对每日学习一些与业务无关的东西很是反感，他有许多著作正在撰写，有的即将发表，已出版的论文、著作要修订，但由于没完没了的会议和学习，很难静下心来搞研究和写作。在给妻子和朋友的信中，陈梦家常吐露因学习、开会而不能做事的苦恼。"下午又是季度检查总结会，陶孟和主持。闷坐四小时，大听窗外的雨声。"（1952年12月20日陈梦家致赵萝蕤信）"上午消磨于学习，大家皆觉困倦矣。"（1953年5月7日陈梦家致赵萝蕤信）"连日每日下午都开检查会，到星期四开完。近日去院（科学院）开马先生（马克思）135诞辰会，陈伯达讲，无人听懂。"不仅白天开会、学习，有时连晚上也搭上了。"昨天开会三次，共五小时又半，极觉乏味。今日又讨论半日。星期五晚上讨论节约，八点后回来。"（1953年6月4日陈梦家致赵萝蕤信）"星期五晚间开会7点到9点，约9时回寓。星期六上午在王府井开研究会，近日会又多了。"（1953年6月23日陈梦家致赵萝蕤信）

所内的三位领导，陈梦家都是熟悉的。特别是所长郑振铎，在30年代任燕京大学文学系教授兼代理主任的时候，陈梦家还是燕大研究院的学生。据说因郑振铎聘请进步教授，曾遭到部分教师和学生的反对，陈梦家亦参与了驱郑活动。这事虽然过去多年，但不免会在彼此心里留下芥蒂。好在郑所长不常到所里来，日常工作多由两位副所长主持。陈梦家与梁思永亦很熟悉，抗战时期，梁思永在昆明的三年中与陈梦家夫妇有过往来，彼此间印象良好。但他身体不好，不能坐班。陈梦家要时常打交道的是夏鼐。

对于这位年轻的副所长夏鼐，起初陈梦家并不怎么主动接触。虽然夏鼐比陈梦家年长一岁，但是陈梦家成名要早于夏鼐。1929年陈梦家16岁时，因著名刊物《新月》发表他的诗《一朵野花》等，而闻名于文坛。那一年，夏鼐是上海一所高中的学生。1931年，陈梦家19岁，出版《梦家诗集》，由徐志摩题签，新月出版社出版。这一年，夏鼐20岁，高中毕业进燕京大学。1934年7月，夏鼐在清华大学获文学士学位，陈梦家考取燕京大学研究院研究生，专攻中国文字学。等到1936年夏鼐在伦敦大学攻读考古学的时候，陈梦家已是燕京大学的教师了。当1941年夏鼐回到祖国，抵达昆明时，陈梦家已是清华大学教文字学的讲师，并有许多论文发表，还汇编和撰写了《海外中国铜器图录》《西周年代考》等著作。1944年，夏鼐跟着向达赴甘肃省进行考古工作时，已升任清华大学教授的陈梦家赴美国芝加哥大学讲学并开始收集流散美国和欧洲的中国铜器资料。陈梦家1947年秋回国后，继续在清华大学任教授，并撰写和发表了许多重要的学术著作。而夏鼐依然只是历史语言研究所的一个普普通通的研究员。

正因为陈梦家有着如此的经历，自从陈梦家调入考古所，夏鼐对他尤为尊重，主动与他交流、谈工作，即使是谈工作，也不会在陈梦家面前摆出副所长的架子来。或许由于夏鼐的礼让，陈梦家也尊重他，工作中遇到了问题，或者有建议，总会和夏所长交流。开始的时候，是夏鼐找陈梦家谈工作的次数多，在夏鼐1953年秋季以后的日记里，常会出现如"上午至马市大街与郭子衡、陈梦家诸君商谈明年计划事"，"下午与陈梦家君闲谈"，"与郭子衡、陈梦家二君谈洛阳工作站事"。接触时间长了，陈梦家对夏鼐的为人处世、工作态度和工作方法逐渐地适应并接受。夏鼐对陈梦家的业务能力、治学方法，认真对待工作的态度和取得的成果都十分肯定。彼此间有了好的印象，他们的互动越来越多。夏鼐在工作中有了一些新的想法，总会主动找陈梦家聊聊，陈梦家对于所里的工作也开始关心，有了好的想法和建议，也会向夏鼐谈。

陈梦家与夏鼐由谈工作到"闲谈"，这个过程大概经历了一年多的时间。作为主持工作的副所长，夏鼐对陈梦家一年多以来的工作是满意的。在他的心目中，陈梦家是个会干、能干、肯干，可以依靠的学者。

二、可以依靠和信赖

1952 年冬以来，中科院硬性要求各院所开办俄文速成班，考古所组织研究人员学习俄语，并进行阶段性考试。同时要求，要把学习俄语作为一项政治任务来抓。对此，原本工作满负荷，每周还要有至少 2—3 个半天的政治学习，再加上根本与工作无关的俄语学习，搞得所内研究人员苦不堪言。陈梦家亦如此，他每日在办公室忙不完的工作，要晚上接着干，星期日有时还要加班。陈梦家几乎没有接触过俄语，为了过关，他"每日要突击俄文，弄得昏头昏脑，甚是可笑。逢场需要如此，但觉甚是可笑，亦自'人生一乐'之道"（1953 年 1 月 5 日陈梦家致赵萝蕤信）。尽管对此有没有用都要学的"一刀切"做法不理解，但陈梦家仍然认真对待。在学习俄语中他采取"不能记熟而必须死记"的笨法子，在两次阶段考试中，他都考了 90 分以上的成绩。1953 年 1 月 28 日结业考试，陈梦家得到 90.01 分。三次"平均大约是 91 分，我已经很满意了。考古所只有三人过 90 分，其他 7 人皆 60 分左右。我们 2 月 2 日午后二时开总结会"（1953 年 1 月 28 日陈梦家致赵萝蕤信）。

陈梦家全身心地投入到工作和学习之中，力争做得完美，目的就是要得到所领导和同事的肯定。但是事与愿违，在 1953 年 1 月中旬的评薪中，他竟然得到所里研究员的最低额。面对如此不公正的待遇，陈梦家清楚这不是他工作不好的结果，对此他处之泰然。通过这次评薪，陈梦家隐约地感觉到，他今后的路会更加坎坷，他最苦恼和惧怕的是研究工作没有时间来做。这种担忧在致赵萝蕤的信中有所表露：

> 我此次的评薪，实无足轻重，一切都有天意，似乎还是程咬金。我此次得到最低额，心中觉得泰然，于我毫无损害，似乎在涵养上比从前进了一步。我在三反中所得不处理的处理，原来时时可以灵活运用的。我现在所惧者还是研究工作的不能像过去在

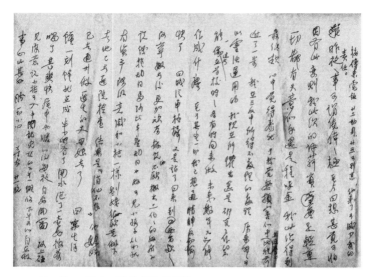

1953 年 1 月 21 日晚，陈梦家致萝蕤信

学校时多有时间来做。未来数年不知能做成什么。至于其它一切
我已想通，精神反而愉快了。（1953 年 1 月 21 日晚陈梦家致赵萝
蕤信）

　　毋庸置疑，这次评薪是与政治挂钩的。陈梦家在调入考古所后，
自以为他在清华大学因"大织造"的问题遭到批判的事情已经搞清楚并
给了结论。万没想到，这个"莫须有"的事情，竟被记录在案，组织上
"时时可以利用的"。陈梦家的心彻底凉了，他不知道以后还会发生什么
让他措手不及的事情。他暗自叮嘱自己，"今后说话要谨慎，能不说的
就不说"，要学会夹着尾巴做人。
　　评薪之事对陈梦家的打击是显而易见的，但他不能够就此消沉，
实际上他所处的社会大背景和小环境也不允许他消沉。他必须要积极
应对，才会尽可能地避免一些麻烦。他开始以不分白天黑夜地工作来

减轻其他方面的压力和烦恼。虽然"工作与学习甚忙，晚上亦要工作"（1953年3月4日陈梦家致赵萝蕤信），但他无怨无悔。很快他的写作渐入佳境，不但《殷虚卜辞综述》大有进展，《西周铜器断代》的撰写亦开始进行。

就在陈梦家因评薪在心中留下的阴影逐渐散去的时候，突然发生了一件令他始料不及，而后内心惧怕的事情。

事情发生在1953年3月17日的下午。陈梦家在当晚致赵萝蕤的信中叙述了这件事情的经过："今日老郑叫人来喊我去马市，我匆匆即去，无非坐了聊天，他似甚关心所事而不甚满意某某两人之'保守'，但他说话吞吞吐吐，并未明说出来。我对此等事，现在已不甚热心。以后更要少说话。据他说，我去所中以后，已使某某之不安。"（1953年3月17日陈梦家致赵萝蕤信）陈梦家与郑振铎原本是老相识，但他来考古所后，郑从未找他谈过话，今天突然找他闲谈，而且就在评薪之后，并且说了一些让他莫名其妙的话。前文提及，陈梦家当年曾参与"驱郑"，彼此间"阴影"未失，"隔膜"犹在。由此，他们的关系并不融洽，甚至存有戒心，郑振铎究竟是何居心，陈梦家百思不得其解。郑对陈梦家言及"某某"两人，应是梁思永和夏鼐，而那个所谓对陈梦家去所中"不安"的人究竟是哪一个，大概陈梦家心知肚明，局外人是难以揣测的。

1953年3月下旬，考古研究所组织在安阳大司空村的附近做考古发掘工作。大司空村位于安阳车站西北约4里，南邻洹水，与有名的小屯村隔河相望。陈梦家当时正在撰写《殷虚卜辞综述》，他向夏所长提出到现场看看发掘情况，队长马得志和他的关系很好，也欢迎他来指导。1953年3月23日，他把去安阳的大致时间写信告诉赵萝蕤："似乎要星期二晚才能成行，在安阳住客栈。"实际上当天晚上陈梦家就坐上火车赴安阳了，第二天下午抵达。"三点已到发掘地参观，共看了9个墓，所出物品不多，皆小玉件甚佳，亦有无字的甲骨。"在这十几天里，陈梦家白天随考古队员去现场，晚上对挖出的古物进行清理和记录，虽然辛苦，但他很是兴奋。3月28日上午，"发掘现场有一墓出水深七八米，为不影响继续发掘，有人下去淘水，刚上来后墓坑坍塌，幸未伤人"（1953年3月28日陈梦家致赵萝蕤信）。这是陈梦家第一次体验到考古发掘的艰苦和危险。

1953年4月1日，陈梦家坐早上快车回京，当晚到正阳门车站。第二天上午在家写考察汇报提纲，下午到考古所与夏鼐谈赴安阳的工作情况和体会，还对于发掘现场安全防范工作提出了自己的建议。此后，陈梦家与夏鼐的关系越来越近。

三、默契配合办好《考古通讯》

陈梦家到考古所后的第二个春节到了。1954年2月4日是甲子年正月初二，陈梦家破例来夏鼐家贺年。在往年夏鼐的日记里，所内同仁大都要在春节期间来他家贺年的，他的日记里会记录下每个人来贺年的时间，但是日记中没有出现过陈梦家的名字。前一年的春节，夏鼐去张葱玉家贺年，结果遇到了来所不久的陈梦家。今年陈梦家来贺年，是夏鼐预料之中的事情。陈梦家来，没有与考古所的任何同事结伴，这符合他的性格，他骨子里清高，当然不愿落于俗套。他来夏家贺年，是他已经把夏鼐作为朋友看待了。在当天的日记里，夏鼐郑重地记下："上午陈梦家君来贺年。"

夏鼐在与陈梦家的工作交往中，发现了他的许多长处。尤其在业务上，凡是应该自己亲自要看的论文一类的东西，在忙不过来的时候，他总会交给陈梦家代替他阅览，然后把意见告诉他就可以了。陈梦家接到夏鼐这类事情，都会加班加点仔细对待。这个时候，两人之间比一般的同事之间多出了一份信任。

夏鼐信任陈梦家，依靠陈梦家的事例很多，但最突出的体现，当属他极力推荐陈梦家担纲《考古通讯》副主编。他们之间的默契配合，最重要的体现依然是《考古通讯》的创办和编辑工作。

其实陈梦家一开始并不是《考古通讯》的人选。《考古通讯》编辑委员会第一次会议于 1954 年 6 月 7 日在中国科学院考古研究所会议室召开。郑振铎主持会议，夏鼐、张珩、王振铎、向达、苏秉琦、张政烺、裴文中、贾兰坡、黄文弼和陈梦家出席会议，因事缺席者有王冶秋、翦伯赞、郭宝钧，负责记录的是参与筹备工作的安志敏。郑振铎首先说明这次会议的主要任务是"讨论一下编委会简章、征稿简约"。大家各抒己见，最终议决事项有：

> 通过编委会名单：郑振铎（召集人）、王振铎、王冶秋、向达、夏鼐、郭宝钧、黄文弼、张政烺、陈梦家、张珩、贾兰坡、裴文中、翦伯赞、苏秉琦。
>
> 选出召集人：郑振铎；主编：夏鼐；副主编：陈梦家。

从来不主动发言的向达，在议决《考古通讯》编辑委员会时破例抢先发言。他说："建议《通讯》：召集人郑振铎；主编夏鼐；副主编陈梦家。"议决结果自然是同意向达的意见。陈梦家被选为副主编，这既与陈梦家自身素质、才华有关，更与考古所三位所长的意见统一有关。这里起主要作用的是夏鼐，起决定作用的是郑振铎。而此项决议由向达提出，恐怕与夏鼐亦不无关系。前文说过，夏鼐任中央研究院历史语言研究所副研究员后，曾于 1944 年至 1945 年与向达负责西北科学考察团在甘肃省内的考古工作。自此，夏鼐与向达亦师亦友。夏鼐知道把《考古通讯》编辑部设在考古所，这个担子肯定会落到他的身上，原本工作已经很多，身体又不好，没有一个能承担全部责任的帮手，怎么行呢？向达不仅与夏鼐交好，而且对陈梦家的业务能力也是了解的。为此，他率先提出夏鼐和陈梦家搭档编辑《考古通讯》，于公于私都是自然合理的。

　　此次，陈梦家顺利成为《考古通讯》编辑委员会成员，并被选为副主编，郑振铎是否同意显然并不是主要的了，关键是实际主持这项工作的主编夏鼐的意见最为重要。从之后陈梦家担任《考古通讯》副主编的工作效果来看，夏鼐的选择和郑振铎的"拍板"是正确的。夏鼐在所内业务工作缠身，加上身体状况不佳，没有一个业务能力超强的人辅助他的工作，怎么能够吃得消呢！陈梦家原本职责是主持"考古学专刊"的编辑工作，还承担了《考古学报》的文字编辑工作，这次又担任了《考古通讯》副主编，肩上的担子更重了。但他有充沛的精力和很好的文笔，这些事情放在他的身上，并未感到沉重。

　　《考古通讯》创刊号发行后，各地稿件源源不断，陈梦家本着所内所外一律同待的原则，从中选出最好的稿件，刊发第 2 期。《考古通讯》的编辑工作从此步入正轨。

四、理解·同情·鼓励·支持

　　1955 年初夏，陈梦家的《殷虚卜辞综述》已经完稿，已分别交给夏鼐等专家审稿。陈梦家的《殷虚卜辞综述》从一"出炉"就伴随着麻烦。与夏鼐、尹达等有关专家学者审阅这部书稿的同时，自 7 月 17 日郭沫若亲自主持科学院"批判胡风反革命集团交流体验会"（1955 年 7 月 17 日夏鼐日记）后，"运动转入了新的阶段"（1955 年 7 月 16 日陈梦家致赵萝蕤信）。早在 1 月中旬，陈梦家既已认真读过力扬借给他的"作家协会印发的胡风给中央的一篇极长的报告（六十万字）"（1955 年 1 月 17 日陈梦家致赵萝蕤信）。不久批判胡风运动开始了，陈梦家和赵萝蕤统一思想，在各自单位保持"静观，干好自己的事情"

（1955 年 7 月 6 日陈梦家致赵萝蕤信）。陈梦家白天上班，凡是所里组织的各种学习、批判活动都参加，但绝不轻易讲话；下班后，吃过饭进书房写作。

运动进入自我检查阶段，据夏鼐日记，夏鼐和陈梦家的自我检查仅一天之隔。"下午学习，由我作自我检查，大家提了一些意见。"（1955 年 8 月 8 日夏鼐日记）"下午学习，由陈梦家同志作自我检查，今日扩大小组，吸收一部分年轻干部一同学习。"（1955 年 8 月 9 日夏鼐日记）

夏鼐作为考古所的副所长，自我检查一个下午，大家提了一些意见，就算完了。可是陈梦家就没有那么轻松了。令人产生疑虑的是，就连所内日常主持工作的夏副所长检查也只是所内部分人员参加，而且半天过关，而陈梦家是所里的普通研究员，论职务只是《考古通讯》的副主编而已，他的检查却要大张旗鼓，号召广大年轻干部参加，且几次检查才勉强过关。猜想大概这次同"三反"时一样，他再次被组织上列为重点批判对象了。陈梦家深知这次运动的后果，万一被打成"反革命分子"，他的学术研究也会终止了。

自 1955 年 8 月 9 日至 25 日，陈梦家在五次会议上自我检查，三次在全所会上做检讨。他在极度痛苦的这几天里，每到夜深人静时，在写完检查后，总会给在西郊中关园居住的妻子写一封信，诉说心中的苦闷："昨日检查后提了二小时意见，今日午后又提，大约提完，以后或再讨论一次。集中于我的团结问题与作风。"（1955 年 8 月 10 日晚 11 时陈梦家致赵萝蕤信）8 月 11 日下午是对陈梦家第三次提意见，"大部分系老靳的综合性批评，提出四点，希望我再深一步检查。决定星期六下午再作一次"。（1955 年 8 月 11 日晚陈梦家致赵萝蕤信）

究竟陈梦家的"个人自由主义及作风恶劣问题"有多严重，具体表现在哪些方面呢？几十年后，当年曾与陈梦家有过工作关系并参加了他的检讨会还健在的人说，梦家先生的"个人自由主义"，当时有人批评，他从图书室借来的参考书，有些是很珍贵的明清古籍，使用时往往会把书套拿掉放在一边，并常在书中夹上纸条，且常常不按时归还，别人想用而不能。他住在钱粮胡同租借的房子里，常常因写作到深夜而第二天上班迟到。他的社会活动多，还喜欢看戏，有时会在上班时间看客人去，或去看戏。此外他对待同事不一视同仁，有的人业务不行，平日里不钻研业务，懒懒散散，还常常东家长李家短地生是非，梦家先生往往不屑，甚至言语尖刻。他所喜欢的，自然是头脑聪明、勤快、业务努力并眼里有活者。陈梦家对待前者，不来往，而后者可以和他开玩笑，可以让他请饭，可以向他借钱。陈梦家夫妇没有小孩拖累，经济上富裕，平日里喝好茶，抽好烟，偶尔去附近的酒馆喝杯啤酒。而有的人收入低，可孩子一大堆，生活窘迫，看到陈梦家生活如此"奢侈"，自然嫉妒。陈梦家往往又不落俗套，比如同事来他的办公室，也会吸烟，可他一般不会让烟，更不会泡茶。他在编辑室对一些稿件很苛刻，即使是所内同人的稿子，价值不高，或写得很烂，也往往不予采用。诸如此等，自然会有人嫉恨，故而到了"运动"会整他出气。原本是陈梦家个性所致的一些不是问题的问题，却带来了一系列的问题，迫使他不得不认真对待。一次次的检讨，征求一些人的意见，搞得精神疲惫，而他负责的《考古学报》校样来了，还要校，并需在 15 日前后将书稿给商务，而日内几乎无空。8 月 15 日，陈梦家怀揣着准备的"检讨"，顶着大雨去所中接受群众的批评。从钱粮胡同走到考古所，路途并不远，但那时候的路况极差，大雨淹没了路面，坑坑洼洼的路积满了雨水，脑子里充满了"今天检讨会过吗？群众又会提出什么问题"的陈梦家，突然滑倒，掉到一个泥坑中。他在当晚写给妻子的信中，写道："今日大雨中去开会，水过膝，我掉入一个泥坑中，赤足而行。此雨可谓大矣。""今日又是一下午意见，归结为界线不清，个人主义（严重的）。大约完了，已开会五个下午。"（1955 年 8 月 15 日晚陈梦家致赵萝蕤信）看似轻描淡写的语句里，可见他内心的沮丧和无奈。

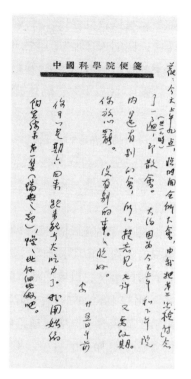

1955 年 8 月 15 日晚，陈梦家致萝蕤信　　1955 年 8 月 25 日，陈梦家致萝蕤信

　　在陈梦家面临困境的时候，夏鼐是理解、同情他的，私下里对所内那些与他不相投机，而与己关系尚可者，含蓄地做些工作。一方面，他在抓紧审读陈梦家的《殷虚卜辞综述》修改稿，8 月 15 日，终将 70万字的稿子读完，并写出肯定的意见。这足以使陈梦家欣慰。夏鼐的意见，肯定或否定，都会对这部书稿带来重要影响。这一点，陈梦家是很清楚的。另一方面，每次陈梦家检讨之后，夏鼐总会挤时间与他单独谈谈，是劝慰，也是鼓劲。

　　1955 年 8 月 15 日，是陈梦家解脱放松的一天，"我的检查从上星期一至本星期一，一共开会五个下午，已结束了"。自这一天，44 岁的陈梦家被调整到老同志一组，"老头儿组较温和，另一组正展开激烈的斗争，我们未参加"（1955 年 8 月 17 日陈梦家致赵萝蕤信）。至此，陈梦家的检讨基本过关了，但"自我检查阶段"并没有结束。

8 月 25 日上午，陈梦家做第三次检查。会散，他当即致信赵萝蕤：

> 今天上午九点，临时开全所大会，由我把第三次"检讨"念了一遍（共一小时），即散会。大约因为今天上午和下午院内还有别的分会，所以提意见也许又要改期。你放心吧。

陈梦家的第三次"检讨"念了一遍就散会。会前他并不知情，大概只有所内几位所长和靳主任等核心人物知道。这是前几次他做检查从未有过的事情，以致他都不敢相信，他的"检讨"大致过关了。

比起 1952 年的"三反"运动，这次的批判"胡风反革命集团"，肃清"胡风分子"的运动，更令陈梦家心惊胆战，几个月来过的是夜不安枕、度日如年的日子。有惊有险过难关，是否与夏鼐的疏导工作有关，还是院内上层为他讲了话，均不得而知，但此次对陈梦家的教训是极其深刻的。他清楚地认识到，在这个看似纯粹的研究机构里，并非是清水一潭。自此以后，他更加谨慎小心地对待所内的人和事。才 44 岁的人，在所内出入时，大家看到的不再是以前挺胸抬头状，而是背手弯腰作老人状的陈梦家。

1955 年的最末一个月，是陈梦家最忙也颇有收获的日子。《考古通讯》1956 年第一期三校后已送出版社；开始第二期的组稿。他的《六国纪年》已经出版发行。《西周年代考》修订稿，夏鼐正在审读中。自 9 月《西周铜器断代》（一）在《考古学报》刊出后，（二）在本月亦在《考古学报》刊出。（三）已经复排；（四）初稿已经基本完成。最重要的是，他的《殷虚卜辞综述》书稿已送科学出版社，有望明年上半年出版。

五、短暂的"春天"

1956年被称为知识分子的春天。1月28日，中国科学院考古研究所学术委员会成立会暨第一次会议在考古所会议室召开，陈梦家作为学术委员出席了会议。

其实在前一年11月中旬，陈梦家已感受到国家对知识分子态度的改变。考古所调整职工住房，考虑到陈梦家来考古所三年一直自己租房住，考古所领导班子商定，"考古所院内已故梁思永原住房过大，需让出34平方尺"。郑振铎、夏鼐欲让陈梦家搬入，但陈梦家感觉太小了，且厕所等梁宅保留，生活很不方便，故未接受（1955年11月18日陈梦家致赵萝蕤信）。所中不但在生活上对陈梦家有所考虑，还欲让他参加考古训练班教研组，陈梦家提出进教研组可以，但不讲课。这两件事，虽然陈梦家未曾全部领情接受，但似乎感到一丝暖意，他开始得到应有的尊重和关注。

自前一年考古所欲调出梁思永家原住公房部分房屋分配给梦家居住，因房屋面积太小，梁家又十分苛刻，陈梦家没有接受。但长期租住房屋亦非长久之计，且现租住的钱粮胡同15号金家宅院有多家住户，很是杂乱，不适宜读书写作。经与赵萝蕤反复磋商，最终决心"买（钱粮胡同15号斜对过）34号"尹家部分住房。尹家向房屋交易所递交的卖房申请"本周可批下来了"（1956年4月17日陈梦家致赵萝蕤信）。一周后，"房屋事已大致妥当了。既已有了，还是早日完毕手续"（1956年4月24日陈梦家致赵萝蕤信）。与卖房者尹家办理过户手续，需要交付房款和交易所一些费用，陈梦家存款有限，只能先预支《殷虚卜辞综述》稿酬，以解燃眉之急。电话联系科学出版社无果，情急之下，他想到了夏鼐。据夏鼐1956年4月24日日记记载："上午陈梦家同志谈及购房事，科学出版社联系，未能解决。……后来与尹达同志谈陈君购房事。"夏鼐和尹达谈，当然是希望以单位名义出面协调，成就陈梦家购房之愿。同时，这是两全其美的事情，从政治方面考虑，这是在帮助知识分子解决生活上的困难。从考古所实际情况出发，在考古所职工住房很困难的情况下，陈梦家自己出款购房，原拟分配给他的住房可以解决其他住房困难的干部职工。统一思想后，夏鼐出面，以组织名义给科学出版社负责同志打电话，说明情况，科学出版社表示可以考虑，并约定第二天可来出版社具体谈。钱的问题解决了，陈梦家心中的"石头"落了地，他兴奋地告诉赵萝蕤"我明日去出版社取款，希望够了。预计下星期一可到交易所办好手续。故你后日来时，必须把私章和钱带来"（1956 年 4 月 24 日陈梦家致赵萝蕤信）。1956 年 4 月 25 日，夏鼐偕陈梦家赴科学出版社"接洽陈梦家君预支稿费购房事"（1956 年 4 月 25 日夏鼐日记）。

　　房屋购买手续办理极为顺利，预支的稿费用于购房款和有关费用基本无余。接下来就是修缮和装修。陈梦家所购房屋是百年以上老宅，多年失修，不动则已，一动各处都要修缮，形同重新兴建。"厢房之窗，外玻内纱，坎墙都坏，一律拆修。旧东西不堪一修，内部腐朽可怕也。钱要超出了。"（1956 年 5 月 16 日陈梦家致赵萝蕤信）"厨房新开一门，几乎塌下，原来中间是空的，大柱烂了，换了一根。厕所底下已糟，全体翻身，换瓦管，又是几十元。许多墙壁一碰即下，又纷纷重涂。""修理为无底之洞，木匠已支千元，现在停止发展，结果需二千，不能再事动工。"为了防止无休止地修理下去导致经济缺口愈来愈大，陈梦家决定钱要花在正地方，该花的要花："（1）门都做新的；（2）西厢易窗，一律大玻璃；（3）买一浴盆；（4）漆工需酌减；（5）做好衣柜。"（1956 年 5 月 15 日陈梦家致赵萝蕤信）

　　从 1956 年春陈梦家夫妇购置钱粮胡同 34 号之后，修缮工作一直持续到 1957 年春，大概有一年的时间。直到 1956 年 6 月下旬，陈梦家才搬进新居。因这个院落主要是《殷虚卜辞综述》稿费购置，他便给自己的书房取了个新的斋名叫"一书斋"。从此他一个人占有了一间很大的寝室兼书房，在里面摆下了两张画案。这一大一小两画案拼在一起成了他的书桌，上面堆满了各种需要不时翻阅的图籍、稿本、文具和一盏台灯。陈梦家勤奋治学有了很好的物质条件。他身体好，不知疲倦，每天能工作差不多 10 到 12 小时（赵萝蕤《忆梦家》）。

1956 年 4 月 28 日，毛泽东在中共中央政治局扩大会议上提出"百家争鸣"和"百花齐放"的"双百"方针。

正是在这样略为宽松的政治背景下，陈梦家在继续学术论文的写作之外，还撰写了一些涉及文学艺术领域的短论，拾起了搁置多年的诗笔，写了诗歌。在学术方面，他以新中国成立以来考古学的田野工作和室内研究工作获得空前的发展来撰写了《六年来的考古新发现》一文，在《人民日报》副刊上发表。在文学艺术方面，喜欢戏曲的陈梦家几乎每星期都要去欣赏戏曲演出，他不仅喜欢京剧和评剧，对于其他地方戏曲亦感兴趣。凡有地方剧团来京演出，他的好友马彦祥都会送票来。戏也不是白看的，马先生总会给他布置任务，那就是看完戏要写戏评的。陈梦家自然不会辜负马彦祥的希望。自 1956 年秋至 1957 年夏，他写的《论老根与开花》《关于电影〈花木兰〉》《要去看一次曲剧》《看豫剧〈樊戏〉》等戏曲评论，先后在《人民日报》副刊上发表。在这些戏曲评论中，陈梦家着墨最多的是对剧种与演员的赞美和肯定，当然对其中的不足也会指出。

1956 年 4 月昆曲《十五贯》进京演出。5 月 17 日，文化部和中国戏剧家协会联合邀请首都文化界知名人士 200 多人，在中南海紫光阁举行昆曲《十五贯》座谈会。周恩来出席座谈会，做了约 1 小时的长篇讲话。他把昆曲誉为江南兰花，并盛赞《十五贯》是"改编古典剧本的成功典型"，是"百花齐放，推陈出新"的榜样。从 4 月 10 日至 5 月 27 日，《十五贯》在北京公演 47 场，观众达 7 万人次。有一位编辑来访陈梦家，谈到这一现象时，认为他可以撰文评论。于是，他以《论老根与开花》为题，对许多剧种在演《十五贯》发表了自己的看法。他说：

> 有现时意义的老戏，不仅只有一个《十五贯》，不同剧种应该
> 在他们自己的传统节目中去发现，又何必照本抄录。《十五贯》在
> 北京的成功，说明了昆苏剧种不应枯萎，说明了老戏中有非常精
> 彩至今常青的老根中放出的奇花，说明了老戏新编的重要意义。
> 别的剧种，应该观摩与学习的是这些，而不是只限于到处都演
> 《十五贯》。我们民间戏的遗产，不止"十五贯"而是几千贯也算
> 不清的。

文中，他还批评了文艺界"搬教条、套公式、指手画脚"的"公
式教条化"现象。以今天的眼光来看陈梦家的观点，没有错，但是，在
当时全国各地文化部门认真贯彻落实毛主席、周总理指示的背景下，陈
梦家却唱出反调，引起上层的不快是必然的。这件事无疑为1957年秋
他被划为"右派分子"埋下了隐患。

六、"批陈"的组织者

1956年12月30日，陈梦家与夏鼐正式谈应西北大学之邀讲课事。
1957年3月下旬，陈梦家完成手头工作，开始做赴西北大学授课的准
备。3月27日晚间，他到夏鼐家探望，并谈编辑室有关工作和后天赴
西安为西北大学授课事。3月29日，陈梦家乘火车赴西安，31日抵达
西北大学。

陈梦家自3月29日赴西北大学授课，至4月24日返回，大约4周
时间。据陈梦家4月8日致赵萝蕤信中所云，在"校中讲课，颇受欢迎。
校外旁听的占一半以上"。陈梦家还在文学系和历史系做了讲演。4月

8日，他还到"西安师范学院讲一次（四百多历史系学生）"；4月中旬，在师范学院中文系亦讲演一次。陈梦家描述讲演时的盛况说："此地学生的鼓掌真热烈非常，我疑惑是训练有素的。""此间的人太客气，到处登报宣传，受他不了。"

这次的西安之行，陈梦家是惬意的，他再次重温了在大学讲课的滋味，和演讲时得到学生掌声的满足感。原定4月底返回北京，因"所中来信，我走后又有许多杂事待理，所以还是早些回吧"。4月24日上午，陈梦家乘早班飞机抵达北京，当日即赴所向夏鼐"谈西安情况"（1957年4月25日夏鼐日记）。此时，科学院已进入座谈"解决人民内部矛盾"和"科学工作中的矛盾"阶段。夏鼐参加了"由郭沫若主持，后来由陶（孟和）副院长继续主持"（1957年4月30日夏鼐日记）的座谈会。按照所内传达的有关文件精神，响应整风运动，陈梦家开始在各种会议上进行"鸣放"。在"鸣放"的初始阶段，陈梦家撰写了《我们当编辑的》一文，发表在1957年4月19日的《文汇报》上。如果说陈梦家的《我们当编辑的》一文只是为了呼吁上级部门关注编辑者的利益，以激励他们更加热爱本职工作，更好地完成编辑工作，为社会服好务，而他自西安回京后所写的《两点希望》是在认真参加所中的政治学习，领会了毛泽东说中央的意见是应该坚持"百花齐放，百家争鸣"的方针，应该"放"而不是"收"的精神实质有感而发，针对当时"关于不敢鸣的顾虑，关于有些同志对于放的顾虑"，和"不放心放，不勇于鸣"的现状有感而言。他希望："大家彼此做真心的知己朋友，有话畅快的率直的说，不要再四平八稳、宁左毋右、引经据典、声东击西、言不由衷。"最后，陈梦家充满激情地说："我相信毛主席的号召，是在新形势下浩浩向前涌进的力量的泉源，我们个人是不能等不能停的，还是赶快的放鸣吧！"

到1957年6月下旬，全国反右派运动的局面已经形成。而陈梦家这一类所谓"高级知识分子"并不知情，以致不分场合继续"大鸣大放"，给自己埋下了祸根。6 月 26 日，中共中央发出《关于打击、孤立资产阶级右派分子的指示》，提出："前些日子，向工人阶级猖狂进攻的资产阶级右派，现在开始溃退了。我们必须认真地组织群众，组织民主人士中的左派和'中左'分子，趁热打铁，乘势追击，紧紧地抓住已经暴露出的这伙阶级敌人，实行内外夹击，无情地给他们以歼灭性的打击。"面对已经明朗的形势，陈梦家意识到自己前一时期的言论恐怕会被抓住把柄，在之后所内、所外的会议上，他不再发表任何言论，并撰文《拔除毒草的根》拟在报刊发表，以表明自己彻底剪除"残留在自身的资产阶级的思想老根"的态度和决心。在这篇文稿中，陈梦家客观地分析了"从五月到六月上旬，在大鸣大放中间"出现"毒花毒草"的原因。他认为旧的知识分子要想跟上社会主义的步伐，"人人要过一次大关"，就如同"在老根上插新枝，在严重的考验时会有枝枯根长的危险"。因此，脱骨换胎是改造我们思想的一个最好的方法。他认为"思想情绪中的老根比植物根还牢固长命。它一时不冒出来，并不是一下就死亡的。僵执期很长，也有时候看不出来"。文章最后，陈梦家表达了自己对在"鸣放"中是保持沉默不语还是有话不管对错就说出来的态度："我想，有话还是说出来好，说错，就应该虚心地接受批评，严格地寻找根，彻底地拔掉它。"虽然陈梦家极力表白自己是真诚的爱国主义者，并不反党，是愿意跟着社会主义向前走，有彻底拔掉"老根"的决心，但随着反右斗争的逐步深入，他已无回天之力了。

1957 年 7 月 9 日下午，夏鼐参加中科院召开积极分子动员会，由张劲夫副院长做动员报告（1957 年 7 月 9 日夏鼐日记）。在中科院召开积极分子动员会的同一天，毛泽东为中共中央起草了《关于增加点名批判的右派骨干分子人数等问题的通知》，把 6 月 29 日指示中提出的右派人数扩大了一倍，全国的右派骨干名单从 4000 人增加到 8000 人，北京从 400 人增加到 800 人。就是在这个通知下达后，陈梦家应声落网。随之而来的是没完没了的检讨和铺天盖地的批判和斗争。

1957 年 7 月 10 日，夏鼐"与靳主任谈反右派运动问题"（1957 年 7 月 10 日夏鼐日记）。据考古所健在的老先生回忆，那时的考古所没有设党委，靳尚谦是办公室主任兼党支部书记。或许就是在这次夏鼐与靳尚谦的碰头会上，确定了 7 月 13 日考古所反右派运动大会的议程和内容。而作为主角的陈梦家是否知情，不得而知。7 月 12 日，夏鼐"为了配合反右派运动，应《人民日报》之约，写了一篇短文寄去"。这时，夏鼐是考古所反右派运动的组织者之一，而陈梦家是考古所内定的"右派分子"。

1957 年反右派运动中陈梦家被划为"右派"的原因是多方面的，既有他在"三反"时留下的尾巴，也有来考古所后在处理人事关系等方面的缺陷，但最主要的问题有两条：一是他在"鸣放"期间关于"拆墙与留线，连线都不要留"的言论（见于当时《人民日报》记者曹孔瑞所写访问记）。陈梦家被错划为"右派"，似乎以这一言论作为定性的重要依据。二是他在文字改革问题上的反对意见，曾经受到章伯钧的称赞，从而被认为彼此有呼应，这样自然难逃被错划为"右派"的厄运。

1957 年 7 月 13 日上午，考古所召开"反右派运动大会，主要对象为陈梦家"（见夏鼐同日日记）。这是自 1952 年春陈梦家入所以来，夏鼐日记中第一次直呼陈梦家。原先称呼陈梦家君，后来称陈梦家同志，现在直呼其名，是在与"右派分子"陈梦家划清界限。上午大会，郑振铎没有现身；下午的大会，郑振铎出席并讲话。关于这个会，郑振铎在当天的日记里有记录："下午二时半，到考古研究所，参加对右派分子陈梦家错误的讨论会。首先由我说了几句话，然后由陈梦家作初步检讨。琐碎得很，全无内容。王世民加以比较详细的揭发。石兴邦予以根本的驳斥。大家一致不满陈的检讨。"从郑振铎日记的口气看，他对陈梦家的初步检讨是很不满意的。按照那时流行的检讨模式，检讨人多是对他人的揭发批判全盘接受，然后上纲上线，检讨时或态度诚恳老实，或是鼻涕一把泪一把地博得听者的同情。而陈梦家不会这样做的。从郑振铎日记的一句"大家一致不满陈的检讨"即可知会上的气氛有多么地不协调。

　　夏鼐在日记中记录了自 7 月 13 日陈梦家为主要对象的反右派运动大会之后，直至 10 月中旬中科院和考古所反右派运动的情况，时间长达四个月。在这次反右派运动中，陈梦家所做的检讨远远超过了 1952 年的"三反"和 1955 年批判"胡风反革命集团"、肃清反革命分子的运动。仅在 1957 年 8 月的夏鼐日记中，提到陈梦家检讨的次数就达 6 次：

　　　　8 月 9 日　　星期五

　　　　上午赴所，参加所中反右派小组讨论会。下午开始大会，郑所长亦来，陈梦家同志做自我检讨，然后由王世民、石兴邦、王仲殊同志发言。

　　　　8 月 10 日　　星期六

　　　　今天开了一天的会，为了反右派运动，大家继续对陈梦家同志提意见。报社记者亦出席，预备明天刊登报端。

　　　　8 月 19 日　　星期一

　　　　参加所中陈梦家第二次检讨的会。今日陈的检讨占了整个上午，裴文中、尚爱松同志都来参加，未发言。

　　　　8 月 23 日　　星期五

　　　　下午参加所中反右派大会，由陈梦家继续作检讨。

　　　　8 月 28 日　　星期三

　　　　今天又开了一天反对陈梦家右派言行的大会，上午由靳主任主持，下午由我主持。

　　　　8 月 29 日　　星期四

　　　　上午参加所中反右派大会，并在会上发了言，斥责陈梦家的右派言行。

　　夏鼐8月29日的日记，还出现了他"斥责陈梦家的右派言行"的记录。夏鼐在当天的日记里写下"斥责"二字，可见当时他在现场对陈梦家的批判是不留情面的。平日里温和待人的夏鼐居然以严厉的语气指责陈梦家，可以想象当时的会场气氛是如何地严肃紧张。同时亦反映出，夏鼐在这次的反右派斗争中立场是足够鲜明坚定的。他不仅在会上发言批判陈梦家的言行，在9月初出版的《考古通讯》第五期，他的《用考古工作方面事实揭穿右派谎言》一文（图：1957年9月10日出版《考古通讯》第五期），有一段是专门批判陈梦家的。文章的开头，他批判"右派分子"利用整风运动的机会，"打着帮助党整风的旗帜，乘机向党进攻"。在批判"右派分子"向党进攻的具体表现和言论时，他以陈梦家为实例："陈梦家对访问他的记者说：'事实上像考古所这样技术性较强的部门，如果没有党员专家，让非党员专家来领导也是可以的。……希望经过这次整风，能够对党员领导同志作一次调整。有些人人地不相宜，有些人兼职过多，有些人是挂名的，都可以考虑调整。'"（《人民日报》1957年5月17日第7版）实际上，陈梦家这里不是泛泛地说，而是有所指的。按照陈梦家的观点，没必要让文化部文物局局长来挂名考古所所长，亦无必要让已任职历史所副所长的党员尹达来兼任考古所的副所长。他认为非党员副所长夏鼐是完全胜任考古所的所长职务的，因此他希望在这次整风中做一次调整。陈梦家的观点，夏鼐是清楚的。或许是形势所迫，更重要的是要与"右派分子"陈梦家彻底划清界限，以保全自己，夏鼐对陈梦家的"右派言论"给予严厉的批驳："考古学虽然技术性较强，仍是社会科学一部门。连自然科学也须要党的领导，难道我们这社会科学一部门的考古学可以脱离党的领导吗？要党员领导同志'下台'，右派分子就可以肆无忌惮了。"夏鼐还针对陈梦家对《考古通讯》发表评论必须要让并不分管编辑室的党员副所长尹达审阅发过的牢骚，进行了揭批："《考古通讯》每发表评论，必须请党员负责同志看过。'这样做是否必要呢？'《考古通讯》是在党的领导之下为社会主义服务的，所刊登的评论是要对考古学界的思想上发生一定影响的，发表之前请党员负责同志看过，这样做可以说是必要的。纵使没有必要，试问这样做又有什么坏处呢？右派分子听到'党的领导'便是头疼的。"

从夏鼐日记得知，陈梦家被打成"右派"后，仍在《考古通讯》工作了一段时间，不久，便把他"挂了起来"。关于编辑室的事务，夏鼐不再找陈梦家商议了，也不分配他具体的工作，让他自己进行研究，并随时接受组织的审查和群众的批判。以前陈梦家参加考古所高级研究人员学习小组，成为"右派分子"后，他回到编辑室学习小组。

1958年2月17日，除夕的前一天，考古所并没有宣布对陈梦家的处理意见。1958年春节，是陈梦家夫妇过得最为灰暗的节日。自2月18日开始，夫妇俩几乎没有交流。陈梦家消瘦了很多，烟抽得很凶。赵萝蕤的精神状态愈加不好，夜里失眠，白天神情呆滞。往年家里会有亲友一拨拨地来，院内充满了喜庆和欢乐。这年正月除了陈、赵两家的兄弟姐妹走动，昔日的友人和同事踏进陈家寓所的寥寥无几。陈梦家和赵萝蕤除了去大佛寺赵宅看望赵紫宸夫妇，几乎没有走出家门。

春节过后，考古所上报中科院的关于对"右派分子"陈梦家的处理意见仍然没有批下来。陈梦家仍属于停职反省阶段，在接受监督情况下做些临时性的工作。

1958年4月11日，陈梦家终于等来了中科院对他的处理意见。尹达告诉他，院中已加处理，仍要做点编辑工作。正在陈梦家焦头烂额之时，夏鼐也不轻松。胃病常常疼得他不能吃喝，夜不能寐，体重不足百斤，医生建议住院。妻子的病也时好时坏，夏鼐还要常陪她去医院。工作上的事情繁杂，还要参加各种会议。好在新来了个副所长牛兆勋，能替他分担一部分所内的杂事。陈梦家虽然开始做一些编辑工作，但是没有了副主编的职务。自7月至11月下旬，陈梦家的名字在夏鼐的日记里再也没有出现过。

七、逆境中求生存

陈梦家戴上"右派分子"帽子后，基本上没有被安排具体工作，成了考古所的机动人员，常常被派外出参加中科院系统组织的各种劳动。劳动使陈梦家暂时忘却了痛苦和烦恼。他深知在所内已不能发挥作用，所撰著作也难以发表，反而不如暂时离开这个"是非之地"，免得时不时地被"拎出来批判"。

在王献唐保存的一封1958年9月19日陈梦家写给他的信中，陈梦家记述了他参加中关村劳动的场景：

> 昨天我到中关村打了一天的夯（八个人打一铁饼，冲地使劲），很吃力，嗓子因喊"嗨呦嗬"而哑了。但是表现的还不错，顶到底。

1958年9月25日，陈梦家作为科学院绿化大队的一员，赴居庸关挖坑植树。为了不让在香山休养的赵萝蕤挂念，他借着昏暗的灯光给妻子写信，告诉她家里安排的情况、绿化队所在地和担负的基本任务：

> 据今天报告第一批的人把山上要挖的坑已作完十分之七以上，因此我们也许要轻微些，要造房子500平方米。要在公路两旁栽树等等。

自陈梦家到居庸关参加绿化，直至返回，他和赵萝蕤天天书信往来。患难夫妻，互相关心，互相鼓励。陈梦家多为明信片，赵萝蕤则是长信。

陈梦家在信中特意向赵萝蕤强调，这里"有人知道我是'冠者'，但假装不知耳"。本所四人不用说了，外所的人也已知道他是戴着"右派分子"帽子的，但装作不知道。他感慨地对赵萝蕤说："此地每人劳动忙，人事简单，比较好。我除了做工外，只等吃饭，诸事不想，倒也是人生之一乐。"更令他心安的是"小队发现我是何人，更加照顾了"（1958年10月5日陈梦家致赵萝蕤信）。

陈梦家10月25日回到家，27日照常到所里的编辑室上班。令他意外的是，在他冒着寒风在居庸关挖坑的日子里，所里也给他挖了一个"坑"，原先宽大向阳的办公室被人事科占用，让他搬到编辑室旁边的一间阴暗狭窄的小屋内，并和先前一样没有具体工作可做。陈梦家再次感到世态炎凉。

夏鼐因胃病住院未愈，仍在医院里。直到10月31日，夏鼐仍未完全康复，延期出院。11月19日，夏鼐出院，又开始忙碌起来。11月25日，夏鼐至编辑室晤及饶惠元等人员，才知道陈梦家已被赶到编辑室侧的小屋里"办公"。陈梦家倒也图个耳朵清净，每日上班就躲进小屋内。他开始看小说，中国的、外国的、古代的、现代的都有所涉猎。总之，他基本上暂时放弃了他所研究的课题。

1958年12月上旬，考古所研究第二批下放干部名单，陈梦家被列入，为期一年。所内领导找他谈话，陈梦家提出妻子赵萝蕤患精神疾病，时好时坏，需要他在身边照顾，短时间还可以，下放一年有困难。他的请求遭到了拒绝。

考古所第二批下放干部的行期是1958年12月22日。行前的几天，陈梦家与赵萝蕤拜访了在京好友，请他们多来陈宅，以宽萝蕤之心。原本开始重拾古琴的赵萝蕤，与查阜西先生约定每周赴查宅习琴。查夫人徐氏与赵萝蕤在昆明时结识，并成为闺密，她向陈梦家表示，会时时来陪赵萝蕤。还有住在东厂胡同的蔡芳信一家表示，会时时来陈宅照顾。

有了赵萝蕤的鼓励和亲友的支持，陈梦家坦然面对这次的下放劳动。因家庭困难，他向考古所的领导请求，他去之后，可否帮助协调赵萝蕤由西郊的北大调入城里的社科院文学所工作，若一时调不进来，暂时借调亦可。

12 月 22 日上午，考古所欢送第二批下放劳动锻炼的 14 名干部。欢送会上，陈梦家和其他下放干部同样都戴上大红花。当晚离开北京，赴洛阳北郊白马寺植棉场劳动，直到 1959 年秋末结束"锻炼"返所，历时不到一年。陈梦家下放劳动的地点是洛阳市北郊的白马寺公社十里铺村。科学院各所下放干部，按部队一样编制。总部即团部，下设营、连等。考古所属七营三连。

一晃，陈梦家在洛阳郊区劳动已有半年，身体更健壮了。赵萝蕤的身体也越来越好，没有犯病。只是她的工作调动问题，尚无进展。1959 年 7 月 14 日，陈梦家接到赵萝蕤的来信，催问调动事情的进展。陈梦家恰好刚刚收到夏鼐 7 月 10 日的来信，信上说：

> 尊事曾与尹达同志商谈过，他答应竭力设法，因他事忙，也不能马上便办好这事。昨日遇到时据云已与何其芳所长说妥，由文学所向北大借用，此事谅无问题，请勿远念。

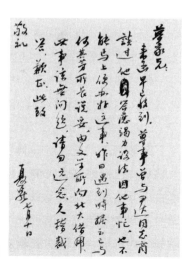

1959 年 7 月 10 日，夏鼐致梦家信

为使赵萝蕤安心，7月17日陈梦家回信时，特意把夏鼐的信寄给她，并顺便述说了近日的劳动生活状况：

> 夏鼐短信也到了，今附上。由夏信知尹达已与何其芳正式谈妥，文研所向北大借用，已渐具体化，你可与耀民慢慢地商谈具体工作。夏处，不再另函问询，以后复信答谢他便可以了。明年的事，你不用发愁了，我也放心了。

读陈梦家此信，可以看出这时他已初步从逆境中走出，坦然面对现实，对日后的生活又有了憧憬。他心中的头等大事，就是赵萝蕤进城工作的事情。在信中，他意味深长地对赵萝蕤说："我们大约已在热闹中间行走了，过这一关，似乎也不可怕。"

7月27日，陈梦家再次接到夏鼐的来信，告诉他关于赵萝蕤调动一事又发生周折（1959年7月27日夏鼐致陈梦家函）：

> 关于嫂夫人暂调文学所工作一事，又发生周折。文学所已同意，并派人去过北大两次商洽，最初北大西文系允考虑。……总之，不欲外借。闻嫂夫人曾有函询问文学所，文学所恐回信明告真相，刺激太强，故不敢复信。可否请兄设法婉言，请其稍安毋躁。总之，依照情况，大概可以请北大方面尽量照顾。具体办法，权在北大。尹达同志答应有机会再与北大方面商谈。

突如其来的变化，令陈梦家措手不及。不光是计划落空的沮丧，关键是如何对终日企盼调入城里的赵萝蕤说明其中的原委。此刻陈梦家心情低落到极点，劳累了一天，竟然难以入眠。他连夜致书，婉转说明借调文学研究所的近况，还要等一等，不要心急。赵萝蕤自然知道症结在哪里，反而劝慰陈梦家不要把这件事放在心上，既然不能调

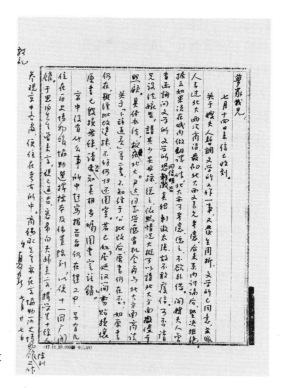

1959 年 7 月 27 日，夏鼐致
梦家信

动，连借调也不成，干脆不调了。她打算再休养一段时间，就去北大
上班。有了赵萝蕤的明确态度，陈梦家心里好过了许多。8 月 6 日，他
致信夏鼐，感谢他并尹所长对妻子调动的事情给予的努力，并转告了
赵萝蕤对此事的态度。

　　一年的下放劳动，终于归期有日。从 1959 年 11 月 21 日起，几乎
每隔一两天，他就要写信给赵萝蕤报平安，同时把近况告诉她。此时
"反右倾"运动已在北京等地开展，考古所内亦在紧锣密鼓地展开。这
是 1959 年庐山会议之后在全国各地普遍开展的一场"反对右倾机会主
义"的运动。这次运动的重点是党政军机关。据夏鼐 11 月 10 日的日记

记载："今日起停止办公二天，全所从事写大字报。"大字报中有七八张
是给夏鼐提意见，批评他"专而不红、埋首业务，不管方针任务等"。
所内党员干部尹达、牛兆勋、王伯洪、程明轩等相继做自我检查。远在
洛阳的下放干部一边劳动，一边也要学习有关文件，参加整风。11 月
25 日，陈梦家致赵萝蕤的信中，谈到了他们那里的学习情况和自己心
中的不安：

> 陈伯达的文章，我们学了一次，我自己看了一遍，在此时
> 提出"自由平等博爱"的老问题，有些怪，也必事出有因，发人
> 深思。
> 反右倾运动，对像我这样的人，有了很大的影响。陈文中提
> 到政权一点，非常重要的。反右倾是一次很激烈的阶级斗争，不
> 下于反右，而与它相关联的。这个斗争恐怕要继续一个时期。在
> 农村公社中，也反映一些，常常开辩论会，找典型人做对象，教
> 育群众。对于食堂，对于排队，一言一行都反映了对人民公社和
> 大跃进的态度。我在此为日无几，不是少说，根本不说什么。因
> 牙疼，也久不说话。有些小事情，注意得还不够，还要小心又小
> 心。希望平平安安的在年底以前回家吧。

虽然是党内整风，但是戴着"右派分子"帽子的陈梦家，仍然心
有余悸，不知道哪里不小心，会引来灾难。"祸从口出"的教训是深刻
的，此时的陈梦家"不是少说，根本不说什么"。1959 年的严冬，是我
国自然灾害的严重时期，下放干部在宿舍内聊天时往往会涉及物价高、
生活困难一类的敏感话题，每逢此时，陈梦家会借故走开，或低首不
语，"对此有忌讳，我从来不谈的"。

虽然归家有期，但劳动一点也没有松懈，陈梦家在 28 日夜 11 点
多写信告诉赵萝蕤：

　　　　我们小组似乎准备在月底把劳动结束了，而同时，棉场这两
　　天日夜搞大跃进。我昨日下午拔花柴（壮工之工作），出了大汗，
　　晚上黑地背花柴（残秆），今日又修了半天路。累矣，而且时间紧
　　张，无闲暇。

　　不仅劳动要出大汗，言行还要小心，他在信中说："正在此紧张关
头，我得事事小心谨慎。"还叮嘱赵萝蕤："以后对人，勿谈物价之事。"
　　就赵萝蕤来信所说北京各单位都在"反右倾"，听说是党员内部在
搞，他回复道："反右倾虽系党内内部之事，但各机关已一律停止办公。
考古所各室，已不办公，专搞此事，群众不去开内部会，而贴大字报云
云。"陈梦家的说法，与夏鼐的日记吻合。
　　1959 年 12 月初，洛阳下放干部返程有了准确的消息。他们开始做
总结和有关善后工作。12 月 20 日，陈梦家到洛阳市给赵萝蕤打电报，
告诉她"约 21 日午后到家"。到家后，赵萝蕤和保姆早已做好了给他接
风洗尘的准备。下放洛阳棉植场的 14 名干部，安全回到了考古所。
　　返京一个星期，1959 年这一年就过去了。夏鼐已被接受为中共预
备党员，政治与社会活动方面，参加过全国人大常委会扩大会议，8 月
22 日起参加党的整风运动，至年底仍未结束；业务撰述方面，长篇和
短文发表 10 篇。
　　陈梦家在下放洛阳劳动这一年，身体更加健壮了，已经很适应体
力劳动和风寒冷冻天气作业。他开始看新书，读了很多新小说，学术研
究和撰述基本停止了。这一年，为庆祝国庆十周年，少数"右派分子"
摘帽，陈梦家不在其内。
　　1960 年元旦过后，1 月 2 日，所内照例互相串门贺年。自 1957 年
陈梦家戴上"右派分子"帽子之后，他的家里逢年过节只有为数不多的
在京亲友来坐一坐，所内同仁是不肯来的。陈梦家是个知趣的人，知道
自己的身份去别人家也不方便，包括夏鼐家，他不再登门了。逢年过

节，大佛寺赵家必去，恩师闻一多家看望师母必去，也到查阜西、冯友兰、陆志韦等为数不多的老先生家看望。

1月27日为阴历除夕，当天开始放年假。初一至初四，所内同仁相互拜年。在夏鼐这几天的日记里，记下了考古所到他家贺年的同事，也有他到同仁家贺年的记录，但是陈梦家的名字没有出现。

八、重新被起用

1960年春节过后，夏鼐有两件事情压在肩上，必须抓紧去做。一是组织编写《十年考古》。为了做好这件事，专门成立了一个"编写《十年考古》及资料组"。二是他的《考古学论文集》需要编定，并要写英文提要。就在这两件事情紧锣密鼓进行的时候，一个突发事件让夏鼐不得不放下手头的工作。这就是发生在1960年2月中国抗议"美帝掠夺我国文物"的事件。

1960年2月12日，美国国务院在华盛顿发表声明说，美国同台湾已经达成"协议"，准备把我国故宫博物院、南京博物院（解放前国民党政府的中央博物院筹备处）在台湾的大批珍贵文物运往美国。从1961年6月1日起陆续在华盛顿、纽约、波士顿、芝加哥、旧金山等地"展览"。

为此，先是文化部对美国政府提出严重警告，并郑重声明：美国政府与蒋介石集团所签订的一切"合同"均属无效。而后，全国各地文化界人士与机关学校等也纷纷集会，强烈抗议。中国科学院考古所亦于2月22日上午召开会议，"响应文化部抗议美帝'劫运我国在台湾文物'"（1960年2月22日夏鼐日记），所长尹达出席会议，会议决定由夏鼐负责考古所抗议书的起草。

此时的陈梦家每日仍旧待在编辑室旁的小屋里，不管是所领导交给的临时性工作，还是编辑室交给他的一些枯燥或难以修改的文稿，他都一丝不苟地完成好。手头没活干，他把下放一年来未读的《考古通讯》（已改名《考古》）及其他刊物补阅一过，并阅读了一些业务书籍。包括所领导在内的所内人员，没有人来他的小屋"闲谈"，他也不去别人的办公室。上班来，下班走，倒也自在。有的时候，编辑室或所里有会议和政治学习，通知他就去听，不通知他，他就闷在小屋里，抽烟、喝茶、阅读、写作。

令陈梦家意想不到的是，在考古所"响应文化部抗议美帝'劫运我国在台湾文物'"会议后，夏鼐找他说，考虑到他是中国铜器研究方面的专家，又曾在美国调查过美国收藏的中国铜器，并在汇编的《中国铜器综录》中有详细的记录，中科院领导指示，要他撰写揭露美帝劫夺我国铜器的文章。陈梦家自然不敢怠慢，当即提笔疾书，用了极短的时间即完成了一篇有事实依据、极有分量的揭露美帝盗劫我国铜器的文章。文章的开篇指出："从清季以来，被他们（美国）劫夺而去的古物单以铜器来说，其数量极为巨大。"这些铜器同其他古物都陈设在美国的许多博物馆和美术馆里，也陈设在若干私人的客厅里。"我们虽不能得到详细的数字，但约略估计起来，铜器包括兵器、车器、漆器、用器、镜鉴、带钩、货币、造像在内，其总数在一万件以上。单以殷周祭器或礼器来说，约在二千件左右；而其中既有历史价值又有艺术价值的，约在一千件左右。"陈梦家的文章完成后，经夏鼐等有关人员审阅，认为这是陈梦家以自己亲历写成的一篇深刻揭露美帝劫掠我国文物罪证的文章，决定刊发。1960年4月《考古》总第46期全文照发，却不让陈梦家署名，另署假名张仲平。

4月5日，是清明节。陈梦家与兄弟姐妹约好回南京为父亲扫墓，然后到上海、苏州、无锡探亲访友。陈梦家自南方探亲回来后，依然闷在小屋里，查阅资料，打发无奈的时光。这样既烦闷又无奈的时光，入夏后就结束了。因为甘肃省博物馆急需对1957年7月至1959年11月间在武威县磨咀子六号墓发现的 469 枚《仪礼》木简、七枚日忌木简和其他汉墓发现的木简进行整理和研究。鉴于甘肃省博物馆需要考古所派一位专家来指导这项工作，考古所领导小组于 1960 年 6 月 10 日专门召开会议，研究派往甘肃省博物馆的专家人选。最终决定派陈梦家赴兰州参与整理汉简工作。

陈梦家是 6 月 11 日离开北京的。陪同他前往的还有周永珍。据 6 月 15 日陈梦家致赵萝蕤信得知他们是 6 月 12 日晚上到达西安，"坐三轮车到大雁塔（考古所西安研究室）已是半夜。叮了一夜蚊子，幸好票已买好，故十三日晚上上车后才补到卧铺"。6 月 14 日晚"六点到兰州，出城到七里河找到博物馆"。他们暂住在博物馆对面的一个大饭店内，三人一屋。第二天没有休息，立即开始工作。

读这个阶段陈梦家的信，他远离北京，工作紧张不说，伙食还很不好，又难以补充。时值盛夏，陈梦家在一间仓库样工房里工作，同时还承负着不能个人发表文章，不能对外联系的精神压力。他此时只有一个念头，就是加班加点，尽早做完才是。为此，他"每日早晚都去工作"，白天考释木简、记录，晚上在灯下整理考释文字，以至于"眼睛不适，头有些晕"。

经过十几天的加班加点，工作比预期提前了许多，考释木简的文字稿也基本定稿。按照陈梦家的估算，7 月 20 日前后可以离开此地。7 月 14 日早晨，陈梦家将前一晚熬夜修改并誊清的文稿"交给此处馆长，他大约看一两天。据他说，他将和所中通电话联系"（1960 年 7 月 14 日陈梦家致赵萝蕤信）。

"因事已毕"，在馆长审阅稿件、等待所内电话的几天里，陈梦家"想清闲晃荡一下"。此时，他对这里的"伙食也吃惯了，吃到一次大油饼"。平日烟很勤的陈梦家，烟抽完了，又无地去买，"有好些天未吸好烟，昨日有人送我一包最坏的，内中有一半乃是木屑。多抽坏烟，自然就不想抽它了"。

　　四天后，陈梦家等来了所里的来信。"谜已揭晓"，要他"此间工作完后，转往西安及洛阳，研究铜器，补充《十年考古》一书的内容"。原本陈梦家赴兰州前已和赵萝蕤计划兰州的工作结束，返京后即陪同赵萝蕤赴北戴河休养。陈梦家在写给赵萝蕤的信中，遗憾地告诉赵萝蕤"我的夏天如此完了，故你收信后不必再盼我同去北戴河，只可单独去了"。对于所中安排他从兰州转战西安、洛阳，他无法抗拒，只能奉命无奈前往。"这大概是'图功'之一道，看来也是无人可做，要我积极一下。好在西安、洛阳两地，有自己的地方，总比兰州方便，兰州只是天气太好了。我还是抱着愉快心情，上两京去了。"（1960 年 7 月 18 日陈梦家致赵萝蕤信）

　　离开兰州前，从 18 日下午起，陈梦家"与省文化局前局长王乃夫谈汉简"。当晚他在信中告诉赵萝蕤："他已看了稿子，提出意见，与我交换。此人前在北京古籍出版社负责，据说认得我的，调甘二载。今年夏犯了什么错，下放到此，或许还是馆长也说不定。我明日再与他谈一天，就要准备赴陕矣。他似乎满意我所作的。"陈梦家清楚，西安、洛阳之行大概也要十天半个月才可结束。

　　7 月 22 日下午，陈梦家离开兰州，乘火车赴西安。陈梦家到西安工作的接待单位是中国科学院考古研究所西安研究室，地址在西安市雁塔路。西安研究室已做准备。接待他的老胡告诉他，他们接到考古所办公室副主任林泽敏的信，提到陈梦家来此处工作时间不会太短。

　　考古所的马得志正带队在西安挖掘唐代墓葬，他们也都住在这里。马得志和陈梦家关系尚好，此次陈梦家来此，因得到马得志等同事的关照，比起兰州少了些生疏感。陈梦家来此并无明确的工作，不免心中惴惴不安。

　　关于陈梦家完成武威汉简的整理任务后，考古所没有立即召他回所的事情，有人曾撰文分析说，这是夏鼐为了保护陈梦家，有意推迟了回京的时间。这是一种揣测，实际上所内开展的整风是针对党员的，与他这个"右派分子"没有关联，即使陈梦家在所内，也不会有他什么事。何况考古所是集体领导，并不是夏鼐一人说了算的。这次陈梦家任务完成得很好，也很辛苦，所领导存心让他赴西安休整一下，也是对他的一种奖励，倒是顺理成章的。对于陈梦家来说，马上回去也好，留下来也罢，都不是他这个戴帽"右派"能够左右的事情，倒不如乐享其成。

究竟是什么原因所里迟迟不让他回所，陈梦家一直没有找到确切的答案。对于把学术研究和著述视作生命的陈梦家来说，1957 年 8 月至 1960 年 8 月几乎放弃了学术研究，这是他最为遗憾而又非常无奈的事情。

夏鼐和所内其他领导对陈梦家这次赴西北工作，尤其是配合甘肃省博物馆整理武威汉简的工作是满意的。周永珍先行回所后，向领导汇报了陈梦家埋头苦干的情况，而后是甘肃省博物馆在陈梦家离开兰州后以书面形式详细报告了他在兰州夜以继日，顶着酷暑，以高度的责任心和扎实的学养认真对待每一枚简牍的学者风范。总之，陈梦家的此次西北之行，成绩喜人，再次赢得了所内领导和研究人员的肯定。也正因此，在之后的日子了，考古所领导集体讨论研究后，决定让他继续对武威汉简的研究，并负责《居延汉简》的编辑工作。

自 1957 年秋天以来，陈梦家已经很少有学术研究任务了，完成的著述又难以发表和出版，他心灰意冷，开始阅读中外小说以解烦闷。正是这次参加武威汉简整理和研究工作，重新燃起了他学术研究的欲望。他的研究兴趣，也从金文铜器方面转到了汉简方面，并及于历代度量衡的研究。重新有了明确的研究工作任务的陈梦家，又回到了他之前的状态，每天上班后进到他的小办公室里，摊开他在武威整理汉简时亲笔写下的考释笔记和购置并借阅的大量参考书籍，开始对武威汉简进行整理和研究。

在 1960 年里，陈梦家虽然没有摘掉"右派"帽子，但令他欣慰的是，作为"右派分子"，组织上能委派他离京赴西北工作，说明考古所领导是信任他的。最重要的是，考古所明确地分配了他研究的课题，他的自身价值再次得到了体现。本年度完成了《河西四郡的设置年代》等论文。

九、匪夷所思的"！"

1961 年上半年很快过去了。夏鼐依然整日忙碌所内的冗杂事务，胃病时常会犯，常跑医院。妻子的病稍有刺激和劳累就会复发，一犯病就需要送医院。业务上，他继续审阅修订《十年考古》初稿。会议还是比较多，只是暂时没有运动。

陈梦家仍然白天躲进考古所的小屋里，晚上在自家的书房里，做武威汉简的研究整理，其中大部分的简牍释文基本完成，还要修订《叙论》和校记。除了研究工作，所内的一些社会上的劳务工作也会随时让他去应付。这个时候，他已经完全适应了所内随意差遣的一些无聊且需要体力、耐力的临时性杂活。每次所内随便哪个领导招呼他去做这做那，他总是笑容可掬地去了，并会完成得很好。

1961 年 7 月上旬，三伏到了，正是最为闷热的时节。考古所以支援农村生产的名义抽调部分人员到京郊大兴县安定镇佟家务村参加劳动，陈梦家自然又是不二人选，他不得不放下汉简的研究工作。这一时期，为撰写汉简研究有关论文，他正在研读《汉书》，故而在整理行装时，他还带上了尚在阅读的两册《汉书》。7 月 13 日，陈梦家与考古所的几位后勤人员坐火车赴安定。安定镇位于大兴区东南部，距京城 30 公里。

据陈梦家 1961 年安定日记得知，此次和他一道去安定参加农业生产劳动的几个人都是行政后勤人员，包括看传达室的、烧茶炉的、炊事员、打扫卫生的，还有照相的、办公室通讯员等。以上人员如吴满长、丁振奎等都是半文盲，他们出身贫苦，根正苗红，而陈梦家虽然是唯一的高级知识分子，但他是"右派分子"，要接受这些后勤工人的监督改造。陈梦家有记日记的习惯，他的日记很简短，此次去安定劳动，虽然条件艰苦，也没有太值得记下的内容，但他仍然坚持每日一记。据赴安定当日的日记，陈梦家"8 点离家，9 点到永定门车站，与汪卓诚（考古所办事员）乘 10 点 40 分慢车，11 点 50 到安定。又走路一个多小时，二点到佟家务"。他的房东姓潘名全，"与李裕东（考古所后勤人员）、赵文林（考古所照相的）、赵锡民（考古所后勤人员）同屋。其他常驻 6 人：任和（考古所勤杂）、丁振奎（考古所炊事员）、丁振海（勤杂工）、吴满长（考古所烧茶炉的）、李汉臣（传达室人员）、田春华（考古所办事员）"。

陈梦家经过这几年的劳动锻炼，不仅对农活很熟悉，而且筋骨也结实了，练就了冬天能抗寒，夏天能抗暑，在苍蝇叫、蚊子咬的状况下躺下即睡着的本事。这次去安定正值三伏，闷热难耐，他长了痱子，奇痒又不敢挠，痛苦不堪。但每日他都要和原本为农民或城市贫民出身的吴满长、丁振奎等人一样下农田锄地、拔草、积肥。陈梦家自 7 月 14 日起记下了每日的劳作和生活状态：

7 月 14 日　晨七时下地锄谷子地，锄大费力。十时半回。下午四时下地，七时半回，拔草。

7 月 15 日　晨下地锄谷子地。下午拔草。

7 月 16 日　星期大礼拜。洗衣。昏睡了半天。看《人民公敌蒋介石》。午后暴雨一时，窗内进雨。入伏。

7 月 17 日　天明晨大雨。晨下地堆积肥坑。下午锄地，种萝卜。杨泓、姜言忠与田春华下工。晚房主潘之小女大哭。

7 月 18 日　热晴。上午锄菜地。张振邦来了即去。午后赵文林及赵锡民离此转职。下午拔兔草。晚间闷热。

7月19日　昨晚好睡。天明前雨，午后雨。上午锄地种菜。下午地湿，学习刘少奇报告。今晚同屋只羊倌李裕东。

7月20日　晴，不太热。上午锄地二行。下午一行，又去拔兔草。地湿。看《安徽革命回忆录》。将晚收萝葜信。

7月21日　上午除白薯地草，下午补种之。下雨闷热，有小风。

7月22日　阴雨。三点左右，冒小雨补种白薯。午后又赤脚冒雨去。二时回，淋湿了。天凉痱子又褪去了。看《粮食运输队》。

7月23日　昨日大雨，今晨方晴。地湿不能下地。看《地道战》。今日又是星期，写信。晚吃六两捞面。

7月24日　上午推磨磨玉米。中午玉米面窝窝头，可口。下午锄薯地草。似有大雨，时而又晴，见虹。李裕东告假回家，房内只我一人，打扫清洁。丁振海亦回所，托其取粮票。

7月25日　上午去地种萝卜。

7月26日　清晨丁振奎因胯下生疮回京。姜、田、杨送至车站。今日中伏。上午采兔草，下午种萝卜。天气风凉。上午有风，凉，甚凉。下午丁振海回，带来八月粮票及蒜、椒。

7月27日　上午因地潮未下地，看《敌后武工队》，并睡了一觉。下午续看小说及《汉书》至武帝纪。三时下地种萝卜。晚与房东老潘聊天。

8月1日　闷热。上午种萝卜。午后有雨，未下地。看《红色交通线》。

8月2日　上午去地转了一圈，地湿未作。下午四点至八点与杨泓到高粱地看青，有人偷了。看《苦菜花》。

8月3日　晴。上午看《苦菜花》。午后至天黑看青。

8月4日　晴热。上午看青。颇热，痱子又出。午前所中小汽车来，中途抛锚。来了尹铭传、刘国强、仇士华及张振邦、丁振奎等。晚上移至板床上。

8月5日　晴热，中伏已完，末伏矣。上午与刘国强看青，形同暴巫。下午睡，看《苦菜花》。姜回所。今日星期六。

8月6日　星期日。上午与刘看青，拉高粱叶子。阴而闷热，午淋大雨而归。下午晴，洗衣。《苦菜花》看完，接看同作者冯德英的《迎春花》。

8月7日　与刘看青。午后看《迎春花》。晚与刘巡视看青，九点半回，吃西瓜。半夜大雨。

8月8日　立秋。阴。上午看青，下午看《迎春花》。梅兰芳逝世。

8月9日　阴。工作如昨。张振邦回所。晚下小雨，出巡。看完《迎春花》。寄信。

8月10日　阴。上午看青。下午看周而复《山谷里的春天》。晚未出。

8月11日　晴。上午看青。午收萝薤19日信，何故如此迟到。今日下午有人偷高粱被捉到。

8月12日　晴。如昨。到此已整一月。

这是迄今发现的自1957年秋陈梦家成为"右派分子"后，接受"劳动改造"过程中的唯一日记。1961年已是陈梦家成为"右派"的第五个年头，他已经适应了逆来顺受的这种极为无奈且无法抗拒的生活。读他的安定日记，其中已然没有了那个学富五车、温文尔雅的高级知识分子的影子。他和当地的农民以及所里与他同劳动的几位后勤人员同样锄地、拔草、睡土炕。阴雨天下地常常被淋得像个落汤鸡，闷热天长了痱子，奇痒难挠，苦不堪言。他每日里唯一的企盼，是下雨地湿不下地劳作，躺在土炕上看革命小说。最喜欢的劳动是"看青"，这是农作物即将收获前的一种必要的巡护，以防止农作物被不老实的农民偷窃。他最大的惊喜是能吃上一碗可口的捞面或香喷喷的新玉米面窝窝头。晚上，劳作了一天，他会很快进入梦乡，什么也不会想。他心里挂念目前的汉简研究，这是他唯一的寄托。空闲的时候，他偶尔会看上一会儿带来的《汉书》，但为了避免惹是生非，更多的是读革命小说。他对自己的要求很苛刻，从不"乱说乱动"。即使这样，同来的后勤人员并不认为他改造得很好，所里的领导询问陈梦家劳动表现时，他们总会找出一两条他们认为陈梦家表现不够好的事情来，比如说与他们不交流，与当地农民不能打成一片，搞特殊化，抽好烟，喝好茶，等等。当然，组织上对他的考察，是暗地里进行的，陈梦家并不知晓。

正是在陈梦家冒酷暑、顶烈日、挨雨淋，与郊区农民一起战天斗地的时候，在夏鼐的日记里常常出现因工作需要出入楼堂馆所参加各种宴会和与家人看电影的记录。7月底，夏鼐陪同家人赴烟台海边避暑疗养，同行者还有徐旭生和苏秉琦两家。自8月1日起，夏鼐一家开始了近一个月的海滨城市避暑休养。他们时而在"海水浴场洗澡"，时而在"沙滩上躺着晒太阳"，晚上有时还有电影。此间，他们还在当地政府有关人员的陪同下，到蓬莱、威海等地参观游览。8月29日晚，夏鼐一家返回北京。

陈梦家此时也结束了在安定佟家务的劳动，继续进行他的汉简整理研究工作。国庆节后，《武威汉简》初稿完成。11月14日上午，陈梦家到夏鼐办公室"谈编辑《居延汉简》情况"（1961年11月14日夏鼐日记），并将《武威汉简》初稿呈交夏鼐。夏鼐对陈梦家的工作态度和研究成果给予了充分的肯定，并鼓励他继续努力，争取尽快摘掉"右派"帽子。陈梦家在汇报了自己的思想改造情况之后，希望夏鼐在考古所领导班子开会时能够专题研究一次他的摘帽问题。同时，夏鼐提醒他，尽管他几年来努力工作，但是所内仍有人认为他在思想改造方面有待于进一步提高。从夏鼐办公室出来后，恰好见到办公室秘书王世民。打过招呼，王世民告诉他，下午尹达所长来，接待安阳市委的徐同志为去年秋天对安志敏在安阳遭到迫害前来道歉事宜。陈梦家当即拜托王世民联系尹所长，他想找尹所长汇报思想。安阳市委的同志离开后，王世民通知陈梦家，尹所长在办公室等候他。此次陈梦家在向尹达简要汇报了自己的工作情况后，重点谈到了自己五年来因"右派分子"的身份，给自己和妻子带来的巨大压力。特别谈到，因为这个"右派"身份，研究成果不能发布、文章不能发表的苦闷。尹达表示理解，并对他提出了更高的要求，告诉他一旦时机成熟，会马上研究他的摘帽问题。陈梦家离开后，尹达询问王世民所里人员对陈梦家的评价。当王世民反映说，编辑室的同志说陈梦家平日里一副满不在乎的样子时，尹达马上接话茬说："他在乎得很哩！"

夏鼐是从王世民那里得知陈梦家找尹达谈话的消息的。在其当天日记里，他写道：

> 徐同志辞去后，陈梦家找尹所长谈话，大概是为了摘右派帽子的事吧！

令人匪夷所思的是，在这里夏鼐用的是"！"号。其中缘由大致有三个可能：一是或许与夏鼐近来听到所内有人反映陈梦家平日里一副满不在乎的样子有关。大概夏鼐认为以陈梦家目前的表现，摘掉"右派"帽子没有可能，也就是说找谁也没用。二是或许夏鼐清楚，当前陈梦家摘帽的最大阻力正是现任考古所所长尹达，而陈梦家找他谈是"瞎子点灯白费蜡"。三是陈梦家被划为"右派"是上边的意思，摘不摘帽子自然要听上边的，考古所没有权力，因此找尹达是没有用的。

11月是下半年来夏鼐最为忙碌的，有很多事情要做。除了日常工作，他的《新疆新出土汉代丝织品研究》已经初步完成。12月下旬，夏鼐在百忙之中终于审读完了《武威汉简》初稿。20日下午，夏鼐"与陈梦家商谈修改意见"（1961年12月20日夏鼐日记）。陈梦家按照夏鼐提出的意见，再度进行了修订。

1962年2月4日，是除夕，又是立春。像往年一样，节日期间夏鼐家里门庭若市，每天都有所内人员和各路朋友来家拜年。因"右派"帽子依然戴在头上，陈梦家的家里则门可罗雀，除了弟弟一家和为数不多的好朋友走动走动，几乎没有所内同事来串门。陈梦家节日里也没有放下他的汉简研究。上班前，他对上一年撰写的《汉简考述》《汉简所见奉例》《汉武边塞考略》《汉居延考》等整理一过，还完成了《汉代烽燧制度》一文。春节后，《武威汉简》稿子送交文物出版社，作为"考古学专刊乙种第十二号"。按照所内的安排，陈梦家仍继续负责《居延汉简甲编》《乙编》的编纂工作。这项工作，他在上一年完成《武威汉简》一书之后，已经开始了。2月16日上午，陈梦家与夏鼐就《居延汉简》的编排问题进行了讨论。方案确定之后，陈梦家在对居延汉简、敦煌和酒泉汉简进行整理的基础上，对包括居延汉简的出土地与额济纳河流域的汉代烽燧遗址的分布和形制进行整理。自此，陈梦家两点一线，早上从钱粮胡同骑自行车到考古所内的小房间里，专心致志地进行汉简的研究，直到晚上所内的人都离开了，他有时还沉浸在研究中。回到家里，晚饭后，进入书房或翻阅书籍资料，或撰写梳理出的文字。

1962年5月11日下午，考古所办公室主任靳尚谦来家探望，并告诉他"党组已接学部通知，尹达同志准辞考古所所长职务"，所长职务由夏鼐继任。夏鼐继任所长，对陈梦家来说是个好消息。与此同时，第十二次全国统战工作会议于5月21日在京闭幕。会议根据周恩来先后在广州科学工作会议、第二届全国人大第三次会议和第三届全国政协第三次会议上重申的知识分子是"属于劳动人民的知识分子"精神，强调统一战线是长期的，统战工作是得到益处的，是三大法宝之一。同时，会议按照中央关于甄别平反"右派"问题的通知，对凡属在1959年

"反右倾"时戴了帽子的、重点批判了的，一揽子解决，通通摘掉。尽管陈梦家不属于"通通摘掉"的范围，但总算看到了一丝希望。

自 1957 年戴上"右派"帽子，至今已 5 个年头了，他一直在努力工作，但"右派"帽子像紧箍咒一样，依然在头上戴着，他已经麻木了。他现在最大的兴趣是汉简研究。同年 8 月，陈梦家编著的《殷周铜器集录》，因制好的铜版放置已久，再放将全部作废，为此科学出版社以中国考古所编《美帝国主义劫掠的我国殷周铜器集录》的名称出版。到了 1962 年的年末，他已经完成了有关汉简研究方面的论文多篇。也正是在这个月，考古所研究通过了给陈梦家摘掉"右派"帽子的问题，并上报科学院。

1963 年 1 月 16 日，考古所牛兆勋副所长在队长会议上宣布陈梦家摘"右派"帽子。遗憾的是，夏鼐因消化道出血住院治疗，未能出席。至此，史学界"四大右派"雷海宗、向达、陈梦家、荣孟源皆已摘帽子。令人惋惜的是，雷海宗于 1962 年 12 月 24 日病故于天津。

1 月 25 日是夏历癸卯岁正月初一，陈梦家夫妇照例去大佛寺赵紫宸家拜年。陈梦家摘掉"右派"帽子，是大喜事，自然要庆贺一番。初二、初三，在京的亲朋好友都来钱粮胡同乙 34 号陈宅贺年。自 1957 年秋以来，这个院落从没有过像这年这样的欢声笑语。1 月 28 日是大年初四，陈梦家破例到夏鼐家贺年。初五考古所开始上班，年前没有见到陈梦家的同事，有的到他办公的小屋里探望并祝贺他摘掉"右派"帽子。在政治待遇方面，自 1963 年摘掉"右派分子"帽子之后，陈梦家又回到考古所高研学习小组，与夏鼐、徐旭生、郭宝钧、黄文弼、苏秉琦等一起参加学习讨论，所内组织的大小活动都会通知他参加。

陈梦家没有了"右派分子"这顶帽子，他的研究工作进入了正常状态。他撰写的文章可以公开发表了。2 月，他撰写了《关于大小石、斛》一文，这是陈梦家关于历代度量衡研究的一篇重要论文。2 月 28 日，因《居延汉简》事，以及他所编著的《美帝国主义劫掠的我国殷周铜器集录》稿费事，夏鼐约他谈话。陈梦家当即表示，既然是以考古所编著的名义出版，他自愿捐献稿费 700 元。这笔款相当于当时初级研究人员十个月的工资。3 月初，他改订的《汉简考述》一文发表在 1963年《考古学报》第一期。文章"根据调查报告所记述的遗址和见于简上的邮程的记录，概略地叙述了额济纳河两岸汉代障燧分布的位置"。

经所领导决定，开展"殷周铜器铭文集成"编纂工作，由陈梦家负责。6 月，陈梦家完成《殷周铜器铭文集成规划草案》的起草；王世民、陈公柔等着手整理有关资料。与此同时，陈梦家完成《汉简所见居延边塞与防御组织》长篇论文。7 月 1 日，夏鼐"将《居延汉简·编后记》交给陈梦家同志"（1963 年 7 月 1 日夏鼐日记）。至此，自 1959年《居延汉简甲编》之后，《居延汉简乙编》工作已初步完成。10 月 31日，陈梦家完成《西汉施行诏书目录》一文；12 月，完成《汉简年历表叙》。

这一年，是自 1957 年以来，陈梦家精神状态最佳的一年，也是他的汉简研究成果最为显著的一年。而夏鼐在这一年，按照他自己的说法：

> 是不幸的一年，为了养病，消磨去大半年的时光，但也是转折点的一年，动手术后，十年痼病，一旦消除，可以万里旅行，东瀛观光，亦一快事也。

"万里旅行，东瀛观光"，指的是 11 月 29 日至 12 月 28 日夏鼐奉命参加了长达一个月的访日活动。

1963 年 9 月，陈梦家利用到庐山休假之机，赴上海探望亲友。这是他于当年 6 月中旬去上海探亲访友后，再次赴上海探亲，也是他最后一次离开北京。

十、士可杀而不可辱

平静的 1964 年、1965 年悄然过去。在夏鼐 1966 年 1 月 15 日的日记中有简要记述：上午参加学部中心小组，讨论《海瑞罢官》问题。

根据科学院的统一要求，考古所内科研人员和行政管理干部也组织了学习讨论。夏鼐作为一个专业性很强的领导干部，只是把这次对吴晗《海瑞罢官》的讨论，作为一次学术思想的争鸣，对此并没有更深刻的理解。而陈梦家自 1963 年摘掉"右派"帽子以后，谨言慎行，埋头业务，对关于《海瑞罢官》的讨论和批判更是不言不语，唯恐引火烧身。

吴晗与夏鼐和陈梦家都是老相识。抗战时期，陈梦家与吴晗曾同为西南联大教授，陈梦家自美国回到北平任清华大学教授，和吴晗再次同校。1952 年后，他们相继离开清华大学，几乎没有了来往。夏鼐与吴晗只是泛泛之交，新中国成立后有时会在某些会议上碰面而已。这次吴晗站在了风口浪尖上，夏鼐和陈梦家等故旧好友只担心他的政治生涯会因此遭到重大影响而已，谁也没有想到，这次对《海瑞罢官》的批判竟然成为发动"文化大革命"的导火线。

1966 年 3 月 29 日，夏鼐将离京陪同越南考古代表团赴西安、重庆、云南、湖南考察。夏鼐离京前，继姚文元批判吴晗的《海瑞罢官》文章发表之后，《人民日报》《红旗》等报刊又相继发表了多篇批判文章。

1966 年 6 月 1 日，《人民日报》发表社论，号召群众起来"横扫一切牛鬼蛇神"。考古所成立了"文革战斗小组"，夏鼐和所里的其他几位领导开始了无休止的检查并接受群众的揭发和批判。

考古所"文革战斗小组"成立后，"摘帽右派"陈梦家并不是他们批判斗争的对象。6 月 16 日，考古所会议室新贴出来的一张大字报首次批判夏鼐"发表右派陈梦家笔名的文章"。陈梦家开始进入"战斗小组"的视线。7月16日"上午8时半起所中召开揭发批判牛兆勋的大会，开到12时。下午2时半开到6时半始散。5时半点到包庇反动权威徐旭生、苏秉琦、陈梦家，陈在场即示众"（1966年7月16日夏鼐日记）。从此，陈梦家"暴露在光天化日之下"。

8月9日，陈梦家清晨起来，打开收音机，即听到广播中共中央关于"文化大革命"运动的决定。考古所当日"成立了监督小组，'三反分子'及'右派分子'（夏鼐、牛兆勋、林泽敏、陈梦家）每天上午劳动，下午写检查"（1966年8月9日夏鼐日记）。

据夏鼐8月11日的日记，考古所挂牌劳动的有6个人：夏鼐、牛兆勋、林泽敏、陈梦家和仇士华、蔡莲珍夫妇；另有5人劳动不挂牌：靳尚谦、王伯洪、王世民、许景元、刘随盛。另据王世民回忆：

> 1966年8月10日前后，考古所的造反派勒令"三反分子""右派分子"等，每天上午在所内参加建房劳动，下午和晚上学习文件和写检查，并在晚间清扫厕所。当时本人因"保皇派"罪名，也曾被驱入牛棚，与陈梦家朝夕相处，深知他的表态甚好，劳动和打扫厕所不怕脏、不怕累。

戴了6个年头"右派分子"帽子的陈梦家，早已适应了这种没有尊严的日子。他知道，要想逃过这一劫，只有一条路，就是要低下头，老老实实接受监督改造。

到了8月下旬，考古所的造反派成立红卫兵，运动随之升级。

> 8月23日下午所中成立红卫兵，3时揪斗"反动权威"苏秉琦示众，集中所中全体牛鬼蛇神，戴纸帽游行，有：黑帮分子牛兆勋、林泽敏、夏鼐；保皇派王伯洪、王世民、许景元、刘随盛、王孖、张广立、卢兆荫、曹联璞；贪污分子张振邦；右派

分子陈梦家、仇士华、蔡莲珍；反动权威苏秉琦、徐旭生（未到）、郭宝钧、黄文弼、佟柱臣（文化汉奸）、安志敏；其他：林寿晋、王俊铭、齐光秀；三反分子：靳尚谦。计26人（我打黑旗，牛兆勋、林泽敏打锣，绕所中三匝）。（1966年8月23日夏鼐日记）

连日来，陈梦家在所内不仅要接受批判，还要参加基建劳动，就在他精神和体力都已然疲惫不堪的时候，赵萝蕤因恐惧运动，精神病复发。无奈之下，陈梦家决定求助他和赵萝蕤的已故老友蔡芳信的夫人陈方来照顾赵。

8月24日中午，劳动了一上午的陈梦家，拖着疲惫的身体来到东厂胡同的蔡家。敲开蔡家的门，刚刚落座，却被尾随而来的红卫兵揪回所内批斗。罪名是他与蔡夫人有不正当关系。关于当天的情景，夏鼐在日记有简要记录："中午陈梦家被揪斗，戴'流氓诗人'纸帽。"

王世民亦有较翔实的回忆：

> 24日上午下班时，陈梦家劳动结束清洗后，经由考古所相通的近代史所大门，去往胡同东口路南的蔡姓妇女家。所内的工勤人员和红卫兵尾随将其揪回，在考古所、科学院图书馆两单位相邻食堂的路口，被罚跪和辱骂。当天下午，陈梦家仍在牛棚参加学习，但情绪与往常不同，时而走来走去，傍晚向牛棚的学习组长牛兆勋请假，以其夫人病为由不来参加晚间的学习。同时，留下一封敞口的信，请牛兆勋转交文革小组，说明蔡姓妇女与自己并无谣传的不正当关系，只是不时请她帮助料理家务，当天中午去她家，是因为爱人癔病复发，急需有人前去照顾。

当年的红卫兵高天麟参与了尾随并押回陈梦家的全过程，2016年清明节前，他在事件发生 50 年后向笔者详述了事情的经过：

> 1966 年 8 月 23 日下午考古所成立红卫兵组织之际，搞了一次"牛鬼蛇神"戴高帽子游斗的活动。陈先生虽列于游斗队伍之中，但并不是当时的重点。24 日上午陈先生等与夏鼐等所谓"走资派""保皇派"，在所内挂着黑牌参加建房的体力劳动，中午 11 点半他们结束劳动后，技术室有位同志向红卫兵负责人报告，说陈梦家进到东厂胡同某号院，那家主人是个寡妇……。红卫兵负责人听说后，把陈梦家先生的这一串门造访当成是不规矩行为，即带领三四名红卫兵（当时本人也在其中），赶往东厂胡同东口路南的某号院（现已拆除）。进到院中，见陈先生确在院内东厢房的一位中年妇女家中，红卫兵负责人即声色俱厉地喝令他出来！……我们和陈先生从东厂胡同那人家出来以后，他推上那辆从美国带回来的自行车，红卫兵们前后押解着走出胡同东口，沿着考古所院墙转进大门，把他带到考古所西北隅技术室门口北侧的空地，令他头戴写有"流氓诗人"的纸帽子站在凳子上，对他进行批斗。此时正是中午下班开饭时间，因为当时院子那边有考古所和科学院图书馆两个食堂，所以有不少人过往，但围观人数不是很多，主要有扈俊明、冯普仁（后二人均调离考古所，冯已故）发言批判、责问。这样，在中午的烈日之下，陈梦家先生的确汗流满面，一副屈辱和不堪承受的神态。因为大家要去食堂吃午饭，对陈先生的批斗持续时间不长，前后不到半小时。最后由红卫兵把他押回考古所的"牛棚"（"走资派"和"右派分子"等集中学习的屋子），开门把他推进屋子。

原本已经心力交瘁的陈梦家，面对这突如其来的凌辱，万念俱焚，当晚便寻了短见。高天麟回忆说：

　　陈先生在 24 日中午遭到一番批斗后，下午仍在"牛棚"参加"文化大革命"文件的学习，傍晚向"牛棚"的学习组长牛兆勋同志（原行政副所长）请假，并留下一封敞口信请其转交考古所"文革小组"。据见过这封信的王世民回忆，信的大体内容是说明自己与陈妇并无批斗会上所说不正当关系，由于近日赵萝蕤有癔病发作的迹象，去陈妇家不过是想请她帮忙照看罢了。由此可见，陈先生与陈妇本来是正常的交往，考古所红卫兵却在并无证据的情况下，将其莫须有地臆想为不正当的"流氓行径"，而对陈先生进行批斗。此等冤枉和羞辱，自然使他感到无地自容，很难再活在这个世上。于是在 8 月 24 日，即明史大家吴晗和哲学家李达自杀的同一个晚间，陈先生吃了过量的安眠药，想结束自己的生命，幸亏药量不足，又及时发现，就近送隆福医院抢救，总算暂时保住了生命。

　　夏鼐是第二天上午到所后才得知陈梦家自杀未遂的消息的。他在 8 月 25 日的日记中，记下了他所了解到的事件经过：

　　　　上午赴所，见通告牌上有红卫兵通告，谓我所右派分子陈梦家自杀未遂。听说：昨天中午下班后，他到东厂胡同的一蔡姓寡妇家（其丈夫死于 1963 年，据云曾于死前托孤于陈）。

　　8 月 25 日上午，刚刚被抢救过来的陈梦家被接回钱粮胡同的家里。现年已 80 岁的高天麟仍然清楚地记得那天的情景：

　　　　8 月 25 日早晨上班不久，所"文革小组"成员任式楠同志（1993—1998 年曾任考古研究所所长）责成我去医院把陈先生接回家，因为我是考古所的"红卫兵"，办这件事比较方便。我把处在极度虚弱，呼出的口气中弥漫着安眠药味的陈先生接回家，与陈师母（赵萝蕤教授）商量后，在他家的西厢房搭了个地铺，让陈先生躺在地铺上静养。当天上午，邻近陈先生家一所中学的红卫兵（女孩子居多，不少人属于高干子女）过来滋扰。那天，陈先生的弟弟陈梦熊（水文地质学家，我印象中他当时自我介绍是：水利电力部华北水电总局地质总工程师，"文革"后他是中国科学院院士、地质矿产部科技高级顾问）闻讯过来看望，正好撞上这些红卫兵，即被拦住。盘问他的来历和身份后，有红卫兵叫嚷"你来得正好"，"你这叫自投罗网"，接着强令他低头，对他的头发强行实施"犁瓜叉"，同时也对赵萝蕤先生实施"犁瓜叉"。当时我觉得对一位水文地质总工程师和北大西语系教授这样做有辱斯文，但不敢出面阻拦。因为这样，搞不好会殃及自身，自然保护陈先生的任务也会随之落空。待到这些中学红卫兵闹得差不多了，我劝她们松手吧，她们总算放了手。8月25日这一天，我几乎一整天守护在陈先生家，直到天擦黑才骑车回家。

每日要赶写交代材料，还要随时接受红卫兵批斗的夏鼐，在9月3日的日记里，只写下了"闻陈梦家已于昨晚再度自杀身死"14个字。1966年9月5日，所中召开"声讨陈梦家畏罪自杀大会"（1966年9月5日夏鼐日记）。

陈梦家离世后，他的手稿、日记、书信等资料留存考古所。夏鼐的家于陈梦家首次自杀的第二天，被考古所的红卫兵抄了。家中的图书、文件、存折、存单被查封。8月27日，学部的红卫兵召开成立大会，将各所的"牛鬼蛇神"集中到学部，夏鼐自然在内。自此，他不但要写检查，还要写各种交代材料，并随时接受红卫兵的批判。1970年5月21日，夏鼐离京赴五七干校，在河南息县东岳公社，从此结束了写检讨、挨批判的日子。10月22日，因夫人病倒，他请假回京，后因考古所将承担阿尔巴尼亚修复古羊皮书的任务，便没有回干校，留所中工作。1974 年 12 月 30 日，夏鼐恢复组织生活。

1978 年 12 月 28 日，中国社会科学院考古研究所在北京为陈梦家举行追悼会，夏鼐致悼词。悼词充分肯定了陈梦家的学术成就，肯定他热爱祖国，为社会主义事业积极贡献自己的力量，工作一丝不苟，治学极为勤奋，指出"陈梦家先生是我国著名的考古学家和古文字学家"，他的不幸逝世，"是我国考古事业的一大损失"。1979 年，在考古所重新建立学术委员会的第一次会议上，在夏鼐提议下，决定立即着手整理出版陈梦家的著作。

徐森玉：惜才护宝的森老

徐森玉比陈梦家年长 30 岁。他们之间没有师生情谊，也没有过上下级和同事关系，而且在人生阅历和专业特长方面亦有很大的差异，但这些都没有影响他们之间的友谊。

一、终生护宝

徐森玉是浙江吴兴人，出生于 1881 年，名鸿宝。幼年时，徐森玉曾入白鹿洞书院，接受国学大师于式枚先生的教诲，在于师的严厉打造下，徐森玉在国学、版本目录学方面有了很扎实的功底。1900 年，徐森玉考入山西大学堂，读化学。时任山西大学堂监督的爱新觉罗·宝熙擅长诗文、书法，同时也是金石书画的收藏家、鉴赏家。徐森玉在大学期间已展现出他的聪慧博学，专业以外，喜欢书画鉴赏和古物。宝熙对他很赏识，有时得到新的古物，在鉴赏时会邀徐森玉参加，并听取他的意见。这段经历，奠定了他成为文物鉴定家的基础。

1911 年，也就是陈梦家出生的那一年，民国成立，蔡元培任政府教育总长，徐森玉和李大钊都曾任北大图书馆馆长，后改名为北平图书馆。在此期间，徐森玉与鲁迅有了交往。他和鲁迅同龄，又都是浙江籍，且有些爱好相通，因此他们之间虽然没有过多的往来，但还是有一定交情的。1924 年 11 月 20 日，清室善后委员会成立，徐森玉作为教育部佥事，参加清室善后委员会工作，与马衡一起负责点查清宫文物。1925 年 10 月 10 日，故宫博物院成立，徐森玉以清室善后委员会委员身份，留在故宫博物院继续主持古物的清点工作。1928 年，马衡任故宫博物院院长，徐森玉任古物馆馆长并兼任北平图书馆采访部主任。

全面抗日战争爆发后，徐森玉为保护祖国文物不被日军掠走，做出了巨大贡献。限于篇幅，这里列举其中几件。一件是，北平危在旦夕，即将沦陷，徐森玉将北平图书馆珍藏的一批善本书和唐人写经8000 多卷，抢运到上海保存。上海沦为"孤岛"时期，他又与郑振铎一起几次设法转移，才避免了被日军掠走。

1938 年春，故宫文物南迁，徐森玉不辞艰险，率第一路由南京出发溯江至武汉，转由粤汉路到长沙。11 月，他由长沙潜赴天津，冒着危险进入北平，参与策划将尚陷北大研究所的"居延汉简"2 万余枚秘密运出北平，寄存香港大学图书馆。1939 年春，徐森玉主持故宫文物南迁，途经贵州安顺，翻山越岭，历时两月，始到重庆。他因车祸事故，足部受伤致残，但坚持到底。1939 年底，他受重庆方面委派赴沪收购善本图书。历时七个月，与郑振铎一起竭尽全力抢救举世闻名的刘氏嘉业堂、张氏适园、刘氏回海堂、陶氏涉园、邓氏凤西楼等所藏珍贵版本古籍，拣选、收购了一大批，并冒险将最精的 82 部宋元版本 502册亲自携带经香港转运至重庆，为保护祖国古籍做出了贡献。

1942 年，徐森玉获知日军计划掠走山西赵城的金代刻本《赵城藏》佛经 4000 多卷。他通过郑振铎与中共地下组织联系，由山西的八路军赴赵城，把这批珍贵文物抢救了出来。

1948 年 11 月中旬，徐森玉应召赴南京参加故宫博物院、中央研究院联席会议。会议由行政院院长翁文灏主持，议题是文物迁往台湾事宜。参加会议的还有外交部长王世杰、教育部长朱家骅和傅斯年、李济等。 会议公推徐森玉和李济督运并照料文物。对此决议，徐森玉提出异议，但未被采纳。他离开南京，避居上海。之后，国民党五个部门联合聘请他赴台湾主持文物工作，他亦婉言谢绝，将南京当局给他的赴台湾机票退还。自此，徐森玉与他工作了近25个年头的故宫博物院暂时脱离了关系。

1949年1月31日，北平和平解放。3月6日，北平军事管制委员会接管故宫博物院。5月，上海解放。8月，上海成立文物管理委员会，李亚农为主任，徐森玉为副主任。新中国成立庆典活动前夕，徐森玉已到北京，参加了故宫博物院的改组工作，还配合马衡院长协调了人事安排。新中国成立，中央人民政府文化部成立，故宫博物院改由文化部文物局领导，局长郑振铎，副局长王冶秋。此时，上海方面几次催促徐森玉回沪，但因他时任故宫博物院古物馆馆长之职，脱不开身。他的老朋友、时任文物局局长的郑振铎，非常希望徐森玉留在北京支持他的工作。马衡院长更是真诚地希望徐森玉继续留在故宫，配合他的工作。但是徐森玉去意已决，最终答应暂不辞去故宫博物院古物馆馆长一职，故宫博物院如有重要事项需要他参加，他会准时来京。因今后徐森玉要长期在上海工作，马衡院长委任王世襄代理主持馆务。1949年11月中旬，徐森玉回到上海。

二、识人用人

陈梦家与徐森玉彼此间有了往来，大概是在陈梦家自美国回到清华大学之后。总之，自从陈梦家与徐森玉有了互动以来，就把徐森玉先生视为长辈，这一点是肯定的。在陈梦家、赵萝蕤旧存的夫妻间往来书信中，经常会提到容庚、郑振铎等师长辈，提到容庚，多为"容希白或容庚"；提到郑振铎，不是老郑就是直呼其名。而陈梦家在致赵萝蕤的信中，凡提及徐森玉先生，总会敬称"徐森老"或"森老"。陈梦家写信给徐森玉先生，称谓一定是"森老先生赐鉴"或"森老赐鉴"。

徐森玉爱才若渴，对陈梦家这样极富才华的青年学者自然是关爱有加。1949 年 11 月，徐森玉回到上海任上海市文物管理委员会副主任期间，多次邀请陈梦家赴沪鉴定青铜器，陈梦家不负徐森老的器重，都是圆满地完成了鉴定工作。

徐森玉回上海之前的这几个月里，陈梦家只要进城，总要到徐森老的寓所拜望，有时还会陪他逛书肆和厂甸。在书肆，徐森老见到有价值的古籍善本，总会仔细翻阅，并很快判定版本和价值。陈梦家对版本目录学不是内行，但他聪颖好学，徐森老也乐意指导，陈梦家对版本目录学，尤其是古代碑拓的鉴定也掌握了一些要领。徐森老在与陈梦家走访琉璃厂的古董店和到藏家的家里看铜器时，陈梦家对铜器的断代和辨别真伪方面的敏锐反应，令徐森老赞赏有加。

徐森老虽然早已接到上海方面的任命，但北平方面并没有松口让他赴沪就职。据马衡先生 1949 年 9 月 16 日的日记记载："冶秋约同访森玉，虽未允就，但谓必须返沪。"文物局副局长和故宫博物院院长马衡一起做徐森老的工作，请他留在故宫博物院担任副院长并继续兼任古物馆馆长，徐森老仍未允就，可见其回沪之意已不容动摇。1949 年 10 月 5 日，新中国成立伊始，徐森玉即访马衡，表示"仍欲赴沪"（1949 年 9 月 5 日马衡日记）。在马衡院长这天的日记里尚有："甚矣，妇人之败事也！"

或许，徐森老是把坚决回沪的原因推给了夫人，才使马院长迁怒于徐夫人。即使如此，马院长挽留徐森玉留在故宫的信心依然坚定。10 月 13 日，值福开森捐赠金陵大学的仇英《烈女图》等古画装箱之际，马衡院长特意邀请郑振铎和徐森玉同来观赏，赏完古画，"约森玉、西谛至五芳斋小酌"（1949 年 10 月 13 日马衡日记）。醉翁之意不在酒，赏画和小酌是引子，请郑局长做森老的工作才是马院长的真意。马院长为留下徐森老这位老搭档，可谓煞费苦心，但最终结果是"森玉非回上海不可，不便坚留"（1949 年 10 月 18 日马衡日记）。

同年 10 月 7 日，丁惠康医生已携高山族文物标本来北京。陈梦家同他一起拜访了徐森玉。丁医生私下向徐森老吐露了自己有意把此次携来的高山族文物捐赠给清华大学作为研究和教学之用的想法，徐森老表示赞同。徐森老还向丁医生宣讲私藏不如公藏的意义，并鼓励丁医生向国家多捐献文物。10 月 17 日，丁医生把此次带到北京参展的全部高山族文物无偿捐赠给清华大学。

11 月 4 日下午，清华大学举办的"少数民族文物展览会"在艺专开幕，马衡院长等文博界前辈出席。徐森玉于当月回上海赴任。行前，北京的朋友们为他饯行，陈梦家也参加了。徐森老在北京的住宅，也暂时托付陈梦家照看。

上海市文物管理委员会隶属上海市人民政府文化局领导，时任文化局局长的夏衍和副局长于伶，对徐森老都是尊重有加。徐森老不仅任上海市文物管理委员会副主任，同时还兼任华东军政委员会文化部文物处处长，副处长是唐弢。徐森老上任伊始，正值接收原国民党机关所辖的文博单位的文物、图书的清理登记工作。除此工作外，他还要参与对原国民党机关、企事业单位遗留下的文物、图书等进行清理、登记。

面对错综复杂且头绪相当多的局面，时任文管会主任的李亚农压力很大，有手足无措之感。李亚农来自老区，他尽管看不惯徐森老的为人处世风格，但是又不得不依靠徐森老。据说，李亚农曾想把徐森玉这个副主任换掉，请沈尹默接任，但因种种原因，没有办到。

徐森老并不介意李亚农的所为。他只是想把上海的文博工作搞好，对得起各级领导对他的信任。自 1949 年第四季度至 1950 年夏，徐森老凭借他在文博界的威望，很快打开了局面。为了使上海的文物不外流，不遭到破坏，徐森老在工作之余走访了沪上的收藏家和古董商户，摸底调查，并动员他们将私藏的名贵书画、瓷器、铜器等出售或捐赠给国家。在他的动员和个人魅力的感召下，许多藏家和古董商愿意将家藏珍宝和镇店之宝出售或捐赠。为了保证收购的文物的质量，不漏掉一件珍罕国宝，徐森老还建议华东军政委员会文化部聘请各地知名专家、学者和收藏大家为各地文管会的顾问，同时聘请在京的一些有特殊专长的学者担任顾问。这个建议得到了批准。不久，各地文管会下达聘书。已然随同郑振铎赴京任职的古书画鉴定家张珩，曾在1949年前长期协助郑振铎、徐森玉等多方搜集名刻善本和碑刻拓片，与古籍善本鉴定家赵万里，以及顾廷龙、潘伯鹰、冒广生、谭敬等，都被聘为特别顾问。陈梦家虽没有明确的顾问身份，但也是徐森老时常顾问的人士之一。凡是有关青铜器物和甲骨鉴定的任务，徐森老一定要首先过问陈梦家，然后才作定夺。据说徐森玉任上海文物管理委员会副主任，负责征集文物工作期间，号称手下有四员大将帮助他鉴定把关。古籍版本是赵万里，书画是谢稚柳和潘伯鹰，青铜器是陈梦家。

赵万里和陈梦家在北京，但只要徐森老来电来函，有任务召唤，他们是随叫随到，从不耽搁。只要上海文管会的人来京，不管是公事还是私事，都会带来徐森老的问候。作为晚辈，赵万里和陈梦家每次都会让来京的沪上朋友，为徐森老带一些他喜欢的北京特产。

三、"做学问、教好书最重要"

自1947年冬文物陈列室筹建以来，作为负责人的陈梦家可谓费尽了心思，出力最多。他有效地利用了与古玩行中人的交情和商购古器物的经验，为文物陈列室购回了不少珍贵文物。这是得到梅贻琦校长和之后的学校负责人冯友兰，乃至时任校务委员会主席的叶企孙认可的。但是，陈梦家在得到校领导和部分同事肯定的同时，也招来一些人的嫉妒和猜忌。

文物陈列室常经陈梦家之手购进一些有价值的文物，因多是从古董贩子手中购进，手续自然不健全，尤其是陈梦家在为公家购买古物时，有时还会为自己购买一些文玩小件。为此，有些人开始说他的闲话，陈梦家听到了，自然是一肚子委屈，对于散布谣言和传闲话的人极为反感。

最后导致陈梦家崩溃，决定辞去陈列室负责人的动因，是他听到有人散布他在为陈列室购买乾隆大织造时有揩油的嫌疑。鉴于出现这样的不堪局面，陈梦家考虑再三，认为再干下去会招惹更多的麻烦，为此，他决意辞去文物陈列室主任之职。

1950 年 5 月 1 日，陈梦家正式向校务委员会主席叶企孙递交了辞职书（1950 年 5 月 1 日陈梦家辞呈底稿）：

谨启者：

梦家自一九四七年秋返校以来，奉命参与筹设文物馆事宜。赖诸同仁同心协力之功，草创已略具端绪。去年春复奉委文物陈列室之责，惟以个人能力薄弱精力不足，故虽勉力为之，常觉力与愿违。兹经再三考虑，若仍担任名义，将有负学校付托之原意，故特坚决恳请辞去所兼文物陈列室主任及文物馆筹备之责，俾得专心教课研究学习。将来文物馆正式成立，极愿从旁尽力。惟对于负任何部分之责任，则决不能担任。凡此实出乎衷心，至祈体谅，早日予以允准，不胜祈祷之至。此呈

叶主席企孙

一九五〇年五月一日

陈梦家谨上

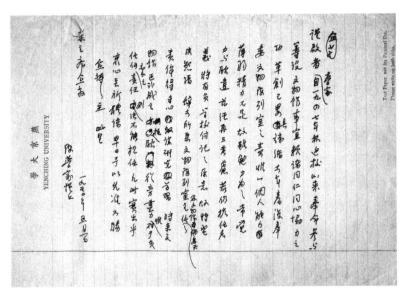

1950 年 5 月 1 日，陈梦家正式向校务委员会递交辞呈

　　据《王逊先生学术年谱》，陈梦家辞去“文物陈列室主任及文物馆
筹备负责人”之职后，“清华大学文物馆委员会成立”，王逊“兼任文物
馆秘书。文物馆委员会主任为梁思成、邓以蛰两先生，下设考古组、民
俗艺术组、档案整理组及综合研究室。王逊实际负责日常事务性工作”
（王逊著、王涵编《王逊学术文集》第 264 页，海南出版社 2006 年版）。
按此说法，这是将为筹备文物馆（筹备时称文物陈列室）做出巨大贡献
的陈梦家一脚踢出了。尽管是陈梦家主动辞职在先，但显然这样的决定
是有失公允的。

　　在这次清华大学文物陈列室改组，更准确地说是“倒陈”的过程
中，梁思成和邓以蛰无疑起到了主导作用，但王逊究竟扮演了什么样的
角色？陈梦家为什么会对王逊如此反感和不满，甚至形同路人？读这一
时期陈梦家与赵萝蕤的通信，以及赵萝蕤 1950—1951 年春的日记，获

得的信息是，陈、王的矛盾主要原因是有人传言陈梦家负责文物陈列室
工作期间有揩油之嫌，尤其是陈梦家通过他四姐夫刘仁政从美国为陈列
室购归的两幅乾隆时期的巨型缂丝佛像，花了 2000 美元，更是有人传
言陈梦家与四姐夫合伙大揩清华之"油"。而传言就出自与文物陈列室
有关的某人之口。

　　陈梦家辞去文物陈列室职务的消息，很快传到上海徐森老那里。
徐森老对陈梦家自美回清华后所做的许多有益的工作，特别是筹建文物
陈列室的工作，是颇为赞赏的。听到遭人误解和嫉恨，非常遗憾。徐森
老只能劝慰陈梦家还是踏踏实实研究学术，做好学问、教好书最重要。

　　1950 年 7 月 21 日，陈梦家参加了雁北文物勘察团。行前，他特致
信告知徐森老，徐森老给予鼓励之余，还让他多关注流散在民间的文
物，有重要的铜器，可代为上海文管会收购。

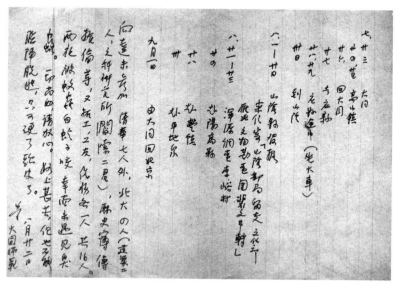

1950 年 7 月 21 日至 8 月，陈梦家参加雁北勘察团致萝蕤信（1）

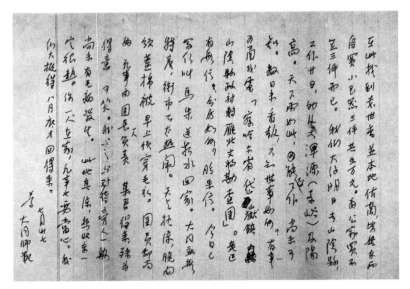

1950 年 7 月 21 日至 8 月，陈梦家参加雁北勘察团致萝蕤信（2）

雁北文物勘察团，是新中国成立后第一次组织的规模较大的关于历史文化遗产实地调查研究的工作团体。此团分两组，团长裴文中，建筑组由刘致平、考古组由陈梦家担任组长兼副团长。考古组与建筑组具体成员如下：

考古组组长由陈梦家兼任，副组长分别由北京大学文科研究所研究员阎文儒、北京历史博物馆傅振伦担任，组员为宿白（北京大学文科研究所）、王逊（清华大学营建系副教授）；古建组组长由刘致平兼任，副组长分别由北京文物整理委员会及北京大学工学院教授赵正之与清华大学营建系副教授莫宗江担任，组员包括清华大学营建系的朱畅中、汪国瑜、胡允敬三人；另有北京大学工学院的李承祚（至云冈因病返京），故宫博物院的张广泉（至应县因病返京），中央文化部文物局总务科的王守中、王树林等，共计 16 人。

行程是：

　　7月23日：大同；24日、25日：高山镇；26日：回大同；27日：去应县；28、29日：应县途中（坐火车）；30日：到山阴。

　　8月1日至20日：山阴县发掘；21日至23日：浑源调查李峪村；24日：赴阳高县；28日：赴丰镇；30日：赴平地泉。

　　9月1日：由大同回北京。（1950年8月2日陈梦家致赵萝蕤信）

陈梦家此行，不但担任考古组组长，还受文化部文物局委托承担为其收集文物的任务。据陈梦家1950年7月22日致赵萝蕤信所述，该团自7月21日"晨7时半开车，晚十点六分到大同"。"上车时，文物局郑（振铎）、王（冶秋）、张（珩）来送，且面请我代收集文物。"实际上，在接受国家文物局的委托前，陈梦家已接受了徐森老的委托，为上海市文管会搜集文物。

关于陈梦家随团的工作、为公家收购文物的情况，他在7月27日致赵萝蕤的信中，有简要的记述：

　　廿二日在大同看了下华严寺与善化寺，皆辽代建筑。廿三日去云冈，住宿。石窟共四十余，风化许多，偷去不少，存下来的尚可观，然不能与敦煌比。

　　廿四、廿五两天在高山镇采集细石器和陶片。在云冈对岸也曾采集新石器和陶片（史前），系与裴文中同行。……

　　今日因雨不能出发。暂在大同休息。在此找到袁世香并本地估商，皆无东西。自买小玉器三件，共五万元。为公家买石器三件而已。

　　考古组中只有王逊与陈梦家来自清华大学。信中，陈梦家两次提到王逊，都不提其名。信之末尾一段称："某君得来殊为得意，可笑。我与之与对待旁人一般，尚未有毛病发生。"这里的"某君"亦指王逊。王逊是山东莱阳人，出生于 1916 年，比陈梦家小 5 岁，但论辈分，王逊算是学生辈。不过，从陈梦家致赵萝蕤的信中，他对王逊的成见颇深，甚至"我与之与对待旁人一般"（1950 年 7 月 27 日陈梦家致赵萝蕤信）。

　　1950 年 9 月底，徐森玉来京。国庆节休假，陈梦家专程到徐森老驻地拜访。他向徐森老诉说了他在清华大学做了很多有益于文物陈列室发展的工作，而最终却得不到理解，反遭人误解和忌恨，而无奈辞去文物陈列室主任职务的起因和经过。徐森老劝慰他以后还是踏踏实实研究学术、教好书为最要。徐森老还询问了陈梦家此次赴雁北勘察的见闻和收获。陈梦家大致叙述了所见所闻，特别提到他委托大同估人寻觅下落不明的十七八件李峪铜器的事。"李峪铜器在中国艺术史上有极其重要的位置，其地位不在新郑铜器之下。"

　　徐森老告诉陈梦家，他在上海听说过李峪铜器的事情，回沪后再打听打听，有了消息会致信他。开学后，同上学期一样，陈梦家仍讲授中国古文字学和现代中国语言学等课程，只是辞去了文物陈列室的事务，落得清闲，有了更多的时间撰写《甲骨断代学》。

　　和陈梦家相比，可以用非常忙碌来形容徐森玉目前的工作。首先是文物的收购工作，很是急迫，送上门的宝贝自然不能放弃，还有就是待价而沽的国宝级文物也要想办法为国家收购，避免再次流失或损毁。该年度，徐森老做出的最重要的决策是从北京书画商人手中购进有宋徽宗赵佶题签的《唐孙位高逸图》和宋徽宗《柳鸦芦雁图》卷，并从叶恭绰手中购归王献之的《鸭头丸帖》。

四、诚邀鉴"鼎"

1952 年 2 月，陈梦家接到徐森老的来函。徐森老告诉陈梦家，前文所述下落不明的十七八件李峪铜器在上海出现，并有一部分已归上海市文物管理委员会。

陈梦家得知李峪铜器下落，自然欣喜。他当即找出日本考古学家梅原末治《战国式铜器的研究》，与徐森老函中所说铜器比对，然后告知自己的心得：

> 森老先生赐鉴：
>
> 　　尊处所得李峪铜器，与梅原书对，知所获均属佳品（壶对最重要），惟其中"猎豆"，不见梅原书中（《战国式铜器》）。又该批铜器中，有一铜兽，亦是要紧之物，倘能罗致到，最属理想矣。晚对李峪留在太原之一批铜器关心已久，今因先生大力，得以归公，实一大功德也。

致徐森老函提及郭若愚"曾有信来解释《甲骨掇拾》因故未能出版"事，此前陈梦家已收到郭氏 2 月 17 日来函。函中，郭氏向他说明了《甲骨掇拾》迟缓出版的原因：

> 　　因印刷所装订屡屡拖延，至本月 15 日始全部竣事。惟需加制牛皮纸封套一只，料四五日后，可出版发行矣。

陈梦家致徐森老函末尾提到的敦煌摹本展览，是 1951 年 4 月 10 日在故宫午门上举办的一次规模空前的敦煌文物展，包括壁画摹本及各种文物 1119 件。这是配合抗美援朝运动，在故宫举办"伟大祖国"展览之后的又一次大规模的文物展览。

5月中旬，陈梦家收到徐森老邀请他来沪，帮助文管会鉴定近来收购和接受捐赠的青铜器的信函。陈梦家自然乐意效力。三个月后，徐森老代表上海市文物管理委员会发给考古所公函，郑重邀请陈梦家赴沪协助上海文管会赴苏州鉴定潘祖荫后人潘达于捐献给国家的大盂鼎和大克鼎，并鉴定文管会目前所存的其他铜器。

大盂鼎是清道光年间出土的，鼎腹内壁有铭文291字。在金石学家的眼中，这座鼎被视为难得一见的宝物，极具史料价值。左宗棠任陕甘总督时，在陕西访得这座鼎，送给了对他有知遇之恩的潘祖荫。潘祖荫在得到大克鼎的当年即撒手人寰。潘祖荫的弟弟潘祖年经反复考虑，决定举家回迁故乡苏州。大克鼎和大盂鼎以及大量钟鼎珍玩就此随潘家离开京城，落户到了苏州。

潘祖年离世后，两座大鼎的保藏任务落在了年仅19岁的孙媳妇潘达于身上。潘达于原本姓丁，嫁到潘家后改姓潘。1937年抗日战争爆发，日本侵略者占领苏州后，当即去潘宅搜寻大盂鼎、大克鼎，但没有找到。

1951年7月6日，已经移居上海的潘达于主动写信给华东军政委员会文化部，要求捐献大盂鼎、大克鼎。文化部文物局将接收二鼎的事交由徐森玉全权负责。

陈梦家大约是1951年7月24日或25日抵达上海的。看望了母亲和大姐等亲人后，即向徐森玉报到。7月27日，陈梦家在文管会同志的陪同下，由沪赴苏州潘宅。7月29日陈梦家在写给赵萝蕤的信中，简要叙述了他在苏州的工作情况：

> 我在苏州仅住一夜（廿七），天热异常，而接收两鼎两镈并作箱子包扎，极为费力费时，故箱子第二日一运到车站，我即于昨日（廿八）下午回沪。
>
> 此行因行前经徐森老叮嘱一切主持，故在苏州整日在潘宅大厅上工作，除购买包扎材料外，未曾上街一逛。……此番苏州之

行，可见大盂鼎、大克鼎，真是鼎中之王，大饱眼福……

此次陈梦家来沪，徐森玉还请他对文管处几年来购存的铜器进行鉴定。上海文管处拟收购沪上估人处的一座"铜钟"，经陈梦家鉴定是赝品，避免了损失。

沪上的工作基本完成了，7月31日陈梦家致赵萝蕤信，告知他下一步的日程安排：

> 昨晨去天平路为他们开大盂鼎、大克鼎的箱子，东西安全运到了。尚有些事未做完，有几处未去看，但我也急于想离沪了。昨日山东已有来信，该信不知何故走了半个月，他们欢迎我去鉴定铜器，住在他们的会中。
>
> 我今日将请谭敬代订八月五六日的车票，大约至星期一二到济南。我今日下午将去文管会看庞虚斋的藏画。

据此信得知，7月30日晨，经陈梦家鉴定并从苏州运往上海的潘家所藏"二鼎"，顺利运抵上海。徐森玉邀请陈梦家"去天平路为他们开大盂鼎、大克鼎的箱子"。8月3日晚，华东文化部设宴锦江酬谢大盂鼎捐献过程中的有关人员，徐森玉陪同陈梦家到场。

陈梦家于8月7日离沪赴济南。他与时任山东省古代文物保管委员会副主任的王献唐亦是忘年交。王献唐邀请陈梦家来也是鉴定铜器的。时山东省古管会存有滕县安上村出土铜器12件，莱阳县城东南掘得铜器8件，还有齐鲁大学移交古管会文物103箱，其中也有铜器。

陈梦家自然是一头扎进铜器堆里，逐一鉴定。因这些铜器的种类陈梦家几乎都见过，故而鉴定起来并不难。几天后，任务完成，他与王献唐话别，返回北京。

五、关心呵护

1952 年春节过后，清华大学的"三反运动"在校节约检查委员会的领导下，进入人人过关阶段。冯友兰、潘光旦、金岳霖、孙毓棠等分别进行了几次检讨。尤其是与陈梦家关系密切的潘光旦几次检讨未能过关，最终被撤销民盟清华区委及主委的职务。

自运动以来，陈梦家以积极诚恳的态度做好每一次的发言，总体效果是好的。本来可以轻松过关了，但因有人把 1950 年已说清楚的为文物陈列室购买"乾隆巨型缂丝佛像"的问题又重新提了出来，陈梦家再次陷入困境。陈梦家为清华大学文物陈列室征集和购入很多国宝级的文物，如卢芹斋将珍藏的令狐君"嗣子壶"无偿捐赠清华大学，沪上藏家丁惠康将参展的 500 余件台湾高山族文物无偿捐赠给清华大学等。卢芹斋、丁惠康与清华大学毫无关系，他们的捐赠当然是由于与陈梦家的友谊，才听从他的建议，做出捐赠决定。即使是这次被揭发有"贪污"之嫌的两幅"乾隆巨型缂丝佛像"，原本陈梦家的四姐夫刘仁政从美国购进，可以卖个更好的价钱的，是陈梦家做工作，才使刘仁政以购入价转让给清华大学文物陈列室的。陈梦家受此诬陷，心中无比愤懑，但现实是残酷的，人家告了你的恶状，你只能面对，去说明，去"交代"，去"申冤"，去讨回一个清白。

"思想改造运动"刚告一段落，紧接着便是全国高等院校的"院系调整"。清华大学的文科系取消，陈梦家离开清华大学，被"分配"到考古研究所。

调入考古所，陈梦家有两个顾虑：一是，他和赵萝蕤以后会分居两地，给生活带来不便；二是，因与现任考古所所长郑振铎有过误会，彼此间印象不好，担心到了考古所难以做好工作。陈梦家向组织提出可否调入北京大学，但遭到了拒绝。

正在陈梦家焦虑不安、心怀忐忑之际，他接到徐森老即将来京的消息，陈梦家的担忧一下子减轻了许多。因为他知道，徐森老和郑振铎的交情很好，而他又极其看重陈梦家的才华和能力。

徐森老是 1952 年 9 月 18 日上午抵达北京的，考古所的夏鼐赴车站去接，并陪同徐森老到住地。徐森老问及陈梦家调入考古所的事，夏鼐告诉他，早在月初就知道了，并已向郑振铎所长做了汇报。徐森老向夏鼐简要介绍了他对陈梦家的了解和评价，然后郑重地对夏鼐说，陈梦家人才难得，用好了会成为得力助手的。中午郑振铎在全聚德为徐森老洗尘。席间，徐森老与郑振铎就陈梦家来考古所后的安排和使用，交换了意见。郑振铎请徐森老转告陈梦家，不要有顾虑，愉快地来报到，考古所需要他这样的人才。

徐森老办完公务，即约陈梦家来住地晤谈。陈梦家先是大诉苦水，然后谈了此次调入考古所的忧虑。徐森老向他转达了郑振铎和夏鼐的意见，并告诉他今后尽管大胆工作，工作上有了困难，他可以帮助协调。

陈梦家正式到考古所上班，是在 9 月 25 日左右。10 月 4 日，徐森老离京前，陈梦家请森老。森老特别叮嘱陈梦家，考古所和清华一样人事关系复杂，要处处谨慎才行。

自 1936 年在燕京大学任教始，至 1952 年春离开清华，陈梦家在大学任教 16 个年头，初来考古所，确实有些不适应。不过，考古所的学术气氛很浓，很适合搞研究、做学问，人事关系也比在清华时简单了很多。考古所几位资深的考古学家原本就和陈梦家很熟悉，有的还有交情；年轻的工作人员中有的是他的学生。虽然陈梦家与夫人一个城里、一个城外，给生活带来诸多不便，但亦有方便的一面，陈梦家在城里工作，去图书馆便利了，逛琉璃厂、隆福寺和鲁班馆等找寻古董和明清家具的机会多了。到了 1952 年底，他已经完全适应了考古所的工作环境。特别是有了徐森老和郑振铎的这层关系，陈梦家对郑振铎的不信任和疑虑打消了不少。

陈梦家调入考古所后，与徐森老来往更加频繁起来。据陈梦家仅存的 1952 年至 1953 年的家用账记载，徐森老每次来京，都会和陈梦家小聚畅谈。据夏鼐日记记载，自 1953 年到 1957 年夏，徐森老一年内总要有两三次来京，每次来京夏鼐都要代表郑振铎迎送，郑振铎只要在京，一定会宴请徐森老。徐森老欣赏陈梦家，他们的私交很好，这在考古所乃至文物界是人所共知的。因此，郑振铎或夏鼐宴请徐森老，也会叫上陈梦家陪同。徐森老来考古所，工作上的事情办完了，总会到陈梦家的办公室小坐。陈梦家购置钱粮胡同私宅后，徐森老来京，陈梦家都会在家里设宴招待。夏鼐日记里，有两处记下了他在陈梦家私宅晤及徐森老的事。一次是 1956 年 "8 月 10 日（周五）在陈梦家处晤及徐森老"。徐森老是 8 月 9 日来京参加故宫铜器鉴定委员会会议的，顺便到考古所谈编辑《石刻集成》事。另一次是 1957 年 3 月 13 日，"上午所中开学术委员会会议，中午在陈梦家家中用餐，有郑所长、徐森玉等诸人"（1957 年 3 月 13 日夏鼐日记）。这次陈梦家所设家宴，是在他刚刚搬进的新居钱粮胡同，各个房间都有明式家具陈设，并摆放古董瓷器，墙上悬挂着古代书画和当代名家书画，俨然一个精致的小型博物馆。郑振铎、徐森老等自然是赞不绝口，其余诸人更是艳羡不已。

陈梦家与徐森老常有书信往来。遗憾的是，徐森老写给陈梦家的信没有了下落，倒是陈梦家于 1954 年 12 月至 1957 年 9 月间，写给徐森老的信，有几封保存了下来。

1954 年 12 月 24 日陈梦家致徐森老的信，是他在收到上个月 28 日徐森老的信后的复信。元旦将至，信中所及事项冗多，特将全信照录：

森老赐鉴：

奉廿八日手教，欣悉足伤渐愈，已可在室内扶杖而行，至觉欢喜。五千元已于数日前汇沪会转上，谅已收到。故尊嘱先汇一千已不可能，但据运来书拓之数量已极庞大。先生谓 "不值" 云云，实系不确，当初晚所提出者，远在五千之上也。明年一月十五日前造册，届时恐仍有不足之数补奉也。

　　先生毕生为人而不为己，至诚感人。晚等区区奔走并不足言谢也。惟先生慷慨成性，而此售书之款为数虽不多，至盼先生留为己用，幸勿随意散之。（此话不知应该说否，说过分处至请原谅，但斐云亦曾谈及。盼先生留一部分存在银行中。）"宰丰骨"已与葱玉言之，昨日局中来电话询晚，是否值一千五，晚当答以"值"，故此物之入购当可无问题矣。新历年尾之事亦多如毛，而昨晚女工中煤毒纷扰终宵。晚读托尔斯泰巨著《战争与和平》，始悟人生之伟大而个人真渺小，不可言状。专此并请

　　年安

晚　陈梦家

一九五四年十二月廿四

　　徐森老在文物界有着很高的威望和地位，不仅像陈梦家这样的晚辈对他尊敬和爱戴，即使是平辈如马衡先生、张伯驹先生，还有郑振铎等担任高官的老友，也同样对他尊敬有加。据说，时任考古所副所长的夏鼐，与徐森老谈话时，总是极为谦恭地听徐森老说话。上海市文管会的委员、著名建筑家陈植，私下里看望徐森老，行跪拜礼。古建筑专家陈从周，在徐森老面前总是站立着说话。因徐森老对陈梦家和赵万里很是喜欢，作为晚辈，他们两个在徐森老面前算是随便的。

　　陈梦家写此信时，已知徐森老足伤有日，现在可在室内扶杖而行，自然令陈梦家等晚辈好友欣喜。陈梦家在此信中主要是谈徐森老委托他将所藏古籍及拓片转让北京图书馆和将珍藏的"宰丰骨"转让给考古所之事。

　　徐森玉的这批书籍和拓本，是其多年积累下来的，多为善本、珍本。经赵万里和陈梦家推荐，北京图书馆决定收购这批古籍善本和拓本。至于那件"宰丰骨"，是徐森老1953年从刘体智手里购买的。徐森玉曾向陈梦家说起有将"宰丰骨"捐赠给考古所做研究之意。经陈梦家

向考古所报告，并经文物局同意，最终"宰丰骨"被考古所收购。

　　徐森老珍藏的"宰丰骨"，相传为出土于河南安阳小屯村殷墟遗址，是刻于商王帝乙或帝辛六年的一块记事肋骨。"宰丰骨"刻辞刻画讲究，装饰精美，一面刻有文字，记载帝辛将猎获的犀牛赏赐宰丰之事，另一面刻兽面、蝉纹和虺龙纹，并嵌有绿松石，堪称殷商文物中罕见的精品。1959 年，这件文物调拨给国家历史博物馆。

　　陈梦家在信中特别叮嘱徐森老"此售书之款为数虽不多，至盼留为己用，幸勿随意散之"，并提及赵万里（斐云）"亦曾谈及。盼先生留一部分存在银行中"。显然，这里涉及徐森老的家务事了，足见陈梦家与森老的交谊深厚。

　　徐森老旧存陈梦家书札，1955 年最多，共四封。第一封写于 1955 年 4 月 25 日：

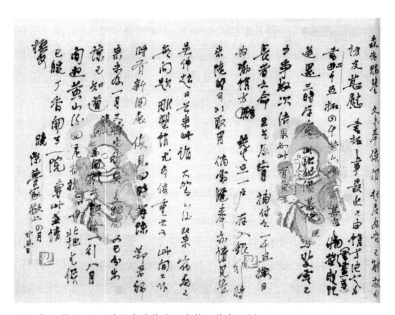

1955 年 4 月 25 日，陈梦家致徐森玉书札，徐存四封

森老赐鉴：

　　久未奉候，闻起居安吉，已能杖行访友，甚慰。书拓之事，最近已由馆方决定为：书二千五，拓四千，共六千五百。其他之物（书画等）拟整理送还三时学会。此次代价甚低，晚与斐云已力争数次，结果如此，有负长者之命，呈乞原宥。补付之一千五，拟日内嘱馆方□，先生立一户存入银行，将来随时可以取用。倘需汇奉，亦请见告。

　　吴仲超日前来此，谓大驾日后北来，宿处已无问题，雕塑馆尤多倚重云云。此间工作将有新开展，俟见面时详陈。郑君归来未及一月，又将它行矣。文物局又已分出，谅已知道。晚六七月间拟去陕洛一行，八月间游黄山后，回沪省视家母。北地气候已暖，丁香开了一院。专此并请

撰安

　　　　　　　　　　　　　　　　晚　　陈梦家　敬上
　　　　　　　　　　　　　　　　　　四月廿五日

　　在这封信中，陈梦家详细向徐森老汇报了前次委托转让国图书、拓之事。其他图书馆未收之书画等，暂存三时学会。所谓"三时学会"，在北京南长街北段路西，是现代佛教史上著名的佛学研究团体之一。据法相宗判教，将释迦一代教法分为有教、空教、中道教的三时教，而法相宗为中道教，故改名三时学会。所谓"文物局又分出"，是指1955年1月15日文化部部务会议决定成立文化部文物管理局，主管文物、博物馆事业；划出图书馆、文化馆事业部分，仍由社会文化事业管理局管理。实际上，1949年11月1日中央人民政府文化部成立，设一厅六局，文物局即是其中之一。文化部文物局的主管业务，除文物、博物馆外，还有图书馆事业。1951年10月1日，经政务院批准，文化部文物局撤销，文化部文物局与科学普及局合并，成立文化部社会文化事业管

理局，主管文物、博物馆、图书馆、文化馆和电化教育工作。现在的所谓"成立文化部文物管理局"与其说是成立，实际上是恢复而已。

信中提到的吴仲超，1954 年冬因中共华东局撤销而到故宫博物院主持院务工作，后又一度兼任文化部部长助理一职。调任故宫博物院前，他曾出任中共华东局副秘书长、中共华东局党校副校长等职；同时，还被聘为由李亚农任主任委员、徐森玉任副主任委员的上海市文物管理委员会首届委员。在沪工作期间，吴仲超与徐森老关系很好，与陈梦家也很熟悉，在其主持故宫博物院期间，曾请陈梦家到院鉴定铜器和家具。

9 月初，陈梦家的另一部著作《西周铜器断代》亦完成部分初稿。陈梦家计划 9 月上旬利用暑假赴沪探亲。此时，他先后接到徐森老的三次来书。9 月 4 日，他致信徐森老，将徐森老信中涉及诸事一一作答：

> 森老赐鉴：
>
> 　　奉手教三通敬悉一一。承赐书签，感谢感谢！乙编下辑，献之我所翻印，已告尹、夏两君，嘱为并谢，请将书饬人专送：
>
> 　　茂名北路 300 弄 3 号科学出版社上海办事处严仲华同志收下，由该处分发至部门印刷。此书之重印，皆先生之大功大德也。
>
> 　　晚月初因事滞留，假期中赶制《西周铜器断代》，日内完工，乃可南归。大约七、八日由此赴皖，十五前后到沪，趋谒长者，余事容后面陈不一。

信中大致谈及三件事：一是，他请徐森老题写的《殷虚卜辞综述》书签已经收到。此间，陈梦家的几部著作都已经杀青，有的已经交由出版社编辑、排印，如《六国纪年》《西周年代考》已在《考古学报》连续发表；《殷虚卜辞综述》已经定稿。二是关于翻印董作宾《殷虚文字乙编》下辑事。《殷虚文字甲编》《乙编》是董作宾编撰的，是从事考古工作的学者必读著作。三是向徐森老解释赴沪时间推迟的原因。按照信中向徐森老所谈的赴沪计划，陈梦家于 9 月 7 日或 8 日由北京先赴安徽，9 月 15 日抵达上海。实际上，因考古所人员休假，有统一安排，陈梦家的休假被安排至国庆节后，9 月并未成行。9 月 23 日，陈梦家的休假时间确定之后，他再次致信徐森老详告：

> 森老：
>
> 　　拙作书名《殷虚卜辞综述》，题签请大笔一挥寄下。《小屯乙编》下辑，商锡永已将其一部转让我所。前询印刷之事，如何，盼见覆。杨遇老昨到京矣。此间因十一国庆，又甚忙。晚拟十月初旬南返，或先去合肥。接该馆来信，说又发现有铭之器多件，前此因未细看，故有疏失也云云。该馆无善拓者，不知可介人前往否？专此敬请
>
> 撰安
>
> 　　　　　　　　　　　　　　　晚　陈梦家　敬上
>
> 　　　　　　　　　　　　　　　九月廿三日

信中提到的商锡永是商承祚先生，锡永是他的字。杨遇老，是陈梦家对杨树达的敬称。

陈梦家所云"十月初旬南返，或先去合肥"，这是按照所内统一安排，该年度的年假定于 10 月中旬开始。他拟赴沪探母，并应安徽省博物馆的邀请先去合肥考察安徽寿县蔡侯墓出土的铜器。10 月 10 日，陈梦家与赵萝蕤告别，乘火车离京，11 日抵达合肥，稍加休息，便投入工作。陈梦家在该馆足足待了三天，不仅对寿县蔡侯墓出土铜器进行了鉴定，而且对发掘者和民工进行了发掘情况调查。此墓所出有铭文的铜器为数甚多，陈梦家对看过的铜器均作简单的记录，以备后续研究。

陈梦家 14 日上午离开合肥，并没有直接去上海，而是经省文化局

的介绍，取道黄山一游。自 7 月以来，所中连续组织肃清"胡风反革命
集团"及一切暗藏反革命分子活动，陈梦家饱受写检讨、念检讨、听批
评之苦，还差一点儿被打成"胡风反革命集团"分子。这次赴沪探亲难
得顺路去黄山放松一下心情。在黄山逗留了大概 4 天，10 月 21 日，陈
梦家抵达杭州。到了杭州住下后，去看沙孟海和姨母。陈梦家与沙孟海
不仅是亲戚，而且是非常好的朋友。在杭州探望了亲友，抵达上海后，
与家人团聚，之后他应徐森老邀请到文管处座谈，并鉴赏近年来所征集
和收购的青铜器和其他文物。徐森老还安排沪上文博界同仁和部分与陈
梦家交好的收藏家聚会。自 10 月 10 日离开北京，陈梦家在南方探亲访
友逗留 20 余天，才返回北京。

　　1956 年，徐森老来京的次数比较多，每次来京前总会致信或电告
陈梦家。徐森老到京后，陈梦家往往是第一时间去住地拜望。

　　1956 年 1 月 14 日，中共中央召开知识分子会议后不久，中国科学
院考古研究所学术委员会成立会暨第一次会议定于 1 月 28 日在京召开。
1 月 27 日，徐森老应邀到京参加会议。徐森老下榻在新侨饭店，夏鼐
亲赴饭店拜访，并约之明晨来考古所开会。28 日，会议在考古所会议
室召开，出席会议的委员有：徐森玉、曾昭燏、陈梦家、郭宝钧、黄文
弼、徐炳昶、裴文中、尹达、夏鼐、郑振铎。学术委员中，陈梦家是年
龄最小的一位，时年 45 岁，也是入行最晚的一个，可是经过他的勤奋、
努力，已经登上了考古界顶尖学者层。此刻的陈梦家，因学术水平得到
肯定，昔日的不快一时散去（见中国科学院考古研究所学术委员会成立
会暨第一次会议有关文件。二页）。

　　此次会议由郑振铎主持，中午在萃华楼用膳，下午继续讨论，至 5
时半始毕。散会后，郑振铎邀徐森老和诸位委员赴其寓所用膳。会议期
间，因夏鼐忙于会议，陈梦家自始至终陪伴徐森老左右，以晚辈和考古
所人员的双重身份对森老倍加照顾。

　　会议后，徐森老照例拜访了京城老友，然后回沪。行前，陈梦家

与张珩、赵万里等宴请徐森老。陈梦家向徐森老讲了单位分配公房很不理想和租房的不便，决定购置住宅的想法。徐森老表示支持，并告诉他，若购房款项不足，可暂借部分。

1956 年 6 月初，徐森老再次来京，6 月 8 日来考古所商谈《历代石刻图录》之编纂事。郑振铎所长、夏鼐副所长和陈梦家参加会商。晚间郑振铎宴请徐森老，夏鼐作陪。此时，陈梦家因购置的钱粮胡同宅院正在装修，还要看《殷虚卜辞综述》校样，非常忙碌。他特意邀请徐森老看了正在装修的房子，徐森老虽然是江浙人，但在北京居住多年，对北京四合院的布局还是很了解的。他对陈梦家购置的这所没有北房（正房）的 U 字形宅院并非满意，但木已成舟，他只是对宅院中十几间房子的使用和室内的布局提出了一些建议。他的建议得到了陈梦家夫妇的认同。6 月 13 日，徐森老再次来考古所，商议《历代石刻图录》计划草案事宜。因此前徐森老已将草案交由陈梦家看过，商议会陈梦家没有参加。

8 月 9 日，徐森老来京参加故宫博物院铜器鉴定委员会的会议。故宫铜器鉴定委员会是 1956 年 7 月 21 日成立的，委员为徐森玉、王献唐、容庚、商承祚、于省吾、郭宝钧、陈梦家、唐兰等人。8 月 10 日，徐森老参加完会议后，正值郑振铎赴青岛休假，夏鼐赴西北，因此没有去考古所，应陈梦家的邀请，到钱粮胡同陈宅做客。这时，陈梦家已搬进了新居。徐森老在陈梦家的引领下，逐一参观各个房间，徐森老对房间内陈设的明代家具赞不绝口，并询问家具的出处和用途，陈梦家逐一详告。徐森老对陈梦家说，上海市博物馆应该对明式家具的收藏引起重视。陈梦家随口说道，若上海博物馆有需要，他会全力支持。他还把自己所藏的古代书画和一些古董拿给徐森老观览，徐森老对陈梦家的眼光独到、收藏品之精给予高度的评价和肯定。接近午时，夏鼐闻徐森老来京，已在陈梦家处，匆匆赶来。徐森老与夏鼐稍谈编辑《历代石刻图录集成》事，并粗略观览了陈梦家的书房和客厅后，一起在陈梦家处午餐。

1956 年第四季度，陈梦家非常忙碌，白天到考古所编辑室看稿子，晚上则根据他所收集的海外资料，挑灯夜战，编辑《中国铜器综录》，常常工作到黎明。12 月下旬，《中国铜器综录》初稿完成。

六、"毁了一个人才"

1957 年元旦过后，陈梦家虽然格外地忙碌，但此时他的房子已基本修缮完毕，在赵萝蕤的精心布置下，各个房间都井然有序，功能突出，生活起居方便舒适。没有了后顾之忧，他的精神状态是近年来最好的。对于所内分内分外的工作，只要落到他的头上，都会按质按量地完成好。此外，他还应邀参加一些专业活动，并破天荒地答应《诗刊》和一些文艺类报刊的约稿。元旦期间，他为《诗刊》撰写了长文《谈谈徐志摩的诗》，发表在 1957 年《诗刊》第二期。1 月，故宫博物院吴仲超院长就故宫博物院制订的 12 年远景规划邀请院外专家征求意见，陈梦家在受邀之列。被邀请的还有张伯驹、萨空了、夏鼐、刘开渠等。从这次吴院长邀请的专家看，都是国内各领域一流的专家学者。陈梦家与张伯驹、夏鼐等同在被邀之列，可见他在文博界的地位是很高的。

春节后不久，徐森玉来京参加学术会议。3 月 13 日上午，考古所召开学术委员会会议。会前，郑振铎所长同意会后的午餐由陈梦家在新居安排。会后，郑振铎、徐森玉等人徒步到钱粮胡同 34 号乙陈宅。徐森老特别关注陈梦家历年搜罗的精美明清家具，尤对那把元代的交椅赞赏有加，陈梦家告诉他如果上海博物馆有用，只要徐森老说句话，当即奉赠。这次徐森老来京，陈梦家与徐森老谈得最多的是考古所的一些人和事，还有对当前的汉字简化的忧虑。徐森老叮嘱他凡事要讲究方式方法，不要过于任性。

徐森老返沪后，上海文化界已有部分知名文化人遭到了批评，他有一种预感，随着运动的不断深入，恐怕陈梦家难逃此劫。果然不出徐森老所料，7 月 13 日上午，考古所召开反右派大会，对象是陈梦家。7 月 14 日，《人民日报》第八版刊登了夏鼐撰写的《用考古工作方面事实揭穿右派谎言》一文。文章中对陈梦家的一些言论进行了批判，并强调"右派分子是反社会主义的，是反对党的领导的"。和陈梦家的其他朋友一样，徐森老是从这篇文章确认陈梦家已被打成"右派分子"的消息的。按照徐森老的脾气，他一定是给郑振铎和夏鼐写过信，询问陈梦家被打成"右派"的具体情况的。但目前尚未找到确凿的信件，只是在陈梦家旧存的书信中，见到了一个撕掉了邮戳的残破信封。据说，陈梦家被打成"右派"后，基本上不再给亲友写信，更不轻易与亲友往来，免得给他们带来不必要的麻烦。在这个敏感时期，徐森老获得的有关陈梦家的情况，是赵万里在致徐森老的信中提到的。在 1957 年 8 月至 10 月间赵万里致徐森老的信中，有"陈梦家情绪低落""陈梦家的处境极为困难"的消息。郑重先生在其所著《徐森玉》中披露，当时任徐森玉的秘书，后任上海博物馆副馆长的汪庆正曾告诉他，赵万里的信使徐森玉极为焦虑，当他在报纸上看到陈梦家被列入"右派"名单时，顿足长叹："唉，毁了一个人才。"

徐森老了解陈梦家的为人，他也尽量少写信或不写信给陈梦家。每次上海文管会的人去北京公务，他总会让他们到考古所看看陈梦家。北京文物系统有人来上海文管会公干，他也会打听陈梦家的近况。据说，他曾致信郑振铎和夏鼐为陈梦家开脱，但都无济于事，按照郑和夏的说法，这是"上边"的意见，他们无能为力。

1957 年 8 月下旬，著名的碑拓专家和古旧书画装裱专家张明善赴沪为文管会铜器拓片，徐森玉特意委托他把铜器拓照带给陈梦家留存。此时，张明善为考古所临时工作人员，名义上与邵友斌一道，协助徐森玉编辑《历代石刻图录》，直到 60 年代初精简机构时才离去。此次张明善自沪返京后，不知何故竟然拖了一个月才将铜器拓照送交陈梦家。

陈梦家收到铜器拓照后，心知肚明，这是徐森老在提醒他，虽然身在逆境，但不可放弃自己的研究课题，更不能自暴自弃。他仔细研读了这三份拓照，确认拓照器原物为西周铜器后，当即致信徐森老，表示收到徐森老的赠品，快慰异常，并询问森老来京行期。就在他被戴上"右派分子"帽子的 7 月，他的《尚书通论》一书由商务印书馆出版发行，他随信邮寄给徐森老一册。

　　森老赐鉴：

　　　　两月以来此间常开会，致疏奉候，甚罪。所中之会已暂告一段落。顷由张明善送来一月前托带铜器拓照三分，感谢。此三器，皆西周极重要之铜器（方鼎绝佳），十分可爱，快慰异常。

　　　　前闻大驾将北来一游，不知已有行期否？另邮寄奉拙作《尚书通论》请教正之，专此并请

　　撰安

　　　　　　　　　　　　　　　　　　　　晚　陈梦家　敬上
　　　　　　　　　　　　　　　　　　　　九月三十日

　　据夏鼐日记，徐森老于 1958 年曾两次来京。第一次是 1958 年 2月。夏鼐在 2 月 13 日的日记中，只记下了"因徐森玉先生明日即南返，与尹达同志前往前门饭店访问，并谈《历代石刻图录》编辑事"。大概徐森玉是来京参加某个会议的。此次来京前的 1 月 29 日，考古所刚刚讨论了处理陈梦家的办法，夏、尹访问徐森老时，是否谈及此事，不得而知。徐森老返沪后，4 月 11 日，尹达向陈梦家传达了中科院对他的处理意见。尹达告诉他，院中已加处理，仍要做点编辑工作。

　　徐森玉第二次来京是 6 月 21 日。夏鼐日记当日记有"徐苹芳同志来谈，谓徐森老抵京，最好明天去看他"。6 月 22 日上午，夏鼐"赴和平宾馆访森老，谈他的编辑石刻计划"。徐森玉告诉夏鼐，当年不能出

书。徐森老与郑振铎、夏鼐都有私交，且陈梦家自 1952 年秋调入考古所以来，不仅在工作上积极配合夏鼐，而且亦有私交，许多本应夏鼐亲自动手起草或修订的稿件，因所内事务杂冗，无暇顾及的，夏鼐大多交给陈梦家来替他完成，陈梦家总是按照夏鼐的思路完成好。因此在和徐森老谈及陈梦家的事情时，夏鼐也流露出为陈梦家惋惜和在今后会关照他之意，这一点徐森老是满意的。

七、舍脸求人，鼎力推荐

1960 年 1 月 27 日为阴历除夕。从初一开始，陈梦家和赵萝蕤像往年一样，或在钱粮胡同的家里，或去大佛寺赵宅。自 1957 年"戴帽"后，陈梦家就不到同事和朋友家拜年了，自然同事和关系一般的朋友也不会来陈宅，倒也落得清静好读书。春节后上班，按中国的习俗，没出正月，所内的人照例互串办公室拜年，陈梦家知趣，不凑这个热闹，猫在办公的小屋里看书、查资料、撰文，似乎生活在另一个世界里。

同上一年一样，3 月底，徐森老带着秘书汪庆正来京出席全国人大第二次会议。本届人大代表任期从 1959 年至 1964 年，其间召开过四次会议。第二次会议于 1960 年 3 月 30 日至 4 月 10 日在北京举行。据汪庆正回忆，徐森老 3 月 26 日抵达前门饭店。第二天是星期日，他吃完早餐，便在汪庆正的陪同下，乘王冶秋派来的小轿车，到钱粮胡同看望陈梦家。陈梦家见到年近 80 岁的前辈来看他，格外激动。他一再向徐森老解释说，他已从夏鼐那里知道老人家来了，住在前门饭店，非常想去看望，但现在这个身份很不方便，别连累了他们。徐森老听了陈梦家的解释，很不高兴，说："这是什么话，放屁！"徐森老询问了陈梦家近况，陈梦家说一切还算好，只是还戴着"右派"帽子，压力很大，赵萝蕤的压力更大。徐森玉表示，他要利用这次开会的机会，豁出这把老骨头，舍下这张老脸，去找有关领导以尽快让陈梦家摘掉这顶"右派"帽子。当日，陈梦家还陪同徐森老去拜会了朱启钤先生。

关于陈梦家摘掉"右派"帽子的事，徐森老利用在京开会期间分别找有关人士去谈。3 月 31 日，人代会休会，夏鼐赴徐森老下榻的前门饭店访问。徐森老和他谈了两件事。第一件事是关于《历代石刻图录》，徐森老提出已年近 80 岁，视力减退，记忆力衰退，决定放弃《历代石刻图录》的领导工作。第二件事即是陈梦家摘去"右派"帽子的事。关于放弃《历代石刻图录》领导的事，夏鼐仍希望徐森老继续领导，具体工作可以协调。关于陈梦家的问题，夏鼐表示，他一定积极去做工作，但是他强调，陈梦家摘不摘"右派"帽子，考古所说了不算数，关键是"上边"要有人讲话才行。徐森老表示，他还要去找王冶秋局长。

徐森老去找王冶秋，王冶秋自然热情接待。徐森老开门见山，希望文物局能够摘掉陈梦家的"右派"帽子。王冶秋也直截了当答复徐森老，陈梦家的事，文物局管不了，是科学院尹达管的。徐森老说，那好，我就去找尹达。尹达时任考古所所长，他在徐森玉面前是个晚辈，徐森老和他说话，就没有像和王冶秋谈话那么客气了。徐森老希望尹达关心陈梦家摘掉"右派"帽子的问题，尹达表示这个事不是他一人说了算的，但他一定把徐森老的意见向上边反映。

徐森老与郭沫若院长谈陈梦家摘"右派"帽子问题，是郭沫若请他吃饭时谈的。徐森老说，抛开陈梦家来考古所做了许多事情不说，他还帮助你做了事的，希望你要管一管他的事。郭沫若告诉徐森老他会管的。

徐森老返沪后，陈梦家撰写的《美帝国主义劫掠的我国殷周铜器集录》在 1960 年 4 月《考古》总第 46 期刊发，但署名张仲平。徐森老看到陈梦家的文章发表，心里很高兴，他知道他在北京所做的工作已初见成效了。

　　1960 年 6 月，徐森玉听说科学院要派专家到甘肃省博物馆协助整理武威汉简，正在考虑人选。他认为陈梦家是合适人选，一方面陈梦家完全胜任这项工作，会完成得很好；另一方面这对于尽快摘掉陈梦家头上的"右派"帽子亦有推进作用。他在了解了陈梦家的身体状况和对这件事的态度之后，当即打电话给郭沫若，推荐陈梦家。起初，郭沫若是有顾虑的，但他觉得正如徐森老所说，这件事陈梦家是可以胜任的。因确实也没有合适的人选，最终决定派陈梦家赴兰州参与整理汉简工作。

　　实际上，陈梦家离京是有实际困难的，因为赵萝蕤的病情时好时坏的，他放心不下。但是，他知道徐森老为他争取这次机会很不容易，他要利用这次难得的机会，好好表现，努力工作，争取尽早摘掉"右派"帽子。赵萝蕤目前病情还算稳定，身边有保姆照顾，还有亲友的关心。她支持陈梦家的这次西北之行。

　　陈梦家是 1960 年 6 月 11 日离开北京的。在这一个多月的日子里，他顶着酷暑，夜以继日，以高度的责任心和扎实的学养，出色地完成了整理武威汉简的任务。7 月 22 日下午，陈梦家离开兰州，乘火车赴西安。在西安又滞留了半个多月，写出了长达 3 万多字的武威汉简《叙论》初稿。8 月 12 日上午，夏鼐"与陈梦家讨论武威汉简中几个问题"。夏鼐对于原来并未涉及过汉简整理和研究工作的陈梦家在短短一个多月的时间里取得如此丰硕的研究成果，赞赏有加。也正因此，在之后的日子里，考古所领导集体讨论研究后，决定让陈梦家继续对武威汉简的研究，并负责《居延汉简》的编辑工作。

　　正是这次参加了武威汉简整理和研究工作，重新燃起了陈梦家学术研究的欲望。他的研究兴趣也从金文铜器方面转到了汉简方面，并及于历代度量衡的研究。重新有了明确的研究工作任务的陈梦家，又回到了之前的状态，每天上班后进到他的小办公室里，摊开他在武威整理汉简时写下的考释笔记和购置、借阅的大量参考书籍，开始了对武威汉简的整理和研究。

在 1960 年，虽然没有摘掉"右派"帽子，是一件很不舒服的事情，但令陈梦家欣慰的是，作为"戴帽右派"，能够有机会赴兰州参与举世闻名的武威汉简的整理工作，最重要的是，考古所明确地分配了他研究的课题，他的自身价值再次得到了体现。从这一点来说，他从内心感谢徐森玉的鼎力相助，也感谢郭沫若的默许和考古所领导的果断决策。

陈梦家并没有因为"右派"帽子还戴着而消沉。他一门心思做武威汉简的研究整理。1961 年 7 月上旬，正是暑期，他被考古所派到京郊农村的生产队劳动，直到 8 月底才返回城里。10 月，《武威汉简》初稿完成，11 月上旬将初稿呈交夏鼐。同月，尹达来考古所，陈梦家找他汇报工作，并恳请考古所领导考虑他的"摘帽"事情。尹达自然是一番官话打发他。12 月下旬，夏鼐审读完了陈梦家的《武威汉简》初稿。20 日下午夏鼐"与陈梦家商谈修改意见"（1961 年 12 月 20 日夏鼐日记）。陈梦家按照夏鼐提出的意见，再度进行了修订。

1962 年 2 月 4 日，是除夕，又是立春。像往年一样，陈梦家夫妇的春节在沉寂中度过。陈梦家利用节日把《武威汉简》稿子修订了一过。节后，《武威汉简》稿子送交文物出版社。

1962 年 3 月 27 日至 4 月 16 日，全国人大第三次会议在北京举行。年已 81 岁高龄的徐森老在秘书的陪同下，按时来京报到。上海团仍住在前门饭店。3 月 30 日晚餐后，夏鼐与王振铎赴前门饭店访徐森老，因有王振铎，他们谈话的内容主要是有关石刻及碑帖方面，陈梦家的事情没有涉及。此次，陈梦家依然没有去前门饭店拜访徐森老。会议结束后，陈梦家邀请徐森老来宅叙谈。

6 月中旬，陈梦家赴上海短时间探亲，在沪期间，他与徐森老进行了长谈。徐森老告诉他，夏鼐担任所长，也许他的问题会解决得快一些。陈梦家表示现在已经麻木了，顺其自然吧。6 月 22 日，陈梦家返京后，当即与夏鼐谈了此次赴沪情况，并述及徐森玉先生近况。

8 月，陈梦家编著的《流散美国的中国铜器综录》第二集，作为中国科学院考古所编辑的考古著作之一，改名为《美帝国主义劫掠的我国殷周铜器集录》，由科学出版社出版。陈梦家购买了数册分送给亲友，其中一部寄送给徐森老，随书复信问候徐森老近况并询及馆内有无收进铜器。8 月 23 日，陈梦家收到汪庆正的来信。他在信中告诉陈梦家：

> 森老近日身体尚称康健，早晨七时余必来馆，九时返寓。馆内并无铜器收进，其他亦日渐稀少，此亦普遍之情况。

正如汪庆正所云，徐森老虽已 80 多岁高龄，但思维清晰，仍然写文章，该年发表了《蜀石经和北宋二体石经》《宝晋帖考》等文章。

八、人生遗憾多

1963 年，陈梦家摘掉了"右派分子"的帽子，他的研究工作进入了正常状态。2 月下旬，他将所编著的《美帝国主义劫掠的我国殷周铜器集录》稿费 700 元捐献给国家。

1964 年，陈梦家参与孙海波编纂的《甲骨文编》改订工作。同时，《居延汉简乙编》图版、释文的编印工作顺利进行。9 月，陈梦家利用到庐山休假，赴上海探望亲友。这是他自 1963 年 6 月中旬去上海探亲访友后，再次赴上海探亲，也是他最后一次离开北京。陈梦家的母亲已于前一年 12 月逝世了，两个哥哥都在香港，四姐一家也在香港，三姐在南京。这次到上海，他只是看望大姐和小妹，然后去南京看三姐。到了上海，他和大姐、小妹晤面后，马上与徐森老的秘书汪庆正联系，请他向徐森老汇报他已抵达上海的消息，并听候徐森老安排晤面的时间。

陈梦家的到来，徐森老是很高兴的。

该年，徐森老发表了《西汉石刻文字初探》《兰亭续帖》，时年老人已 83 岁高龄。陈梦家则度过了踏实而又充实的一年。

1965 年 1 月 1 日，陈梦家利用新春假日，将近几年来撰写的约 30 万字的十几篇论文进行了梳理修订，汇编为《汉简缀述》一书。

春去秋来，国庆节过后，陈梦家主持的《殷周金文集成》已经着手，他的研究项目《西周铜器断代》及《历代度量衡研究》也已初具规模。10 月底，郭沫若院长到考古所造访了夏鼐，顺便来找陈梦家商谈他的《武威"王杖十简"商兑》一文。1960 年陈梦家的《武威磨咀子汉墓出土王杖十简释文》，以考古研究所编辑部名义发表在《考古》1960 年第 9 期。陈梦家在武威汉简的研究方面是最先介入者，他就郭文谈了自己的见解，得到了郭沫若的赞许。之后，郭沫若的《武威"王杖十简"商兑》发表在《考古学报》1965 年第二期。

1965 年，是陈梦家自前一年以来学术成果丰硕的一年。

1966 年春节前，陈梦家写信给各地的亲友拜早年。他在 1 月 26 日写信给时任上海博物馆保管部副主任的马承源，一是感谢他代表徐森老赠给他拓本；二是请他转告徐森老，他老人家在钱粮胡同陈宅看中的"花梨马扎子"决计"捐赠沪馆"。其他的家中所藏，若有看中者，"亦拟尽量捐赠"。信中还谈到近来各地出土古物情况，让他转告徐森老。

节日后，陈梦家在继续《西周铜器断代》中器铭考释工作的同时，还先后在 1966 年《考古》第 1 期发表《亩制与田制》，在《考古》第 5 期发表《东周盟誓与出土载书》。而正是在《考古》第 5 期，奉上面的指示，第一篇文章是姚文元的《评"三家村"——〈燕山夜话〉〈三家村札记〉的反动本质》。自此《考古》停刊。

1966 年 6 月 1 日，《人民日报》发表社论，号召群众起来"横扫一切牛鬼蛇神"。同科学院各所一样，考古所成立了"文革战斗小组"。8 月 9 日，考古所"成立了监督小组，'三反分子'及'右派分子'（夏

鼏、牛兆勋、林泽敏、陈梦家）每天上午劳动，下午写检查"（1966 年
8 月 9 日夏鼏日记）。

此时，陈梦家离他梦里的天堂越来越近了。

远在上海的徐森老的日子也不好过。他成了上海博物馆的"头号
反动学术权威"，成为上海十大批斗对象之一。

1966 年 9 月中旬，徐森玉得知陈梦家因不堪凌辱，于 9 月 3 日自
缢的消息，老人家悲痛万分，夜不能寐。

在陈梦家离世的第五个年头，1971 年 5 月 19 日，徐森老终于承受
不住无休止的批判和斗争，离开了他深深眷恋的上海滩，进入了他的佛
国世界。

这一年，他老人家虚龄 91 岁。

查阜西："寒泉""海潮"两知音

自 1940 年春至 1944 年秋，查阜西夫妇与陈梦家、赵萝蕤夫妇曾同在昆明北郊龙泉镇龙头村北头的棕皮营居住，从此他们两家建立了深厚的情谊。

一、乱世定交，终生为友

查阜西先生精于古乐，是一位历史上少有的古琴艺术大家。他在古琴艺术研究、教学、创作、演奏以及组织领导古琴学研究、艺术活动方面都做出了令人景仰的贡献。他和吴景略、管平湖是人们公认的最有成就、最有影响的三位古琴家。

查阜西，1895 年出生于湖南永顺，本名查夷平，又名查镇湖，号阜西，祖籍江西修水。抗战前，查阜西在欧亚航空公司供职，任秘书室主任。1940 年，"为反法西斯，脱离欧亚，入滇缅铁路工程局充材料副处长"。1942 年"转入军事工程局"，1943 年"奉调改组欧亚航空公司为中央航空公司，任副总经理"。

抗日战争爆发后，烽火逼近江南，沪、宁不保。欧亚航空公司拟将全部器材向内地紧急转移，由查阜西负责。他接到命令后，顾不上苏州的家人，径自从上海飞西安，再转昆明；家人则自行逃难，流徙千里，南下会合。查家先是住在昆明东南呈贡县城外一华里的龙街。不久，由呈贡迁居龙泉镇山上之镇公所，两个月后又迁至山下的棕皮营36号。正是此时，陈梦家夫妇也搬到了棕皮营，自此查、陈两家来往密切，查阜西与陈梦家更是脾气相投，成为相交至深的挚友。

查家在棕皮营所住的宅院，是已随史语所迁四川南溪县李庄镇的傅斯年闲置下来的旧居，后来查阜西在他的《古梅书屋》写道：

> 新居为中研院史所，傅孟真借村人赵氏地所筑，旧有古梅二株，根木大可合抱，不知何代物也。梅在西窗帘外，有楸木七株，履其上，其西有疏篱，篱外种苦竹二丛、古柏一树，冬春之交，最且欣赏。

院落因有古梅，查阜西把自己的书房取名为"古梅书屋"。另据查阜西之子查克承回忆："虽然简陋，但是好住，瓦房，铺有木板，坐北朝南，四开间，南屋三间，二间做厨房，院落有篮球场那么大。"

查阜西一家在棕皮营的生活情形，在其《龙泉随笔》（1940年2月至1944年10月）中，亦有充满生活气息的记述：

> 今年仍居滇中，但已迁住棕皮营矣。余全家于客岁十一月十二日由呈贡龙街迁龙泉镇山上之镇公所，适春年一月十二日，又迁至山下之棕皮营。原为傅斯年之旧巢也，已迁地主赵君。余以月租百元得之。正屋四楹，厨房乃仆室又三楹，厕在一隅。园中有古梅二株，根大可合抱，又有绿竹松柏楸桐古杏之属，中有草地，可供诸儿酣戏。居之安且乐也。除夕，则糖果酒肴，既饱且醉。后与诸儿博戏。云谓余曰：今年家人均无疾病，上苍厚吾甚矣。夜九时，余兴至，携灯去前村，购朱笺，书春联曰：客驻

行富琴书未倦，春还大地日月重新。元旦后自书卧室门联曰：流
水高山和梦响，逸龙张马抱云眠。云视余而笑。又榜联于庭门
曰：乱世仿教锥脱颖，家贫应使酒盈樽。

古琴专家查阜西先生的到来，为居住在棕皮营和附近村庄里的学
者们，乃至他们家庭的生活，平添了高雅的情趣。自 1938 年 9 月 28 日
起，日军飞机空袭昆明日渐频繁，"昆明死伤甚重"。西南联大师生和昆
明市民一样，天天过着朝不保夕的生活。为躲避日机的轰炸，西南联大
疏散到郊区上课，联大教授及其家小也陆续迁居昆明城郊农村，龙头
村、司家营、岗头村、车家壁、黄土坡、王家桥、陈家营、龙院村、呈
贡……到处都有。陈梦家、赵萝蕤先是疏散到昆明郊区的龙泉镇龙头村
附近的桃园村，后来搬到查阜西一家居住的棕皮营。

自迁居到棕皮营后，查阜西时常邀约昆明曲友开曲会。"村中多时
彦，如冯芝生、陈梦家夫妇、钱端升夫妇"（查阜西《龙村随笔》）及与
沈从文一家同住在呈贡的张充和每次必到。住在邻近龙头村、司家营等
村落的闻一多、朱自清、浦江清、吴有训、杨武之等教授和他们的家属
也常来助兴。

1941 年 8 月 26 日，老舍先生在老同学、西南联大教授罗常培的陪
同下从重庆搭机赴昆明西南联大讲学。在昆明，老舍遇见了很多老朋
友，风流儒雅的杨振声、多才多艺的罗膺中，还有闻一多、沈从文、卞
之琳、陈梦家、朱自清、陈雪屏、冯友兰、冯至、萧涤非等诸多文坛老
友。正值中秋节，老舍先生在罗常培的陪同下，到龙头村小住。正是这
次在滇小住，老舍写下了传诵至今的散文《滇行短记》，文中记述了他
在龙泉村听曲友会演奏和查先生吹箫并独奏大琴的情景：

在龙泉村，听到了古琴。相当大的一个院子，平房五六间。
顺着墙，丛丛绿竹。竹前，老梅两株，瘦瘦的枝子伸到窗前。巨

杏一株，阴遮半院。绿荫下，一案数椅，彭先生弹琴，查先生吹箫；然后，查先生独奏大琴。

在这里，大家几乎忘了一切人世上的烦恼！

这小村多么污浊呀，路多年没有修过，马粪也数月没有扫除过，可是在这有琴音梅影的院子里，大家的心里却发出了香味。

查阜西先生精于古乐。虽然他与我是新相识，却一见如故，他的音乐好，为人也好。他有时候也作点诗——即使不作诗，我也要称他为诗人呵！

这段"短记"的最后，老舍写道：与他同院住的是陈梦家夫妇，梦家现在正研究甲骨文。他的夫人，会几种外国语言，也长于音乐，正和查先生学习古琴。

老舍先生文中提到此时陈梦家夫妇与查家同院居住，应不会错。但奇怪的是，在后来陈梦家对那一时期的生活回忆中从来没有提到与查家同院而居的往事。1957年，陈梦家在《尚书通论》序中有一段关于在龙泉镇居住的描写（《尚书通论》序言）：

当时赁居龙泉镇，茅屋数间而有菜圃可种，有花可种。隔墙则有李氏茶花园，出门则是金汁河的堤岸，常于此徘徊散步。距所居半里是司家营，清华大学文科研究所设在此。当时闻一多先生治《毛诗》《周易》，许维遹先生治《尚书》与《三礼》，朱自清先生正在写《经典常谈》。

文字中没有提到棕皮营，亦只字未提与查家同院居住事。按照陈梦家夫妇的生活习惯和经济条件，应该不会与别家合租同住一院。或许，老舍先生来棕皮营查宅时，陈梦家、赵萝蕤刚从桃园村迁至龙泉镇，尚未在棕皮营租赁到合适的房屋，抑或已租到而尚在简单修饰阶段，暂借查宅短时间居住。

　　大概都曾在苏州生活的缘故，查先生的夫人徐问铮与赵萝蕤从此结为闺密。原本是新月派诗人的陈梦家自然喜欢古琴与昆曲，每次查先生组织曲会，他总会默默地坐在一个角落，静静地品赏。赵萝蕤向查先生问琴时，陈梦家多会相伴左右。

　　在龙泉镇居住期间，查阜西夫妇与陈梦家夫妇来往频繁。查阜西为人谦虚谨慎，平易近人，琴艺高超；陈梦家富有诗人气质，浪漫潇洒，才华横溢。徐问铮温和贤淑，典型的贤妻良母；赵萝蕤既有学问，又有良好的修养，还有很好的厨艺。两家人较为投缘，常常雅聚。查阜西不仅精心教授赵萝蕤琴艺，还把他早年收藏的宋琴"寒泉"借给赵萝蕤练琴用。

二、携琴赴美，流传佳话

　　1944 年秋，陈梦家携赵萝蕤赴美。此时，查阜西"奉调改组欧亚航空公司为中央航空公司，任副总经理"。

　　1945 年春，中国向美国派出了一个十人组成的考察团，查阜西以中央航空公司副总经理的身份，负责考察美国的民用航空事业。这次赴美，他非常渴望见到分别了几个月的陈梦家夫妇，但因日程安排紧张，无暇顾及。两个月后，查阜西致信陈梦家、赵萝蕤："弟两月前即已抵美，以行色匆匆，未及早时致候为歉。羁迟华府又复月余，暑中或将取便赴芝城一游，藉慰渴想，但不知贤伉俪将有他行否？"查阜西还告诉陈梦家夫妇他这次除了带"寒泉"来美，"雅箫二管，亦在行囊"，并询"萝蕤可否试理旧操，俾为此邦人一献合奏，如有清兴，弟当早时将琴携至，至于指谱可自国会图书馆印取亦非难也"。信末，查阜西附言："来时龙村风物如故，舍下旧址不动，今日接内子来书嘱为代候。"此时，查夫人及一双儿女意楞和意檀尚在昆明。自昆明分别几月，即将相聚，实在令人企盼。陈梦家、赵萝蕤得信后，兴奋异常，翘首等待。

此次赴美，查阜西起初并未有以琴会友的打算，但"来时因高罗佩之敦劝，故将宋琴寒泉随身携带"。"寒泉"系查阜西抗战前在沪所得。据说"寒泉"腹内有墨书，龙池右侧为"乾道四年紫阳朱氏藏"，左侧为"光绪十二年云闲重修"，凤沼右侧为"蟆山琴士韵泉顾氏监修"。"乾道"为南宋孝宗年号，乾道四年即1168年，"紫阳朱氏"为大学者朱熹。"寒泉"虽是宋琴，但说系朱熹旧藏，尚无确切根据。蟆山为今江苏省如东县掘港镇，顾韵泉其人无考，云闲则是晚清最重要的广陵派古琴大师，著有《枯木禅琴谱》传世，其弟子黄勉之，再传弟子杨时百（宗稷），三传弟子管平湖。1937年出版的《今虞琴刊》中著录了此琴，但著录为"响泉"。不仅带来了琴，还带来"雅箫二管"，可见查阜西是有备而来。查阜西带上这张宋琴"寒泉"，在美差不多一年的时间里，积极进行中华民族文化的传播，应邀到一些美国大学演奏介绍古琴，"曾在西岸及此间作几度背演，小场合中故能得甚佳之反应也"。

1945年6月中旬，陈梦家夫妇再次接到查阜西的来信："兹决定本月廿三、四、五日中任何一日乘汽车赴芝，如此可以至少盘桓五日，并可于本月卅日与梦家结伴返华盛顿也。请于廿三日起在芝城（近市区处）预订旅居一间，以每日不超过三元者为度。"又告知，他"到芝后拟先到尊寓，以便洽知所在也"。关于陈梦家与查阜西同返华盛顿事，查阜西亦作说明："华盛顿旅馆并不十分困难，梦家兄来此，无须预订。"他来芝加哥时，"华府的房间并不退去，与梦家同来华府时如太晚，可以同住一宿无妨"。数日后，查阜西来芝加哥，陈梦家夫妇极尽"地主"之谊。赵萝蕤早已准备了送给查夫人和两个孩子的礼物。在芝加哥，陈梦家夫妇陪同查阜西拜访了当地的朋友，参观了芝加哥大学和艺术馆等。赵萝蕤与查阜西在芝加哥应有"合奏"，只是未见记载。7月初，陈梦家与查阜西同赴华盛顿。不几日，陈梦家去哈佛大学访问。

据 1945 年 7 月 31 日查阜西致陈梦家信所知，他和陈梦家分手后，应一梁姓友人之邀，在华盛顿演奏，来听其演奏者达五六十人。另告陈梦家委托找寻的《清代名人录》已洽请友人直接寄芝加哥陈梦家寓所。此时查阜西拟于下月底到波士顿一游，顺便至哈佛参观，若陈梦家仍在哈佛，又可见面晤谈。

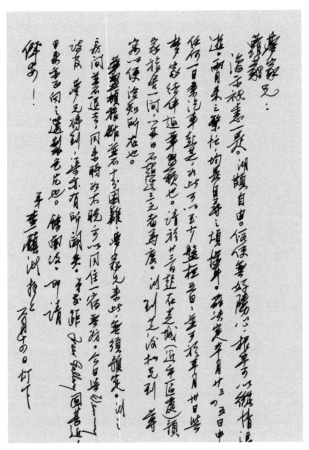

1945 年 6 月 14 日，查阜西在美致梦家夫妇函，
拟到芝加哥，请安排住宿等事宜

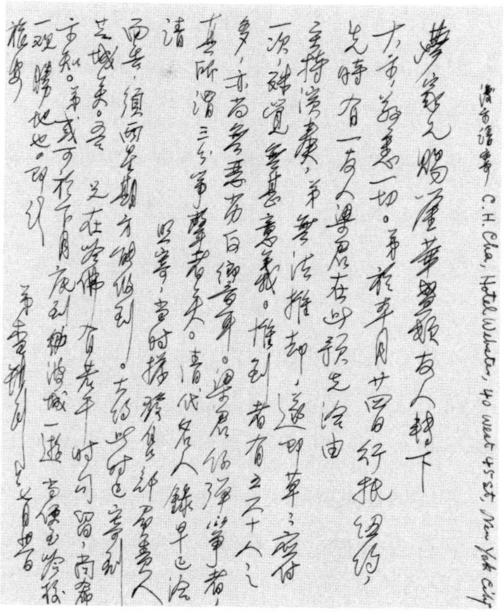

1945 年 7 月 31 日，查阜西赴美时致梦家夫妇函

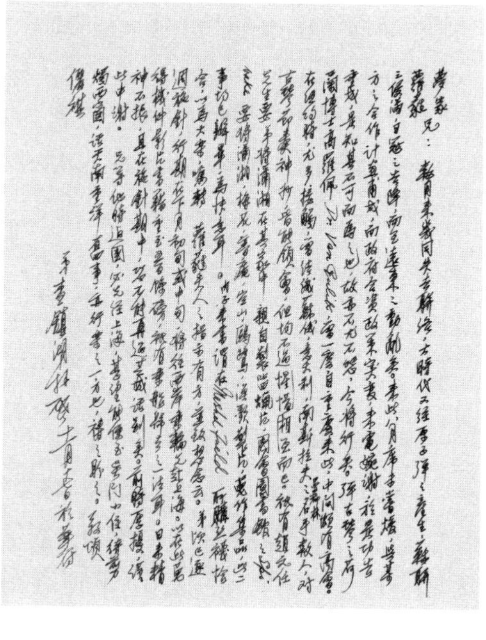

1945 年 11 月 7 日，查阜西在美时致梦家夫妇函

自此后，查阜西在美国多个城市"席未尝暖"地四处奔波。陈梦家则深入到各博物馆、大学、私人公寓等探访中国铜器。虽然都在美国，但都忙于自己的事情，再未谋面，"几同失去联络"。1945 年 11 月 17 日，陈梦家接到查阜西自华盛顿的长信，信中说道：他来美国已 8 个多月。其间，国内发生巨大变化，"大时代又经原子弹之产生，苏联之侵满，日寇之告降，而至远东之动乱"。此时，在美考察行程中，"与某方之合作计划甫成，而政府合资政策突变，来电婉谢，于是功告垂成，是知其不可而为之也，故亦不尤不怨，今将行矣"。查阜西还特意提到夫人来书夸赞赵萝蕤，因她指导，查阜西在美为其购买一些丝袜，很合她意，并致想念云云。最后查阜西告诉陈梦家夫妇他回国的"行期在下月初旬或中旬，将往西岸乘轮先赴上海。以在此搜得几件影片书籍重至五百余磅，只有乘船归去之法耳"。在美短暂逗留，且整日忙碌，友人间聚晤甚少，即将返国，查阜西在华盛顿致信陈梦家、赵萝蕤："恐不能再过芝城话别矣。前时厚扰，仅此中谢。"查阜西特意叮嘱道："兄等他时返国，必先经上海，甚望能便至吴门小住，待剪烛西窗，话天南重洋旧事，亦行乐之一方也，祷之盼之。"

因许多事情需要时间来做，直到 1946 年 4 月底，查阜西完成了考察任务启程回国，在整理行囊时，因所带物品很多，"寒泉"难以携带，便盛以琴匣，暂存国会图书馆的友人处，留待日后再取。

三、"商埠"终外流，"寒泉"赠知音

查阜西回国后，因忙于杂冗事务，与陈梦家夫妇暂时失去了联系。

1947 年 7 月 6 日，查阜西接到陈梦家的来信，信中询问了他返国后的情形，并将返国的行期告诉他。查阜西当即回信，简要叙说了目前状况："昨年回国之后，甫第沪渎即值公司复兴工作之进展，又复席不

暇暖，惟所带各件均分交到矣。内子等已先期返抵吴门旧庐，得萝妹惠贶香粉，曾嘱急为再作函谢，乃迁延至今，宁不歉仄。"就陈梦家返国先抵沪之有关接应联系方式，查阜西一一详告："刻下弟本人因公务一周在南京，一周在上海，周末则在苏州。吾兄返国之前最好先期函示船期，以便趋候。"

陈梦家在 7 月 6 日的信中，还向查阜西了解国内的形势和国共内战的情况，查阜西谈了自己的亲身经历和感受："回国年余，心境十分不佳，一般人疾苦日深，物价重压之外，尚有其他不宁。最近在城内苏寓之内不时有军人三五结群破门或越垣而入，任意摘践蔬果，家人必须以笑脸相迎，倘使提出告诉，不仅不理反遭报复。如果被窃必须恳求邻居勿作声张，否则一被警察知之，则不仅案不能破，而需索将无底止。虽南京亦不能例外。至于作战之区，弟未亲历则不能报导矣。"

查阜西的确够辛苦，"因公务一周在南京，一周在上海，周末则在苏州"。原因是他的夫人徐问铮"毅力甚大，虽时遭侮辱，仍愿守家园不来沪上"。虽然"必须于周末返里"，但乐在其中，助夫人"灌园"以外，"仍以时弄琴映影借声色自娱，际兹炎暑亦复自作冰饭以佐，冷石粤荔枝为饕餮也"。查阜西信中还告诉陈梦家："龙村诸君大都在北平，亦间有通信者。"最后，他委婉提出，陈梦家若方便可将存放在美国国会图书馆的"寒泉"带回。

1947 年秋，陈梦家决计回国前，把具体行程分别通报给国内的亲友，因船须从港赴沪，然后乘飞机到达北平。陈梦家另致信查阜西，告知行程并委托设法解决由沪返平机票。为稳妥起见，他让小弟梦熊与查先生联系具体事宜。梦熊接兄来信，速回信告知陈梦家十月初抵沪后诸事均已办妥，返平机票查先生也已设法安排。

1947 年 9 月 12 日，船抵香港。9 月 14 日下午 3 时半，陈梦家到杨北浦码头，大哥梦杰（先一日坐飞机来的）、小弟梦熊等来接。当晚大哥梦杰在一川馆请吃饭。这一班，恰好与岳丈赵紫宸同机。沪上的大哥梦杰、小弟梦黑与查阜西常有联系，梦家听大哥说查先生此时正在上海，当即请大哥联系看望查阜西。老友相逢，格外亲热，陈梦家特向查阜西解释了这次因行李过多，又恐损坏，故未将"寒泉"带归一事，并许诺待赵萝蕤归国时设法带回。查阜西表示理解。此外，这次会面，陈梦家还托查阜西为小弟梦黑谋一工作。9月17日当晚，陈梦家致信赵萝蕤："今晚由大哥请老查吃饭，似乎事可成，小弟弟为将失业甚恐慌。上海可怕，马路人与车充塞不可开交，往来费时。美金已八万国币，烧饼500一个。"

在沪刚与查阜西见过面，"大姐由苏来电，必叫我去一次，定明日（十八）与大二哥去一天"（1947年9月17日陈梦家致赵萝蕤信）。陈梦家的大姐陈秋光时任苏州景海师范学校训导主任。9月18日，大哥梦杰、二哥梦士、三弟传赍（梦熊，17日半夜赶来的），哥四个同去苏州，"上午游虎丘等，午后看大姐于景海。我独去查宅与老查夫妇饮咖啡一杯"。虽然昨日在沪与查阜西刚刚会过，但陈梦家仍抽空赴盘门内东大街37号查宅拜访，可见他们的友谊至深。

在沪短暂逗留后，陈梦家回到了阔别多年的北平，到清华大学任教授。此时，赵萝蕤仍在美国读书。不久，在查阜西的帮助下，陈梦家自美托运上海的行李陆续运至北平。

回到北平后，陈梦家与远在江南的查阜西时有书信往来，查阜西来北平也一定会与梦家小聚。

1948年秋，得知查阜西至北平会琴，陈梦家当即赶往城内住地看望。

在赵萝蕤回国前，陈梦家常在燕京大学任宗教学院院长的岳父赵紫宸家用餐。与查阜西晤面后，在岳父家里遇到时任燕京大学音乐系的美国传教士范天祥，谈起查阜西已来北平会琴，对查阜西仰慕已久的范天祥当即请陈梦家安排由他做东宴请查先生。范天祥和赵紫宸是莫逆之交，曾辅导赵萝蕤弹钢琴。他1923年8月来中国，创设燕京大学音乐系，在华居住 28 年。他擅长弹钢琴，为孙中山先生举行国葬仪式时，由他担任司琴。和许多外国传教士一样，范天祥喜欢中国文化，也喜欢搜罗中国古代器物。因研究中国音乐，范氏在中国期间搜集了几百件中国乐器，并会演奏多种中国乐器。

正是在这次招饮席上，发生了一件令查阜西感到非常遗憾的事情。范氏在宴席上向他所敬重的查先生展示了他所藏的一件商埙。查阜西见到很是惊奇，便吹奏一番，其音清润，大异常物，爱不释手。见此情景，陈梦家想起在美国时曾得卢芹斋所藏"战国铜笛"照片，答应一旦找出，当即送给查先生。在将铜笛照片送往查阜西住处时，查阜西表示了对范氏所藏大量中国古代乐器一旦外流的担忧。他对陈梦家说，美国人为什么会得到中国那么多古物，尤其是那件商埙若外流，而埙的形状无法摹拓，令人惋惜。

查阜西离开北平不久，1948 年初冬时节，陈梦家应西北大学邀请进行学术交流并赴敦煌等地考察。这次的活动，再次得到了查阜西的帮助。1948 年 11 月 15 日结束行程，启程返回北平。16 日"七时自兰州起飞，九时到了西安，准备在此候机（正班已停）飞平，尚不知那天有飞机。幸亏老查的关照，自兰至陕，自陕至平，均予优先并可到平时付款，得到莫大便利，否则急死人了"（1948 年 11 月 17 日陈梦家致赵萝蕤信）。

陈梦家返回北平后，得知赵萝蕤通过了博士论文答辩，第二年 6 月就可以在著名的洛克菲勒教堂登台接受博士学位。此时，国共内战愈演愈烈，平津局势渐趋紧张，陈梦家自 1948 年 12 月初开始，几乎每几天就要寄信给赵萝蕤，通报国内形势，督促她尽快回国。"我最近数信，皆急切欲你速归，实为目下的情形十分严重，故不得不要你提早。""我十日来因从未得你片纸，心中搅乱不堪。大局危险，徐州已失，京沪秩序甚劣。""昨入城本拟打国际电话，奇贵难当。中美航信因平沪机班太乱，常有延迟，收到此信即速作一切之处置，勿再等候。时机二字最为要紧。"

在陈梦家的催促下，赵萝蕤深恐继续滞留美国也许再难以返回祖国，毅然决定乘船回国。陈梦家收到赵萝蕤马上启程返国的信后，当即回信："已函老查到沪即购票飞平。我必须在北平机场等你。决定行期，速来短电。"

当时美国工人正在闹罢工，轮船停开，待罢工结束，才搭乘一条名为"梅格斯将军"号的运兵船离开西海岸驶往上海。赵萝蕤刚登上船，就从广播中得知了北平傅作义部队已陷入重围，国民党军溃退在即的消息。1948 年 12 月 31 日，赵萝蕤乘坐的运兵船进泊上海黄浦江畔。此时解放军围城正紧，包括胡适等许多在北平的社会名流、商贾都想方设法离开了北平，北平已然几近孤城，这个时候进入北平，限制颇多。为了能尽快抵达北平，赵萝蕤到了上海立即找到查阜西。很快，查阜西打听到有一架给傅作义"剿总"司令部运粮食的飞机正要飞往北平，经疏通关系，赵萝蕤与另外几人搭乘这架完全没有座位的简陋飞行器向北平飞去。当飞机抵达天津上空时，被解放军发现，当即用高射炮射击，飞行员在天空划了几个大大小小的半圈，终于避开了密集的炮火抵达北平上空，最后于天坛一片柏树丛中安全降落。赵萝蕤从舱口爬出没有舷梯的飞机，从临时捆绑、离地还有二尺的竹梯跳下，暂住北大教授汤用彤家中，又到骑河楼清华办事处托人带信给陈梦家，告诉她自己已平安归来，只要城门一开，赶快前来接人回清华园。三个星期后，守城的傅作义部开出城外接受中共改编，赵萝蕤趁此机会出城，赴清华园与陈梦家相会。遗憾的是，这次赵萝蕤自美返国，仍未将"寒泉"带回。

1948 年 11 月，在昆明时与查阜西结为曲友的张充和与德裔美籍犹太人、著名汉学家傅汉思结婚。1948 年底，张充和即将随夫君赴美。于沪临行前，在与查阜西告别时，查先生告诉她，在昆明他随身携带的那张古琴"寒泉"，访美时暂存在美国国会图书馆，看来很难再把它带回国内，就作为结婚礼物送给她。自此，这张堪称国宝的宋琴"寒泉"，长时期滞留在异国他乡。令九泉之下的查阜西想不到的是，他于 1945

年带到美国的"寒泉"，却以拍卖品的身份出现在阔别了 66 年的中国大陆。2011 年西泠印社春季拍卖会的"首届中国历代古琴专场"上，"寒泉"以人民币 517.5 万元被拍卖。至此，流传了半个多世纪的查阜西"寒泉"赠知音的美妙故事，终于有了一个令世人遗憾的结尾。

四、定居北京，常相聚首

陈梦家、赵萝蕤，在查阜西和众亲友的帮助下，终于在静逸的清华园团聚了。未久，赵萝蕤被聘为燕京大学西语系教授、系主任。这个时候，已是 1949 年 2 月了。此时查阜西的公开身份是"央航"副总经理，但实际是在中共上海市委情报委员会书记李克农的领导下协助进行统战和策反工作。早在 1946 年 5 月查阜西从美国回国不久，周恩来率中共代表团到达南京就与他保持联系。1949 年 3 月，经查阜西协助，中共地下党代表吴克坚找"央航"总经理陈卓林、副总经理陈文宽、营运组主任邓士章等谈话做工作。4 月 23 日，中共通过查阜西秘密用"央航"飞机将国民党和谈代表张治中将军的家属从上海送至北京。此事引起国民党空军司令周至柔的注意，为此陈卓林去香港，查阜西称病回苏州。

查阜西回苏州后，不再与外界联系。陈梦家夫妇听说查阜西因病回到苏州，极为惦念，便致信询问他回苏州养病的情况。复信是查夫人徐问铮。她在 7 月 7 日写给赵萝蕤的信中详述了查阜西的近况：

> 苏州市四月廿七日清晨获得解放的，那时候阜西正在家中养病，大有无官一身轻的快感。现在他还是没有工作，惟解放后三度去上海，至于飞机复航事现在太不可能，上海吃紧的时候，陈经理等奉命南撤，留沪员工还有不少，现在大家在吃公司老本，

惟阜西已脱离公司。

阜西在今年二月初，或因坐吉普车往返沪苏，路不平，颠得太厉害了，到上海即患盲肠炎，进上海公济医院割治，经过良好，惟二十年宿疾头疼，年来尤见加重。他住在医院里趁着养伤的期中请医院内科医师查检各科病症，神经专家也共同研究他的头痛病因，有的说他脑子里长了瘤，有的说不是的，透视的照片一次又一次的拍摄，但仍看不清楚他脑子里究竟装的什么病。结果神经医师的诊断，说是神经硬化，有效的医治方法是电疗，不得已只好再请续假，得能悉心治疗，连续治疗约在四十一次上下，疗治期中确好多了。可是两个月来又是天天疼，好在近来两三个月没有烦心的事，每天喝一点他的藏酒，倦来打一个中觉，醒来逗着猫狗玩一阵，再不是拿了工具到园里修剪，剪剪树木，或者在前面的坪上拔出野草，二样淡泊的生活，在他认为一生中不易多得的快事。上海解放后，似乎不允许再过他的幽静无烦的生活，时常往返苏沪间。

这里边，徐问铮尽管对查阜西赋闲养疴叙述甚详，但对他的身份也不一定很清楚。实际上，自 1949 年 6 月，中央军委已做出策动两航起义的决策，7 月中央军委考虑到查阜西曾任"央航"副总经理，与公司中、上层人员关系较为密切，批准查阜西和中共中央华东局社会部的吕明两人去香港做中国航空公司和中央航空公司即"两航"起义工作。

也是在这个月的中下旬，陈梦家因事抵沪，专程到苏州查宅看望查阜西，去前与之联系，未果，便乘火车抵苏州直奔查宅。结果查阜西正忙于"两航起义"事宜，并不在苏州。陈梦家连夜赶回上海，因火车不能按时开出及准时到达，夜里 2 点才到上海。返沪后，陈梦家致信查夫人，他已平安抵沪，若查先生近日返苏，请她问查先生，赵萝蕤从美国回国，经沪寄存小提箱的下落。查夫人复信陈梦家，告诉他说，赵萝蕤的小提箱"这次你想带走，恐怕来不及，因为阜西旬余没有信来，大概他又去另一个地点了，在他到达新地点前，我无法去信问询箱子的下落。等他回来，有了下落，当妥为保护，若有友人去北平，请带上不误"。她还在信中特意叮嘱陈梦家："你和上海仅仅相隔一年，它却经过了天翻地覆，你看了它可有什么感想？"

1949 年 11 月初，陈梦家接到查阜西的来信。信中告诉他两件事：一是箱子在年初交由亚航上海站一沈姓人代管，请径自与其联络；二是大约一个月之内，他将先返北平，然后去沪。两星期后，查阜西与夫人来到北京，星期日陈梦家、赵萝蕤去他们下榻的北京饭店看望，但是因查阜西"天天在开会"，并没能会面。于是陈梦家夫妇与徐问铮初步拟定，下星期五约会，宴请查阜西夫妇。11 月 22 日，查阜西再次接到通知，仍要继续开会，让徐问铮致信陈梦家夫妇，取消星期五的约会。徐问铮信中除了解释个中原委，还告诉他们，他们全家或许迁京居住。信后，查阜西附言："除了开会之外，我个人整天帮助了解情况，星期五是绝对抽不出时间，所以要取消前约，但是谨以十二分热情心领了。"

正如查阜西附言所说，1949 年 11 月 9 日"两航"起义后，查阜西到军委民航局工作，任业务处长。12 月 12 日，陈梦家夫妇接到查阜西的来信，告诉他们，他"经过诚恳请求"，已辞去处长职务，在民航局任顾问并央航理事。为了工作方便、家人团聚，他决意在北京定居。此外，查阜西还委托赵萝蕤咨询燕大是否招考，因为"东吴大学教授们几乎跑光了"，再者全家即将搬到北京来，打算让女儿意楞转学燕大。

意楞在父亲致信陈梦家夫妇信后，于 12 月 25 日写信给陈梦家夫妇，表达了希望"到北京去"的心情：

从爸爸的信里附来了陈伯伯给爸爸的信，知道您们两位正在帮忙让我来燕大借读，我简直高兴极了。当然啦，我是一定会来的。您们这样关心我的学业，我真不知道该怎样感谢您们才好！

　　……是不是让东吴教务处给燕大教务处一封信，请求借读就得了？信里要提起您两位是监护人吗？……我在东吴放寒假以前办好手续，一放假我就动身了，您能给我一封信告诉我一些细节吗？

　　东吴不是一个好的学习环境，尤其是文学院，很糟，对它，我已没有留恋……

　　接到意楞的信，经赵萝蕤询问，意楞可先来燕大旁听，先做借读生，等到暑假参加考试，成绩合格即可作为燕大的学生了。陈梦家把赵萝蕤努力的情况致信查阜西后，查阜西转给了苏州的夫人和女儿意楞。查夫人马上复信赵萝蕤，非常感谢梦家夫妇，意楞有了借读燕大的希望。同时，查夫人还向赵萝蕤诉说了"去不去北京住家"的矛盾心情。赵萝蕤致信给她，支持和鼓励她来北京，述说了很多来北京的好处。

　　意楞收到陈梦家夫妇的信后，当即去东吴大学教务长那里把父亲查阜西请教务处向燕大教务处请求借读的信交给他，当意楞和教务长说预备去燕大借读时，"哪知他马上沉下脸说：'东吴从来没有这规矩说向别校请求借读的'"（1950 年 1 月 17 日意楞致陈梦家夫妇信）。东吴大学不同意意楞到燕大借读，意楞决定"再混一学期"，然后考燕大。但从查夫人 1950 年 3 月 30 日复赵萝蕤信得知，原来是意楞"怕暑假考不取燕大"，正值中苏友好的发展阶段，急需培养一批俄语的专门人才，外交部特设北京俄文专科学校，于是查家决定让意楞报考。3 月 22 日，意楞来到北京，与父亲查阜西住在刚刚觅得的位于地安门黄城根 10 号旁门的一所小小的西式平房里。此屋不太旧，但查阜西依然进行了整修，因院里没有一棵树，他亲手种了几株松柏及梅树、丁香、竹子等。不久，徐问铮安顿好苏州的事情，举家来到北京，苏州的宅院暂且由以前的老工友代管。意楞暑假后进入了北京俄文专科学校（1956 年改为北京俄语学院）。1952 年，意楞在北京俄语学院结业，留校任助教。再后来，学院并入北京外国语大学，她继续在俄语系任教。

此后，查阜西常居北京，与陈梦家时相过从。

五、集拢友好，专司琴事

痴迷于古琴研究的查阜西虽然名义上是民航局的顾问并央航理事，但他主要从事琴学活动。1952 年秋，查阜西因脑病半休，医嘱其切宜调养，多息少作，又告诉他"弦歌则可代息"。于是，每日里，他总会在抚琴之余做些古琴研究，同年写出《鼓歌漫录》《严尔韬〈徽言秘旨〉考》等论文。1953 年，查阜西当选为中国音协常务理事后，大部分时间从事古琴音乐演奏和研究。

这时候，陈梦家已调入中科院考古所，他同查阜西的往来也就多了起来。虽然陈梦家对古琴不是很在行，但是他喜欢古琴演奏，常常与赵萝蕤参加查阜西牵头组织的定期古琴会演活动。陈梦家住在考古所里，晚间有时去查宅闲谈。查阜西与陈梦家有时会谈到古琴研究方面的问题，他希望陈梦家在研究工作中和编辑《考古通讯》的时候，多留意有关古琴方面的资料，并说他拟在今后多联络考古专家协助搜集古琴方面的资料。

1953 年 6 月 24 日，查阜西在致民族音乐研究所杨荫浏、李元庆函中，建议要进行三事，其中一件就是动员诸考古专家协助搜集资料。另外两件：一是收买郑颖孙乐书及乐器；另一件是全面摹取及收集有关音乐之敦煌壁画及流散文献。查阜西的三项建议，其中关于"收买郑颖孙乐书及乐器"的起因，是郑颖孙先生去台湾后，并没有带走他多年积累的乐书和乐器。郑颖孙不仅琴艺高超，还以丰富的乐器收藏著称。查阜西非常希望民族音乐研究所能收购郑氏遗存南京由亲属保存的这些珍贵的乐书和乐器。但最终结果不详。其他两项建议则得到了民族音乐研究所的高度重视。查阜西的建议报告民族音乐研究所三日后，杨荫浏和李元庆即与查阜西共同研究关于动员诸考古专家协助搜集资料的议题。"7月1日，邀集叶恭绰、汪孟舒、唐兰、罗福颐、陈梦家、沈从文、王世襄夫妇，及李廷松、关仲航、杨葆元在和平餐厅叙谈，作出报告。"

　　琴人以外，查阜西邀集的叶恭绰、罗福颐、唐兰、陈梦家、沈从文和王世襄夫妇中，叶老求其名望，而罗福颐、曾毅公、唐兰、陈梦家、沈从文，都是查阜西文化界的朋友。王世襄是陈梦家的好友，也是查阜西的忘年交。王世襄本人并不是古琴家，但他的夫人袁荃猷是古琴大家管平湖先生的入室弟子。唐、陈、沈都是查阜西昆明时期结交的好友。可以说，查阜西为了古琴研究，把自己的好朋友都集拢到"门下"了。对于查阜西邀请的这些专家学者，民族音乐研究所是很满意的。1953年8月7日，李元庆副所长以民族音乐研究所的名义，正式托查阜西"向叶遐庵、罗子期、唐立厂、沈从文、俞平伯、阴法鲁，征请同意应聘为音研所之通讯研究员，以此诸君之列聘，已得人事部门同意也"（1953年8月9日查阜西《为音所约聘》）。查阜西邀集的专家，唯独陈梦家、王世襄和曾毅公没有被聘。曾毅公不被聘用，情况不明，或许是自身不愿承担此任。但陈、王拒绝查阜西的邀请不合情理。从被聘须得"人事部门同意"来看，这一定是组织上的原因。猜想或与1952年"三反""五反"时陈、王的"问题"有关。陈梦家在清华大学受到猛烈"批判"后，离开学校，被"分配"到考古研究所。而王世襄在1952年"三反""五反"时，是因"大盗宝犯"的罪名被故宫博物院"开除故宫公职"的，此时尚无稳定单位。虽然陈梦家没有被聘为音研所的通讯研究员，但丝毫没有影响他们之间的友谊。查阜西在古琴研究中，遇到陈梦家可以解决的问题，他总会不客气地向其询问。王世襄先生最终被安置在中央音乐学院，与查先生时有互动。

　　1953年9月4日，以中国音乐家协会名义，查阜西出面邀集在京的一些业余古琴家，举行重点的古乐观摩演奏会。自此以后，这些古琴家和几位欣赏古琴曲的他种器乐家，按时举行每次一个星期的观摩会演。最初的会演是从 1953 年 11 月开始的，作为查先生的琴生，赵萝蕤也是会演的一员。

在查阜西积极奔走呼吁下，古琴研究会开始正常运转。会演于每个星期日举行，未尝间断，已获一定成绩。古琴演出节目不断挖掘增多，已经有了一些可以合奏的古曲和琵琶曲，也发掘了一些筝曲。如丁珰、蒋风之、何彬、吴干斌等先后将古琴曲《长门怨》《关山月》《风雷引》《普庵咒》《梅花三弄》《玉楼春晓》《渔樵问答》《平沙落雁》《鸥鹭亡机》《潇湘水云》写成二胡简谱，加入二胡伴奏；《普庵咒》《梅花三弄》二曲经常由溥雪斋、吴鹤望、蒋风之及查阜西以琴、箫合奏；《风雷引》《关山月》经常由毓邻初、蒋风之及查阜西以琴、箫、二胡合奏。《渔樵问答》经常由杨葆元、关仲航、吴干斌、王振声以琴、箫、二胡合奏。李廷松与张伯驹夫人潘素合演的《琵琶行》亦于会演中渐至成熟。还有与京剧基本艺术研究会所发掘的《十番锣鼓》。古琴会受邀先后在北京大学、总政文工团、政法学院等处千人以上的场合中演出，反响很好。查阜西、溥雪斋和蒋风之曾数度在北京饭店和怀仁堂为外宾演出。查阜西还参加了 1954 年中国音乐家协会主办的民间古典音乐巡回演出活动。这次活动始于 1954 年 10 月 22 日北京东四头条音协之组织会，终于 1955 年 1 月 12 日北京什坊院音协之总结会，历时 82 日，其间小型演出不计外，共演出 50 场，十大城市观众共计约 11 万人。

除了在研究、交流、挖掘、传授古琴演奏技艺和琴学理论方面做了大量的工作外，北京古琴研究会在传承与普及这门高雅艺术，使其更具生命力上也做了很多的努力。1956 年，查阜西亲自带领古琴采访小组辗转全国各地，对古琴曲目的搜集及民间演奏家的状况进行了大量的调查研究，采录了 60 多位古琴家的 200 多首古琴曲的实际演奏，分析了他们的风格和流派，并收集了大量有关古琴的历史文献、器物和图谱。"在上海窥见胡公玄三明刻本全豹（玉梧、潞藩、潘藩）；在浙江得天一阁之《浙音释字谱》；在重庆图书馆发现《琴苑心传》；在西安群艺馆借到《松声操》，并尽摘上海图书馆所收《琴学初津》及周庆云旧藏，与顾子梅羹、罗子君羽重新校订补充，易名《存见古琴曲谱辑览》。"（查阜西《存见古琴曲谱辑览提要原稿》）

1956年11月初，音乐研究所要时任中央音乐学院民族音乐系主任的查阜西代表音研所去参加湖南农村群众艺术会演，并采访、观摩苗族、土家族和大庸（今张家界）、常德之民间音乐。

总之，在音乐研究所的大力支持下，自1953年来，查阜西在琴学资料的辑撰和整理方面做了大量具有显著成效的工作，为今后古琴这一高雅艺术的传播与发展奠定了基础。

1956年，也是陈梦家的丰收年，《殷虚卜辞综述》《六国纪年》相继出版。也是在这一年，陈梦家夫妇在考古所附近的钱粮胡同买了一所拥有18间房子的院落，逢周末假日赵萝蕤回家里住的时候，总会有亲友来此探望。有的时候，住在南锣鼓巷的查阜西和夫人也会来。每次见面，查阜西会和陈梦家讨论一些学术方面的问题，而查夫人与萝蕤则说些私房话。陈梦家收藏明清家具，有时到鼓楼那边的古旧家具店或老宅看家具，也会到查家小坐。

六、不负重托，指导琴艺

自1947年查阜西和陈梦家先后自美返国，一晃十年过去了。1957年，对于查阜西来说，依然是忙碌充实的。他在音乐学院授课，要撰写提纲，除了课堂教学，课余学生也常常来请教。时常有演出任务，也占去了他不少时间。即使这样，已经60多岁的查先生仍坚持进行古琴史的研究，根据大量古琴曲谱的存在，他开始思考并酝酿如何将这些曲谱整理影印出来，以利于专家学者和琴学爱好者全面研究古琴音乐艺术。

1957 年初夏，陈梦家被划为"右派分子"。之后，陈梦家的工资被降三级，研究工作被停止，编成的著作不能出版发行。一向谨言慎行的赵萝蕤难以面对这样的现实，整夜失眠，终致精神分裂，被送往北京安定医院治疗。治疗一段时间后，仍时时犯病，生活难以自理。

唯一使陈梦家、赵萝蕤欣慰的是，在他们昔日的朋友中，虽然有落井下石甚至栽赃陷害、揭发批判、上纲上线、欲置陈梦家于死地者，也有怕与"右派分子"界限不清、招惹是非而采取远离者，可不离不弃者亦大有人在，其中就有查阜西和他的夫人徐问铮。

自 1957 年夏季至 1963 年 1 月陈梦家"摘帽"之前的五年多时间里，陈梦家先后被派遣到居庸关、洛阳、甘肃、河北等地。每次下放离京，陈梦家最不放心的是患上严重精神疾病的赵萝蕤。赵萝蕤的父母年事已高，三个弟弟都非常忙碌，陈梦家只能求助于朋友。生活起居方面，他拜托给住在东厂胡同的蔡家夫妇；精神上的抚慰，他托付给查阜西夫妇。

1958 年 12 月中旬，考古所决定让陈梦家随考古所下放锻炼干部到河南洛阳白马寺镇十里铺村的植棉场劳动。陈梦家此去，大概要一年时间。这时赵萝蕤的病情时好时坏，为了使赵萝蕤放松心情，陈梦家与查阜西商议，让赵萝蕤跟他重操古琴，以缓解精神压力，抑制病情发展。自 1959 年初开始，在查阜西的鼓励下，赵萝蕤重新开始了古琴的学习和弹奏。每星期二，查阜西会在查宅等候，夫妇全天候陪伴赵萝蕤。平日里，只要查阜西有空，就会和夫人同来钱粮胡同的陈宅，夫人与赵萝蕤拉家常，查阜西则对她进行琴艺指导。

查阜西夫妇没有辜负陈梦家的嘱托，一年里查夫人像亲姐妹一样关心照顾赵萝蕤，她们用苏州话聊家常，常常谈得很开心。赵萝蕤喜欢做、更喜欢吃苏州菜，徐问铮去赵家时总会带上自己精心烧制的"家乡菜"；赵萝蕤到查家学琴时，徐问铮也是提前做准备，让她吃上可口的饭菜。

　　赵萝蕤原先跟查阜西学的几支琴曲，因多年来忙于教学，几乎没有再弹起过，已经很是生疏了。查阜西因势利导，在很短的时间里赵萝蕤已经把那几首琴曲弹得很好了。在征得同意后，查阜西开始指导她弹奏《平沙落雁》和《洞庭秋思》二曲。这两首琴曲是查先生时常弹奏的琴曲，弹奏时古朴凝练，稳健淡雅。此时为赵萝蕤选择此曲，也是用心良苦，赵萝蕤心知肚明，格外用心。

　　赵萝蕤习琴所用的名曰"松风"的全段琴，为查阜西所借。1959年9月，琴生赵月明初见台基厂懋隆珠宝店有二琴出售，便告知查阜西，恰好查阜西公债还本付息有余资，遂于9月12日购归。二琴中一无名，仲尼式，全段，值45元。赵萝蕤试弹此琴，很应手，查阜西就把此琴借其暂用。

　　同月20日，查阜西又从韵古斋以60元收得一琴，"琴名'海潮'，腹款右镌'成化乙巳'，左镌'御制'，制作极工细，全体龟段，池沼间有正印曰'广运之宝'，盖四百七十年前皇室精斲。展弦试之，九德具备，一快事也"（1959年9月27日查阜西《一旬买七琴》）。因陈梦家曾"乞助置一琴"，此次得琴7张，其中亦有良品，便将赵萝蕤借用的"松风"（1959年9月29日查阜西致赵萝蕤信）转让给她。

　　查阜西喜得"海潮"后，值赵萝蕤来查宅习琴日，向其展示。赵萝蕤见该琴有大明"成化"款识，家中有明黄花梨琴桌一张，陈梦家一直欲寻一张明代良琴与之匹配。赵萝蕤归家执笔将"海潮"大体情况告知下放洛阳劳动的陈梦家，他当即致信，嘱其去查家习琴时可先行与老查议购。赵萝蕤再赴查家时探问查阜西，陈梦家喜藏明代旧物，这张"海潮"可否让给陈梦家。查答应了。但因陈梦家尚在洛阳，无法亲睹是琴，转让事暂时搁置下来。

　　1959年国庆节，远在洛阳的陈梦家想念家人，惦念赵萝蕤，更是十分感谢关心照顾她的查家。他致信赵萝蕤询问近日的工作、生活和学琴情况，并告诉她回京有日。赵萝蕤复信详告："近日来断断续续也念了六七十页的苏联学者所写的英国文学史。自己的写稿和备课计划也初步写出。十五日要到北大去谈计划。现在睡觉还是一天很坏，一天较好。"关于琴艺，赵萝蕤说，因查提供良琴，很应手，每天都会弹一曲。"七弦琴总断弦，在查先生辅导下，已经学会了上弦，断了弦居然一上便妥。"

在致萝蕤信的同时，陈梦家不忘致信查阜西夫妇，衷心感谢他们对赵萝蕤的照顾。查阜西接信后，于 10 月 11 日复信陈梦家："我们只感到对嫂夫人照顾得不够，不罪就罢了，还值得谢？"关于陈梦家询及赵萝蕤习琴情况，查阜西答复说："问于琴，我见她是为养病，故只以提高她的兴趣为主，不求多弹。每至见她觉到紧张，立即岔开，另作闲谈。我想你一定同意。"（1959 年 10 月 11 日查阜西致陈梦家函）

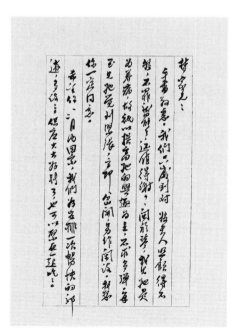

1959 年 10 月 11 日，查阜西致在洛阳劳动的梦家函一，云：问于琴，我见她是为养病

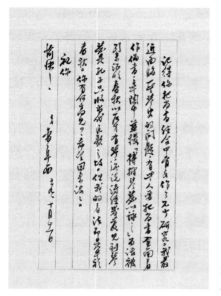

1959 年 10 月 11 日，查阜西致在洛阳
劳动的梦家函二：我们只感到对嫂夫
人照顾得不够

　　陈梦家把于 1960 年一二月可以回京的消息告知查阜西。查阜西复
信称，待他回京时，"我们将安排一次畅快的郊游，多谈谈。供应大大
好转了，也可以聚在一起吃吃"。

　　还是在这封复信中，查阜西向陈梦家提出最近在研究琴史过程面
临的困扰。在陈梦家赴洛阳的几个月里，查阜西先后发表了《古琴创作
小史》《琴学及其美学》《古琴音乐的发展》等论文。在论文中他强调：
"在远古的文献中，无论经籍和周秦诸子都提到过琴。最早《尚书》有
'搏拊琴瑟以咏'的话。"（见《古琴创作小史》）"古琴是中国最古老的
一种弦乐器。在二千五百年前，它是上层阶级必须学习的一种音乐。以
后可能由于战国时的内战和秦王朝时的革命，古琴就逐渐流传到民间。"
（见《琴学及其美学》）查阜西的论文发表后，有人对其说法提出质疑。
但查阜西坚定不移地认定，古琴的出现"早于春秋"。

　　1942 年秋在昆明村居时，因治西周年代和西周金文，陈梦家乃以

余暇试作《尚书》的研究，曾发表《古文尚书作者考》(《图书季刊》新4卷3、4期)。1956年他把15年前的旧稿做了进一步的整理，并以《尚书通论》命名，交由商务印书馆出版。是书于1957年7月发行，陈梦家曾赠予查阜西。查阜西在信中特意强调陈梦家曾把"《尚书》结合甲骨文作了不少研究"，希望他对"有些人要把《尚书》全面看作伪书"，并以"《尚书·皋陶谟》中益稷'搏拊琴瑟以咏之'为话被引来证明春秋以后才有琴，还说《诗经》几处见到琴瑟是孔子只收当代民歌之故"的说法，拿出具有权威说服力的考据出来。

七、"海潮"风波，再显厚谊

1959年12月下旬，长达一年的下放劳动结束，陈梦家回到北京。稍加休整，写完劳动总结后，他到考古所参加年终总结。新年休假时，陈梦家和赵萝蕤来到南锣鼓巷看望查阜西一家。叙旧毕，查阜西与陈梦家同赏"海潮"琴。"梦家羡甚，坚请践诺。"此前，查阜西已然发现"海潮"为稀见百衲，"踌躇难舍，以碍于情面，遂暂允缓日将去。但琴只供弹，不作玩物，若萝蕤先我辞世，必令合浦珠还，梦家不应以雄于庋藏而有之也"(1960年1月2日查阜西《海潮暂属赵萝蕤》)。只因"碍于情面"，"漫应"赵，查阜西不得不"践诺"了。

虽然查阜西与陈梦家都甚爱"海潮"，但他们"爱"的角度和认知不同。陈梦家是以一个明代家具鉴藏家的眼光看好此物，百衲琴尤为特别之处在于琴体由多块六边形小块桐木拼接而成，其意为"取古桐材之精髓，拼连为之，使出正音"。百衲琴相传为唐代宰相李勉发明，因取每段桐木之纹理细密流畅者，拼攒而成，历来制琴，因制作玄机深奥，多不制之。此琴乃明代遗存，恰好陈梦家有极好的明代琴桌相配，相得益彰。查阜西以古琴演奏家和古琴收藏家的视角看待此琴，稀见、音质雄奇，他琴无可比拟。陈梦家慧眼识珠，志在必得。查阜西因有诺在先，虽系"漫应"，但君子一言驷马难追，最终答应陈梦家"缓日将去"。

陈梦家和赵萝蕤从查宅返家后，即向赵萝蕤讲述了与老查议让"海潮"之事。当说到查先生虽允转让是琴，但条件是若她离世在查前，陈梦家一定要把这张琴还回。赵萝蕤心中不快，当即致信查先生，表示"不敢夺人之好"，并对老查与梦家所论"先后辞世"之语委婉提出批评。查夫人徐问铮知此故事，颇为恼火，"严厉斥责老查偏急诞妄"。查阜西亦特懊悔，当即复信，检讨自己，并再次承诺无条件将"海潮"予之。但陈梦家坚辞不受，唯恐查先生不快，自此"海潮"仍留存查宅。

1960 年 6 月中旬，陈梦家被派往兰州协助当地考古人员进行 1959 年武威磨咀子六号墓发现的 469 枚竹木《仪礼》简的整理和研究工作。原本计划工作结束即回京，但等到 7 月末，考古所让他从兰州转到西安工作。其实在西安并没有什么实质性的工作让他来做。一二日后，考古所马得志来西安，向他透露："北京所中正在搞'新三反'，重点是批判学术思想路线，编辑出版更是其中的关键。"直到 8 月初陈梦家才接到确切回京的消息，回京后即着手《武威汉简》的编写。

查阜西则开始《传统古琴曲谱集成》编辑的准备工作，并继续指导赵萝蕤练习琴曲。从 1960 年初查先生为中国音乐家协会拟《琴曲集成》编辑计划可知，在我国存世大量的传统曲谱，"是存在于千多年来的古籍之中，一部分还是仅有的孤本，庋藏处所藏在国内各地，甚至有些还是私人的庋藏。截至 1956 年调查所得，在这些古籍中只有琴谱六百多，谱本三千以上（近三百年来，又有些发现）。音乐出版社，曾将这些谱子的琴曲名称、见在谱集、内容解题、各曲弦法、段落、歌词编成辑览印行，但曲谱本身则绝大部分无法接触"。为消灭这一现象，中国音乐家协会决定把这些曲谱全部影印出来，以供广大爱好音乐的群众做发掘的参考之用。而这项庞杂而艰巨的任务的主持工作，落在了已 65 岁的查阜西的肩上。

忙忙碌碌又一年。赵萝蕤的琴艺日增，陈梦家自西北返京后着手《武威汉简》的编写，也已基本完成。查阜西仍以大量时间投入到《琴曲集成》的编辑工作。转眼到了 1961 年，2 月 14 日是腊月二十九，查阜西特遣琴生杨洁秋带上那张陈梦家"羡甚"、赵萝蕤喜爱的"海潮"拜访。行前，查阜西手书一封云："遣琴生杨洁秋送上'海潮'琴，请哂纳。杨生能'忆故人''梅花''古怨'等五六曲，技巧尚不甚高，如赐谈，请进而教之为幸。"（1961 年 2 月 14 日查阜西致赵萝蕤信）一句"送上……请哂纳"，再次见证了查阜西与陈梦家夫妇的深厚友谊。

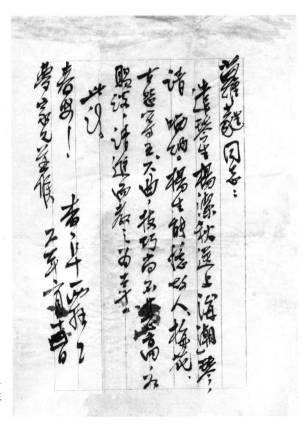

1961 年 2 月 14 日，查阜西遣琴生杨洁秋送琴陈府，以贺年

1962 年至 1965 年，是陈梦家研究和写作的一个高峰期。在这段时间里，他共完成了 14 篇论文，约 30 万字。查阜西主持的《琴曲集成》也颇有进展，循序进行。

八、痛失良友向隅而泣，再逢盛世"琴曲集成"

1966 年"文化大革命"开始，陈梦家当即遭到冲击。他的家被抄，接着被批斗。1966 年 9 月 3 日陈梦家不堪凌辱，自缢。

在这场运动中，查阜西家被抄，人被斗，被关进了"牛棚"两个月。释放回来之后，又被迫搬家，搬进蒋宅口的一幢单元楼。陈梦家自杀的消息传到查家后，查阜西夫妇沉痛不已。但迫于当时的严峻形势，他们夫妇只能向隅而泣。事情稍有平缓，他们即去看望暂住大佛寺娘家的赵萝蕤，并鼓励她要坚强地活下去。

"文革"后期，查阜西主编的《琴曲集成》再次启动。1975 年，2000 余万字的《琴曲集成》的编纂任务终于完成，实现了查阜西早在 1919 年就许下的"当集诸家琴说，参以新知，辑为琴谱，以图振蔽起废"夙愿。这个时候，距陈梦家含冤离世已近 10 个年头。在完成《琴曲集成》编纂三年之后的 1978 年，查阜西去世。

丁惠康：收藏界的一挚友

　　陈梦家与丁惠康之间的交往，缘于 1949 年 11 月 4 日至 7 日清华大学举办的"全国少数民族文物展览"。这次展览，是为了配合开国盛典而举办的。此前，为庆祝解放，北平已先后举办了"帝后生活史料""抗日史料""美帝侵华""赵城藏""人民捐赠文物"等 11 项文物展览。清华大学举办的"全国少数民族文物展览"，是这 11 项中的一项重要展览。

　　展览的诸项准备工作，由美术史委会承担。1949 年 9 月初，校委会通过以原有的美术史委会改组为文物馆筹委会，经筹委会商定，具体事宜由陈梦家负责，潘光旦、吴泽霖等筹委会同仁辅助。

　　同年 3 月 15 日，新华社发表题为《中国人民一定要解放台湾》的社论，第一次提出"解放台湾"的口号。鉴于此，筹备委员会在讨论展览方案时，决定此次展览应有台湾高山族文物参展，这对于"迎接广大边疆解放，发扬少数民族文化"有着重大意义。清华大学有一定数量的西南少数民族文物，这是清华大学历年收藏的，又有专人经常研究，所以在准备上（尤其实物与照片、塑像的配合）是比较完善的。唯独台湾高山族文物，清华大学历年来没有收藏。据潘光旦说，沪上丁惠康医生曾于 1948 年春在上海南昌路法文协会举办过"台湾高山族文化展览会"，参展的文物很多，涉及高山族生活的各个方面。他曾参观过这个展览，并就购买此批文物与丁氏洽商，"初拟购让方式，因有中间人在，索价至五千美金，只有作罢"。此次可否邀请他北上参加清华大学举办的"全国少数民族文物展览"大会，这样就切合了"全国少数民族文物展览"的主题。建议得到筹委会同仁赞同，并报请校务会。校务会同意由陈梦家代表清华大学"全国少数民族文物展览"大会筹备组与丁惠康联系。经陈梦家的协调，丁惠康慨然应允，自此陈梦家与丁惠康开始了交往。因志趣投合，他们成了彼此信赖的好朋友。

一、雅好收藏的医生

丁惠康 1904 年出生于江苏无锡，是著名的国学家、医师丁福保的次子。丁福保字畴隐，曾任京师大学堂教习。丁惠康 1927 年毕业于上海同济大学医科，1935 年德国汉堡大学授予医学博士学位。在求学时期，他看到国内连年战乱，人民大众遇有疾病，求医困难，而上海虽然有不少医院，但大都是帝国主义列强创办，人民大众医治疾病的生死大权操在外国人的手中，实为奇耻大辱。当时肺结核病流行，丁惠康于 1928 年毅然在上海创办肺病疗养院。1934 年，他又在父亲的支持下斥资 30 余万元，创建了虹桥疗养院。后来丁惠康将虹桥疗养院无条件地献给上海医学院作为第二实习医院。抗战胜利后，丁惠康拟重新恢复虹桥疗养院，但由于国共和谈破裂，内战重起，只能放弃复兴计划。

丁惠康不仅是杰出的医务工作者，还是文物收藏家。他收藏的古代陶瓷曾印有一部非常典雅的目录，名《华瓷》。该书共著录珍瓷 90 件，由叶恭绰作序，又自序一篇，阐述中国陶瓷的历史发展、沿革，并说明自己收藏的目的是有感于文物大量外流，"鼎革以来，海禁大开，国内文物菁华，辄输海外，而此不求，更复何求！"。除了藏瓷，他亦热心古画及历代其他文物的收集，解放前有一次曾卖掉四十幢里弄房屋，用以收购古画。

1947 年 2 月，丁惠康和上海医学院院长颜福庆同船赴美作医事访问，参观了纽约洛克菲勒医学中心、洛杉矶市医院和不少博物馆、美术馆，使他感到触目惊心的是，仅波士顿美术馆就收藏我国宋代名画四百余幅之多，超出我国保存宋画的总和。美国私人博物馆收藏的康熙黑地三彩此时公开展览，国内没有一件能与之相比。珍贵文物被大量盗卖出国，丁惠康在痛心之余，尽量收集，等将来献给祖国，还于人民。

1948 年春，丁惠康在南昌路法文协会（今科学会堂）举办"台湾高山族文化展览会"，由蔡元培夫人周峻主持剪彩，前往参观的人甚多，当时的报纸纷纷予以报道。

正是因为丁惠康有收藏的雅好，恰好又集藏了一批价值极高的高山族文物，才促成了他与清华大学结缘，并与陈梦家有了更多的交往和交流。

二、无私的支持和奉献

关于陈梦家赴沪的准确日期，据潘光旦先生 1949 年 8 月 13 日的日记记载：

> 晨雇三轮车入城……先至东厂胡同太平胡同一号同盟总部由政府所拨新屋，探住北京饭店同人已迁来未。……看努生，促其函上海丁惠康兄商捐赠或贱让台湾高山族文物与清华一事，将交梦家带沪面洽。

读陈梦家抵沪致夫人函可知，陈梦家是 1949 年 8 月 14 日离京赴

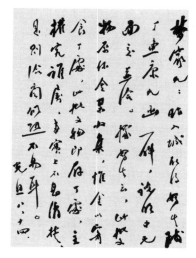

1949 年 8 月 14 日，潘光旦给即将赴沪的
陈梦家留言：是则洽商仍恐不易耳

沪的。行前，潘光旦特赴丁惠康好友罗隆基府上，请罗氏亲书函件，说
明此次展览的必要性和重要性，以促丁氏与清华的合作成功。因故，陈
梦家临行前没有见到潘光旦，他从潘光旦留言得知，此次潘先生从罗隆
基那里听说，丁惠康于上一年春在沪举办的"台湾高山族文化展览会"
所展出的文物"原系金某收集，惟金以寄食丁处，此批文物即存丁处，
主权究谁属，事实上不甚清楚"。为此，潘光旦留言中有"是则洽商仍
恐不易耳"之语（1949 年 8 月 14 日潘光旦致陈梦家函）。

陈梦家抵达上海第二天去拜访丁惠康，转交了罗隆基的信函。原
本彼此间互有好感，晤面后更显亲热。陈梦家开门见山，直言询问丁惠
康去春沪上举办"台湾高山族文化展览会"展出的高山族文物及书籍等
主权情况。丁惠康坦言相告，这批高山族文物，包括实物标本、书籍、
照片的来源，确如罗隆基所言与金某有关。

金某，名祖同，字寿孙，1914 年出生于浙江嘉兴一个回族家庭。
他的祖父金尔为清末著名书法家、画家，与吴昌硕、任伯年等大家交往
过从。他的父亲金颂清乃学者、书商，曾于 1926 年在上海开了一间书

店，名为中国书店，专门经营古今图书。鲁迅、郑振铎等爱书之人常光顾这间书店。金祖同幼承家学，聪慧过人，20 岁时即在甲骨学方面显露出非凡的才华，曾与章太炎谈殷墟论甲骨。抗战前，他曾与郭沫若讨论楚王鼎的真伪，得到郭沫若的赞赏。1936 年春，金祖同应郭沫若之邀，携带郭氏让他借出的刘体智收藏的甲骨文拓本 20 册，前往东京。自此师事郭沫若，他的《甲骨文辩证》《龟卜》《殷契遗珠》均为郭氏作序。1945 年抗战胜利后，他负责南京市敌伪文物接收工作，同年去上海，接收人文自然科学图书馆。年底，因家境困窘，还要照顾弟妹，金祖同辞去收复区文物保存委员会南京文物组组长一职，不久赴台湾，任教于台湾大学。

金祖同在台湾大学任教期间，利用休息日深入高山族聚集地考察采风，顺带采集了一些高山族的实物标本，并拍了一些高山族人劳动生活场景的照片。他在一次致好友丁惠康的信中简述了这一活动和收获，并提及因采集高山族文物，花费很高，经济更加拮据。丁惠康"承其尊翁福保先生行医著书印书的庭训，颇关心少数民族文物"（见陈梦家《清华大学搜集文物的经过及此次展览的意义》，原载 1949 年 10 月《台湾西藏西南少数民族文物展览特刊》），接金祖同信后，当即回函，让金祖同不要担心沪上的弟妹，他会尽力给予帮助。至于在台湾采集高山族文物，丁惠康认为很有必要，表示采集的花费由他来出，金氏可用此来进行研究。丁惠康随信汇寄费用到台湾，以供金祖同采集高山族文物之用。

有了丁惠康的资金支持，金祖同在台湾执教期间，在实地考察高山族风俗民情的基础上，利用采集到的高山族文物、书籍、照片，并将搜寻到的日人撰写的有关高山族人的书籍辑译，编写成《台湾的高山族》一书。其著书宗旨为："台湾沦亡五十年，五十岁下人恐都不知有高山族人者，将赖是书为之绍介。"该书 1948 年 9 月由亚洲世纪社出版发行。全书分"总论""信仰和性情""社会制度与习俗""生活状况"四章，包括地理、种族分布、人口、宗教信仰、祭祀、心性、团体、土地占有与狩猎、家、丧葬、服饰、蕃社内的制度，及达雅、耶美等 7 个族群的生活状况等，共 25 节，并配以"达雅族的男女""蒲能族的居屋""耶美族的部落""拔旺族的运搬法"等 12 幅照片。金祖同在《自序》中特别强调：大陆和台湾高山族人"脉络相通"，同属中华民族。

金祖同从台湾返回后，执教于浙江大学。1948 年冬辞去教职，回到上海，与友人合办《透视》杂志。他在台湾搜集的高山族文物标本和书籍资料，除少部分用于研究暂存浙大，大部分运往上海丁惠康处。1948 年春，丁惠康在沪举办"台湾高山族文化展览会"。因丁惠康是这批文物的采集出资人，并是主办者，报刊在宣传展览盛事时，只说这批参展的高山族文物是丁惠康在台湾光复后请人收集的。而金祖同在台湾费尽千辛万苦的搜集之功，竟无人提及，因此，这批珍贵文物的出处也就鲜为人知了。

陈梦家弄清楚这批台湾高山族文物的来龙去脉和丁惠康与金祖同的关系后，认为有必要把现属丁氏的台湾高山族文物标本与现存金祖同处的有关台湾高山族文献、图书资料、照片等汇集一起赴北平参加展览，那样效果更好。因此，陈梦家决定请丁惠康联系金祖同，共商集中这批文物进京参加清华大学举办的"全国少数民族文物展览"事宜。

很快，丁惠康联系上金祖同与陈梦家会面，并初步达成共识。金祖同告诉陈梦家，他在台湾三年，费尽周折，搜集到的实物和文献资料中，实物标本大部分已经归丁惠康所有，尚有部分珍贵的高山族文物标本和贵族配饰等，以及关于高山族历史、文化、风俗民情的文献、书籍、照片等，散置浙江大学、暨南大学等处，还需协调取回。他表示将尽快赴浙江大学把物品集中起来，会同丁惠康处的文物，一并参加清华大学举办的"全国少数民族文物展览"。此外，金氏还请托陈梦家回北平后商谈，并提及文物运往北平的费用问题。陈梦家当即表示，马上写信请示清华校务委员会。在丁惠康和金祖同的安排下，陈梦家参观了在沪的这批高山族的文物标本、文献和照片等，并逐一记录。因所存高山族民族风情照片太小，陈梦家提出照片可否放大，以方便观众参观，丁惠康答应会尽快办理。

1949 年 9 月 5 日，陈梦家自沪致函潘光旦，请其转告校委会，此次与丁惠康已有成议，"惟先用借藏名义，终将赠送"。9 月 10 日，陈梦家将返北平，沪上友人设宴饯行。丁惠康把一些比较重要而较小的物品让陈梦家带回北平，先事整理。金祖同因去浙江大学办理存放台湾高山族书籍、资料等事宜，未能出席，特请丁惠康转交陈梦家一函。金氏函中表示，他"有意将散置浙大、暨大及庄君三处之标本千数百件汇集一处，庶弟三年搜集之功不致白废"，并已函至浙江大学人类学教授吴定良设法收回散置浙江大学的台湾高山族文物标本等。他还告诉陈梦家："下月中来平入华大学习，届时弟将全部高山族参考书携平。"（1949 年 9 月 10 日金祖同致陈梦家函）

三、北上襄助筹备展览

1949 年 9 月 11 日，陈梦家回到北平之后，迅即至潘宅，因信中已有详述，面晤简要补充而已。9 月 12 日，陈梦家正式向吴晗与潘光旦等校中有关人士汇报沪行情况。吴晗当即表示，以清华大学的名义，邀请丁惠康、金祖同携高山族文物、有关书籍等参加清华大学组织的"全国少数民族文物展览"，并敦促丁、金二位先生尽快将参展的高山族文物、书籍等物品运抵北平，以配合台湾、西藏及西南全部即将解放，如期展出。

陈梦家当即分别致信丁、金二氏，代表清华大学正式邀请丁惠康、金祖同参加展览会，还转达了吴晗关于参展物品运费和丁、金二位来京参加展览会的旅费、住宿费由清华大学承担的意见。目前他们二位要做的是，抓紧汇集参展物品，登记造册，包装北运。

　　金祖同和丁惠康收到陈梦家函，分别于 9 月 19 日、20 日复函。9 月 19 日金祖同函所及事宜如下："弟或即去杭一行，归来即可整装北上。……存沪各物是否运平，运平手续如何祈见告，运费如需惠康先付，最好来信催促为好。"9 月 20 日，丁惠康函告陈梦家："关于台湾高山族文物现正在包装，接洽后即可北运。"

　　陈梦家接到金、丁的回函，立即逐项落实，向吴晗催问运费是否已汇上海丁惠康。此时，已有消息说吴晗将赴北京市政府担任副市长，虽然日理万机，但吴晗对此事非常重视。他答应陈梦家，马上催办有关方面，争取早日将运费款项汇出。陈梦家将吴晗的意见致函金祖同，并再次敦促他抓紧汇集所有物品，送交丁惠康处，以便一同运至北平参展。

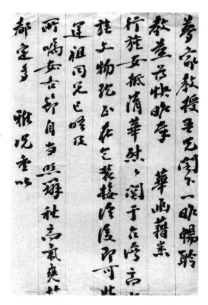
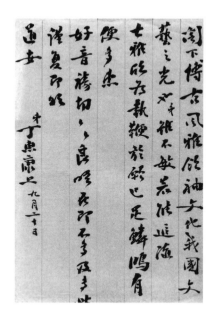

1949 年 9 月 20 日，丁惠康致信陈梦家：关于高山族文物现在正在包装，接洽后即可北运

9月27日，丁惠康接陈梦家回函，迅即复函以告："金祖同已由杭返沪，书籍与小件均已带来。……如是一切北运事宜均须积极进行矣。前函谓可拨付五十万元，请火速汇下，以便进行。"（1949年9月27日丁惠康致陈梦家函）9月28日，丁惠康再致信陈梦家："弟等约三四人惟下月七、八日由沪出发，预计双十节前后当能趋谒。"9月29日，金祖同亦致信陈梦家："弟曾去杭州取回全部参考书，附上目录一纸。书极沉，重装箱花费极大，是否必须展览，当祈斟酌。浙江大学误取各种已退回，惟大件匆匆无法装运，弟随身带回最名贵之蕃珠二合、贝衣一袭及小品数件，口琴当带上不误。"

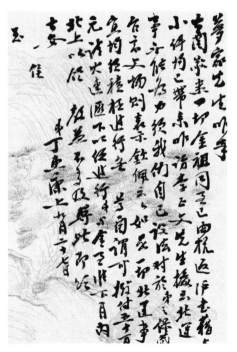

1949年9月27日，丁惠康致信梦家：北运事宜积极进行矣。拨付50万元（运费），请火速汇下

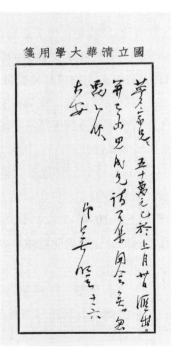

1949年10月6日，负责清华大学校务工作的吴晗致函陈梦家：50万元（运费）已于上月卅日汇出

10 月 6 日，即将上任北京市副市长的吴晗致函陈梦家，告知"五十万元已于上月卅日汇出"（1949 年 10 月 6 日吴晗致陈梦家函）。10 月 7 日，丁惠康一行亲自携带全部高山族文物乘火车北上。10 月 9 日，丁惠康抵京，陈梦家与吴泽霖、潘光旦至东站迎接。接到后，先陪送至"骑河楼欧美同学会订定住房，近晚同出城，惠康先至陈梦家寓一宿，明日来参观"（1949 年 10 月 9 日潘光旦日记）。10 月 10 日，丁惠康在潘光旦、陈梦家、吴泽霖的陪同下，参观清华大学图书馆并文物陈列室。丁惠康在参观了文物陈列室和陈梦家的研究室收集到的文物以及社会人士捐赠的文物后，大加赞赏。在与陈梦家的交流中，丁惠康对陈梦家的博学和敬业充满了敬佩。他当即向潘光旦和陈梦家表示，这批高山族文物标本，在展览后拟留在清华用于教育教学。

中午，潘光旦约丁惠康同饭，吴泽霖、陈梦家作陪。10 月 11 日，潘光旦与时任清华大学校务委员会主任的叶企孙商量宴请丁惠康事。10 月 14 日晚，文物馆筹备委员会召开第一次会议，由陈梦家主持。议决有：商寻临时馆址，使学校所有文物可以集中陈列，利用图书馆大门内大理石厅作为分题展览室。陈梦家还简要报告了"全国少数民族文物展览"的筹备工作。

10 月 15 日，潘光旦代表清华入城，"拟邀徐森玉先生、振铎、惠康，星期一午来校与文物馆筹委会同人餐叙"（1949 年 10 月 15 日潘光旦日记）。10 月 17 日中午，丁惠康正式将此批文物捐赠清华。潘光旦在当日的日记有简要记述：

> 晨坐学校小汽车入城。至六国饭店谒张菊生前辈。至北京饭店看振铎，庆丰司访徐森老，并接其至校参观并午食。席间，惠康以赠高山族文物之正式函件交余转企孙，席后企孙、惠康又先后致词，赠受之正式手续于焉完成。

据潘光旦在本篇日记记载，丁氏捐赠此批文物于清华前，曾有
动摇：

> 前此惠康本不无游移，振铎又从旁别作主张，谓清华人类学
> 系已并却，又谓此类物品应捐赠国家，集中庋藏于统一之民族馆。
> 余语惠康，力辟其说：人类学系虽废，少数民族组存，工作仍旧，
> 一也；清华为国立大学，与捐献国家无异，二也；民族学人才极
> 少，尚待学校培植，不能无观摩之实物，三也；民族馆之实现，
> 是他日之事，前途宇内一统，政教清明，在政府倡导下犹可作更
> 大规模之搜集，目下勿庸亟亟，四也；目前若直接捐赠中央，捐
> 献之对象何在，究为一机构，亦是一问题，振铎虽有出任文化部
> 文物局局长之说，即成事实，去民族馆成立之日尚远，目前即交
> 与振铎，亦无非堆置一边耳，五也。

虽经郑振铎的鼓动，起初丁惠康确实有所动摇，但最终他听取了
潘光旦和陈梦家的意见，决定捐赠清华大学。

捐赠仪式结束后，丁惠康到清华胜因院陈梦家家中闲谈，这是丁
惠康来京后与陈梦家的一次长谈。在这次谈话中，他们都对新中国充满
了期望。也是在这次谈话中，陈梦家请丁惠康询问金祖同，能否将他此
次参展的一些高山族文物标本和图书资料捐赠给清华，以利于这批珍贵
文物相对完整。丁惠康赞同陈梦家的想法，并建议陈梦家直接与金氏
商议。鉴于金祖同目前的困窘，丁惠康表示他可代行收购，然后捐赠
清华。

此时金祖同因故尚滞留北京。陈梦家致信中，首先代表学校对金
氏支持展览表示感谢，然后与之商议捐赠或购买事，并请他近日内面
晤。10 月 19 日，金祖同复函：

　　　　高山族标本，虽非弟之有，然二年心血所在，此次展览自当
　　极尽绵薄。候兄所命，其参考书数十种，此次展出后，仍须归还。
　　重以再之敦嘱，不敢不撙来也。

　　数日后，金祖同由津返京。陈梦家与金氏晤面时，把丁氏将属其
所有的高山族文物全部捐赠清华的经过告诉了他，并转达了丁惠康可以
出资将金祖同此次参展的物品书籍购下，一并捐赠清华的意愿。金祖同
表示赞同，但是有些参考书在展后他要取回，以作今后研究之用。

　　丁惠康此次来北京，大概待了两个星期。陈梦家与潘光旦以清华名
义予以接待。丁氏此次来京，因展览的场所、时间一时不能确定，便抽
空拜访京津的友人。他拜访了在京的宋庆龄、张澜、罗隆基、郑振铎、
马衡、徐森玉等故友，又抽空赴津看望故友。10月21日，丁惠康由天
津返京。抵京后，见陈梦家留旅舍便条，询及返沪日期，并再次邀其来
清华面晤。丁惠康当即致信陈梦家："顷自津返失迓为歉。高山族文物
展如何宣传，似宜详为计划。"后丁惠康接沪电报，"有事须早日南返"。
为此，丁惠康致函陈梦家，希望"台湾高山文物展可否早日举行"，免
得刚刚返沪，还要再次赴京。陈梦家告诉他正在多方协调，让他再耐心
等待几日。

　　限于清华大学校内没有适宜展览的场馆，也没有充足的专业人员
和一切展览所需的材料设置。10月初，经筹备组反复讨论，决定借用
北平图书馆展览室举办。因馆长袁同礼在国外未归，图书馆馆长由王重
民兼任。陈梦家与王重民私交很好，马上致信王重民说明原委，请其协
调借用展览室一事。王重民当即与图书馆展览科协调，初步拟定11月
初，展览室可以借用。就在展览的准备工作已基本完成时，陈梦家接到
10月22日王重民的来信，告知："昨日本馆展览股开会，议决鲁迅展
览要延至十一月十五日以后，故该室仍不能借用。"

　　为保证清华大学的"全国少数民族文物展览"，王重民同时晤王冶

秋，他赞成展览在午门举行，而新文化阅览室根本不许外借。最后确定在城内徐悲鸿任校长的北京艺术专科学校礼堂举行，实属无奈之举。展览地点定下来，经校务委员会同意，展览会于 11 月 4 日至 7 日举办。陈梦家当即致信告知丁氏，并撰文将此次展览的内容和意义，以及丁氏于此次展览的贡献刊在《人民日报》上。10 月 25 日，丁惠康读《人民日报》，得知展览在即的消息。10 月 26 日，丁惠康接陈梦家函，决定待展览结束后再返沪。他复函称：

> 顷奉大函拜悉一切。昨日获读《人民日报》新闻一则，殊感愧悚。惟上海方面亦可能设法一刊否，俾使人们知道弟北行目的。同时或可以风世乎。一笑。继起者必大有人在也。

丁惠康的建议，陈梦家欣然采纳，并与沪上《文汇报》联系刊载消息事宜。

1949 年 11 月 4 日至 7 日，清华大学举办的"台湾、西藏及西南少数民族文物展览"，在帅府园北京艺专大礼堂举行。自 4 日预展至 7 日闭幕，陈梦家和吴泽霖并文物馆筹备委员会的成员服务于展览现场。4 日下午，叶企孙、潘光旦、费孝通、钱伟长等来看预展。潘光旦当日日记有"场面甚大，布置亦得当"之语。

此次展出的 500 多件珍贵文物中，有 200 多件台湾高山族文物，包括木、竹、陶、皮革、金属、纺织、贝壳等材料的宗教法器、房屋构件、民俗崇拜物、饮食器皿、武器、衣饰、雕像、模型、玩具和书籍资料等。其中武器类有火药筒、弓箭、盾、枪、佩刀和匕首；贝货及劳动工具、各种生活用具，如陶器、刳器、藤器、梳、枕、盘、杯等；艺术品则有人像、祈祷用器、祭器、屏风、柱板、高山族的服饰，包括具衣、长衣、皮衣、头饰、耳饰、腰饰及脚饰等。按照校务委员会决议，这批参展文物目前暂属社会学系，将来属文物馆保管。在展览会的三天半时间里，李济深、郭沫若等身兼国家要职的人士和政界、文化界知名人士数十人来参观，马衡院长参加了开幕式。

　　这次展览是一次很好的爱国主义教育，得到社会各界人士的关注，在观众中产生了较大影响。许多政府机关领导干部和大专院校师生参观展览。有些与陈梦家相识的人士，参观展览后还致信给予高度赞扬。曾在 1948 年 8 月任华北"剿总"副总司令，年底代表傅作义同人民解放军代表谈判，达成和平解放北平（今北京）协议的邓宝珊将军，参观展览后，在致陈梦家的信中说："这一次少数民族文物展览会，在中国是空前的创举，先生等对于筹备这展览会的辛劳，是有价值的，对于将来的少数民族的文化发展，有着深刻的意义。"学术界对此次展览更是好评如潮。时任北京历史博物馆（今中国国家博物馆）副设计员的佟柱臣在致陈梦家信中，对此展览也给予了高度评价，并建议："高山族的民俗品展览，在北平恐怕是初次，不但卡片上说明要详细，就是在新闻纸上也应正确的介绍一下，因为这一批很值得珍贵，并且北方人看到南方民族民俗品的机会也很少。"

　　陈梦家积极听取了各界的建议，在展览期间调整了展品的卡片说明，同时加大了宣传力度，邀请了在京的各大报纸记者和沪津等地大报驻京记者。

　　陈梦家还特意为展览撰写了《清华大学搜集文物的经过及此次展览的意义》一文，刊在《台湾西藏西南少数民族展览特刊》上。文中用简练的笔墨，说明了这批文物的来源：

　　　　上海虹桥疗养院的丁惠康先生，承其翁福保先生行医著书印书的庭训，颇关心少数民族的文物，爰于复员后请金祖同先生在台湾采集高山族文物。此批宝贵的材料，在国内尚属仅见。本年十月间丁先生亲携全部文物北来参与清华，承许以图书设备及人力为适宜于研究此批材料的环境，慨然于十月十七日正式全部捐赠清华，以提倡文物公有及引起对于少数民族研究的兴趣。

文章的结尾，陈梦家写道：

　　我们现在正面临一个历史上从未有过的新局面，在建立富强独立自由的新中国的时候，确信对于文物研究一定会更积极行动起来。此等工作将使我们正确的了解古代、了解中国社会发展实际，了解中国境内各民族的历史与现状，了解自古以来中国与接壤诸国工艺艺术交往的踪迹，从而能团结起来，消除民族间不必要隔阂。我们清华从事文物研究的同人，虽各有所务，但在此共同目标之下，无不愿竭力尽其一部分应尽的力量，以谋有所贡献。因此我们愿乘台湾、西藏及西南全部即将解放的前夕，将我们搜集到的尚未整理完毕的文物，先行公开展览，以引起大众的注意与认识，同时亦用来迎接光明的新时代。

展览会后，陈梦家又撰写了《清华大学少数民族文物展后感》一文，充分肯定了丁氏捐赠的这批高山族文物的价值，对于研究"高山族的史前生活，近代历史，地理环境，人种来源，宗教习惯，家族制度，生产方式，政治组织，艺术品的制作等"以及配合各有关学系的教学工作，都有极其重要的作用。

四、再捐宝鼎

展览期间，丁惠康专程从上海赶到北京，参加展览会。宋庆龄、张澜等或打电话，或让秘书专门来展会致候丁惠康。

11月5日中午，潘光旦、吴泽霖和陈梦家代表校务委员会主任叶企孙，在泰丰楼宴请丁惠康。吴晗因赴苏联访问，未能与丁氏晤面，但留言致候。

丁惠康在前次来京时，陈梦家几次进城陪他逛琉璃厂和隆福寺等市场。一次逛琉璃厂时，到通古斋歇脚，因经理黄金鉴的父亲黄伯川与陈梦家相熟，黄经理对陈梦家和丁氏极为热情。黄伯川原经营有尊古斋古玩铺，后因参与买卖清东陵被盗文物入狱。1930 年，黄伯川被释放，出监不久，将尊古斋关闭，由西琉璃厂搬到东琉璃厂，在原最大的旧书铺宝铭堂旧址开设通古斋古玩铺。闲谈中，陈梦家询黄金鉴可有好东西出售。黄告诉他，有端方旧藏西周青铜大鼎一座，随即引陈梦家和丁氏进后院观赏。在黄金鉴掀开罩在大鼎上的被单时，陈梦家当即断定此乃西周鼎无疑。返回丁先生旅舍后，丁惠康与陈梦家谈论此座大鼎的价值，丁氏颇有购藏之意。陈梦家告诉他，这座大鼎极为罕见，确为稀世之珍，若国家收藏更有意义。丁惠康当即决定，请陈梦家与通古斋商议价格，他出资购买，然后捐赠清华，作为纪念。陈梦家自然支持，答应近日内与黄氏父子沟通价格。此次去通古斋，丁氏还对店中所悬倪元璐书法一帧颇感兴趣。

为促成此事，此次餐会特请来通古斋少掌柜黄君同席。席间，陈梦家与潘光旦极力斡旋，终获协议，以一千八百个折实储蓄单位成交，并定于 11 月 7 日展览结束当日取货。

11 月 6 日，丁惠康陪同张伯驹来看展览。张氏对丁惠康的义举极为赞赏。中午，丁惠康邀请张伯驹、潘光旦、陈梦家等至泰丰楼就餐。席间，丁氏告知诸位，他明日将返沪。因明日为展览最后一日，陈梦家脱不开身，就此道别。潘光旦说明日早晨与叶企孙入城送丁先生。

11 月 7 日晨 8 时半，潘光旦、叶企孙、费孝通乘小汽车从清华赶往东站为丁惠康送行。10 时，叶企孙与潘光旦、费孝通至展览会，与陈梦家商定展览结束后文物运回清华的安置等问题。陈梦家叮嘱潘光旦，他与通古斋黄老板已商定，大鼎今日可取货，清华有车来，正好运回清华。午后，潘光旦与叶企孙同至通古斋取鼎，载归清华者尚有陈梦家为文物馆购琉璃陶佛一尊。

11月8日，参展文物运回清华，存放民族文物陈列室，由社会学系吴泽霖具体负责。

通过清华大学举办的这次展览，丁惠康与陈梦家进一步加深了彼此间的了解。丁惠康对陈梦家见多识广、交友广泛，极为佩服。而陈梦家对丁先生热爱祖国艺术，以抢救祖国文化遗产为己任的崇高精神由衷地敬佩。

丁惠康返沪后，因展览结束后的宣传等事，及有关捐赠清华西周大鼎底座和"黄、王、倪字"等事，于1949年11月10日至12月25日，进行了内容广泛的信函沟通。

1949年11月10日，丁惠康寄陈梦家展览会宣传照片，并要展览特刊："兹先奉上照片若干帧。余俟续呈勿念。"附函中叮嘱陈梦家，将其在京时与陈梦家看好的黄庭坚、王铎、倪元璐三家书画作品购下。"海上物价全面上涨，故黄、王、倪三家甚望成功带下，款即汇不误。"此刻，全国物价继4月、7月两次大幅度上涨之后，于10月又猛烈上涨。上涨的原因是：为支援解放战争，财政出现大量赤字，货币发行过多；国民党时期长期恶性通货膨胀的影响；投机资本猖狂的投机倒把活动。生活必需品上涨，而书画古董市场则有下滑的趋势，因此丁惠康请陈梦家抓住时机，尽快将看好的几幅书画作品拿下。

1949年11月13日，丁惠康致函陈梦家，希望陈梦家撰写一篇有分量的关于展览会的宣传稿，在沪发表，以扩大影响，并再次寄展览会照片和在琉璃厂通古斋拍摄的端方旧藏西周大鼎照片（1949年11月13日丁惠康致陈梦家函）：

　　《文汇报》六日有电询兹奉上。《大公报》仅数十字，如有《大公报》驻京记者相熟有素，能予以特写请其寄沪发表，尤盼。

大鼎放好八寸照片，连展览会全套十余张（八寸）放好后，拟即
赠送贵校以留鸿雪。

附函中，丁氏特别强调：

> 此次展览沪上各报未见只字，以前在京之展览均有特写刊出，
> 故深望吾兄将少数民族之重要性，台湾、西藏文物展之盛况，以
> 生花之妙笔重头写出寄上海各报为盼。

11 月 15 日，丁惠康接到返沪后陈梦家寄来的第一封信函。陈梦家
信中首先报告了此次展览的影响，并请丁氏速将在艺专展览时拍摄的照
片寄给他，以供校内陈列室橱窗展示和宣传之用。对于丁氏托他与通古
斋议价大鼎及黄、王、倪三家之字事项，陈梦家函告，大鼎价格谈妥，
可将款汇下。经协调只购下黄、王二家，"倪字"没有谈下。丁氏就陈
梦家函所及诸事，一一作答：

> 此次少数民族展热烈贡献，胥出阁下倡导有方，钦感无量。
> 日内将寄上八寸照片十二张，即在艺专所摄者，以留鸿雪。黄、
> 王二家字至感。通古斋款须十七日方可汇去，因合同重订需时也。
> 惟决不有误，便中请通知前途并释锦注可也。所嘱应照办。倪字
> 即作罢。

就陈梦家信中所询《五老图》和石涛册页真伪和下落，丁氏经与
沪上藏家了解后详告陈梦家。丁氏信中，对当前的物价"一夕数动至感
不安"，并流露出他对世外桃源样的生活的向往：

> 《五老图》真本已在国外，真的宋元题跋现在沪上友人处，市

间流传或系明绘也；石涛册页乃伪作。现折实已涨至一千六百余元，物价一夕数动至感不安。他日若能处深山之中拾橡煨芋，则斯愿遂矣。

11 月 20 日，丁氏告知陈梦家，近期已汇款通古斋，除付购大鼎预付款项，尚有结余。因甚爱"倪字"，请陈梦家用余款将其"便中购下"："通古斋（16 日）已汇去六十万元，附有（十五日）折实数月，约余九万余元也。除欠尊处三万元，应余七万元弱。倪字望便中购下，一俟通知，即行汇上不误。兹送呈照片若干以留纪念。"是信尚有附言："又文教处对于此次展览有何评论否？贵校续开展览否？古鼎之座的设计与位置似极为重要也。"看来，丁氏是很关注有关方面对此次展览的评论的，他希望若有这方面的消息，陈梦家能及时转告。

关于捐赠清华的大鼎，在京时经陈梦家担保，与通古斋草签协议，并预付订金后，已取回放置清华。因大鼎没有底座，丁氏觉得配置精美底座会更显庄重，特托陈梦家在京请人设计并定做大鼎底座。此时大鼎款已付清，捐赠在即，丁氏认为古鼎之座的设计与位置极为重要。为此，他示意梦家多加关注。

11 月 28 日，丁氏再次收到陈梦家来信，告知通古斋急于结算和"倪字"已谈妥价格。11 月 29 日，丁氏回函答复："通古斋款拟分一二次了结，请转告前途乃盼。倪字请以小米结好，一周即汇款也。"

12 月 8 日，丁氏收到经陈梦家代表清华大学寄给他的中央人民政府教育部因丁惠康捐献高山族文物向他颁发的奖状。他当即复函致谢，并将陈梦家信中询及各事一一作答：

顷获贵校转来教育部奖状乙纸，惶惭无量。凡此种切胥兄领导之力也。感荷无量，谢谢。

弟之虹桥路疗养院旧址为钢骨四层大厦，其地环境幽善，顷

宋庆龄先生将用九万单位巨款用之于修葺，俾成一理想中之托儿
所。下星期将在夫人处签订正式租约，故通古斋款于十七八日左
右必能汇去，请其放心。展览会放大十寸照片现在文高处。明后
日取回即行奉上。

12 月下旬，丁氏忙完了与宋庆龄的合作项目后，马上将台湾展览
照片寄给陈梦家，并把尚欠通古斋购置大鼎和书画的所有款项汇出，委
托陈梦家代表他办理移交手续。大鼎的底座业已按照丁氏的要求配好。
在京时，丁氏在琉璃厂的一家古董店还看上了四尊佛像，因不知何朝所
制，特请陈梦家得便鉴赏，以定夺是否购下。

1950 年，丁惠康致陈梦家的第一封信是 1 月 7 日。信中，丁氏再
次询及"大佛四尊"情况："大佛四尊不知是否六朝所制？如何大小？
价格何如？至希畅示详情，祷切祷切。"2 月 8 日是腊月廿二，小年在
即，丁氏致函陈梦家，表示欲北上在京过春节的想法："北国霜寒，想
定有雅况，念念曷胜。日来拟北上，藉领教益，以求真实进步，可否设
法惠予一名义（一纸公函即可），在购票种种则便利多矣。"陈梦家接丁
氏函后，当即以清华大学的名义邀请他来清华大学访问，并催问所欠通
古斋款何日了结。1950 年 2 月 14 日，丁氏回函告知"近日沪上大都甚
窘，通古斋可否以二百折实作为了结（总数一千五百）"，"尚望"梦家
"有以玉成"。

丁氏这里提到的欠通古斋的款项，应与购置大鼎无关。这一点，以
是信所用信笺可以佐证。是信笺纸所印诗，乃张澜手书。丁氏在京购置
端方旧藏青铜大鼎，捐赠国家的具体时间不确。当年张澜先生从《人民
日报》得知丁氏捐赠大鼎之事后，曾写《献鼎诗》赠予丁惠康："独建虹
桥供疗养，更持周鼎赠清华。人群伤病中心恻，古物陈观众口夸。"丁
氏随即将张澜的诗制成诗笺，分送友人（1950 年 2 月 14 日丁惠康以张
澜题诗笺致陈梦家函）。由此推测，丁氏捐赠这座青铜大鼎的时间，应在

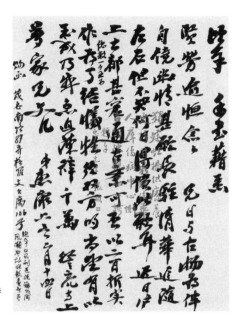

1950 年 2 月 14 日，丁惠康以张澜题诗
笺致梦家函

1949 年 12 月至 1950 年元月间。

自 1950 年 2 月 14 日丁氏致陈梦家信后，近一个多月的时间里，陈梦家旧存丁氏信函中未见有其回函。1950 年 4 月下旬，陈梦家终于接到丁氏的复函，始知这一段时间以来，丁惠康"为了理钱债等事"赴南方去了。丁氏还向陈梦家表达了他所藏"一切古物将来亦拟捐赠"的想法，究竟何物捐赠何处，希望得到陈梦家的指导。

不久，丁惠康北上，在陈梦家的指导下，继向国家捐赠大鼎后，兑现了在京时将家藏全部出土文物捐赠北京故宫博物院的承诺，其中包括现列为国宝的唐代二色釉大壶。

五、沪上再相聚

　　自 1949 年 10 月和 1950 年春丁惠康两次来京后，很长时间没有再北上。他和陈梦家偶尔会通信或电话联络。陈梦家与丁惠康的再次聚首，是 1951 年 7 月时任上海文物管理委员会副主任的徐森玉邀请陈梦家到上海协助文管会赴苏州鉴定潘祖荫旧藏，其后人潘达于捐献给国家的大盂鼎、大克鼎及其他铜器。

　　此次陈梦家来沪，徐森玉充分利用他的专长，看了文管处所存铜器，并让他到沪上估人处鉴定一座上海文管处拟收购的"铜钟"，经鉴定是赝品，避免了损失。7 月 30 日晨，经陈梦家从苏州运往上海的潘家所藏二鼎抵达上海。徐森玉邀请陈梦家"去天平路为他们开大盂、大克鼎的箱子"。8 月 3 日晚，华东文化部设宴锦江酬谢大盂、大克二鼎捐献过程中的有关人员，徐森玉陪同陈梦家到场。

　　在沪期间，陈梦家还"去文管会整理刘晦之金文拓本"，"到平山路看庞虚斋画"，并与丁惠康等沪上友人小聚。丁惠康特邀陈梦家到他的宅上观览古书画等物。

　　上海的事情基本办完了，陈梦家接到山东王献唐先生的来信，欢迎他去鉴定铜器。8 月 4 日，陈梦家请"谭敬代订八月五六日的车票，大约至星期一二到济南"。临行前，徐森玉代表上海文管会举行答谢陈梦家的宴会，丁惠康、谭敬等沪上友人应邀出席。陈梦家此次赴沪所带盘缠不足，宴请了母亲和亲友，就没有了去山东再回北京的费用。丁氏慷慨解囊，为陈梦家提供了赴济南返北京的差旅费。

　　徐森玉非常欣赏丁惠康，1951 年特聘其为上海市文物管理委员会顾问。

　　1952 年，陈梦家离开了清华大学。他创建的陈列室所藏文物分散几处。丁惠康捐赠给清华大学的台湾高山族文物，一部分被调至中央民族学院。陈梦家调职到中科院考古所，与丁惠康仍然保持来往，每次沪

上友人来，总会带来丁氏的问候。后来陈梦家几次赴沪探亲，也总会知
会丁惠康，一定会有小聚。1957 年，陈梦家被划为"右派"，他不愿连
累亲友，与丁惠康没有了通信往来。不幸的是，在陈梦家被划为"右
派"的次年，丁惠康被增划为"右派"。

　　"文革"中，陈梦家和丁惠康都受到迫害。1966 年 9 月，陈梦家自
缢离世，丁惠康很久才得知消息，悲痛万分。1979 年初，丁惠康得到
了中国社会科学院考古研究所在北京为陈梦家举行追悼会的消息。同年
8 月 25 日，丁惠康病逝于上海。

王世襄：同好"偏门"研究的兄弟

　　王世襄字畅安，出生于 1914 年 5 月。虽然他们年龄相仿，但经历不同。陈梦家出生于一个基督徒家庭，王世襄生在官宦之家。在他们相识之前，陈梦家已是闻名遐迩的新月派诗人，王世襄只是个普普通通的高中生。1934 年，他们两个同时在燕京大学就读，王世襄是刚入学的大一学生，陈梦家是攻读容庚教授古文字学的研究生。两年后，王世襄仍在燕京大学文学院读本科，陈梦家则研究生毕业留校当了教师。同年，陈梦家和赵萝蕤结婚，住的房子是王世襄家在燕京大学附近的园子。从此，王世襄与陈梦家成为好友。

　　新中国成立后，在"三反"运动中，他们都遭到审查，陈梦家被调离清华大学，到中国科学院考古所任研究员；而王世襄在审查过程中被公安局关押了 10 个月，"保释"回家后，即被故宫博物院"解雇"。反右运动中，他们再度遭受厄运，都被打成"右派分子"。"文革"中，因他们是摘帽"右派"，遭到批判斗争。陈梦家不堪凌辱，自缢身亡；王世襄被下放到咸宁干校，直到 1973 年返京。1978 年后，王世襄获得新生。

一、再相聚，成为挚友

1937年7月全面抗战爆发后，陈梦家与赵萝蕤随清华大学赴昆明西南联大任教。此时，王世襄仍在北平燕京大学读书。这次他与陈梦家的分别，长达十年之久，直到1947年秋陈梦家由美国返回北平，昔日的好友才再次相逢。

1938年，王世襄获燕京大学学士学位，1941年获硕士学位。1943年，王世襄听从父亲的建议南下重庆，被梁思成主持的李庄营造学社接纳，成为一名助理研究员。而此时的陈梦家，已是清华大学文学院中国文学系副教授。1944年秋，陈梦家夫妇离开昆明赴美。1945年8月，日本投降，文物清理损失委员会成立。同年10月，王世襄离开在四川李庄的中国营造学社，经马衡和梁思成两位先生推荐，任国民政府教育部清理战时文物损失委员会驻平津区办事处助理代表，清理追还抗战时期被敌伪劫夺之文物。1945年至1946年，经过调查和奔走交涉，追还、征购数批文物，总数达2000余件。其中最重要的是没收德人杨宁史（Werner Jannings）青铜器240件，收购郭保昌（号觯斋）藏瓷器，接收溥仪天津张园文物等，为上述文物入藏故宫博物院做出了重要贡献。 1946年底任中国驻日本代表团第四组专员，负责调查交涉归还文物事宜。1947年3月，任故宫博物院古物馆科长及编纂。

1947年秋，陈梦家归国，担任清华大学教授。他住在清华园的胜因院，每逢休息日进城逛旧书肆、古董店，会朋友。时任故宫博物院院长的马衡是陈梦家的浙江同乡前辈，在燕大读书时，陈梦家与马衡即时有走动。此次归国后，陈梦家即赴故宫博物院拜访马衡。正是这次的故宫访问，陈梦家见到了已十个年头未曾晤面的王世襄，并自此再续前缘，成为非常要好的朋友。此时陈梦家已开始搜集明式家具，有时进城去鲁班馆等地看家具，会叫王世襄同往。起初，王世襄对明式家具并没有兴趣，但他聪颖好学，跟随陈梦家逛了几次鲁班馆、龙顺成等木器行，竟对明式家具产生了兴趣，偶尔也会买一两件做工精细的小物件，或陈设或使用。

1948 年春，清华大学筹建了文物陈列室，陈梦家是负责人。在进城为学校购物时，陈梦家总会顺便到鲁班馆和北大地等地看明式家具，如有看上的家具，会定下来让店里送到清华园的家里。有的小件物品来不及或不方便带回清华园的，会暂存王世襄处。有的需要修理，送到小器作后，没时间去催问，也会委托王世襄帮忙照看。王世襄身体好，精力充沛，而且在陈梦家的指导下，已经对明式家具有了一定的了解和兴趣，有时还专门到小器作看师傅整修家具，因此每次接到陈梦家的委托，都乐意去办，并不觉得是个负担。

1948 年 6 月，就在王世襄对明式家具有了越来越多的认识，并时常到鲁班馆、小器作游走的时候，他接到赴美国、加拿大考察博物馆一年的通知。

王世襄的这次出国考察是由美国洛克菲勒基金会资助的。因陈梦家刚从美国回国不久，王世襄特地找到他，请他介绍在美国生活和工作必须掌握的经验，并希望陈梦家介绍一些在美国的朋友。陈梦家慨然答应，向王世襄提供了美国和加拿大有关汉学家、知名藏家和博物馆的一些专家、学者的地址和电话。还告之赵萝蕤的地址、电话，并请他带给赵萝蕤一些送给美国朋友的物品和信件。王世襄赴美后不久，即与赵萝蕤取得了联系。这是自 1937 年在北平分别，王世襄与赵萝蕤第一次见面。

王世襄赴美后可谓顺风顺水，很快一年的考察期满。1949 年夏，他回到故宫博物院任陈列部主任。关于王世襄回国前后的情形，时任故宫博物院院长的马衡在日记中有简要记述：

一九四九年

　　三月二十日（星期）。雪。午霁。
　　王畅安夫人来，谓畅安来信，预备返国，已定七月八日舱位，

陈梦家旧藏明黄花梨雕花靠背椅座面62.5厘米
×42厘米，通高99.5厘米，这件雕花座椅曾被人
疑，后发现同样制式的座椅，才被世人肯定。现
藏上海博物馆

陈梦家通讯录上记有王世
襄的地址、电话

　　约二星期可抵上海。允届时办理手续。

　　六月十四日（星二）。云。晴。
　　王畅安夫人来言畅安改乘六月十七日船，七月八日可抵香港，
嘱办此间入境证。

　　八月十六日（星二）。晴。
　　王世襄自美归国，夜间来谈。

八月十七日（星三）。晴。
王世襄来院报到。

　　陈梦家夫妇得到王世襄回国的消息，特意邀请他们夫妇到清华园胜因院的家里做客。也是这次的造访，王世襄见到了近两年来陈梦家搜集到的典雅华美的明代黄花梨家具，羡慕极了。从此，王世襄开始关注明代黄花梨家具。因王世襄住在城里，比陈梦家更方便串大宅门、逛古旧家具店，因此在后来的日子里，许多精美的明式家具是他先发现的，有的价格便宜，承受得起，他就买下了。有的卖家索价甚昂，他无力购买，会通知陈梦家来谈。那个时候，陈梦家夫妇的收入可观，经济实力要比王世襄强许多，因此有的精致无比的明式家具，尽管王世襄非常喜欢，但囊中羞涩，只能眼巴巴地看着被陈梦家运到清华园了。
　　1950年春以后，陈梦家愤而辞去清华大学文物陈列室的职务，进城购物的机会少了，王世襄见到他的机会也就不多。

二、遭诬陷，蒙不白之冤

　　在1951年底至1952年10月的"三反""五反"运动中，陈梦家和王世襄都遭到了审查。陈梦家被审查的原因，仍然是被人检举他在负责清华大学文物陈列室期间，在为学校购买"大织造——乾隆巨幅缂丝佛像"时，有"贪污"的行为。
　　同陈梦家一样，王世襄在这次运动中同样遭到审查。运动开始的时候，故宫博物院并没有太大的动静，只是按上级的要求定时学习，及时传达中央文件而已。到了1952年1月，文化部文物局节检委员会深入到院，才把运动深入开展起来。随着运动的深入，先是陈列组的朱家溍被停职审查，紧跟着是王世襄遭人检举，说他利用任故宫博物院古物馆科长的职务之便，私藏接收的文物。

关于故宫博物院开展运动的情况，时任院长的马衡先生在 1951 年下半年的日记至 1952 年秋的日记里记下了运动开展的基本情况。

据马衡日记，故宫博物院的运动实际"运动"起来，是 1952 年 1 月之后。具体来说是 1 月 3 日，他在这天的"上午 9 时赴团城节约检查委员会总会报告故宫博物院三反运动进展情况并听取各单位交流经验"之后开始的。那时文化部文物局的办公地点在团城，局长郑振铎在古籍堂办公，副局长王冶秋在余清斋办公。在这次会议上，王冶秋报告说："此次运动为毛主席亲自主持，最近听到薄一波报告，认为有若干机关尚未能将群众发动起来，限本月 10 日前，由各机关领导人以身作则动员群众，自今日起下午停止工作，以全力作此运动。"

当日"下午二时，王冶秋又召集文物局所属十机关科长级以上人员在故宫博物院小礼堂做报告，希望各级领导人起带头作用"。散会后，故宫博物院又"召集本院委员会商讨具体办法，决定 4 日和 5 日先由组长级以上人员互相检查后，再开一次动员大会，由各级领导人检查报告"。4 日上午，由马院长主持组长以上会议，传达"节检会"昨日决议案，请大家准备互相检查。运动至月底，故宫博物院已先后有李经义、姜有鑫、朱家潜等"执笔交代问题"。

"节检会"勒令王世襄"交代"问题并接受审查，是从 1952 年 1 月底开始的。据 2 月 6 日马衡的日记，"王世襄之夫人来以世襄交代问题四项中，瓷炉退还款十一万元及佛头楠木座一件由办公室收下"。新中国成立初期的 1 万元人民币只相当于现在的 1 元人民币。按时下来说，11 元人民币根本不值得一提，但那时候可是严重的问题了。就在王世襄继续交代问题的时候，2 月 14 日，时任故宫博物院副研究员兼陈列组组长的"朱家潜已被节检会撤职留院"。据马衡 2 月 14 日日记：

午开节委会，拟解放李经义、姜有鑫、张国桢、曹士英四人，将朱家溍撤职留院反省，以观后效等待处理。五时半开大会当众宣布。会后约李经义等四人谈话后令其回家。

另据 2 月 18 日马衡日记，文教委员会对故宫博物院特别注意，拟请公安部特别警戒。到了 2 月 25 日，王世襄的问题仍然没有结果。这天的上午，马衡院长约王世襄谈话，"告以'三反'运动之意义，嘱其坦白交代问题"。王世襄的父亲王继曾字述勤，和马衡是南洋公学同学，交谊深厚；并曾受聘任故宫顾问，协助院中的外事工作。马衡是看着王世襄长大的，王世襄对马衡先生以长辈视之，此次谈话表面看来是官话，实则肺腑之言。

原本故宫博物院的运动正在平稳进行，却因有"反动分子阴谋纵火"，气氛骤然紧张起来。2 月 28 日下午 4 时半，马衡院长接到王冶秋电话：

> 嘱赴团城一谈。至则郑西谛、范长江、沙可夫皆在。范首先谓：公安部得报告，故宫分子复杂，新据密报有反动分子阴谋纵火，中央决定将所有人员全部迁出，仍彻底作三反运动学习，停止开放，以策安全，遂同至城楼宣布当晚全部人员分作两大队，第一大队撤至西郊公安干部学校；第二大队撤至东郊公安局干部学校。

马衡院长也不能在家住了，他在郑振铎陪同下，在白云观暂住。两个大队的情况，马院长仅靠"快报"得知一些情况。3 月 16 日晚，马院长接到二大队快报："李濂锃、程文瀚、王世襄、马世杰交代问题甚多，而且严重。"究竟王世襄交代了什么问题，公安人员参与审查，会用什么手段，马衡一概不知。

时间到了 3 月 31 日，马衡先生连续接到故宫博物院人员交代盗窃文物的案件。其中"傅庄霖交代盗窃文物二百余件，多半与滑瀛仙在寿康宫所为"。4月4日，"文教委员会在中山公园音乐堂开三反大会。该会由范长江主持，处理者16人，其中12人不作刑事处分，逮捕者3人，由本机关管制者1人"。4月24日，马衡先生去"大队部"参观赃物展览。赃物分三室陈列。经马衡先生辨认，"其中亦有非故宫物品"。可见，被审查者中，有的为获早日"解放"，竟将自家所藏"文物"说成是"盗窃"故宫的文物，以表明自己积极认罪的态度。

1952年5月，在公安干校集中学习的故宫博物院人员，经审查没有问题的已陆续离开。王世襄、朱家溍等仍在继续交代问题。5月5日，马院长与负责"三反"运动的黎明同志谈话，据黎同志说，故宫博物院"未作总结者不过十余人，将继续学习"。黎明还告诉马院长："朱家溍实系'国特'。"朱家溍在交代时还牵涉到马衡。据其交代，在淮海战役后，他曾询问马衡先生对时局的看法，马衡对他说："共产党之成功将决定于此役。其据以报告国民党。"5月8日下午，接替黎明的杨时来向马院长报告：

> 一大队共328人，有24人未来，实数304人。除先走者外，参加学习者计292人，已分三批结束，回去者已有247人，尚余12人须继续学习，连加入打虎队者，共47人，拟移并二大队，日内即将迁。所有交代问题统计为122人，占总人数百分之四十一，盗文物者15人，盗非文物者58人，盗文物与非文物者20人，纯政治性者6人，三种具备者5人，盗文物及政治问题者9人。

马衡在5月25日的日记中还记下了唐兰和齐念衡来谈的情况："听唐谈话似在北大尚有问题。齐言陆志韦问题极严重……"正如马衡日记所云，此时的清华、北大和燕京大学的运动正如火如荼地开展。

清华大学"节检会"对陈梦家的问题基本搞清楚了，但陈梦家并没有感到轻松下来，每日里他都要参加清华组织的各种形式的会议，这些都没有什么，只要去听就是了。最为难熬的是同事作检讨，要发言表态，这是他最犯怵的事情。尤其是潘光旦的检讨几次都没有过关，他每次检讨后，主持人都要大家发言批判、揭发。陈梦家是把潘先生与闻一多先生一样以师长对待的，从感情上他张不开嘴，最终他在批判潘光旦的会议上始终一言未发。北大的周炳琳等教授也受到冲击，唐兰也做了检讨，但很快就过关了，不久调到故宫博物院。最为惨烈的是燕京大学，陆志韦、赵紫宸、张东荪都成了靶子，正在无休止地交代、检讨和被声讨。

故宫博物院的运动虽不像大学那样有声势，但挖掘出的"坏人坏事"并不少。集中学习基本结束，但有问题的仍继续交代，不能回家。马衡先生没接到通知，仍然住在白云观里。直到6月9日，接到杨时的电话，才知道学习班已全部结束，就马先生何时可以返家，杨时说要请示王冶秋副局长。马衡6月16日日记称："王碧云协助余整理行李，算清伙食账，六时半与王碧云雇车回家。"自2月底住进白云观，至今已三个月有余。

这个时候，虽然王世襄也回家了，但审查并没有结束。王世襄遭难，给家人带来了痛苦。他的父亲王继曾是极要面子的人，自王世襄被审查以来，常常难以入眠。王世襄是通过父亲与马衡的关系进入故宫博物院的，而且深得马院长的信赖。此次王世襄被审查，王继曾先生深感愧对老友。7月2日，阎锡山旧部、时任中央文史馆馆员的濮绍戡先生访马衡先生时言："昨晤述勤，对其子世襄事，谓愧对老友。"马衡先生对濮先生说："其实非述勤之责也。"

就在濮先生与马衡叙谈的第二天，王继曾来马家拜访。见面寒暄后，话题自然说起王世襄被审查的事情。王继曾说了一件令马先生很震惊的事情。王继曾说："王世襄6月26日被公安总局传去，今尚未回。其撒谎交代之赃物被公安局提去者已全部领回。"王世襄自6月下旬被公安局传去，并被关进看守所。这一关，就是10个月。

　　自 1952 年 3 月"三反"运动以来，至 11 月，马院长基本没有介入故宫博物院事务。11 月 10 日，马衡得到了被分配到文化部电影局"就业"的通知。从此，马衡离开了他工作了几十年的故宫博物院。11 月 11 日，马衡报到当日的下午，文物局来人传达"故宫三反学习之领导者（公安部）因尚有 7 人未处理，全案不能结束"。马衡因此先到"文物整理委员会"工作。公安部所云"7 人未处理"，其中即有王世襄。

　　11 月 13 日，马衡得到消息，原本因人设事的"文整会""拟改其名为古建筑管理委员会"。自此，马衡名义上是"文整会"的主任委员，实际上根本没有实质性工作。

　　此时，陈梦家已在 9 月下旬调到中科院考古所。马衡 1952 年 9 月 25 日的日记曾对陈梦家此时的状态有所描述：

　　　　傍晚陈梦家来言已脱离清华，入科学院考古研究所。言外似有惆怅之意。

　　这次拜访马衡先生，陈梦家自然问到了王世襄的情况，当他得知王世襄遭到审查，至今仍被公安局羁押的消息，他在为王世襄惋惜的同时，也为自己躲过这次的灾难而庆幸。

三、被除名，自谋生路

　　究竟是什么原因，在"三反"运动中王世襄遭到审查，甚至被关进公安局的看守所？他在接受审查过程中遭遇到了什么，竟谎称原本家藏的物件为盗取故宫之物？最终对王世襄的处理结果是怎样的？直到 2003 年 8 月，王世襄在《锦灰二堆》的《文章信口雌黄易 思想交心坦白难》一文中，才给出答案：

> 我在日寇投降后，为国家收回重要文物一两千件之多，由故宫博物院派员接收保管。这件事竟然使我在运动中被列为重点审查对象。在毫无证据的情况下，只凭怀疑、猜测，就在东岳庙集中学习时，对我组织围攻，日以继夜，疲劳轰炸。我既无问题，叫我如何坦白。此后又把我关入公安局看守所，虽手铐脚镣锒铛在身，却不像东岳庙那样只是粗暴地恐吓，而开始提审询问，进行调查。经过十个月，查明确实没问题，才把我释放。
>
> ……释放之后，我自以为既然"三反"没有问题，应有追回文物之功，故宫博物院理当恢复我的工作。不料竟收到文物局和故宫博物院来函，告知我已经被除名，令去劳动局登记，自谋出路。

《锦灰二堆》中的《我与髹饰录解说》一文，还有更加详细的述说：

> 《髹饰录解说》工作始于 1949 年冬。此时起，到"三反"运动前，在故宫虽然只在编目、陈列、开辟库房等工作间隙看看漆器，还是有很大的收获。运动开始不久，我被打成"大老虎"。原因只因为我清理战后文物损失，经过奔走侦查，追缴德人杨宁史的青铜器百数十件，起出溥仪存在天津张园旧宅保险柜中的珍贵文物、翠玉细软一千几百件，均经故宫派员接收。运动主持人的逻辑是："国民党没有不贪污的。你是国民党派来的接收大员，不可能不贪污！"在东岳庙集中"学习"后，又关入公安局看守所十个月，饱尝手铐脚链滋味。审查结果，没有盗窃问题。颤颤的双腿，支撑着患结核性肋膜炎的身子，被释放回家。尤其不可思议的是既然证明我无罪，剩下的应是功，但文物局、故宫博物院竟把我解雇，书面通知去劳动局登记，自谋生路，真正是岂有此

理！从此我离开了誓以终身相许的故宫，自然也断送了我手把院藏漆器观察研究的机会。只好到收藏家、古董店、挂货铺、晓市、冷摊去寻找实物了。

也正是王世襄被公安局释放回家后，陈梦家与王世襄这对难兄难弟才得以见面。

王世襄被故宫"解雇"之后，曾多次去劳动局，劳动局也介绍了几家单位，但不是用人单位政审后婉拒，就是工作单位同意接收他，但反复斟酌实在不适合。在"待业"期间，他有了大量的时间去逛晓市、冷摊、古董店、旧家具店寻觅他喜欢的明清家具和漆器等物。陈梦家自调入考古所后，更加方便与他熟悉的古董商贩接触，去古董店、旧家具店、冷摊、晓市的机会更多了，有时他和王世襄会在这些地方相遇，或事先约好同行。陈梦家调入城里后，暂住单位，他买回的家具、书籍、古玩堆放在宿舍里，很不方便。不久，王世襄为他租下了钱粮胡同舅舅的房子。自此，王世襄常去钱粮胡同找陈梦家，或欣赏家具、古董，或探讨学术，或闲谈。

转眼间，1953年过去了。中国音乐研究所欢迎王世襄去工作，才结束了他的"社会闲杂人员"的身份。

经过一段时期的磨炼，陈梦家和王世襄都已适应了如今的工作环境和岗位，而且他们在学术上都取得了很大的成就。在集藏明清家具方面，陈梦家和王世襄都有了高质量的精品。

50年代，陈梦家在明清家具的鉴藏方面是无人与之匹敌的。从1947年冬他涉足明式家具的收藏以来，收入中有很大的开支用于购买明代家具。到了1954年，他所搜集购置的数十件以黄花梨木为主的明代家具传世佳品，无论在种类、材质还是数量上，时京沪二地乃至全国私人藏家，无有超越者。此时的陈梦家购买明代家具的目的，已由单纯地为了使用而购买，提升到为欣赏、研究而购藏了。在京城经营古旧家具的商贩和从事古旧家具修整的工匠，以及搜集明代家具的同好眼中，陈梦家在收藏的质和量方面是一流的，在鉴赏方面是公认的明式家具专家。

1953 年，《文汇报》编辑谢蔚明曾在回忆中提到，一次他接到陈梦家的通知，让他中午到钱粮胡同陈宅吃便饭并参观他的明式家具。他在参观陈梦家的明式家具时的感受是"置身其间，雅韵欲流，令人艳羡"。"我知道明代家具的金贵，在市面上出售古董的店里偶有发现，却没想到陈梦家藏品的巨大规模，看得我眼花缭乱。"陈梦家坦诚地告诉他：在北京乃至全国，他收藏的数量之多，至少在目前称得上第一人。

据故宫博物院家具档案记载，1954 年 11 月，故宫博物院聘请院内外专家审查故宫的文物与非文物，成立了四个物品审查组：木器组，陈梦家和欧阳道达为召集人，组员有祖连朋和王世襄等；瓷器组：傅振伦、陈万里为召集人；宫廷器物组：唐兰、荣孟源为召集人；衣料皮毛组：沈从文、张景华为召集人。木器审查组的主要任务有以下几个方面：一是摸清家底，故宫家具究竟有多少件；二是对各殿家具需要确定名称；三是确定哪些家具需要修理；四是确定哪些家具因残损严重，无法修理，确定报废，以上诸项都需要专家组的确认并签字。可见，陈梦家的明清家具专家的地位在官方也是得到确认的。组员中的欧阳道达不是木器专家，时任故宫博物院档案馆主任。祖连朋是修复古典红木家具非常出名的老手艺人，后供职于鲁班馆，手艺高超，修复家具的态度一丝不苟，陈梦家和王世襄都曾请他修复明清家具。

王世襄到了中国音乐研究所，不像在故宫的时候常常有外出任务，根本不能静下心来做学问，而这里则几乎没有外出任务，每天上班来，下班走，很有规律，研究工作没有硬指标，自此开始了他热衷的明清家具、漆器、鸽哨、竹刻、葫芦等"冷门"研究。单从明清家具的收藏方面，王世襄显然不敌陈梦家，但是陈梦家因研究的方向是古文字和青铜器，对明清家具的研究并没有投入太多的精力，而且在搜集古家具时，着力于黄花梨或紫檀木材料制成的明式家具。这一点，王世襄与陈梦家不同，在古家具的搜集上，王世襄更加宽泛，不把材质和明式作为绝对选项，而是着眼于木器家具的稀缺性和研究价值。在明清家具的研究方面，可以说是从他着手购买明清家具时就已经开始了。这也是王世襄在晚年的时候有《明式家具研究》和《明式家具珍赏》问世，并被世界公认为经典著作的基础所在。

四、厄运下的"偏门"研究

就在他们年富力强、学术猛进的时候，厄运再一次降临在他们的头上，在1957年的反右运动中，陈梦家和王世襄都被戴上了"右派分子"的帽子。

陈梦家戴上"右派分子"帽子之后，由4级研究员降为6级副研究员，免去《考古通讯》副主编等职务。1963年，陈梦家被摘掉"右派分子"的帽子。

王世襄被划为"右派分子"的原因，是在"鸣放"中针对"三反"后对他的处理极有意见。他认为既然经过调查没有盗窃文物的行为，为什么还要关他10个月，最后还被故宫博物院"解雇"？就是因为他对"三反"时对他的处理不满，被划为"右派"。1962年，他被摘掉"右派分子"的帽子。他没有回到中国音乐研究所，而是被调回文物局工作。据说曾征求他的意见是否回故宫博物院，他拒绝了。他去了文物研究所。

被戴上"右派"帽子的陈梦家和王世襄，并没有因再次遭到厄运而低头。

在戴着"右派分子"帽子的六个年头中，陈梦家出色地完成了考古所交给的各项编纂任务，直至1966年上半年，陈梦家的学术成果都是显著的。

同陈梦家一样，王世襄戴上"右派分子"的帽子后，并没有消沉，而是利用一切可以利用的时间，探究他所喜爱的且几乎无人问津的"偏门"学问。《画学汇编》《清代匠作则例汇编》《雕刻集影》等，都是他在逆境中写成的。那时的出版社不会为"右派分子"出书的，为了使这些文稿能够保存下来，并传布于世，王世襄决定自己刻蜡版，油印成书。为此，他每天晚上和休息日便趴在家里的写字桌上刻蜡版，常常会干到深夜，刻完一部分，就用滚轴油印机油印出来。就是这样，最终将几十万字的文章一张张地油印出来，装订成册。《髹饰录解说》一书的汇编工作，明式家具实物、技法、文献材料的收集，清代匠作则例的访求、整理、汇编等，大都是这些年积累而成的。

1962 年 10 月，中国音乐研究所负责人通知王世襄已摘掉"右派"帽子，即日调回文物局，分配到文物研究所。这个单位的前身是成立于 1935 年的"旧都文物整理委员会"，1949 年更名为"北京文物整理委员会"，是新中国第一个由中央政府主办并管理的文物保护专业机构。虽然摘掉了"右派"帽子，但他的研究工作并没有得到重视。他在文物研究所的岗位是资料室，所担任的工作主要是去新华书店及外文书店购买图书和登记一些新到的外文书刊。他的诸如明式家具的研究、雕漆、匏器、鸽哨等"偏门"研究工作，仍然靠每天晚上来进行。

1966 年"文化大革命"全面发动，一个月后，陈梦家便因他的"摘帽右派"身份被"揪"了出来，继而是挂牌劳动，接受监督改造和批判斗争。同年 8 月，党的八届十一中全会召开，运动升级。8 月下旬，陈梦家遭到无端的凌辱之后，彻底失去了活下去的信念。他回顾自 1949 年以来，他以积极热情的态度，来迎接和拥抱新的社会，但是他得到的回报是无情的打击和羞辱，没有尊严地活着。他的心伤透了，决心离开这个令他"寒心"的世间。他选择了自杀，第一次吞安眠药，因药量不足失败，第二次自缢成功。他终于离开了他已厌倦了的人世，遗弃了他苦心经营多年的明代家具和书籍、书画、古玩。

在这次的"文化大革命"中，王世襄比陈梦家幸运得多。"文革"

之初，王世襄所在的文物研究所并没有过多地关注他这个"摘帽右派"。看到自己的好朋友一个一个地被"揪出来"，戴着高帽子、胸前挂着大牌子游街示众，王世襄深感岌岌可危，不知什么时候灾难即会降临。每日都会从家人、亲友那里听到友人被红卫兵以"破四旧"的名义抄家的消息，王世襄预感到，红卫兵随时都有可能闯进家门，把家中所藏的明清家具、佛像、铜器、鸽哨、古籍善本和自己的手稿抄走。怎么办？王世襄苦思冥想，最终决定采取"自我革命"，主动请求国家文物局"文革"领导小组抄他的家。1966 年 9 月 2 日，古玩、字画、图书、家具等大批财物都被抄走。

正是王世襄的主动，使自己多年精心收集的家具、古董、书籍逃过了这次洗劫。1969 年 10 月，正患肺病卧床的王世襄，被军宣队勒令下放到湖北咸宁文化部干校劳动。

这一去，就是 4 年。1973 年夏，王世襄随干校返京后，仍回到国家文物局文物研究所资料室工作。只是此时文物研究所的名字已改成"文物保护科学技术研究所"。这家"文保所"是 1973 年 6 月中央图博口领导小组批准组建成立的，曾先后隶属于文化部和国家文物事业管理局，办公地址设在沙滩北京大学红楼（今五四大街 29 号）。文物保护科学技术研究所设有办公室及古建筑研究组、石窟研究组、化学研究组、资料组等机构。因资料室的工作量有限，王世襄在保证本职工作完成好的前提下，潜心于木器、漆器、竹刻、杂项等古器物研究，但此时的研究主要靠业余时间。

五、致函政府讨住宅，石沉大海

1976 年，"文化大革命"结束。中国社科院考古所重新甄别陈梦家的所谓"右派问题""生活作风问题"，确认他既不反党，也不反对社会主义,更没有生活作风问题,才予以平反。不久,陈梦家生前精心收集的明代家具以及手稿、日记等遗物陆续退还。赵萝蕤将陈梦家的手稿、日记、资料全部捐给考古所。明清家具大部分仍旧存放在钱粮胡同的住所里,因赵萝蕤已经搬到不远处的大佛寺与父母亲和弟弟赵景心夫妇同住,一部分家具也随着她运到了大佛寺,分别摆放在各个房间里。再后来,钱粮胡同的宅院卖掉了,所有的家具都搬到了赵宅。据陈梦家的弟弟、著名地质学家陈梦熊说,有几件大佛寺无法存放的红木书架等大件家具,三嫂(赵萝蕤)送他使用。

王世襄同样被组织上彻底平反,他在"文革"中主动让国家文物局"抄走"的明清家具等物均亲自领出,运回到东城区芳嘉园 15 号后院私宅。这所宅院是王世襄的父亲王继曾任北洋政府外交部政务司司长时买下的一处独门四合院,此后王家一直居住于此。新中国成立后,这里曾让出一部分产权归房管局,而后院北房和东西耳房留下自住。"文革"中,王世襄下放到湖北咸宁不久,一下子涌进了八户人家,私家小院顿时成了一座大杂院。他家的住房大部分被他人占住,他的家具等物只能堆放在仅有的一间北房和耳房内。为此,他在国家文物局致函市房管局领导仍不能退还他人侵占房屋的情况下,亲自致函时任东城区区委代书记、代主任张树藩,请求落实房屋政策:

东城区区委张树藩同志:

据悉,关于落实本市房屋政策问题,是在各区区委的领导下,会同区房管局办理。关于本人的住房问题,除已由国家文物局致函市房管局李正华局长,文物局保护科学技术研究所致函大方家胡同房管所外,特向您陈述我的困难情况,请求早日遵照国家房屋政策和知识分子政策,予以落实,至为感盼。

我名王世襄,爱人袁荃猷,现住东城区芳嘉园 15 号(旧 3 号)后院。文化大革命前,该院全部北房是个人的自留房。大革命中，北房三间和西平房的一部分被红卫兵抄家后查封，此后经房管局租给四户居住，一直到现在。

我现年 64 岁，在解放前就从事文物工作，1948 年赴美国、加拿大考察博物馆及中国文物，1949 年新中国成立前夕回到故宫博物院工作，后又调到文物研究所工作。多年来我一直搞的是文物研究、专题写作、国外文物情报动态等方面的工作。为了工作需要，收集积累了大量图书、实物研究参考资料。我的爱人袁荃猷，多年来在中国音乐研究所工作，从事古琴的研究、弹奏及古代音乐史的资料工作。我们过去的自留房除居住外，也是我们研究、写作、练琴和存放图书及实物研究资料的地方。又因我曾在中央工艺美术学院讲授中国家具史，我的家也是为学生讲课，向他们介绍分析古代家具实例并供他们测量绘图的地方。大革命前，每年南北各地的家具工厂、学校、文物工作者、建筑史研究者等来我家参观家具的不下十多起。

自从 1966 年秋，我被挤在矮小的东耳房居住后，感到十分狭窄；西耳房因安置一位老太太，不能使用。1974 年我的独生子王敦煌调回北京工作。由于他在 1965 年即去兵团，大革命中不在家，故红卫兵当时没有给他留住房，一旦回京，自然更加拥挤。他现已 32 岁，早就该结婚，由于房屋问题，已延迟了两年之久。使我更为感到困难的是过去被抄走的图书、实物资料，近两年已分批发还。这些图书资料，包括古代家具，在"四人帮"横行之日，自可弃之不用。但英明领袖华主席一举粉碎了"四人帮"，制定了抓纲治国的战略决策，正在领导全国人民进行新的长征。在此拨乱反正的大好形势下，文物、音乐工作也要大干快上。我多年辛勤搜集的各种资料，正将要发挥它们的作用。现在只有妥善保存，充分利用，待我完成《中国家具史》《中国漆工史》等专著后，再贡献给国家。因此每发还一次，只得在平房中堆叠一次，以致我的住房内图书、卷轴已堆到顶棚,有文物价值的家具也几件叠在一起。现屋中已难有转身之地,空间所剩无几,有使人窒息之苦。地震期间,为了抗震,我睡在两具大书柜中,现在警报解除,竟无法搬出柜来,只因室内更无可以架出一个床的地位。我爱人现在只能睡在不到两尺宽的条几上。柜内空气不流通,条几翻身困难,两人夜间都睡不好,影响白日工作。以上种种困难,希望北京市委、区委、各级房管局及有关单位的同志来我家调查了解。

在居住条件影响我们身心健康的情况下,工作任务却日见繁重。本人除在研究所上班,部分时间借调到故宫博物院编写漆器图录外,还要在家中编写家具史、漆工史及有关绘画、雕刻等方面的论著。目前图书资料不仅无法使用,就连发还后清点一下,也因没有地方,无法进行。更为严重的是因图书等长期压叠、受潮、虫蛀,加上房屋漏雨,无处可搬,部分已遭受损坏。如不增加房屋面积,清点、排架,将进一步受到损失。至于我们的工作环境,院内已盖满了小厨房,嘈杂不堪。故不论室内室外,实在不具备进行研究工作的起码条件。总之,我们的居住条件和日益繁重的工作任务之间的矛盾,正在越来越尖锐化。

另外,我们在国外的亲友同学颇多,只说近年来过北京,要求家访,因房屋政策未落实,深恐造成不良影响,故而婉言谢绝者已有以下数起:

1. 美籍华人陈寿华,是我的外甥女,在美国防癌学会任职,1976年夏来京,要求家访,当时谢绝。今年9月初,她再次来京,又提出要家访,只得再次谢绝。她今年11月将第三次来京,并要求届时务必在家中接待她。

2. 陈寿华之妹陈寿名,其丈夫张驷祥(文化部电影局局长张骏祥之弟),是美籍著名植物油学家,今夏夫妇同来京,也提出要家访，仍只得婉言谢绝。

3. 美国波士顿美术馆东方部主任方闻，为该馆设计、布置中国书斋及明代庭院，曾向文物局外事处的同志表示，希望会见我，并参观我的家具。方已两次来华，不久将第三次来京。和他会见，地点容易安排，不过如要求看家具，只有在家中接待，因此我甚感为难。

此外已知决定探亲的还有我的堂弟王世仪，美籍著名化学家，经历见美国名人录。时间在今冬，届时一定会家访。还有爱人的胞兄袁桓猷，在纽约搞外贸，今冬或明春将来京。

根据上述种种原因，请求早日落实房屋政策。

此致

敬礼!

王世襄

1978 年 10 月 5 日

关于王世襄要求东城区房管局尽快退还"文革"期间被抢占房屋的事情，虽经王世襄多方求助，并致函东城区区委书记张树藩，但终因牵扯的问题方方面面，一时难以解决。

即使在如此艰苦的条件下，王世襄坚信总有一天他的住房问题会得到圆满的解决。现在重要的是要"加倍努力，把数十年来积累的资料写成专著"。

转眼到了 1979 年，王世襄全身心地把时间和精力投入到整理研究工作和有关文章的撰写方面。除了这些专门的研究以外，他还应约承担了为各有关单位提供有关木雕、漆器等有关文字资料的工作，并参与了为科教片编写剧本和为一些专业期刊审阅稿件的工作。这些工作，他在同年 11 月写给时任国家文物局文物保护科学技术研究所副所长蔡学昌和姜怀英的信中均有汇报：

近阶段所做的研究工作，计有：

一、《髹饰录解说》送出版社的修改工作、图版的搜集编排、与编辑同志的联系商榷等工作。现已接近最后阶段，大约今年年底可以发稿到工厂。

二、重写并增写《明式家具》稿的第二、三两章约8万字。

三、为故宫博物院编写《雕漆图系》。藏品数百件一一过目，作了选择和编排。元、明两代的200多件的分件说明已写完，清代的一百数十件写完约一半。总说明尚未着笔。

四、撰写文章六篇：

1.《中国古代漆工杂述》，约1万字。载《文物》1979年第3期。

2.《谈匏器》，约7000字。载《故宫院刊》1979年第1期。

3.《略谈明清家具款识及辨伪举例》，约6000字。载《故宫院刊》1979年第3期。

4.《明式家具的"品"与"病"》，约1.5万字。待发表。

5.《小中见大，趣味盎然——谈盆景艺术》，约3000字。载《旅游》1979年创刊号。

6.《漫谈盆景》，约4000字，待发表。

（5、6两文乃应园艺工作者之约，用历史文物来证实我国盆景早于日本，这样有利于我国盆景的外销。）

五、为上海科技电影制片厂的影片《中国漆器》提供历史资料并编写影片剧本。完成后又修改过两次。现已正式开拍。

六、应国家标准总局之邀去杭州参加会议，并作有关标准史的明清匠作则例介绍学术报告一次。

七、审阅稿件如下：

1.《湖北省出土战国秦汉漆器图录》，全稿约4万字。

2.陈晶：《记江苏武进新出土的南宋珍贵漆器》，已在《文物》

1979 年第 3 期刊载。

　　3. 潘群：《明代的折扇》，已在《文物》1979 年第 7 期刊载。

　　4. 工艺美院胡文彦：《明代家具》。

　　5. 扬州博物馆：《扬州近年出土的古代漆器》。（以上均文物出版社送来）

　　6. 考古所马文宽：《近年出土的战国秦汉漆器》。（历史博物馆馆刊送来）

　　为有关单位提供资料和报告，计有：

　　1. 为北京电台林杨提供有关古代家具及北京硬木家具史料。

　　2. 为北京工艺木刻厂提供有关古代木雕及北京传统木雕资料。

　　3. 为扬州漆器厂编写《新发掘产品点螺漆器》说明一篇。

　　4. 为文物局外事处鉴定美国夏威夷州州长送来的硬木家具照片。

　　5. 答复常州、无锡、合肥等地提出的有关工艺美术的历史及生产的问题书信若干封。

　　6. 在扬州漆器厂作《哪些古代漆器品种值得我们发掘试制》的报告。

　　7. 为中央电视台作有关中日漆器工艺文化的介绍。

在整理工作以外，王世襄还参加了文物局外事处接见外宾的工作：

　　1. 李汝宽，英文《东方漆工艺》一书的作者。

　　2. 李铸晋，美国堪萨斯大学东方美术史教授，奈氏美术馆研究员。

　　3. 翁万戈，几种英文中国绘画书刊的作者。

　　4. 周方，美国纽约大都会美术馆东方部副主任。

在这份写给文物研究所蔡学昌的汇报信中，王世襄还谈了在今后两三年内计划编写的著作和拟撰写的文章：

1.《中国古代家具》，明以前部分。初稿已完成，待修改补充。

2.《中国漆器史》。

3.《竹刻艺术》，从全国藏品中选一二百件编成图录，前加总说明。

4.有关古代绘画的一些文章（新写及改写）。

还是在这份致蔡学昌的函中，王世襄向他提出了几点请求：

我已年逾65周岁，日趋衰老。入冬以来，肩、膝疼痛甚剧，正在针灸治疗。诸如骑车采购图书、图书搬运、上架、排架等工作已感体力不支。图书登账，由于手颤目花，无法写得清晰工整。因此这一类的资料工作感到已难胜任。另一方面，由于数十年的研究、整理，在文物的某些方面，积累了一些知识和材料，有待总结编写，因此提出几点恳求：

1.请求免除我已难以胜任的资料工作（选购外文图书等资料工作需要我做，愿担任顾问），给予我更多的时间专心从事研究整理工作。

2.趁今后几年我行动尚不甚艰难之时，请求适当地给我出外参观、调查，接触实物的学习机会。

3.请求组织上敦促有关方面早日落实房屋政策。

对于王世襄提出的请求，文物研究所经研究并请示上级主管单位，基本得到解决。只是落实房屋政策，不是文物局说了算，还是没能解决。

六、《明式家具珍赏》：友谊的见证

房屋政策迟迟不能落实，的确给王世襄的生活起居带来了诸多不便。酷暑室内通风不畅，寒冬不敢在室内放火炉，每当深夜冰冷难熬。在这样恶劣的环境下，王世襄依然每日笔耕，丝毫不敢懈怠。自 1979 年 11 月以来，至他 2009 年 11 月离世的 30 年中，他"加倍努力，把数十年来积累的资料写成专著，连同 1983 年以前之作，一共出版了中外文本三十多种。其中明式家具两书，已被世界公认为经典著作。其他各种，也无一不被认为是研究中国文化的有益之书"（《锦灰二堆》第11 页）。

王世襄的专著中，费时最长、用力最多、影响最大的是《明式家具研究》和《明式家具珍赏》两书。这两书"首先脱稿的是用了二三十年才写成的近三十多万字、有七百多幅图的《明式家具研究》，而《明式家具珍赏》则是应香港三联书店之请，从前一稿中摘录出部分内容，把可以拍到彩色照片的实物收入图版编著成册的"（《明式家具研究·序》朱家溍 1988 年夏）。

据王世襄说，《明式家具珍赏》图录中有三十八幅是承蒙赵萝蕤允许用陈梦家旧藏拍成的。那个时候，陈梦家所藏的明式家具分放在钱粮胡同陈宅和美术馆后街 22 号赵宅。

那时的赵宅，是一所典型的明清时期的北京四合院，宽大的院子，院门朝南，门楼和照壁都很气派。据说这也是陈梦家用稿费购置的。这所宅院，自打购置后就有赵萝蕤的房间。赵萝蕤的父亲赵紫宸夫妇住在东屋，赵景心夫妇住在正屋，赵萝蕤住在西屋，大概也就十一二平方米。1957 年陈梦家被打成"右派"，常被发配到外地，赵萝蕤又患上精神疾病，她常要住在赵宅。"文革"中，赵宅的一部分被强占，正门已不属于赵宅，之间被一垛烂壁拦断，赵家的出入门是在西墙开了个出入口。红卫兵们认为赵萝蕤的户口不在这里，便把她驱出了赵宅，她的西屋被安排了与这个院子毫不相干的人家。由于承受不住运动的干扰，这时的赵萝蕤精神疾病复发，时而清醒，时而糊涂，不久陈梦家离世，她只能孤零零地住在钱粮胡同陈宅。"文革"后，虽经赵家多次找有关部门，但迟迟不能腾退。拖了几年后，政府考虑到赵紫宸的二儿子赵景德和三儿子赵景伦都是美籍华人，且有消息回国探亲，才予以落实，占住赵萝蕤西屋的那户人家搬走了，赵萝蕤从钱粮胡同搬到赵宅。西屋已然破烂不堪，赵萝蕤取出两万元存款进行了装修。为了生活方便，赵萝蕤把钱粮胡同的部分明清家具搬到了赵宅。钱粮胡同暂时由陈梦家的胞弟、著名地质学家陈梦熊一家居住。不久，赵萝蕤的弟弟赵景德携家眷回国探亲。赵景德那时是美国航天技术的四大专家之一。

王世襄后来说起拍摄陈梦家旧藏明代家具的过程时感慨不已。一是当他赴赵宅拜访赵萝蕤并提出要拍摄陈梦家所藏明代家具时，得到了赵萝蕤的全力支持。二是他在陈梦家在世时，虽然曾来过陈宅，看过陈梦家所藏，但此次在赵宅和钱粮胡同陈宅仔细挑选拟选用的家具时，依然惊叹不已。陈氏家具不但在数量上洋洋大观，而且品类齐全。最终选定拟收录到《明式家具珍赏》的三十八件，都是品相上乘、材质为黄花梨或紫檀的精美绝伦的明式家具极品。

因拍摄工程复杂，不仅是拍摄外部形状，还要拍摄家具的局部特写，还要实测并绘图，拍摄时间长达数月。为此，王世襄和老木工祖连朋师傅、摄影师张平及协助人员，一次次到陈宅和赵宅，把要拍摄的家具从屋子里搬到院子里，擦干净后，先由祖师傅检查一遍，有的需要小修小补，祖师傅会马上修整，然后抬到背景纸前拍照。

据当时住在陈宅的陈梦家的胞弟陈梦熊次子陈泽行回忆，王世襄他们在钱粮胡同拍摄家具时正值暑天，王世襄已年届七旬，但看起来身子骨硬朗，干活不惜力，真是禁折腾。在陈宅拍摄的时候，赵萝蕤有时也会来看看。在赵宅拍摄时，赵萝蕤总是为王世襄他们几位沏好茶水，在旁边看着他们忙活。有时拍摄到某件家具时，王世襄还会和赵萝蕤说起当年陈梦家购买这件家具时的往事，赵萝蕤总会补充一些陈梦家得到这件家具件时的开心情景。在拍摄期间，会做一手好菜的王世襄会带上炒菜锅、切菜刀和各种食材，亲自下厨烹饪，赵萝蕤总会打打下手。多年以后，王世襄回忆说，那时赵紫宸夫妇已经离世几年了，赵宅只有赵景心夫妇和赵萝蕤居住。赵萝蕤仍然住在她的小西屋，只是原来的门厅经改造变成了客厅。令王世襄惊奇的是，赵宅里总共三个人，厨房里却有两套厨具，赵萝蕤一套，赵景心夫妇一套，油盐酱醋等也是各使各的。闲谈中，王世襄知道了赵萝蕤与弟弟、弟媳关系并不很好。

1985 年，《明式家具珍赏》于香港出版。1986 年《明式家具珍赏》出版了英文本，书名 *Classic Chinese Furniture*，扉页是王世襄亲自设计的。一团浮雕牡丹纹，宛然明初剔红风格，是从他的明紫檀扇面形南官帽椅靠背拍摄下来的。下面印"谨以此册纪念陈梦家先生"十一字。

1989 年，王世襄历经多年寒暑撰写的《明式家具研究》由香港三联书店出版。国内外的报刊称"王世襄是当世首屈一指的明式家具研究专家"。盛名之下，王世襄并没有忘记自己的同好陈梦家。1991 年，王世襄写了《怀念梦家》一文，发表在香港《明报月刊》上。王世襄在文中谈到对陈梦家的认识时，有一段生动的描述："一位早已成名的新诗人，一头又扎进了甲骨堆，从最现代的语言转到最老的文字，真是够'绝'的。"文中满怀深情地说："三十多年前梦家给我看所藏的漆器、版画、竹刻时对我说：'现在我致力于专业研究，待年老时再做些专业以外有兴趣的工作。'…… 不过我相信他最钟情的还是明式家具。如果天假其年，幸逃劫难，活到今天，我相信早已写成明代家具的皇皇巨著。这个题目轮不到我去写，就是想写也不敢写了。"这是王世襄对陈梦家于明代家具鉴赏方面的造诣的高度评价和肯定，同时也见证了他和陈梦家之间的交谊之深。

七、大师远去，存珍沪博

20 世纪 90 年代初，无论是国内外的博物馆还是收藏家，最感兴趣的当然是王世襄所藏和陈梦家旧藏的明式家具。他们通过各种渠道与王世襄联系，有的是想购买王先生的明代家具，有的则看上了《明式家具珍赏》收录的陈梦家旧藏的明代家具。这时候，王先生古稀已过，他也开始考虑为这些堪称是人类文化遗产的精极珍品找个归宿。王先生曾考虑过自己建立一个博物馆，但经反复斟酌，最终打消了这个念想。

打消这个念想的重要原因，仍然是王先生家的住房问题。自从1966 年秋天起，王世襄在东城区芳嘉园 15 号后院北房的三间和西平房的一部分，被红卫兵抄家后查封，此后便经房管局租给四户人家居住。从此王世襄和夫人住在东耳房里，为了要回他“文革”期间被占的四间房，王先生多次找东城区房管局，但直到 90 年代中期，问题仍未能解决。他对政府的不作为很是失望。更令王世襄不安的是，他存放家具和图书资料的屋子，邻近打铁的铺子，大炉子常蹿火星子，总是提心吊胆地怕着了火。恰好这个时候，有一位香港的朋友找上门来，说可以帮助联系上海博物馆收藏王先生的家具。王先生欣然同意，条件是，给多少钱都行，够我买一套楼房，迁出这间平房就行。收入《明式家具珍赏》的家具我一件不留，但要将家具全部给上博一家，不能失了群。就这样，王先生的 79 件家具都进了上博。

上海博物馆在收藏了王世襄收录到《明式家具珍赏》中的明清家具精品后，又通过中国科学院考古研究所与赵萝蕤联系关于陈梦家旧藏的明代家具捐赠上博的事情。据考古所王世民回忆，大概是 1994 年，上海博物馆的马承源馆长打电话到考古所，请考古所出面联系赵萝蕤谈捐赠家具给上博的事情。因王世民曾负责退还“文革”时被封存的陈梦家手稿、书籍、家具等物品，与赵萝蕤接触较多，考古所让他负责联系赵先生。王世民迅即赴赵宅转达上博马承源的问候和他即将来京拜访赵萝蕤的消息，并大致谈了马馆长来京会晤赵先生的目的。赵萝蕤让王世民代表她转告马承源馆长，遵照陈梦家的遗愿，同意将家具捐赠上博，具体事宜可来京面商。王世民向马馆长转达了赵萝蕤的初步意见后，上博派马承源和副馆长陈佩芬立刻赴京，与赵萝蕤具体协商捐赠事宜。

到京后，马承源等先到考古所与王世民接洽，经斟酌觉得在赵宅与赵先生洽谈有不方便处，便把晤面商谈的地点定在距赵宅很近的大三元餐厅景山店。"文革"前，马承源陪同徐森玉曾造访过陈宅，与赵萝蕤是熟悉的，因此见面后，稍加寒暄，便直奔主题。马承源简要说明了此次的来意，回顾了陈梦家在世时曾有将所存明清家具捐赠上海博物馆的口头许诺，并向赵先生出示了1966年初陈梦家写给他有关捐赠家具给上博的亲笔信。赵萝蕤表示，她知道陈梦家的这个遗愿，并决定遵照陈梦家的遗愿，将选录到王世襄编著的《明式家具珍赏》的家具全部捐赠给上博。马承源馆长表示，上海博物馆非常重视陈梦家的捐赠，在新馆建造时专门设计了展示陈梦家藏明式家具的展厅；按照有关规定，虽为捐赠，但有相当部分的奖金。赵萝蕤表示，奖金可以接受，但将全数捐给北大，作为西语系的奖学金。基本事项谈妥后，赵萝蕤亲笔写下了一份"捐赠书"。据王世民回忆，这份捐赠书，字数不多，交给了马承源馆长。

事情办完后，马承源馆长一行返回上海，着手接受捐赠的准备工作。谁料想，几日之后，马承源接到王世民的急电，他告诉马馆长说，赵萝蕤要求撤回"捐赠书"，不予捐赠了。马馆长询及原因，王世民据实以告。原来马馆长在京与赵萝蕤晤面时，赵先生的大弟弟赵景心正在美国，不知道赵先生捐赠之事。赵景心回国后，赵萝蕤即把马馆长来京并写下"捐赠书"的事告诉了他。赵景心听了之后，当即大闹并绝食抗议。赵萝蕤年事已高，身边只有赵景心夫妇，无奈之下，她只好食言，放弃了捐赠的念头。陈梦家生前的愿望最终没能实现。

关于赵景心以绝食阻挡姐姐捐赠这件事，陈梦家的四弟陈梦熊生前亦有与王世民同样的说法，而且说，这是他的三嫂赵萝蕤亲口讲给他的。

自赵萝蕤"毁约"后，上海博物馆并没有放弃陈梦家旧藏的这些以贵重木材精雕细刻的明式家具，只是由起初的希望赵萝蕤秉承陈梦家的遗志悉数捐赠，变为不惜代价悉数收购。与赵家提出收购是1999年，此时赵萝蕤已于前一年离世了。

收购的事，上海博物馆仍然是先与王世民联系，请他到赵府同赵景心沟通。原本已与北京一家颇有影响的拍卖公司达成初步拍卖意向的赵景心，尽管知道上博购买家具款肯定会低于拍卖的价格很多，但是他清楚，这是一举两得的事，虽然不是捐，是卖，但毕竟这些家具归了上博，也算是给陈梦家和赵萝蕤一个交代。

上博接到王世民的电话，得知赵景心同意卖，立即派人来京与赵景心洽谈。经协商，上博总计购买陈梦家旧藏26件明式家具，其中包括号称"天下第一交椅"的元黄花梨圆后背交椅，和那件风格独特、令人过目不忘的黄花梨雕花靠背椅。赵景心开出了1000万元人民币的价格，上海博物馆表示接受，并与赵景心签订了协议。但几日后，赵景心反悔，说1000万元人民币不行，要1000万美元。上海博物馆答复说，已经签订了协议，不能变，否则付诸法律。赵景心只好作罢。为防止节外生枝，上海博物馆赶紧付款，并马上派人来京运走了购买的全部家具。就此，王世襄生前评论说，赵景心真的很贪心，26件家具卖了1000万元，比他的80件还要高。

现在，从赵景心手里购买的陈梦家旧藏的二十几件明式家具和王世襄旧藏的80件明式家具，均陈列在上博。加上原有馆藏的明清家具，上海博物馆一跃成为国际上首屈一指的中国古典家具藏馆。

大概是因为陈梦家旧藏的明式家具入藏上博不是捐的，而是买的，至今陈列在上博馆内的这批明式家具都没有注明是陈梦家旧藏。这样的做法，不仅显得不够大气，而且缺少了它们本身特有的人文价值。据说，陈梦家旧藏的元黄花梨圆后背交椅的仿制品在美国就拍卖了 53 万美元。

陈梦家旧藏的明式家具除了卖给上博以外，剩下的明清家具精品陆续被赵景心卖掉了。但是还有数量可观的明清家具一直被赵家保存并使用。直到 2013 年 1 月，赵景心以设家族纪念馆展示及建赵氏墓园为条件，将家存的陈梦家旧藏 23 件明清家具精品捐赠给湖州博物馆，其中有陈梦家生前喜爱的明黄花梨南官帽椅一对、明末黄花梨夹头榫画案、清紫檀框黄花梨馨圆角柜、紫檀小柜二对等。据说，此前曾有拍卖公司估价 9000 万元人民币。

2013 年 1 月 24 日，23 件明清家具从北京安全运抵湖州博物馆。陈梦家旧藏的又一批弥足珍贵的明清家具有了最好的归宿。

2009 年 11 月 28 日，王世襄先生以 95 岁高龄离世。同年 7 月 11 日，季羡林先生和任继愈先生相继离世。有文章说："一个大师的时代，或许就这样结束了。"王世襄先生离世后，有文章说："随着王世襄先生的辞世，他的研究及学问，即将成为绝学。"

芳信夫妇：可托"绝命书"的亲人

　　陈梦家与芳信先生的结识富有戏剧性。和陈梦家一样，芳信也喜欢收藏明清家具，只是芳信更喜欢紫檀材质的明清家具，而陈梦家则酷爱黄花梨材质的明式家具。

　　1952年秋冬时节，陈梦家调入考古所后，更方便了他到古旧市场和旧家具店蹂摸明代家具和各种古董。1954年前后的一个星期天，陈梦家在龙顺成古旧家具店见到一对紫檀小柜，小巧可人，做工极为讲究，既可存放小物件，亦可把玩，堪称紫檀家具之妙品。陈梦家爱不释手，当即询价。店主与他是老相识，遗憾地告诉他，这对小柜是店里新近收到的，昨天刚一陈列，就被人看上了，且当即付了定金，近日会来付全款取货。几年来，陈梦家见到的紫檀家具很多，但这样工艺上乘、仪表不俗且成对的紫檀小柜，是第一次见到，堪称明式家具中的精品，陈梦家岂能放过。他问店家是什么人预订的，按照行规，店主不便透露买家的信息，因与陈梦家是熟客，经不住他再三追问，无奈之下店主取出了预订者留在店里的便条，上面写的订货人是一位姓蔡的先生，家住东厂胡同某号，还留有单位的电话。

　　东厂胡同与考古所一墙之隔，近在咫尺。事不宜迟，陈梦家骑上自行车赶到东厂胡同，敲开了蔡家的门。蔡先生夫妇和两个孩子都在家。开门的是蔡夫人，陈梦家开门见山，说：我叫陈梦家，刚才在龙顺成见到一对紫檀小柜，听说是蔡先生预订的，我想和他谈谈。蔡夫人很年轻，在北京师大女附中读书时读过陈梦家的诗，很喜欢他的诗文，当即问，是写诗的陈梦家吗？陈梦家回答说，是考古所的陈梦家，写诗是过去的事了。果真是诗人陈梦家，蔡夫人大喜过望，此时蔡先生已然从房间出来迎候。

经过简单的寒暄，陈梦家才知道原来预订紫檀柜的蔡先生就是著名翻译家芳信。芳信与陈梦家虽然没有见过面，但对这位 30 年代红极一时的新月派诗人并不陌生。更巧的是，芳信与赵萝蕤熟悉。芳信知道了陈梦家的来意，痛快地告诉他紫檀小柜可以转让给他。自此以后，陈梦家和芳信成了好朋友，经常一起到东单旧货市场、鲁班馆等地寻觅明清家具。赵萝蕤休假进城，和陈梦家一起到芳信家里拜访，很受芳信的夫人和两个孩子的欢迎，赵萝蕤和芳信夫人相处得很好，无话不谈。1956 年，陈梦家在距单位不远的钱粮胡同买了一处院子，和芳信一家的走动更加多了起来。

一、真挚的友谊

自"紫檀小柜"结缘，芳信与陈梦家不仅常常结伴逛古旧家具市场，还常在附近的王府大街原文联大楼（今商务印书馆对面）的酒馆小酌聊天，芳信可以喝少量的白酒，而陈梦家对于白酒是一滴也不沾的，只喝红酒和啤酒。他们聊得最多的是彼此都熟悉的人和事，陈梦家虽然目前从事的是古文字学和青铜器的研究，但他喜欢戏剧，而且不分剧种，还常写一些剧评刊登在一些主流的报刊杂志上。据说，为了能得到陈梦家撰写的剧评，有的演员甚至到陈梦家府上或考古所去找他，而且往往"立等可取"。

芳信原本是戏剧家，现在从事外国文艺翻译，所译的作品大都是戏剧。芳信熟悉的戏剧家如老舍、余上沅、李健吾、焦菊隐等，陈梦家也都熟悉。闲谈中，他们有时会聊到自己的家乡、经历和亲戚朋友。也是从这一次次的闲谈中，陈梦家大致了解到芳信的出身背景和生活工作经历。

芳信原名蔡方信，是江西南昌人，出生于 1902 年，早年曾做过演员，芳信是他的艺名，这个名字直用到新中国成立后。1949 年，芳信从大连到北京进入人民文学出版社工作，在填写干部登记表时，组织上让他填写实姓，他才在芳信的前面加上了他的姓。之后，他的著作署名是蔡芳信。他有个哥哥叫蔡方荫，是中科院院士、土木建筑结构专家、力学专家、教育家。1953 年他用"人工石"三字创造出"砼"字代替"混凝土"的写法，并得到广泛应用。1985 年 6 月 7 日，中国文字改革委员会正式批准了"砼"与"混凝土"同义并用的法定地位。

芳信与章泯、万籁天、张寒晖、王泊声、吴瑞英、左明、徐公美、邵惟等同为中国第一代话剧专业人才。

1922 年冬，芳信考入陈大悲先生与蒲伯英先生在北京创办的北京人艺专门戏剧学校。这是"五四"后中国第一所在本土培养话剧人才的学校。学校先后举行过 12 次公演，演出熊佛西的《新闻记者》，胡适的《终身大事》，陈大悲的《幽兰女士》《良心》《英雄与美人》，蒲伯英的《道义之交》等剧，芳信和他的同学万籁天等在剧中扮演过角色。在上海，他还在《和平之神》中饰演男主角凌云飞，女主角是林楚楚。影片讲述军阀混战时期，一对青年男女经过不懈的努力，终于促使战争停止。他还在《三年以后》中饰演何毅夫。《三年以后》是由杨依依、陈少辉、许盈盈、芳信等主演，欧阳予倩编剧的一部中国黑白剧情片，讲述父亲早逝的何家兄弟二人各自的生活故事。他还在《天涯歌女》中饰演蔡予信。《天涯歌女》是 1927 年由欧阳予倩执导、李旦旦主演的黑白电影。

不久，芳信东渡日本，就读于日本东亚外国语专门学校英文专业。1928 年冬天，周扬留学日本，芳信与其结识。周扬到日本后，并没有进入日本大学学习，而是参加了中国留学生组织的"中国青年艺术联盟"，并与日本左翼文化人士有过来往。其间，周扬因参加日本左翼文化运动曾被日方警察逮捕，据说芳信参与了搭救周扬的活动。芳信回国后，参加田汉领导的南国社，并多次参加南国社在南京和上海组织的公演。1930年，周扬从日本回上海，投身左翼文艺运动，芳信与之保持了良好的关系。

1945年8月大连解放，延安和华东老解放区的一大批党的文艺领导干部和著名艺术家陆续到大连开展文艺工作。芳信辗转从南方来到大连参加了革命文艺工作。

1949年3月，芳信翻译了登载在莫斯科外文出版社的英文版《苏维埃文学》第八期上的英译苏联天才作家爱伦堡的处女剧本《广场上的狮子》，并于1949年4月由关东中苏友好协会作为"友谊文艺丛书之二"出版发行。由此，芳信走上了外国文学作品的翻译道路。在翻译过程中，芳信发挥其曾经当过演员、懂得戏剧奥秘的优势，把主要精力用在俄苏戏剧的翻译上。他所翻译的作品主要特点是：第一，选择的都是著名作家的著名作品或在当时有较大影响的戏剧；第二，语言简洁、干脆，适合演出。

芳信是一位英文读写娴熟，翻译功底扎实，而且异常勤奋的翻译家。新中国成立后，芳信在人民文学出版社和中国戏剧出版社工作。自1950年起，他先后翻译了果戈理、屠格涅夫、列夫·托尔斯泰、奥斯特洛夫斯基、契诃夫、高尔基、特列尼约夫、爱伦堡、肖洛霍夫、卡达耶夫、穆萨托夫等名家的代表作达数十部之多。他所翻译的大多是戏剧作品，为我国的俄苏戏剧翻译做出了很大的贡献。

尽管芳信在中国翻译界有口皆碑，但是他的政治待遇并不高。按照芳信的资历和学术水平，他的行政级别应该是9级或10级，文艺级别应定为翻译1级或2级，但因他与周扬有旧交，时任人民文学出版社社长兼总编辑的冯雪峰把他列入"周派"，对其打压，不仅在行政上没有级别，在人民文学出版社评级时，居然连翻译2级也没有评上。

那个时候，行政级别和文艺级别高低的政治待遇和工资福利待遇是有很大差别的。比如，60年代各地政协的文化俱乐部范围扩大，文学艺术家可以参加，活动范围包括吃、玩、购物（文化娱乐），主要是生活优待，一年中可以免费就餐10次，购买稀缺物品10次。因为国家不富裕，物品稀缺，能够享受这个待遇是一件本人荣耀、家人自豪的事情。因此文联对参加活动的人员的级别有严格限制。据作协办公室写给统战部文化处的公函，可以参加活动的人员分甲、乙、丙三种证件：

甲：人大代表党员同志（非党员已发过，如曹禺、李伯钊、舒绣文）。

乙：行政10级以上；文艺1、2级；高教1、2级；研究1、2级；编辑1级；翻译1、2级；民主党派中央委员。

丙：行政11级；文艺3级及有名望青年编剧、作家、出名的老作家（各民主党派中常委）；高教3、4级；研究3级；编辑3、4级；翻译3级（个别人特别照顾。作协理事包括在此项内）。

芳信在丙级，他既无行政级别，亦无文艺级别，大概属于"出名的老作家"或"个别人特别照顾"。与他同时期的翻译家如曹靖华享受甲级，李健吾享受乙级。与芳信同为丙级的有杨宪益和曹葆华，都是翻译3级。还有一位汝龙先生也无级，他是人民文学出版社编译所的编外人员，不拿工资，仅靠稿费为生。尚有孙伏园是行政12级，自然属于特别照顾的老作家。冯雪峰也在丙级，此时的文艺级别是4级。这当然是他1957年被文化部党组定为"右派分子"，并被开除党籍作为普通编辑的级别。

总之，每当芳信与陈梦家谈到自己的经历和目前的工资福利待遇，都表现出一种无奈。那个年代，像芳信一样拖家带口的文化人很多。为了照顾孩子，很多家庭都是夫人在家照料，只靠先生一人工资养家。同样，蔡夫人没有工作，两个孩子都在上学，一家四口的衣食住行全靠芳信的工资，生活过得紧巴巴的。芳信烟抽得很厉害，但因经济条件所限，抽的烟都是很便宜的，因而常常抽烟时伴有咳嗽。

在芳信的亲友中，陈梦家是个例外，他们夫妇没有子女，两个人都是正教授，工资很高。夫妇两个都坚持写作，时有稿费，不仅在朋友圈中属于生活条件优越的，在考古所他也是最好的。不过，陈梦家也不是很富裕，他的工资和稿费大都用来购买古董、家具和个人消费了。赵萝蕤只有休息日和节假日才回到城里的家，平日里陈梦家一个人懒得开火，就在附近的饭馆里小酌。和芳信一样，陈梦家的烟很勤，一天差不多一包。他最喜欢抽的烟是中华、大前门、红牡丹、红双喜。那时高级知识分子每月凭票供应三条平价好烟，对于芳信和陈梦家这样烟不离口的烟民来说，根本不够抽。有时断了，陈梦家经济条件好，到大商场排队买高价烟。有时陈梦家自己排队，赵萝蕤休息时也去排队为他买烟。芳信日子过得节省，凭票供应的抽完了，就买一般的香烟，也就是大众烟。陈梦家的烟有时快抽完了，又没时间去买，会委托蔡夫人去排队为他购买高价烟。陈梦家喜欢喝茶，且只喝当年的西湖龙井或碧螺春。

生活条件有差别，丝毫不影响芳信一家与陈梦家夫妇的友谊。陈梦家夫妇时常会在芳信家遇到实际困难的时候帮上一把。芳信的两个孩子都很要强，学习都很优秀，很得陈梦家夫妇的喜爱。有时他们会送给两个孩子笔墨、作业本一类的文具，陈梦家还送给正在读中学的男孩一个书桌，直到2015年，这张书桌还摆放在蔡夫人居住的室内。陈梦家在钱粮胡同置了宅院后，逢年过节会请芳信一家到陈府做客。

蔡夫人陈女士出生于1923年，毕业于北京师大女附中。她的原籍是河北省高阳县，和剧作家齐如山、昆曲表演艺术家韩世昌是同乡。她小的时候曾多次与父亲一起到齐如山和韩世昌的家里串门。新中国成立前夕，齐如山去了台湾，她和齐如山的侄女、在考古所当会计的齐光秀有密切的往来。她中学毕业后，曾随父迁到南方一带，也曾在上海居住过。她和芳信是抗战之后在大连结识并结婚的。1947年，他们有了第

左起：陈梦家大姐陈秋光、陈方、赵萝蕤在香山   陈梦家（右）、赵萝蕤（中）、陈方（左）

一个孩子，这一年，陈女士 24 岁，芳信 45 岁。

蔡夫人知书达理，很会操持家务和招待客人，也会烧菜。芳信的朋友叶君健、焦菊隐等常来家里做客，都是蔡夫人一手张罗。自从与陈梦家夫妇交往后，陈家有客人来，有时会请她过去帮忙。因为蔡夫人也姓陈，而且体格娇小，像是江浙人，许多朋友误认为她是陈梦家的妹妹。

芳信一家和陈梦家夫妇的友谊，一直持续到 1966 年，而其间的真诚友谊体现在三个时间段。一是 1957 年陈梦家被打成"右派"，赵萝蕤突发精神病后，芳信一家并没有疏离陈梦家夫妇，而是给予了兄弟姐妹般的关心和照顾。二是 1963 年芳信因病离世，陈梦家夫妇接受芳信"托孤"，给予芳信遗孀和子女无私的帮助。三是 1966 年春夏之交陈梦家再次受到冲击，赵萝蕤旧病复发，芳信的夫人对赵萝蕤给予了亲姐妹般的照料。

二、像是一家人

1957 年秋，陈梦家被打成"右派"，赵萝蕤经不住这突来横祸的打击，突发精神疾病。在陈梦家几次被派往郊区或外地劳动或工作期间，芳信一家给予了极大的帮助。蔡夫人常常在赵萝蕤病重的时候在她的身边照顾。

　　1958年8月下旬，为了让因患病而睡眠很差的赵萝蕤尽快康复，陈梦家决定让她在保姆的陪同下到香山休养。像上班一样，星期一赵萝蕤与保姆上山，星期五晚上回钱粮胡同的家里，陈梦家会采购一些蔬菜食品，等她们回来。在香山住了些日子后，赵萝蕤的睡眠好了许多，精神也稳定了。就在这个时候，考古所办公室通知陈梦家去居庸关绿化队参加植树造林。1958年9月25日，陈梦家离开北京城，当天到了居庸关。因家里养着鸡，种着花，需要有人时不时地去照料，临时托付了蔡夫人。在陈梦家到居庸关植树的日子里，赵萝蕤每周末照常从香山回城里的家，有的时候蔡夫人会在陈宅等候，有时会按照赵萝蕤的嘱托，买好周末需要的菜蔬等物。每个周末，或蔡夫人来陈宅，或赵萝蕤去蔡家串门。赵萝蕤在1958年10月10日写给仍在居庸关劳动的陈梦家的信中，描述了她去蔡家的情景：

> 　　星期天早上我到蔡家去和儿女们玩了一早上，一定要留午饭，遂吃了一顿十分好的，炒鸡丁、熬白菜，还有煮蛋。老蔡很可怜，早上独出巡游一番，找到一包一角几分钱的香烟，断了粮，还有五天才发新的。他们告诉我最终还是没有乙级供应。我归家来搜刮四壁，送了四包老前。陈方缺大杭剪，又送了一把。

　　短短的一段话，显露出蔡、陈两家非同寻常的友谊。赵萝蕤称呼蔡家的两个孩子为"儿女们"，足见陈梦家夫妇与这两个孩子之间的情感颇深。芳信的两个孩子，老大是女孩，出生于1947年，时年11岁；老二是男孩，出生于1948年，时年10岁。陈梦家夫妇非常喜欢这两个乖巧懂事的孩子，这姐弟俩同样喜欢温文尔雅、知识渊博的陈先生和赵教授。他们姐弟两个求知欲都很强，每逢陈梦家或赵萝蕤来

1958 年 10 月 10 日，赵萝蕤致在居庸关劳动的梦家述说了去蔡家的
感受，芳信先生最终还是没有乙级供应

蔡家，两个孩子有不懂的问题，总会请教他们心中的两位大知识分子。陈梦家和赵萝蕤总会不厌其烦地给予辅导，耐心解答。女孩子与赵萝蕤的友谊保持到80年代；男孩子则深受陈梦家的影响，选择了文字学研究为毕生的学术之路。"一定要留午饭"，用平日舍不得吃的炒鸡蛋招待赵萝蕤，现在看是微不足道的，但在物资极为匮乏的时期，却是非常难得的。

在这封信里，赵萝蕤提到了芳信"最终还是没有乙级供应"。看来，芳信为争取乙级待遇是做了努力的。若芳信争取到乙级待遇，他家的生活会得到一定的改变，起码他不用担心烟票用完而断粮。因为政协俱乐部对甲级、乙级的文艺工作者提供平价稀缺物品中，是包括烟酒茶糖一类东西的。除了生活方面的改善，他的心理会平衡，面子也有了。

陈梦家自1958年秋被派往北京郊区的居庸关劳动之后，还先后被派往河南省洛阳东郊、甘肃兰州、陕西西安和大兴县的佟家务等地劳动或工作。时间最长的是1958年12月22日至1959年11月，被派往河南洛阳东郊的植棉场劳动。因赵萝蕤的精神疾病时好时坏，不十分稳定，每次陈梦家临行之际，总要请在京的亲友予以照顾。因父母家距陈宅很近，有时赵萝蕤会去小住。每当在陈宅居住时，蔡夫人都会时常来陪赵萝蕤聊天做伴。赵萝蕤生病时，蔡夫人更是陪护在床前。

在陈梦家不在京时，夫妇间互通音信主要靠写信。在他们夫妇的两地书中，常会提到芳信一家。陈梦家的信中，时有让她代问蔡先生一家好。

1962年，陈梦家编纂的《美国所藏中国铜器集录》得以由科学出版社出版，但未署陈梦家之名，书名改为《美帝国主义劫掠的我国殷周铜器集录》。这部巨著，是陈梦家约在1947年6月编成的，但直到1956年底，才得以重新编订。但因不久他被划为"右派"，此书未能出版。6年之后终于面世，虽然没有署上自己的名字，但是费尽心力，历经十几个寒暑，最终得到许可出版，陈梦家内心是满足的。他买了几套分送给朋友，其中一部送给了芳信及其夫人。在送给芳信夫妇的书上，陈梦家写下了赠言："旧作新出，谨赠芳信兄嫂共赏之。陈梦家 1962 年 9 月。北京东厂。"

1963 年 1 月 16 日，陈梦家的"右派分子"帽子摘掉了。陈梦家和赵萝蕤的亲朋好友很快得到了这个好消息。

芳信是在医院的病房里得到这一消息的。陈梦家和赵萝蕤到日坛医院看芳信时，他已经病得很重了，但是他握住陈梦家的手，有气无力地说：祝贺。这时，芳信已知道自己很难闯过这一关了，他当着妻子和一双儿女的面，托付陈梦家夫妇能够在他离世后一如既往地照拂他的妻子儿女。

1963 年 2 月 14 日 0 时 14 分，芳信逝世于日坛医院。陈梦家夫妇接到消息后，立即奔赴医院，帮助蔡夫人和两个孩子料理后事。2 月 15 日，《光明日报》发了讣告，2 月 16 日下午 2 时，公祭于嘉兴寺，田汉主祭，时任人民文学出版社副社长兼副总编辑的楼适夷读悼词。出席追悼会的有田汉、楼适夷、郑效洵、韦君宜、陈北鸥、麦朝枢、汤茀之、龚人放、凌应珍、金汉城、唐瑞祥、马义富、王英秀、冯金辛、齐光秀、黄薇、陈梦家、赵萝蕤等。参加追悼会的还有芳信的亲属蔡方荫、蔡方曙；中国作家协会外国文学工作组、世界文学社朱海观、陆风、纳训。

芳信离世后，蔡夫人靠打零工坚强地抚育一双读书的儿女。陈梦家夫妇没有辜负芳信的嘱托。每当蔡家遇到困难，芳信夫人陈方会在第一时间找到陈梦家夫妇，求取帮助。

无功不受禄，自 1957 年赵萝蕤患上精神疾病后，病情时好时坏，严重的时候，需要身边有人照料，蔡夫人会来到陈宅精心照顾，做一些赵萝蕤喜欢吃的食物。据蔡夫人回忆说："赵先生病情严重时，常常说出一些不着头脑的话，吃饭时不知道饱，看到赵先生吃得差不多了，陈

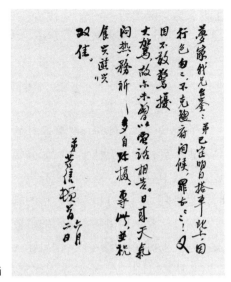

蔡芳信致陈梦家函

陈梦家为蔡芳信写的追思文字

先生就趁赵先生不注意把馒头偷偷拿到桌子下边递给我，拿到厨房去。
赵先生病重时，整夜不能入睡，我就住在陈宅陪伴她，陪她说话，照顾
她的起居。赵先生住院，会到医院照顾。"那个时期，蔡家和陈梦家夫
妇像是一家人，蔡夫人除了照料赵萝蕤，也帮助做些家务，陈梦家的亲
友从南方来京，陈梦家夫妇没有时间，会请蔡夫人陪同游览购物。在赵
萝蕤病情稳定的时候，节假日到郊外风景区游览，陈梦家夫妇一定会约

上蔡夫人一起出行。

三、生死离别

1966 年 6—7 月间，陈梦家开始遭到批判；8 月上旬，陈梦家每天到考古所后，脖子上挂上"右派分子"的木牌参加建房劳动；下旬所内成立了红卫兵组织，运动随之升级。陈梦家每天参加体力劳动，还要随时接受批判，晚上打扫完考古所的厕所，拖着疲惫的身体，回到家后还要写检查。原本病情基本稳定的赵萝蕤，因精神过度紧张，精神疾病复发，蔡夫人再次伸出援手，像姐妹一样日夜守护在她的身旁。

8 月 24 日上午，陈梦家像往常一样骑自行车到考古所。然后挂着黑牌参加建房的体力劳动。因赵萝蕤近日病情有反复的征兆，中午 11 点半结束劳动后，陈梦家抽空到蔡家请蔡夫人下午到钱粮胡同照顾赵萝蕤。谁料想，他刚刚端起蔡夫人泡的茶，还没顾上说话，考古所的几个红卫兵就闯进了院子里，红卫兵负责人声色俱厉地喝令他出来！就在陈梦家起身要出屋门之际，红卫兵已经冲进屋里来了。直到 2015 年冬，已经 92 岁高龄的蔡夫人仍然对那天发生的情景记忆犹新：

> 8 月 24 日中午，我刚吃过饭，陈先生就来了。看样子他很疲惫，我让他坐下，便去沏茶。陈先生刚端起茶杯，院子里来了几个人，大声喊说：陈梦家是不是在屋里？陈先生放下茶杯刚要起身，已有人闯进屋来。他们是考古所的红卫兵。一个红卫兵把陈梦家拽了起来，指着我问：你们是什么关系？我靠着书桌，一言未发。其中一个人说得很难听，陈先生就说，我们没什么关系，找她去我家照顾病人。红卫兵根本不听他解释，嘴里不干不净的，连拖带拽地把陈先生从房间里弄了出去。临出门时，我看到陈先

生的眼神充满了绝望，他叫着我的名字说："我再也不能让人当猴子耍了。"

陈梦家被红卫兵押回考古所之后发生的事情，蔡夫人是从她的老乡齐光秀那里打听到的：

> 陈先生被押走后，我心里很不是滋味，总觉得陈先生找我有事还没说。更不放心的是，红卫兵会把陈先生怎么样，于是我就到考古所找我的老乡齐光秀询问。齐光秀走出考古所，到一个没人处悄悄告诉我，陈先生被红卫兵押到考古所技术室门口，强行给他戴上"流氓诗人"的纸帽子，站在凳子上示众。当时正值中午，在烈日的暴晒下，陈先生汗流满面，有人路过，红卫兵便散布陈先生与某寡妇如何如何。现在已经被押回考古所的"牛棚"了。
>
> 听了齐光秀的述说，我更加担心陈先生，因为我知道陈先生是非常在乎自己的名誉的。原本我想去钱粮胡同看看赵先生，但怕红卫兵找我的麻烦，就回家了。第二天中午，我又向齐光秀打听陈先生的情况。齐光秀告诉我，陈先生昨天晚上吃了安眠药了，多亏发现得早，被隆福医院抢救过来了，现在还在医院呢。我听了之后，想去医院看陈先生，可又怕惹麻烦，没敢去。

几天过去了，蔡夫人去找齐光秀打听陈梦家的情况，齐光秀告诉她，陈梦家一直没有到考古所来，具体情况她也不清楚。9月1日傍晚，在八中上学的儿子放学回家后，告诉她，他刚才偷偷地去陈宅想看看陈叔叔，结果进到院子里发现，陈宅的所有房门都是开着的，一片狼藉，原来陈先生的家被抄了。蔡夫人问儿子见到陈先生没有，儿子告诉他，院子里有考古所的人，没敢往房间里去。蔡夫人回忆说，听了儿子的叙述，她感到陈先生的处境肯定很不好。果然让蔡夫人猜中了：

> 9月4日上午，考古所的一个红卫兵来我家敲门，我认出他就是8月24日来我家抓走陈先生的其中一个。他进门后，大声质问："陈梦家来过没有？"我说："他还敢来！"此时，凭感觉我想陈先生一定是死了。当天晚上做了噩梦，第二天一早，我到考古所附近等齐光秀，见到她一问，我的感觉和梦境一样，陈先生正是在9月3日那天自杀的。不久我们家也被红卫兵抄了，搬到黎元洪旧居的大杂院一个仅有8平方米的小屋里。没有工作，去街道做临时工，每月9元钱，生活极为困难。从东厂胡同搬走后，听说赵先生住在大佛寺娘家，但怕见面会引起她的悲伤，就没去看她。自此，我们一家三口和赵先生失去了联系。
>
> 再次见到赵先生，是10年后的1977年。

四、迟到的"绝命书"

2015年2月10日上午10点多，在望京蔡夫人的家里，蔡夫人清晰地回忆了1977年的某天她与赵萝蕤见面的细节：

> 那时我们家已经搬到东四十条87号了。赵先生是多方打听才找到我的。她先是去考古所找齐光秀，然后去东厂胡同老邻居打听，知道我的住址后，就乘公交找我来了。当时我正在工厂劳动，是邻居把我叫回来的。赵先生见到我异常激动，她紧紧地拉住我的手，连声说想我，想我的两个孩子。我什么也说不出来，只是流泪。我把她让到我的小屋里坐下，好半天我们都没有说话。是她先开的口。她说，这次来找我，是送还陈先生写给我的一封

信。说着，她从兜里取出信交给我，此时赵先生的眼泪夺眶而出。我从信封里取出信，原来是 1966 年 8 月 24 日那天，从我家里被抓走的当天晚上，自杀未遂前写下的，至今已经 11 个年头。信中说：

陈方：

十年以来，家中之事多承关怀照料，十分感谢，今后仍希如旧。虽有闲言，请不要介意。我是心胸坦荡，毫无挂牵。好好扶养汀、沛。别矣。

陈梦家

一九六六年八月廿四日晚

新自行车送芳沛。

1966 年 8 月 24 日晚，陈梦家写给陈方的"绝命书"

读完信，我和赵先生悲泣不已，我忍住泪水向赵先生说了一声"谢谢"。赵先生向我讲了发现这封信的经过。

前些天，她将刚刚退还的"文革"中被抄走的书信、文稿、书籍等整理时发现的这封信。8月24日那天，原本神志不清的赵先生，听说了陈先生自杀的事，病情加重，根本没有理会陈先生的这封信。几天后红卫兵来抄家，连同其他书籍资料一起抄走了。大佛寺的平房夏天潮湿，这些信和书籍有的发霉了，她便在院子里晾晒，结果弟媳黄哲在翻阅这些信时发现了这封信。她像是发现了天大的秘密，拿着这封信在家人面前大声说：看看呀，这是陈梦家写给陈方的绝命书耶！黄哲扬言应该撕掉。赵先生马上冲过去，把信从黄哲手中夺了回来。她怕再有什么闪失，决定尽快送还给我。

赵先生还向我说明陈先生信中提及的新自行车的情况。她说，新自行车是陈先生特意为我的儿子买的，还没来得及送给他，就被红卫兵抄走了，退还抄家物品时，她曾向常去她家探望的王世民打听这辆自行车的下落。王世民告诉她，1969年（或1970年初）工宣队在考古所拍卖抄家物资时，确有一辆比较新的锰钢自行车，当时很令考古所的人羡慕，记得当时的工宣队头目说，这辆自行车很高档，可惜被抄后有人骑行撞得前叉有伤，这就大打折扣了，因此所内似乎无人购买。

赵先生走后，我关上房门大哭了一场，病倒在床。之后，每当闭上眼，就浮现出那年陈先生从我家里被抓走时回头看我的绝望眼神。这一病就是八个月。

自从这次赵先生送信以后，我和赵先生恢复了来往。赵先生后来曾几次徒步走到我家串门，赶上饭了就一起吃。赵先生这时已不在钱粮胡同居住，和弟弟赵景心、黄哲夫妇住在一起，我觉得不方便，没有去她的住所看望过她。记得有一两次，赵先生趁着赵景心夫妇不在家，约我们到大佛寺附近的一家饭馆吃鱼头。

蔡夫人记得，改革开放后，刚刚兴起穿羽绒服，她的女儿在武汉工作，特地为赵先生买了羽绒裤，蔡夫人让在北京读书的外孙女到大佛寺赵宅送给赵先生。到了赵宅，外孙女敲门，是黄哲开的门。外孙女说找陈太太，并向黄哲说明来意。黄哲说，这个院子里没有陈太太。外孙女强调说，是赵萝蕤先生，她是北京大学的教授，黄哲才让她进了门。据外孙女说，赵先生根本没有外祖母和母亲向她描述的形象了，穿得不整齐，头发全白了。不过，见了她极为亲热，问了她的母亲和外祖母的情况。

自从这次以后，蔡夫人一家和赵先生就再也没有了来往。直到1999年，蔡夫人从叶君健夫人那里得知赵先生已经去世的消息。

附记：

2015年初，一个偶然的机会，我得知蔡夫人仍然健在，并打听到她老人家在望京的地址和家里的电话。2015年2月7日下午4点，我拨通了蔡夫人住宅的电话，首先自报家门，她惊奇地问我怎么会找到她。我告诉她是一个朋友告诉的，并强调我正在写《陈梦家和他的朋友们》一书，有关陈梦家先生的一些情况要向她了解。她听了我的话很激动，说可以让我到她家来谈。同时告诉我说，她保存有陈梦家先生写给她的30多封信和1966年8月24日第一次自杀前写给她的"绝命书"，可以让我看。我当即与她约定晤面时间。她说，前些日子生病刚出院，可以定在2月10日上午10点在她的家里见面。

2月10日9点，我从广外马连道茶城驱车赴望京，因地址有误，10点半钟才找到蔡家。蔡夫人已在屋门前等候。她把我迎进门，便张罗着给我沏茶。老人家行动灵活，耳不聋眼不花，全然不像90岁高龄的老人。

　　我们的谈话是在客厅里进行的。客厅 20 多平方米，长条形，两侧为书柜，右侧书柜前摆放一张红木大八仙桌；左侧是一组清末时期的红木书柜，柜顶放着两张紫檀炕桌，书柜的右侧是一只高高的明代紫檀花儿，厅里的沙发旁有两只紫檀鼓凳。这都是蔡先生生前购置的。

　　蔡夫人思路清晰，几十年前的往事记忆犹新。她从一对紫檀柜与陈梦家先生结缘讲起，直到 1977 年赵萝蕤找到她送还陈梦家留给她的"绝命书"，大概谈了一个半小时。我请老人到外边吃饭，老人拒绝了，她说什么都不想吃，如果我饿了可以煮速冻饺子给我吃。我们又谈了一会儿，老人到卧室取出陈梦家写的那封"绝命书"，递给我后，便痛苦地趴在了写字桌上。过了一会儿，我读完了陈先生这封简短却饱含着对蔡夫人的歉意、对两个孩子的眷恋以及对生活、命运的无奈的遗书，此刻蔡夫人已然抬起了头，她告诉我，平日里她从来不敢看这封信的，刚才取出这封信的时候，当年陈梦家被红卫兵从她家里押出去的场景，又浮现在她的眼前，令她心痛不已。她郑重地告诉我："这封信中的内涵只有我知道。"我提出用手机拍下这封遗书来存念，她老人家同意了。在回卧室放回这封珍贵的遗书后，蔡夫人拿出来她珍藏的与陈梦家夫妇的合影和家庭照片的影集，还有一册蔡先生追悼会纪念册。我翻阅后，经老人同意用手机拍照下来。遗憾的是，因当时室内光线较差，亮度不够。

　　在我离开蔡家前，蔡夫人让我参观了她的书房和卧室。书房和卧室的家具也都是紫檀或老红木的。书房有一张米黄色的二屉书桌，蔡夫人说，这是陈先生送给她儿子的。

　　离开蔡家的第二天上午，蔡夫人打来电话，她说昨天我离开后，一整夜都没有睡好，闭上眼，就会出现陈梦家最后一次离开她家时的那双充满屈辱和绝望的眼神。她约我下周有空一定要再来她家，还有许多话要对我说。这一次在电话里谈到了一些蔡先生生前与焦菊隐、老舍、叶君健等人的交往故事。

　　2015年2月16日上午，应蔡夫人邀请，我第二次去蔡家。同行者还有三联书店的编辑唐明星，这一天是腊月二十八，马上到春节了。我从家里出发前，特意去超市买了元宵和各种水果，带给蔡夫人。10点20分抵达望京蔡家所住小区。唐明星已经到了蔡家门口，她买了牛奶和水果。乘电梯到蔡家楼层，蔡夫人已在电梯口迎候。

　　第一次访问蔡夫人，我和她老人家都很拘谨。这次来显得随意多了。因快到中午了，我们主要参观她家的书房和藏书。大多是外文书，都是蔡先生遗留下来的。书柜里最显眼的是陈梦家先生赠予的《美帝国主义劫掠的我国殷周铜器集录》。很快就到中午了，我们邀请她老人家到饭店吃饭，她高兴地答应了，并点名去了她老人家喜欢的一家饭店。席间，我向老人提出，下次带个相机来，把老人家珍藏的陈梦家遗书、照片等物拍照存念，她老人家欣然同意。

　　自上次离开，考虑到老人家年事已高，我没有再去过蔡家。隔三岔五地，我会打电话给蔡夫人，一是问候，二是随便问一些关于陈梦家夫妇的事情。每次打电话，老人家都非常高兴，通话都要半个多小时。老人家思维敏捷，记忆力非常好，我所问的事情多是临时想起来的，她都会凭记忆和认知告诉我。从蔡夫人那里，我不仅了解到有关陈梦家先生的生活细节，还澄清了一些不实的传闻。大致梳理，有以下诸方面：

　　问：考古所熟悉陈梦家先生的人说，因陈梦家先生在考古所的高级研究员中是年龄最轻的，他刚到考古所时才40来岁，为了显示他的老成持重，他平日行走时总是倒背手，您印象里他是这样吗？

　　答：从未见过陈先生走路时倒背手，他是一个在生活上不拘小节的人，也从不刻意修饰自己，也没有大教授的架子，怎么会如此做作呢，这不是事实。

　　问：有的文章说陈梦家先生"吝啬"，对钱看得很重，"文革"

时考古所批斗他，给他戴的高帽子上画上一个"五铢钱"，暗喻他只认钱，钻到钱眼里了。以您与陈先生多年的交往，他是这样的人吗？

答：这个事情听陈先生讲过，他说都是那个《殷虚卜辞综述》稿费惹的祸，买了房子招了恨。陈先生不是他们说的那样把钱看得很重的人，他写作的目的也不是为了稿费。他没有孩子，又没有老人需要赡养，他要那么多钱干什么？这样说陈先生的人大概和陈先生没有深交。他是一位很重感情和义气的人，经常帮助落难的朋友。邵洵美先生是陈先生的好朋友，1958年邵洵美因"历史反革命"罪蹲了大狱，1962年4月出狱后，患上了肺源性心脏病，陈先生听说后曾让我帮助把他的半个月工资寄给上海的邵先生。还有李又然先生，是浙江慈溪人，他和芳信以及陈梦家夫妇是好朋友。1957年，李又然同陈先生一样被错划为"右派分子"，降级、降职后，工资很低。他有三个孩子，生活穷困潦倒，陈先生听说后，让我偷偷地去约李又然在文化宫后河沿等候。那次是我陪陈先生去的，到了约定地点，没有见到李先生，只见一个椅子上面躺着一个人，用旧报纸盖着脸，脚上穿着一双露着脚趾头的鞋。陈先生过去拿开报纸，原来这个人是李先生，陈先生什么也没说，从口袋里拿出几十块钱塞给了他，转身就走了。

问：听说陈梦家先生抽烟、喝茶、喝酒都很讲究，是这样吗？他穿衣服讲究吗？

答：我刚才说了，陈先生在生活上不讲究，他抽烟、喝茶，并不怎么喝酒。他的经济条件好，抽的烟自然好些，但也不是绝对的，比如困难时期，供应的好烟抽没了，也会买一些较次的烟抽。他在外地短时间工作时，带去的烟抽没了，也会买当地的烟抽。在河南洛阳下放劳动的时候，他抽的是价格低廉的河南安阳出产的火车牌香烟。他是南方人，喜欢喝茶，喜欢喝龙井，还有碧螺春，但多是南方的亲戚寄给他，有时断了顿，也是什么茶都喝。他不喝白酒，只喝白兰地，也喝葡萄酒，有时也喝啤酒。他常在华侨大厦附近的一个小酒馆喝酒，和伙计们聊天，很随和。平时穿衣服不讲究，冬天穿对襟中式棉袄。

问：您那时常去钱粮胡同的陈宅，您去过陈先生的书房吗？书房内的陈设您还记得大致的样子吗？

答：进去过几次。记得屋子里书很多，一摞一摞的。写字台的右边墙上放着闻一多先生的照片。我那时没有看明白照片是谁，问过他。他告诉这是他的老师闻先生送给他的，一直带在身边，在美国的四年，在清华的五年，都摆放在写字台上，现在摆在他的书房里。他告诉我说，什么人都可以忘掉，唯独闻先生不能忘掉。陈先生很勤奋，每次去大都在书房，有事找他，也要等他忙完才行。

问：您在与陈梦家夫妇交往的过程中，听说过赵萝蕤为什么没有生育的事情吗？我从赵先生青年时期的日记里曾发现，她曾患妇科疾病大出血，在协和住院并做了手术，这次的手术是造成她终身不育的原因吗？他们在订婚之前，陈先生是否知道赵萝蕤是不能生育的？

答：起初我以为他们是为了工作和事业不要孩子的，后来看到他们夫妇两个都十分喜欢小孩子，我们也很熟悉了，一次赵先生来我家和孩子们玩，中午一起吃饭，我问她为什么不要个小孩呢？赵先生就把她曾得过妇科疾病而造成不育的事告诉了我。我问她，陈先生知道这个事吗？赵先生说订婚前告诉他了，他说不能生，将来要是喜欢就抱养一个。但是后来太忙，没顾得上。

问：据您的了解，陈先生和赵先生的关系怎么样？有传闻说陈先生喜欢听戏曲，和女艺人有过来往？这些赵先生知道吗？

答：他们夫妇的关系是很好的，家里的大小事情都要听赵先生的意见。陈梦家被划成"右派"，赵先生不离不弃，后来赵先

生患了精神疾病，陈先生同样不离不弃，关怀备至。陈先生喜欢
听戏，而且不分剧种，京剧、评剧、豫剧、河北梆子、秦腔、川
剧等等。那时候，蔡先生还在，有时陈先生有了多余的戏票，会
送给我们。赵先生也喜欢听戏，但更喜欢听音乐会。像京剧、评
剧，赵先生会和陈先生一起去听，有的地方戏，赵先生一般不会
去。陈先生和有些演员熟悉，据他说是有些演员让他写剧评，好
提升知名度。我曾在陈宅碰到过女演员来找他写评论，当然赵先
生是在家的。有时陈先生会让来人等候，他到书房写文，让赵先
生陪客人。陈先生笔头快得很，我记得一次有个女演员找他写戏
评，陈先生和她简要聊了聊，就去了书房，赵先生陪着那个女演
员闲聊，也就是个把小时就写成了，真是立等可取呀。那个时期，
常见陈先生送载有他写的戏评一类文章的报纸给我们看。

我和蔡夫人最后一次通电话是老人家的女儿接的。这一天是 2015
年 10 月 31 日的下午。蔡夫人的女儿告诉我，老人家生病住院了，并谢
绝我去医院探望。我顺便问了他对陈梦家夫妇的印象，她告诉我说，陈
先生、赵先生都是典型的知识分子，温文尔雅，对他们姐弟两个非常
好。陈先生很喜欢她的弟弟，常带他去逛书店和古旧市场，还在外面吃
饭。弟弟喜欢陈先生的专业，常向陈先生提问题，陈先生有问必答，很
有耐心。在东厂胡同住的时候，有时陈先生和赵先生同来她家小坐，和
父亲谈外国文学，谈翻译；父亲离世后，他们来了会同母亲聊天，也和
她们姐弟两个玩，有时辅导她们的功课。后来陈先生有时到外地工作，
赵先生休息或放假，会一个人来，有时会在她们家吃饭。"文革"爆发，
陈先生没了，赵先生也见不到了。直到 1977 年以后，赵先生与她家再
次联系上，曾徒步到他们东四十条 87 号的家里串门。

半个月后，蔡夫人出院回家疗养。我尊重她家人的意见，没有去
她们的家里探望。

2015 年 11 月 10 日中午，我接到蔡夫人女儿的信息：

家母因受寒引发肠胃功能紊乱，呕吐不止，不得不再次住进医院，已四日。今晨则因补液排除不畅，诱发心源性肺水肿哮喘，颇危急！经系列治疗，现已转危为安。

家母曾言，辞世前尚有二大心愿未了。一是见儿子一面（已通知舍弟），他将于 12 月 15 日芝加哥大学放假后来归。另一则向方君澄清事实，以为陈先生含冤衔恨辞世证明……若家母此次能平安出院，那时定第一时间邀请您登门。倘天不遂人愿，不知方君肯否来病榻前，给家母一个保证，以慰其心也？

我当即回复：

衷心祈福令堂早日康复，平安出院！若老人病情稍稳，可否允余前去探望？

五天后，我再次发信息给蔡夫人女儿询问老人恢复情况。她回信告曰：

多谢动问。经过多日惊心动魄的诊治与抢救，老人总算与死神擦肩而过，逃离此劫。目前虽暂无生命之虑，但仍住在抢救病房并吸氧气……不过，医护均惊赞其生命之顽强，唯我知其心也。已命舍弟每日来长途问安并"打气"！她亦归（宅）心似箭，并告我有陈先生之遗书在其手，足见其为陈先生辩诬洗辱之心切！我意方君还是静待老人归宅后再登门来访为佳。一俟条件允许，当会与方君联系，还请释念。

12月4日晚上，发信息给蔡夫人女儿打听老人病情。其回信息云：

> 方君：一直未联系，乃家母突于上周末罹患脑梗，导致右侧偏瘫并失语（只字难于说出），这对一生好强的她是致命的心理打击。她从周一拒医绝食，唯求速去。多位医护相劝，包括舍弟长途泣求，以及我私下以方君求访事劝之，皆若罔闻，并以怒目恶颜相向，且烦躁不安。经与舍弟及家人们的充分沟通，乃决定尊重老人之选择并郑重告知，她才逐渐平静。目前已拒食四日，唯倚靠吸氧及小量饮水度日（饮水对其亦是折磨，吞咽困难会令其每饮必呛）。为了保持其病身最好的形象，她推见任何亲友，令我一一婉拒访客探视。我因昼夜值守医院，应付所有探视交流事宜，故未及通知方君，请谅。
>
> 另望尊重老人意愿，勿拘俗礼来院探视，毕竟恭敬不如从命也……后会有期，方君请自珍摄。

接到信息的当晚，我想老人恐怕时日不多了，辗转难以入眠，第二天早上回复：

> 昨晚收到发来信息，惊悉老人病情加重的消息，深感不安，难以入眠。与老人几次交谈的情景历历在目。在老人生病前的一次电话中，老人曾和我谈起她珍藏着陈先生写给她的30多封信，并许诺我再次登门访问时会展示给我看，老人还曾允诺我可以把陈先生的遗书和其他照片等物拍照复制，以留示后人。谁曾想如此健康的老人竟会一病不起呢！
>
> 本想去探望老人，既然老人有言，晚辈只能从命了。

正如我的预感，2016年1月12日下午接到蔡夫人女儿的信息：

　　方君：今天是老人忌辰三七之日，迟告为歉。因老人遗嘱，一切从简，不可扰亲，只能逝者为尊照办而已。只是有负方君之约，终或一憾。去岁老人反复住院达六次之多，且临终前又偏瘫失语，无法交代她允诺给方君的资料藏于何处，只能慢慢清理查找后再与君联系了。

收到她的信息，我清楚，老人的离世，她一定非常伤心，陈年旧事也就不愿意再提起了，好在老人生前我曾拍下了陈梦家先生写给蔡夫人的遗书和一些珍贵的照片，这些足以见证陈家与蔡家的友谊，并可以了却老人家为陈先生辩诬洗辱的心愿了。但我依然担心，老人家珍藏了几十年的珍贵资料会因老人的离世而从此消失，便回信息予以叮嘱：

　　老人生前曾向我展示过令尊逝世追悼会之签名册和陈先生遗书，我当时征得老人同意，曾用手机拍照，但效果很差。老人很有条理，东西不会乱放，慢慢找即是。老人所遗之古家具和书刊、书信等物，都十分重要，望珍视为要。希望保持联系。

其回信息云：

　　谢谢叮嘱，谨记在心。各自珍摄，后会有期。

这是我和蔡家人的最后一次联系。

陈金镛家族直系亲属简表

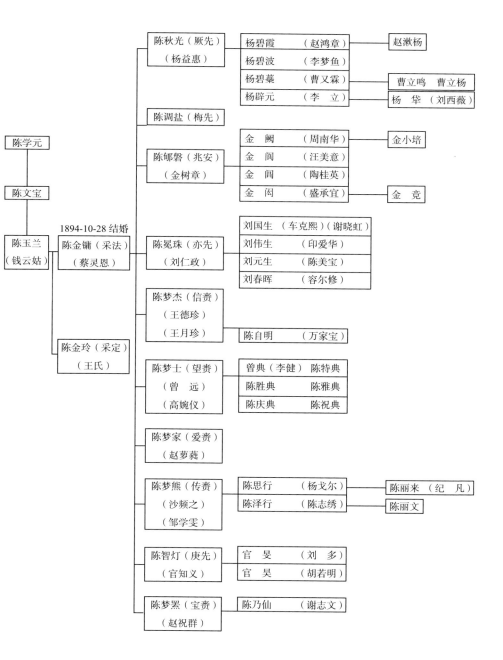

陈梦家年谱

1911 年　4 月 19 日（清宣统三年辛亥三月二十一日）午 12 时 45
分生于南京，祖籍浙江省上虞县百官镇小桃园。父母亲
都是虔诚的基督徒，他出生的时候，接受洗礼。自幼与
家人一起准时做早晚祷告和礼拜。

父亲陈金镛，生于清同治八年己巳四月二十日（1869 年
5 月 31 日），卒于 1939 年 7 月 14 日。早年毕业于之江
学院，后任宣教师、女校校长、神道院提调、广学会编
辑等职，是一位爱国的基督教神职人员。

母亲蔡灵恩，祖籍浙江鄞县。生于清光绪四年戊寅三月
十二日（1879 年 4 月 14 日），卒于 1962 年 12 月 10 日。
出身牧师家庭，粗通文字，懂罗马拼音，为虔诚的基督
徒。兄弟姐妹 11 人，均为一母所生。

1916 年　入南京四根杆子礼拜堂附设的小学；次年转入金陵
小学。

1919 年　父亲陈金镛应上海广学会书局之聘，担任上海广学会编
辑。结束在南京金陵神学院十三年的教学生涯，举家迁
居上海。转入教会办的圣保罗小学。

1921 年　与二哥梦士离沪，转入南京师范大学附属小学，由在该

校任教的三姐郇磐供养读书。

1922 年　小学毕业后，未正规读完中学。

1927 年　秋季，以同等学力考入国立第四中山大学（后改为中央大学）法律系。

1928 年　冬季，与在该校任教的闻一多先生结识，从本年起，在闻一多先生指导下开始写格律诗。

1929 年　1 月，作诗《一朵野花》，为所知最早的作品，此诗后来编入自选集《梦家存诗》。同年 6 月和 10 月，先后写小说《某女人的梦》《一夜之梦》；11 月 10 日，在《新月》第 2 卷第 9 号，发表署名陈漫哉的诗《一朵野花》《为了你》《你尽管》《迟疑》四首诗。与他的诗同期发表的尚有徐志摩的诗《活该》和闻一多的《庄子》，梁实秋的《孙中山先生论自由》等文章。

徐志摩到中央大学兼课。约于此时，与徐志摩开始交往，并得到徐的赏识。

1930 年　1 月 10 日，署名陈梦家的小说《一夜之梦》发表在《新月》第 2 卷第 11 号；6 月《露水的早晨》《答志摩先生》《寄万里洞的亲人》三首发表在《新月》第 2 卷第 12 号，同期尚有徐志摩的诗《季候》《黄鹂》二首和饶孟侃的诗《朝山》。

8 月间，回上海度假，父亲陈金镛患重病入上海宝隆医院医治，出院后到杭州乡间修养，曾短期照料父病。

秋，向徐志摩提议创办《诗刊》，得到支持。9—12 月间作诗《西行歌》《秋旅》《雁子》《悔与回（一）》《再看见你》《梦家诗集·序诗》《只是轻烟》等。

1931 年　　1 月 20 日，所提议的《诗刊》由徐志摩主编创刊，为
该刊重要撰稿者，并参与校对等事务；同月，《梦家诗
集》由徐志摩题签，新月书店出版，收入 1929 年 1 月
至 1930 年 11 月诗作 40 首，编为四卷。《新月》发表闻
一多、胡适的评介文章。

2 月，作自传《青的一段》，记述 1—10 岁的生活经历。

7 月，《梦家诗集》由新月书店再版，增收当年春至夏诗
作 12 首，编为第五卷。

9 月，所编《新月诗选》出版。内收徐志摩、闻一多、
饶孟侃、孙大雨、朱湘、邵洵美、方令孺、林徽因、陈
梦家、方玮德、梁镇、卞之琳、沈祖牟、沈从文、杨子
惠、朱大枬、刘梦苇的诗。

11 月 19 日，徐志摩不幸罹难。11 月 20 日，得悉徐志摩
遇难，悲痛不已。受胡适、闻一多等嘱托，编辑徐志摩
的遗稿《云游》。年底，接编《诗刊》第 4 期"志摩纪念
号"，收到哀悼徐志摩的诗很多。

本年，从中央大学法律系毕业，得到律师执照，但未当
过一天律师。

1932 年　　1 月 28 日，日本发动"一·二八事变"，侵入上海。驻
扎上海的国民革命军第十九路军奋起反抗。上海各界
民众抗日热情高涨，倾力支持十九路军抗击日寇入侵。
"一·二八事变"爆发的第二天，与刘启华、卢寿枬三人
一起从南京奔赴上海南翔前线，投入十九路军六十一师

一百二十二旅旅部。参加抗日宣传工作，目睹了南翔居民的逃难，亲历了季家桥、唐家桥、蕴藻浜等地的残酷战斗。

2月下旬，从前线回南京作短暂逗留，作《在蕴藻浜的战场上》《一个兵的墓铭》《老人》《哀息》四首诗，寄《北平晨报》。

3月底，应闻一多先生邀请，到青岛大学任其助教。

7月，《北平晨报》社以《陈梦家作诗在前线》为集名刊登《在蕴藻浜的战场上》《一个兵的墓铭》《老人》《哀息》四首诗。诗作反映了战争的残酷，歌颂了抗日军民的英勇抵抗，表现了诗人的爱国热情。所编徐志摩遗诗《云游》于同月出版。

暑期，因青岛大学风潮，与闻一多同时离校，结伴游泰山。在青岛大学期间，开始对古代宗教、神话和礼俗的研究。在泰安与闻一多分手后，到上海作短时停留。

秋季，到北平，由燕京大学宗教学院教授刘廷芳介绍，短期就读于该院。

11月1日出版的《新月》月刊第4卷第5期刊出《纪念志摩》一文。

1933年　初春，日寇进犯热河，1月14日凌晨离北平经古北口奔赴塞外，但热河不战而失，悲愤地从前线返回北平。途中目睹塞北风光，写出《塞上杂诗》《古北口道中》《承德道中》等雄阔奔放诗篇。

3月1日，去年写的诗《鸡鸣寺的野路》在《新月》月刊第 4 卷第 6 期发表。同期发表的尚有林徽因的诗《莲灯》和《中夜钟声》；孙毓棠的诗《东风》和李广田的诗《地之子》。春末至夏，在上海。

9 月底，到芜湖广益中学任国文教员半年，住风景秀丽的狮子山青阳楼，与女友赵萝蕤时有书信往来。授课之余，作了十几首动人诗篇。

本年底　编定《铁马集》，收入 1931 年 7 月至本年 11 月的诗作 40 首。

1934 年　1 月，告别芜湖狮子山，返回北平。离北平时编辑的《铁马集》已由上海开明书店出版。

本年，考取燕京大学研究院研究生，从导师容庚专攻中国古文字学。

1935 年　5 月 5 日，在燕京大学甘德阁举办订婚仪式。8 月，在赵萝蕤的鼓励下，从以往 100 多首诗中选取 23 首编为《梦家存诗》（次年 3 月出版）；作诗集《自序》，总结写诗经历，对作品进行了较为公允的自评。同年，被考古学社吸收为第二期社员。从此，结束了诗人生涯而开始学者生活。

1936 年　1 月 18 日，与赵萝蕤结婚，婚礼在燕京大学临湖轩的司徒雷登办公室举行。

本年，从燕京大学研究院毕业，留校任教。在《燕京学报》第 19 期发表第一篇学术论文《古文字中王商周祭祀》。又在《燕京学报》第 20 期发表《商代的神话与巫术》，在《考古社刊》第 4 期发表《令彝新释》。

1937 年　"七七事变"后，离北平南下，先抵赵紫宸先生祖居浙江德清县新市镇避居。10 月，经闻一多先生推荐，到迁至长沙的清华大学（当时是国立临时大学的一部分）任国文教员。

1938 年　春季，到昆明西南联合大学任教，讲授中国古文字学和《尚书》通论。课余坚持古文字学研究。

1939 年　受北平图书馆委托，编撰《海外中国铜器图录》；夏，将授课讲义编订为《中国文字学甲编》，初写定六章。

1940 年　授课之余，为《国文月刊》撰文。4 月初，《海外中国铜器图录》的编纂工作大体完成。4 月下旬，与北平图书馆、商务印书馆签订印行所编《海外中国铜器图录》契约。但因太平洋战争爆发，仅印出第一集（1946 年发行），第二集未能制版（书稿存北平图书馆）。秋，为避敌机轰炸，搬到昆明北郊龙泉镇。

1941 年　经西南联大聘任委员会通过升任副教授。教学之余，继续做铜器断代和《尚书》的研究，并重整《汲冢竹书考》作《六国纪年考证》。

1942 年　住昆明北郊，潜心进行西周年代、西周金文和《尚书》研究。

1943 年　5 月，完成《尧典为秦官本尚书说》,《六国纪年考证》上、下篇。

1944 年　5 月，完成《汲冢竹书考》等专著。9 月初，经闻一多先生推荐，改聘为西南联大正教授。同月，经清华大学教授金岳霖和美国哈佛大学教授费正清介绍，接受洛克

菲勒基金会人文学者奖的资助，赴美国芝加哥大学东方
学院讲授中国文字学，为期一年。

9月15日晚，梅贻琦校长在昆明郊外西仓坡的寓所设宴
欢送，受邀陪坐者有：莫泮芹夫妇、冯友兰夫妇、王力
夫妇、吴宓、闻一多、吴晗等人。

10月，与夫人同抵芝加哥。潜心准备文字学讲义，并强
化英语说写能力。

1945 年　在芝加哥大学东方学院讲授中国文字学。休息日、节假
日开始走访美国各博物馆、私人藏家，查访流散在北美
的中国古铜器和有关资料。为探访更多的流失海外的中
国铜器，致函梅贻琦校长希望延长留美期限。未获批准，
依靠洛克菲勒奖学金和哈佛燕京社的资助，继续留美。

7月8日，胡适先生在纽约羊城酒家公宴袁同礼先生时，
主人中有陈梦家（来自芝加哥）。其他几位主人分别
是：王重民夫妇（来自华府）、尤桐（来自普林斯顿）、
陈鸿舜、朱士嘉、冯家升、王毓铨、胡先晋（王毓铨太
太）、杨联陞。

11月30日，在纽约举行的全美中国艺术学会第六次大
会上，作题为《中国青铜器的形制》的讲演。

本年，所著《老子分释》由商务印书馆出版。

1946 年　遍访美国藏有青铜器之博物馆；经浙江籍同乡卢芹斋引
荐，访问全美藏中国铜器之家和古董商；还曾到加拿大
多伦多的安大略博物馆考察所藏中国铜器。

1947 年　8—9月间，访问英国、法国、瑞典、荷兰四国首都，收

集流散欧洲的铜器资料，曾在汉学家高本汉陪同下，受到瑞典国王接见。9 月初，自英返回芝加哥，做回国准备。

1944 年秋至 1947 年秋，三年多的时间内，造访上百处公私藏家，亲手摩挲上千件铜器，摄取图形照片，打制铭文拓本，记录尺度和流传情况，为中国的考古研究收集了一批数量可观的珍贵资料。此间，用英文撰写或发表的论著有《中国铜器的艺术风格》《周代的伟大》《商代文化》《美国所藏中国铜器集录》等，与芝加哥艺术馆凯莱合编了《白金汉所藏中国铜器图录》。

1947 年　10 月，谢绝美国洛克菲勒基金某负责人关于留美定居的邀请，毅然回国，到清华大学任教。

秋冬之际，曾赴西北考察敦煌和沿途古迹。旅途中，应胡宗南邀请彻夜长谈三晚，胡宗南赠黑羊羔皮袍一件。拜访时在西北任教的顾颉刚先生和故旧。

11 月间，清华大学由中文系与历史系、营建系、人类学系联合组建中国艺术史研究委员会，与梁思成、潘光旦、吴泽霖等同为委员。

本年起，开始搜集明式家具。

1948 年　任教同时，经校务委员会议公推为清华大学文物陈列室筹建负责人和图书委员会委员。常与潘光旦、吴泽霖等为陈列室选购文物。4 月 29 日，值清华大学三十七周年校庆，文物陈列室正式成立，并将藏品公开展出，包括上百件商周青铜器、一千余片甲骨，另外还有金石拓本、数十件六朝隋唐石刻等。尤为引人注目的，是乾隆巨型缂丝佛像。这件"织造"长逾 6 米，宽约 4 米，工艺精湛，色彩多至百种以上，极为繁复工致，堪称缂丝艺术的登峰造极之作。其间，还以私人关系，动员卢芹斋将重金购得的国宝级青铜器令狐君"嗣子壶"捐赠给清华大学文物陈列室。

本年底，夫人赵萝蕤自美回国，任燕京大学教授。

1949 年　　1 月 31 日，北平宣告和平解放。继续在清华大学中文系任教，讲授中国古文字学和新开设的现代中国语言学等课程。兼任文物陈列室主任并文物馆筹备负责人。

8 月，清华大学决定由文物陈列室负责筹备"全国少数民族文物展览"，以配合国庆庆典。8 月中旬，抵沪邀请丁惠康医生将所藏台湾高山族文物参展，并动员丁氏将此批文物无偿捐赠清华大学。10 月 17 日，丁氏正式捐赠。同年 11 月 4 日至 7 日，"台湾、西藏及西南少数民族文物展览"在北京艺专大礼堂举办。

1950 年　　春季，因有人揣测并散布其为清华文物陈列室购买乾隆"大织造"时有"揩油"之嫌，决意辞去文物陈列室主任之职。5 月 1 日，正式向校务委员会主席叶企孙递交辞职书，并获批准。

7 月 21 日，参加雁北文物勘察团，任副团长兼考古组组长。9 月初，结束勘察工作回京。9 月 15 日写成《雁北考古旅行的收获》一文。

1951 年　　2 月初，完成《雁北考古旅行的收获》一文的校订，交文化部文物局。"三反"运动中，因被检举在为清华大学代购"乾隆巨型缂丝佛像"时有"贪污"嫌疑，多次遭到批判。

1952 年　春季，"大织造"问题经几次"交代"、申辩和校节约检查委员会深入调查，结论是在为文物陈列室购置"大织造"和其他文物时并无"贪污"行为。

9 月，因高等院校院系调整，转入中国科学院考古所任研究员。开始撰写《殷墟卜辞综述》。冬季，参加所内俄文速成班，突击俄文。

1953 年　1 月 28 日，俄文速成班结业考试，获前三名成绩。

3 月下旬，赴安阳大司空村考古所发掘现场考察，这是继 1937 年陪同闻一多先生到安阳亲睹发掘现场后再次到发掘现场。

8 月，参与讨论黄文弼《吐鲁番考古记》校改。

本年，继续撰写《殷虚卜辞综述》，并开始撰写《西周铜器断代》。

1954 年　春季，参与文化部文物局"全国基本建设工程中出土文物展览会"的筹办工作。撰写《中华民族文化共同性》一文，刊登《文物参考资料》第 9 期的专号。

6 月 7 日，参加《考古通讯》编辑委员会第一次会议，被选为《考古通讯》编委会委员和副主编。筹备《考古通讯》创刊号。会后，起草《考古通讯》创刊词；完成《考古通讯》创刊号的校订和编排图版工作。

1955 年　1 月 10 日，《考古通讯》创刊号出版发行。《殷虚卜辞综述》已在排印中；继续编写《西周铜器断代》。6月15日，赴洛阳考察龙山等地，为地方考古工作者讲课；6月22日，从洛阳赴西安，应陕西博物馆的邀请，为博物馆人员讲课。

8月，中国科学院开展批判"胡风反革命集团"，肃清反革命分子运动，在考古所会议上先后做三次"检讨"。开始编纂《中国铜器综录》。

9月，《西周铜器断代》（一）刊载于《考古学报》第九册。

10月10日，趁休假之便，应安徽省博物馆的邀请前往合肥，鉴定寿县蔡侯墓铜器，并赴黄山一游；后去上海探望母亲，又曾去杭州拜访四弟梦熊的岳丈沙孟海和姨母。

12月，《西周铜器断代》（二）刊载于《考古学报》第十册；《六国纪年》由上海学习生活出版社出版。

1956年 1月28日，中国科学院考古研究所学术委员会成立暨第一次会议在考古所会议室召开，作为学术委员会委员出席会议。出席会议的委员有：徐森玉、曾昭燏、陈梦家、郭宝钧、黄文弼、徐炳昶、裴文中、尹达、夏鼐、郑振铎。列席人员有：靳尚谦（办公室主任、党支部书记）、苏秉琦（副研究员）、安志敏（助理研究员）、王明（所务秘书，记录）。

3月，《西周铜器断代》刊登本年《考古学报》第1期。

4月，经夏鼐协助预支《殷虚卜辞综述》稿费，加上平日积蓄，购置钱粮胡同住宅一所；《中国铜器综录》已完成三集。6月下旬，搬进钱粮胡同宅院。

7月，《殷虚卜辞综述》由科学出版社出版。

12月中旬，《中国铜器综录》第二集（美国所藏部分）完成。翌年交付出版时，由郑振铎题签为《流散美国的中国铜器集录》。

本年，《西周铜器断代》（三）、（四）、（五）、（六）分别刊载于《考古学报》本年第1—4期。《西周年代考》由商务印书馆出版。

1957年　元旦期间，为《诗刊》撰写长文《谈谈徐志摩的诗》，发表在2月出版的《诗刊》第2期。

2月4日，在《光明日报》发表《略论文字学》。

3月29日至4月25日，赴西安，应西北大学校长和历史系的邀请前往讲学。

5月19日，《关于汉字的前途》在《光明日报》的《文字改革》副刊第82期发表。

5月16日下午，参加中国文字改革委员会组织的第一次"文字改革问题座谈会"，发言中坚持"文字要改进，不要改革"的观点。

5月27日下午，参加中国文字改革委员会组织的第三次"文字改革问题座谈会"。

7月，《尚书通论》由商务印书馆出版。

7月13日，考古所召开对陈梦家"右派言论"的批判会。

8 月,《文字改革》和《中国语文》组织各界人士以"利用文字改革问题向党、向人民、向社会主义进攻"为主题,撰文批判。

10 月中旬,中国科学院哲学社会科学部连日召开史学界批判向达、雷海宗、陈梦家、荣孟源"右派言论"大会,14 日的会上对其"右派言论"进行批判。

1958 年　3 月,夫人赵萝蕤精神崩溃,经协和医院确诊为精神疾病。

4 月 11 日,中科院下达对陈梦家的处理意见,由 4 级研究员降为 6 级副研究员,免去《考古通讯》副主编等职务。自此,被戴上"右派分子"帽子。已发表一半的《西周铜器断代》被迫停发,已编成的《中国铜器综录》三集不能公开出版发行。

5 月,为郭沫若所撰《两周金文辞大系图录考释》写导读性文章,发表在《考古通讯》第 5 期,化名余孚山。

9 月 25 日,作为科学院绿化队的一员,赴昌平县居庸关参加绿化劳动。

10 月 19 日,得夫人赵萝蕤明信片,知率领中国文化代表团前往埃及访问的郑振铎于 17 日因飞机失事罹难。

10 月 25 日,结束绿化工作,回所。

12 月上旬,被列入考古所第二批为期一年的下放干部名单。22 日上午,考古所开会欢送第二批 14 名下放干部,当晚离开北京,赴洛阳东郊白马寺植棉场劳动。

1959 年　1 月 27 日,接夏鼐信,得知《中国铜器综录》延期出版,《居延汉简》及《洛阳报告》亦如此。

7 月 27 日,夏鼐来信,告赵萝蕤拟调城内科学院文学所事,因北大西语系"不欲外借"而落空。

12 月 21 日,下放洛阳植棉场的 14 名干部安全回所。

完成《居延汉简甲编》,继续《居延汉简乙编》编纂。

1960 年　2 月,遵照中科院领导指示,撰写揭露美帝盗窃我国铜器的文章,刊载于《考古》本年第 4 期,化名张仲平。

4 月 5 日,赴南京为父扫墓。

6 月 11 日,奉考古所领导小组决定,被派赴兰州协助甘肃省博物馆整理武威汉墓出土的《仪礼》简册,周永珍陪同前往。

7 月 22 日,离开兰州赴西安。

8 月 10 日,自西安返所。

继续对武威汉简进行研究,并负责《居延汉简乙编》的编纂工作。

1961 年　研读《汉书》,进行武威汉简的研究,大部分简牍释文已完成,撰写《叙论》和校记。

7 月上旬,被抽调京郊大兴县安定镇佟家务劳动。

8 月 29 日,结束佟家务劳动,返回。

10 月初,《武威汉简》初稿完成。

11 月中旬,向尹达询问摘"右派"帽子问题,未有结果。

12 月下旬,按照夏鼐提出的意见,对《武威汉简》初稿进行修订。

1962 年　对去年撰写的《汉简考述》等文进行修订整理。春节
　　　　后,《武威汉简》稿送交文物出版社。

　　　　继续负责《居延汉简乙编》的编纂工作。

　　　　6 月中旬,赴沪探亲。

　　　　7 月,完成《由实物所见汉代简册制度》。

　　　　8 月,编著的《流散美国的中国铜器集录》被更名为
　　　　《美帝国主义劫掠的我国殷周铜器集录》,作为中国科学
　　　　院考古研究所编辑"考古学专刊"中的未明确署名资料
　　　　书,由科学出版社出版,内部发行。

　　　　年末,考古所研究通过摘掉"右派"帽子问题,并上报
　　　　中国科学院。

1963 年　1 月 16 日,考古所牛兆勋副所长在本所队长会议上宣
　　　　布摘掉其"右派"帽子。自此,撰写的文章可以公开
　　　　发表。

　　　　2 月 28 日,将《美帝国主义劫掠的我国殷周铜器集录》
　　　　稿费 700 元捐赠国家。

　　　　6 月,负责编纂《殷周铜器铭文集成》,并起草《殷周铜
　　　　器铭文集成规划草案》。完成《汉简所见居延边塞与防
　　　　御组织》长篇论文。《居延汉简乙编》已初步完成。

　　　　10 月 31 日,完成《西汉施行诏书目录》。

　　　　12 月,完成《汉简年历表叙》。

1964 年　重新开始《西周铜器断代》的研究,赶写器铭考释。计
　　　　划下一年内写完《西周铜器断代》和《历代度量衡研
　　　　究》两部专著。

9 月，利用庐山休假，赴沪探亲，这是他最后一次离京。

1965 年 将汉简研究的 30 余万字论文进行梳理修订，汇编为《汉简缀述》一书。春节过后，继续《西周铜器断代》研究和《历代度量衡研究》。

5—6 月间，对西安出土银锭研究考据，撰写《唐宋元明银锭考》。

《汉简年历表叙》《玉门关与玉门县》等论文，分别在《考古学报》和《考古》上发表。

1966 年 年初，继续《西周铜器断代》的铜器器铭考释工作。年前修改完成的《亩制与田制》在本年《考古》第 1 期发表。《东周盟誓与出土载书》在《考古》第 5 期发表。至此，《考古》停刊。

史学界、文艺界、哲学界等社会科学领域开始进行全面的"揭盖子"。

6 月，考古所"文革小组"成立。

7 月 16 日，与徐旭生等被考古所大字报点名。

8 月 10 日前后，考古所的造反派勒令"三反分子""右派分子"等接受监督劳动。从此，研究工作停止。

8 月 23 日，考古所的造反派成立红卫兵，运动随之升级。

8 月 24 日，因遭红卫兵的无端凌辱，当晚吃安眠药自杀，被及时发现送附近医院抢救，保住性命。

9 月 3 日夜，趁夫人赵萝蕤重病卧床不起，以睡衣腰带自缢身亡。

1978 年　12 月 28 日，中国社会科学院考古研究所在北京举行追
悼会，所长夏鼐在悼词中充分肯定了他的学术成就，肯
定他热爱祖国，为社会主义事业积极贡献自己的力量，
工作一丝不苟，治学极为勤奋，指出："陈梦家先生是
我国著名的考古学家和古文字学家"，他的不幸逝世，
"是我国考古事业的一大损失"。

2016 年 8 月 15 日下午 3 时 30 分初稿

2020 年 12 月 7 日晚最后校稿完